Tamara Cipolla
Friedrich Karl von Strombeck Leben und Werk

Juristische Zeitgeschichte
Abteilung 4: Leben und Werk
Band 13

Juristische Zeitgeschichte
Hrsg. von Prof. Dr. Dr. Thomas Vormbaum
(FernUniversität in Hagen)

Abteilung 4:
Leben und Werk

Band 13

Redaktion: Sara Gorißen, Laura Königsmann

De Gruyter

Tamara Cipolla

Friedrich Karl von Strombeck
Leben und Werk

Unter besonderer Berücksichtigung des Entwurfes eines Strafgesetzbuches für ein Norddeutsches Staatsgebiet

De Gruyter

ISBN 978-3-89949-835-6
e-ISBN 978-3-89949-836-3

Bibliografische Information der Deutschen Nationalbibliothek

Die Deutsche Nationalbibliothek verzeichnet diese Publikation in der Deutschen Nationalbibliografie; detaillierte bibliografische Daten sind im Internet über http://dnb.d-nb.de abrufbar.

Bildnachweis Frontispiz:
Steindruck von F. Steuber, Braunschweig (1831)
Mit freundlicher Genehmigung des Niedersächsischen Landesarchivs – Staatsarchiv Wolfenbüttel (50 Slg 1008 Nr. 6)

Druck: Hubert & Co. GmbH & Co. KG, Göttingen
♾ Gedruckt auf säurefreiem Papier

Printed in Germany

www.degruyter.com

Meiner Schwester

Vorwort

Die vorliegende Arbeit wurde im Sommersemester 2008 an der FernUniversität in Hagen als Dissertation angenommen.

Mein herzlichster Dank gilt meinem Doktorvater Prof. Dr. Dr. Thomas Vormbaum für die hervorragende Betreuung dieser Arbeit. Prof. Vormbaum wirkte stets engagiert, motivierend und konstruktiv auf meine Arbeit ein. Ihm verdanke ich sowohl die Möglichkeit der Erstellung dieser Arbeit als auch ihre Fertigstellung. Danken möchte ich Prof. Vormbaum zudem für die lehrreiche und inspirierende Zeit, die ich als Mitarbeiterin an seinem Lehrstuhl für Strafrecht, Strafprozessrecht und Juristische Zeitgeschichte verbringen durfte.

Besonderer Dank gebührt weiterhin Prof. Dr. Dr. h.c. mult. Günter Bemmann für die Erstattung des Zweitgutachtens.

Herzlich bedanken möchte ich mich zudem bei allen Lehrstuhlmitarbeitern für eine unvergessliche Zeit. Insbesondere danken möchte ich in diesem Zusammenhang meinen ehemaligen Kollegen Frau Beate Gogler und Herrn André Brambring für ihre stete Unterstützung, Motivation und Freundschaft.

Frau Johanna Hórvath und Frau Petra Lohr danke ich für ihre Freundschaft. Sie haben immer an mich geglaubt und mich unermüdlich gefördert und unterstützt.

Ebenso danken möchte ich Frau Mervi Arpalahti, Frau Kristina Ernst, Frau Dr. Jutta Gratopp, Frau Dr. Elisabeth Sauthoff und Frau Dr. Mirjam Utsch für ihre Freundschaft und Unterstützung sowohl in fachlicher als auch in persönlicher Hinsicht.

Herrn Daniel Lübcke danke ich dafür, dass er immer an mich geglaubt und mich stets ermuntert und unterstützt hat.

Mein besonderer Dank gilt weiterhin Rita und Derek Whitehouse, die mir die Drucklegung dieser Arbeit ermöglicht haben. (Thank you so much for everything).

Meinen Eltern, Roberta und Domenico Cipolla, danke ich für ihre Unterstützung und Motivation während meiner gesamten Laufbahn.

Besonders danken möchte ich schließlich Colin Weir, der insbesondere in der Phase der Fertigstellung dieser Arbeit stets ermunternd, motivierend und stärkend an meiner Seite stand. Ich bin zutiefst dankbar und glücklich, ihn an meiner Seite zu wissen.

Zuletzt möchte ich meiner Schwester Daniela Cipolla danken, die immer an mich geglaubt und mich stets motiviert und gefördert hat. Ihr verdanke ich Inspiration, Stärke und Unterstützung in allen Lebenslagen. Ohne die Liebe und den Halt meiner Schwester wäre die Verwirklichung meiner Ziele nicht möglich gewesen. Ihr gebührt mein innigster Dank und meine tiefste Freundschaft. Meiner Schwester ist diese Arbeit gewidmet.

München, im Mai 2009 *Tamara Cipolla*

Friedrich Karl von Strombeck
(1771–1848)

„In das Leben Anderer, gleich in einen Spiegel zu schauen,
kann zur Warnung als zur Nachahmung Nutzen bringen.“

Inhaltsverzeichnis

Abkürzungsverzeichnis

Abs.	Absatz
a.d.	an der
a.E.	am Ende
a.F.	alte Fassung
ALitZ	Allgemeine Literatur Zeitung
a.M.	am Main
Anm.	Anmerkung
Art.	Artikel
ausf.	ausführlicher
BayStGB	Strafgesetzbuch für das Königreich Bayern
Bd.	Band
Bde.	Bände
BIOS	Zeitschrift für Biographieforschung und Oral History
BraAnz	Braunschweigische Anzeigen
BrCrG	Braunschweigisches Criminalgesetzbuch
BrJb	Braunschweigisches Jahrbuch des Geschichtsvereins
BrJbLa	Braunschweigisches Jahrbuch für Landesgeschichte
BraMag	Braunschweigisches Magazin
BrCrGB	Criminalgesetzbuch für das Herzogtum Braunschweig
bzw.	beziehungsweise
CCC	Constitutio Criminalis Carolina
Ders.	Derselbe
DMo	Deutsche Monatsschrift
DR	Deutsche Rundschau
DRiZ	Deutsche Richterzeitung
DRW	Deutsches Rechtswörterbuch
E	Entwurf
Ebd.	Ebenda
f.	folgende

ff.	folgende
FS	Festschrift
GWU	Geschichte in Wissenschaft und Unterricht
i.E.	im einzelnen
i.f.	im folgenden
i.V.m.	in Verbindung mit
Jg.	Jahrgang
Jhd.	Jahrhundert
Kap.	Kapitel
LippMitt	Lippische Mitteilungen
MagCivCrimWestf	Magazin für das Civil- und Criminal-Recht des Königreichs Westphalen
m.w.N.	mit weiteren Nachweisen
n.a.	nicht auffindbar
NAdC	Neues Archiv des Criminalrechts
NBMo	Neue Berlinische Monatsschrift
NVA	Neues Vaterländisches Archiv
Rn.	Randnummer
RStGB	Reichsstrafgesetzbuch
Rthlr.	Reichstaler
S.	Seite
sog.	sogenannt
StGB	Strafgesetzbuch
StPO	Strafprozeßordnung
Stw.	Stichwort
Übers.	Übersetzer
u.a.	und andere
u.ä.	und ähnliche
Var.	Variante
Vgl.	Vergleiche
VO	Verordnung
ZhistVNi	Zeitschrift des Historischen Vereins für Niedersachsen
ZfG	Zeitschrift für Geschichtswissenschaft
zit.	zitiert
ZsavStift (Germ. Abt.)	Zeitschrift der Savigny Stiftung.Germanistische Abteilung.

Einleitung

> „Mag dort der dem Vaterlande, wie dem Zeitalter, zum Ruhme gereichende Mann [...] am späten Ziele seiner Wirksamkeit den Biographen finden, welcher seine jetzt noch im Schooße der Zukunft liegende Laufbahn zeichnet,“

schrieb 1830 der Biograph *Matthias Cramer* in seinen *Zeitgenossen*[1]. Gemeint war der Jurist und Universalgelehrte[2] *Friedrich Karl von Strombeck* (1771–1848)[3]. Fast zwei Jahrhunderte später sollen diese Worte befolgt und Leben und Werk dieses Mannes untersucht werden.

In einem ersten Teil soll auf das Leben Strombecks eingegangen werden, der – wie es die Worte *Cramers* verraten – bereits zu Lebzeiten zu einigem Ruhm gelangt war. Strombeck war 1771, als ältester Sohn einer Familie aus altem Adelsgeschlecht[4], in Braunschweig geboren worden. Der Vater *Christoph Georg von Strombeck* – wie der Sohn Jurist – widmete sich ausschließlich der Verwaltung der im Familienbesitz stehenden Güter. *Christiane Henriette Luise von Strombeck* geb. *Häseler* – die Mutter Strombecks – stammte aus einer alten Kaufmannsfamilie. Über die Eltern Strombeck ist kaum etwas bekannt. Von der Mutter weiß man, daß sie die Schwester des Theologen und Mathematikers *Johann Friedrich Häseler* gewesen ist[5]. Strom-

1 Bei den „Zeitgenossen“ handelt es sich um ein biographisches Magazin des frühen 19. Jahrhunderts. Es erschien erstmalig ab 1816 und wurde 1836 eingestellt (*Cramer*, Strombeck, in: Zeitgenossen V, S. 70).

2 Strombeck hatte sich nicht nur einen Namen als Jurist gemacht, sondern war seinen Zeitgenossen auch als Übersetzer klassischer Autoren und Verfasser einiger geologischer und historischer Aufsätze bekannt; vgl. *Eckstein*, Nomenclator Philologorum, S. 263; *Pökel*, Philologisches Schriftsteller-Lexikon, S. 267; *Eckart*, Lexikon Niedersächischer Schriftsteller, S. 164; *Hamberger / Meusel*, Das gelehrte Teutschland, Bd. VII, S. 709.

3 Über Strombeck: *Cramer*, Strombeck, in: Zeitgenossen V, S. 141–171; *Figge*, Friedrich Karl von Strombeck, in: BsJb 36 (1955), S. 99–155; *Vortmann*, Friedrich Karl und Friedrich Heinrich von Strombeck, in: Rückert / Vortmann (Hrsg.), Niedersächsische Juristen, S. 118–123; *Ritterhoff*, Strombeck, Friedrich Karl von, in: Jarck / Scheel (Hrsg.), Braunschweig-BioLex, S. 597 f.; ADB, S. 614–617; DBE, S. 593.

4 Zum Adelsnachweis: Genealogisches Handbuch der freiherrlichen Häuser, B III, Bd. 31 (1963), S. 433; Adelslexikon, Bd. XIV (2003), S. 217; *Kneschke*, Adels-Lexicon, Bd. IX (1930), S. 90 f.

5 So *Strombeck*, Darstellungen, Bd. 1, S. 21; vgl. *Cramer*, Strombeck, in: Zeitgenossen V, S. 144 f. *Figge* schreibt (a.a.O., S. 99), daß Christiane Henriette Louise die Nichte des

beck beschreibt sie als eine fröhliche, fürsorgliche und warmherzige Person. An den Vater erinnert sich Strombeck hingegen als einen strengen (bisweilen sogar mürrischen), pedantischen und hartherzigen Mann, der den Kindern wenig Wärme und Liebe, wohl aber eine ausgezeichnete Erziehung zukommen ließ[6].

Die Kinder – insgesamt sieben (drei Söhne und vier Töchter) – wurden bereits früh von Hauslehrern im Rechnen, Schreiben und den Sprachen (vorwiegend Latein und Französisch) unterrichtet. Im Jahre 1782 wurde Strombeck für das Gymnasium Martineum angemeldet, wo er bis 1787 blieb. Von 1787 bis 1789 besuchte er das Collegium Carolinum, eine der renommiertesten Lehranstalten der Zeit, die weit über die Grenzen des kleinen Herzogtums bekannt war und Jünglinge von Stand in den Wissenschaften, aber auch in feiner Lebensart unterweisen sollte[7]. 1789 bezog Strombeck die Universität zu Helmstedt, die er 1791 für das Studium an der Universität zu Göttingen verließ, um – wie er sagt – „zwar juristisch, nicht aber auch menschlich" weitergebildet zu werden[8]. 1793 verließ Strombeck, wie es scheint[9] ohne Abschluß, Göttingen. Ohne Pläne für die Zukunft brach er zunächst nach Italien auf. Aus Geldmangel mußte er die Reise aber bereits wenige Monate später wieder abbrechen.

Zu Hause angelangt, widmete er sich vornehmlich der Übersetzung klassischer Autoren. Im Jahre 1795 erschien seine erste Übersetzung: *Ovids Kunst zu lieben*. Die Übersetzung lenkte das Interesse des damaligen Landesfürsten – *Herzog Karl Wilhelm Ferdinand* – auf den jungen Mann. Als er die Übersetzung las, soll er so begeistert gewesen sein, daß er „den jungen Strombeck" umgehend „zu sich laden" ließ[10]. Von dem Talent Strombecks bald überzeugt, bot

---

Mathematikers Häseler gewesen sei. Dafür lassen sich jedoch keine Anhaltspunkte finden.

6 Es verwundert daher kaum, daß Strombeck eine hervorragende Bildung aufwies. Wenn man die Worte seines Biographen Cramer beachtet, so war eine breit gefächerte Bildung eine absolute Notwendigkeit eines jeden Gelehrten dieser Zeit. Cramer äußert sich zu diesem Umstand in der Einleitung seiner Lebensbeschreibung über Friedrich Karl von Strombeck: „Erst in neuerer Zeit ist die wissenschaftliche Bildung dahin gediehen, daß es, um auf den Beruf eines Gelehrten, im höheren Wortsinne, Anspruch machen zu dürfen, nicht genügt, Kenntniß eines Zweiges des Wissens zu haben; sondern man verlangt eine vielseitige Ausbildung [...]" (*Cramer*, Strombeck, in: Zeitgenossen V, S. 143).

7 *Eschenburg*, Entwurf einer Geschichte des Collegii Carolino, S. VI.

8 *Strombeck*, Darstellungen, Bd. 1, S. 69.

9 So *Figge*, Friedrich Karl von Strombeck, in: BsJb 36 (1955), S. 101. Strombeck selbst verliert in seinen Memoiren kein Wort über diesen Umstand.

10 *Cramer*, Strombeck, in: Zeitgenossen V, S. 150.

der Herzog ihm wenig später eine Anstellung als außerordentlicher Hofgerichtsassessor bei dem Hofgericht zu Wolfenbüttel an. Strombeck nahm an. Er blieb, weil das Hofgericht nur sechs Mal im Jahr zusammentrat, zunächst im Elternhaus wohnen, doch schon bald veranlaßte ihn ein Streit mit dem despotischen Vater im Jahre 1797 zum endgültigen Auszug. Er ging nach Wolfenbüttel, wo er Aufnahme in dem Hause *von Bülow* fand. Dort lernte er auch seine künftige Ehefrau Amalie kennen, die er 1799 heiratete. Aus dieser Ehe stammten sieben Kinder, von welchen aber vier bereits im Kindesalter verstarben. Im selben Jahr wurde Strombeck auf Vorschlag des Herzogs zum Hof- und Abteirat des Stifts Gandersheim ernannt. Dieses Amt übte er bis zum Tode der Äbtissin im Jahre 1810 aus.

Die Jahre 1807 bis 1810 verlebte Strombeck unter französischer Okkupation. Das Herzogtum Braunschweig war dem Frieden von Tilsit zum Opfer gefallen und dem Königreich Westfalen einverleibt worden. Belastend war die Zeit der Besetzung für Strombeck nicht. Mit den Franzosen verstand er sich ausgezeichnet, und als hervorragender Kenner der Sprache und des Rechtssystems war er unter ihnen hochgeschätzt. Binnen kürzester Zeit arbeitete er sich an die Spitze Westfalens. Im Jahre 1808 ernannte man ihn zum Mitglied der Westfälischen Reichsstände, wo man ihm für die Zivilgesetzgebungskommission den Vorsitz übertrug. In den Jahren 1808 bis 1813 sah man ihn als Richter für die Tribunale zu Einbeck und Celle vor. Den Höhepunkt bildete aber die Berufung in den Westfälischen Staatsrat im Jahre 1813 – zu einer Zeit, als das Königreich Westfalen bereits dem Untergang geweiht war. Die Berufung in den Staatsrat und die gesteigerte Franzosenfreundlichkeit – Strombeck unterhielt zahlreiche Freundschaften zu Franzosen, unter anderem zu dem französischen Romancier *Henri Beyle* alias *Stendhal* – sind ihm nach dem Zusammenbruch Westfalens äußerst negativ ausgelegt worden. In den braunschweigischen Staatsdienst kehrte er nie wieder zurück.

Erst drei Jahre nach dem Ende des Königreichs Westfalen berief man ihn wieder in öffentliche Ämter. Seine Rehabilitation hatte er der *Fürstin Pauline zur Lippe* zu verdanken, die ihn als Geheimen Justizrat für Lippe anwarb. Hintergrund der Berufung durch *Pauline* war die Errichtung eines gemeinsamen Oberappellationsgerichtes durch die Fürstentümer Braunschweig, Waldeck-Pyrmont, Schaumburg-Lippe und Lippe auf Beschluß des Deutschen Bundes, wohin sie Strombeck zur Wahrnehmung der lippeschen Gerichtsbarkeit entsandte.

Im Jahre 1819 nahm er als Gutsbesitzer und Vertreter der Adelspartei am braunschweigischen Landtag teil. Man hatte über eine neue Verfassung zu beraten, die im Jahre 1822 als *Neue Landschaftsordnung* verkündet und von dem Vormund des damals noch unmündigen *Herzog Karl II.* gegengezeichnet wurde.

Im Jahre 1823 trat *Karl II.* die Regierung Braunschweigs an. Doch schon bald zeigte sich, daß dem Herzog weniger das Wohl des Landes als das eigene Wohl am Herzen lag. Seine Herrschaft war geprägt von Mißwirtschaft, die große Not in der Bevölkerung hervorrief. Der Unmut der Braunschweiger steigerte sich stetig, bis er am 6. September 1830 in einer Revolte gegen *Karl* ausbrach. Tage vor der Revolution hatten die Mächtigsten der Stadt – unter ihnen auch Strombeck – den Herzog beschworen, auf die Not des Volkes zu reagieren, um das Schlimmste abzuwenden. Doch der Herzog hatte alle Ratschläge ignoriert. Das Volk zahlte es ihm mit der Verwüstung des Schloßes und der endgültigen Vertreibung heim. Die Ursachen und eine mögliche Rechtfertigung des Braunschweiger Aufstandes hat Strombeck in seiner Schrift *Was ist Rechtens, wenn die oberste Staatsgewalt dem Zweck des Staatsverbandes entgegen handelt?* beleuchtet, eine Schrift, die reißenden Absatz fand, aber eben so viele Kritiker hervorrief. Die Nachfolge im Herzogtum wurde unmittelbar nach den Unruhen von *Karls* Bruder *Wilhelm*, zunächst nur provisorisch, ab 1832 endgültig, angetreten. Das Leben in Braunschweig verlief wieder ruhig. Ebenso wie das Leben Strombecks. Er zog sich zunehmend aus der Öffentlichkeit zurück und widmete sich fast ausschließlich der Übersetzung klassischer Autoren. Die Jahre 1835 bis 1839 nutzte er zu letzten ausgedehnten Reisen. Im Jahre 1848 starb Strombeck in Wolfenbüttel. Seine sterblichen Überreste wurden auf das Familiengut Groß-Twülpstedt überführt.

Im zweiten Teil der Untersuchung soll Strombecks *Entwurf eines Strafgesetzbuchs für Theile Nordtdeutschlands* aus dem Jahre 1829 näher untersucht werden. In den 1820er Jahren war man in Norddeutschland zunehmend zu der Überzeugung gelangt, daß man das unzeitgemäße Strafrecht reformieren müsse. Strombeck, der seit 1828 vornehmlich als Kriminalrichter tätig war, teilte diese Überzeugung entschieden und machte sich daran, einen eigenen Entwurf zu erarbeiten, von dessen Existenz aber in der Öffentlichkeit kaum Notiz genommen wurde. Vorliegend sollen Inhalt, Gegenstand und Ratio des Entwurfs analysiert und anschließend in den zeithistorischen Kontext eingeordnet werden. Ergänzend soll auf einen Entwurf Strombecks eingegangen werden, der den Indizienbeweis zum Gegenstand hat.

Eine eingehende Beschäftigung mit dem Werk einer Person erfordert immer auch die Beschäftigung mit dem Leben dieser Person. „Wie einer ist, so thut er: wie er denkt, so schreibt er [...]"[11]. Die Intention dieser Arbeit ist daher, die Biographie mit dem Werk zu verknüpfen, um dieses besser verstehen zu können und Errungenschaften, Besserungen oder Nachteile des Werkes im Vergleich zu anderen der Zeit herauszuarbeiten. Die Quellenlage zur Beschäftigung mit der Person Strombecks ist einigermaßen gut und ermöglicht eine nahezu umfassende Beschreibung des Juristen[12].

Gerade in den letzten zwei Jahrzehnten hat die Arbeit an Biographien eine Wiederbelebung erfahren[13]. Lebensbeschreibungen fesseln seit jeher das Interesse der Menschen. Trotzdem war die Biographie in den sechziger und siebziger Jahren des vergangenen Jahrhunderts zunehmend in den Fokus der Kritik geraten[14]. Man sprach von der Biographik[15] als einer im Vergleich zur Geschichtsschreibung niederen Form der Darstellung und deklarierte sie zu einer „unschuldigen Gattung", die man „nicht mehr ernst" zu nehmen habe, die man aber „gewähren" lasse[16]. Die „Krise der Biographie" innerhalb der Geschichtswissenschaft läßt sich leicht erklären: Sie resultierte aus der Krise der Geschichtswissenschaft selbst, die ihre Daseinsberechtigung vornehmlich in den siebziger Jahren in Frage stellte[17]. Die Beschäftigung mit einem einzelnen Menschen, wenn doch schon die Beschäftigung mit ganzen Gesellschaften in Frage gestellt wurde, erschien plötzlich widersinnig und es war genau diese Ansicht, die entscheidend dazu beitrug, an der Legitimation der Biographie als Teil der Geschichtswissenschaft zu zweifeln. Sicherlich ist es berechtigt, nach dem Sinn der Biographie zu fragen, denn sie wirft viele Fragen auf. Aus welchem Grund sollte man sich mit dem Leben eines Einzelnen beschäftigen, wenn es doch schwierig genug ist, eine unüberschaubare Masse von Staaten, Wirtschaftsstrukturen und Gesellschaftsformen zu erforschen? Ist die Beschäftigung mit dem Leben einer einzelnen Person – erst recht, wenn diese histo-

---

11 Zitat Herders in: *Engelberg / Schleier*, Geschichte und Theorie der historischen Biographie, in: ZfG 1990, 196.

12 Vgl. *Jessen*, Selbstzeugnisse, S. 124; Denecke, Nachlässe, S. 191.

13 Vgl. *Bödeker*, Biographie. Annäherung an Forschungs- und Diskussionsstand, in: Bödeker (Hrsg.), Biographie Schreiben, S. 11 f.

14 Zum Meinungsstand siehe *Engelberg / Schleier*, Geschichte und Theorie der historischen Biographie, in: ZfG 1990, 195–217; vgl. *Schulze*, Biographie in der „Krise der Geschichtswissenschaft", in: GWU 1978, 508–518.

15 Der Begriff der „Biographik" bezeichnet umfassend die wissenschaftliche Disziplin der Lebensbeschreibungen innerhalb der Geschichtswissenschaft.

16 *Oelkers*, Biographik – Überlegungen zu einer unschuldigen Gattung, in: Neue politische Literatur XIX. Jg. (1974), 299.

17 *Schulze*, Biographie in der „Krise der Geschichtswissenschaft", in: GWU 1978, 508; *Rohlfes*, Herz für Personengeschichte?, in: GWU 1999, 306.

risch weniger bedeutend gewesen ist – überhaupt einer wissenschaftlichen Bemühung zugänglich und würdig? Welchen wissenschaftlichen Nutzen kann man überhaupt aus der Erforschung eines einzelnen Lebens ziehen? Insbesondere den Vorwurf der Unwissenschaftlichkeit mußte sich die Biographie lange Zeit gefallen lassen. Man bemängelte, daß biographisches Arbeiten jegliche Methode vermissen lasse, daß der biographisch Arbeitende sich allein auf die Mittel der Interpretation – im Sinne eines sich „Hineinfühlens" – verlassen müsse[18], wodurch sich die Arbeit schließlich allein auf eine Begabung konzentriere, die – entgegen der in der Geschichte erzielten Objektivität durch Quellenrekonstruktion und Quellenauslegung – eine „Unberechenbarkeit" und Subjektivität zulasse, die deswegen hinzunehmen sei, weil sie anderen Kausalitäten folge als historische Ereignisse[19]. Bedenken wurden auch dahingehend geäußert, daß dem Biographen meist nur papierene Quellen zur Verfügung ständen. Aus diesen könne aber nur sehr schwer das Innere einer Persönlichkeit herausgelesen werden[20], deswegen drohe die Gefahr einer steten Versuchung, die Quelle, wenn ein anderer Umgang nicht möglich scheine, durch Fiktion zu erleuchten[21]. Schließlich wies man darauf hin, daß eine zu eingehende Beschäftigung mit einem Individuum lediglich einen Personenkult fördere. Dies sei aber nicht Aufgabe der Wissenschaft[22].

Im wesentlichen kann man die Kritik an der Biographie in drei Punkten zusammenfassen: Das *Fehlen an Methodik*, das *Fehlen an Objektivität* und das *Fehlen an Legitimation*. Die Kritik ist aber nicht ohne weiteres haltbar. Gegen den Vorwurf der fehlenden Methodik kann man einwenden, daß bereits seit dem Aufklärungszeitalter auch über die Grundlagen der Biographie nachgedacht wird[23]. Zum Einen versucht man, Biographien in Typen einzuordnen, zum Anderen, Lebensbeschreibungen mit der Methodik anderer Disziplinen

---

18 *Schulze*, Biographie in der „Krise der Geschichtswissenschaft", in: GWU 1978, 511; Zitat Droysens nach *Engelberg / Schleier*, Geschichte und Theorie der historischen Biographie, in: ZfG 1990, 199.

19 *Oelkers*, Biographik – Überlegungen zu einer unschuldigen Gattung, in: Neue politische Literatur XIX. Jg. (1974), 299 f.

20 Vgl. zur Abweichung von beschriebenem und wirklichem Leben *Corsten*, Beschriebenes und wirkliches Leben, in: BIOS 7. Jg. (1994), S. 185 f.

21 *Speckmann*, Welt als Wille und Vorstellung, in: GWU 2003, 426; vgl. zur Fehlerquelle Selbstbiographie auch *Marenholz*, Wert der Selbstbiographie, in: Niggl (Hrsg.), Die Autobiographie, S. 73.

22 Zitat nach *Engelberg / Schleier*, Geschichte und Theorie der historischen Biographie, in: ZfG 1990, 198.

23 *Engelberg / Schleier*, Geschichte und Theorie der historischen Biographie, in: ZfG 1990, 197.

anzureichern[24]. Eine dieser Methoden sei hier nur kurz erwähnt – die Methode der Psychoanalyse. Mit der Psychoanalyse verfügt der Historiker über ein Erklärungsmodell, das auf rational kontrollierbaren und lehrbaren Theorien beruht[25]. Ein Manko an Wissenschaftlichkeit wird man der Psychoanalyse daher nicht vorwerfen können. Die psychoanalytische Biographie hat in den USA sogar die Gründung ganzer Schulen bewirkt, die sich allein der Thematik „psychoanalytical biography" widmen. Auch in Europa wurden Versuche unternommen, Lebensläufe auf psychoanalytischer Basis zu untersuchen, um daraus Erkenntnisse für bestimmte Kausalverläufe zu gewinnen[26]. Freilich darf man die Psychoanalyse nicht zum Dogma erheben. Als verfeinertes Werkzeug für die Wesensergründung und Handlungsinterpretation des beschriebenen Individuums kann sie aber von hohem Wert sein. Sie versagt freilich, wo die Vermittlung zwischen der Einzelperson und dem historischen Umfeld, ohne welche die Biographie sinnleer bleibt, gefordert ist. Man muß mithin auch auf andere Disziplinen zurückgreifen. Dieser Rückgriff auf die Methodik verschiedener Disziplinen, welche nicht der Geschichte zugeordnet sind, tangiert aber die Legitimation der Biographie im Hinblick auf die Geschichtsschreibung. Welchen Wert soll eine Arbeit für die Geschichtswissenschaft haben, wenn sie sich vornehmlich aus den Erkenntnissen anderer Disziplinen speist? Auch diese Frage läßt sich eindeutig beantworten. Die Geschichte muß nicht darauf verzichten, auf die Methodik anderer Disziplinen zurückzugreifen, um die Biographie als Teil der Geschichtsschreibung anzuerkennen. Es leuchtet nicht ein, warum Disziplinen, um als eigenständig bestehen zu bleiben, nicht auch auf Methoden anderer Disziplinen zurückgreifen dürfen sollen. Die historisch-biographische Arbeit beleuchtet eine Person aus einer vergangenen Epoche. Die Beschreibung von Epochen ist aber zweifelsfrei der Geschichtswissenschaft zugewiesen. Die Biographie gibt nur, anders als die Geschichtsschreibung, individuelle Einblicke in die jeweilige Epoche. Um die Person und ihr Handeln besser verstehen zu können, ist der Rückgriff auf die Methodik andere Disziplinen aber nicht hinwegzudenken, denn der Mensch ist mehr als die bloße Aneinanderreihung historischer Daten. Das Argument der mangelnden Legitimation der Biographik ist daher zu verwerfen, denn letztlich hilft sie dem Historiker bei seiner eigentlichen Tätigkeit – der Quellenrekonstruktion,

24 Siehe nur die verschiedenen Ansätze in der Soziologie z.B. *Kohli*, Erwartungen an eine Soziologie des Lebenslaufs, in: Kohli (Hrsg.), Soziologie des Lebenslaufs, S. 9–33 oder in der Psychologie z.B. *Erikson*, Young Man Luther; vgl. für einen Überblick *Schulze*, Biographie in der „Krise der Geschichtswissenschaft", in: GWU 1978, 508–518.

25 *Wehler*, Geschichte als historische Sozialwissenschaft, S. 97.

26 Siehe bspw. die Arbeit Freuds über den US-Präsidenten Wilson (*Freud / Bullit*, Woodrow Wilson, Boston 1967); vgl. *Erikson*, Young Man Luther, New York 1958.

der Quellenauslegung und letztlich der Geschichtsschreibung, weil sie ihm ermöglicht, durch Individualansichten Aufschluß darüber zu erhalten, wie die behandelten Quellen eingebettet in den historischen Kontext zu verstehen sind. Dem dritten Vorwurf der Historiker, nämlich der fehlenden Objektivität bei der biographischen Arbeit, die letztlich auch das Fehlen von Wissenschaftlichkeit zur Folge habe, ist folgendes entgegenzuhalten: Sicherlich ist es richtig, daß die quantifizierende Wissenschaftlichkeit dort ihre Grenzen findet, wo Handlungen, Gedanken, Empfindungen und Vorgehensweisen eines Menschen untersucht werden müssen. Sie sind eben nicht Ausfluß rationaler Überlegungen und kausaler Ereignisse, sondern vielmehr nicht voll erklärbarer Phänomene. Die Psychoanalyse hilft insoweit nicht weiter, als man es in der Geschichte mit papierenen Quellen zu tun hat, die man nicht mehr nach ihren Gedanken befragen kann. Die Versuchung der Interpretation im Sinne einer „Hinzudichtung von Angaben“[27] erscheint in der Tat groß. Man muß aber bedenken, daß dieser Vorwurf nicht allein die Biographie trifft, sondern die Geisteswissenschaften insgesamt. Jede Geisteswissenschaft beschäftigt sich auf ihre Weise mit papierenen Quellen, die von Menschenhand stammen und jeder Leser liest, versteht, interpretiert und wendet eine Quelle allein nach seinem subjektiven Verständnis und seinen subjektiven Fähigkeiten an. So nützlich das Bestreben nach Quellensicherheit im Sinne eines objektiven Verständnisses einer Quelle sein mag, muß doch berücksichtigt werden, daß keine Quelle für sich spricht. Jede Rekonstruktion einer Quelle ist Interpretation und keine objektive Aneignung. Bettet man die Geschichte eines Individuums gleichzeitig auch in einen objektivierten Kontext ein und bedient man sich objektivierter Methoden anderer Disziplinen, so kann auch in der Biographie ein hohes Maß an Objektivität gewährleistet werden[28].

„Aufgabe und Funktion des Biographen“ ist heute „eine andere [...] als in früheren Zeiten: Er muß nicht nur einen Lebensweg nachzeichnen, sondern auch den dazugehörigen (bewußten wie unbewußten) Inszenierungs- und Konstruktionscharakter beschreiben.“[29] Das bedeutet für die vorliegende Untersuchung, daß die Beschreibung des Lebens Friedrich Karl von Strombecks in den politischen, historischen und gesellschaftlichen Kontext eingebettet werden muß. Für die biographische Arbeit sind darüber hinaus Vorüberlegungen zu treffen: Welche Art der Persönlichkeitsschilderung soll geleistet werden? Welche Form der Lebensbeschreibung kann den Brennpunkt für die gesamte Konzep-

27 *Speckmann*, Welt als Wille und Vorstellung, in: GWU 2003, 424.

28 *Engelberg / Schleier*, Geschichte und Theorie der historischen Biographie, in: ZfG 1990, 197.

29 *Klein*, Grundlagen der Biographik, S. 14 f.

tion und Darstellung bilden? Wie kann man im Rahmen der Persönlichkeitsschilderung Begebenheiten der allgemeinen Geschichte zuordnen? Letztlich münden die genannten Überlegungen in die Kernfrage, wie „biographische Totalität"[30] dergestalt erzielt werden kann, daß sie dem Biographen wertvolle Erkenntnisse für die – im Rahmen dieser Untersuchung punktuell angestrebte – Werkanalyse der beschriebenen Person liefern kann. Die geforderte „biographische Totalität" impliziert, daß der Mensch „als biopsychosoziale Einheit" zu verstehen ist. Das Fragment *bio* verweist dabei auf die biotische Ungleichheit des Menschen, die ein individuelles Denken, Fühlen, und Verhalten in dem ständigen Zusammenhang mit Umwelt, Milieu und Klassenbeziehungen mitbestimmen. Biologisch-konstitutionelle Eigenschaften der Persönlichkeit müssen – so weit möglich – ebenso wie Familiäres bei der biographischen Untersuchung herangezogen werden. Der Teil *psycho* kennzeichnet die eigene Qualität menschlichen Verhaltens, die sich aus den spezifischen Umwelt-Interaktionen herleitet. Den Biographen muß dabei die individuelle Psychogenese des Beschriebenen interessieren. Herkunft, Jugend- und Reifezeit einer Gestalt sind ebenso wichtig, wenn auch nicht psychoanalytisch überzubewerten, wie spätere Phasen psychischen Verhaltens. Eine besonders wichtige Rolle spielen in diesem Zusammenhang die sogenannten „Ego-Dokumente"[31]. Sie geben Aufschluß darüber, wie das beschriebene Individuum, seine Taten und seine Ansichten letztlich zu verstehen sind. *Sozial* schließlich charakterisiert die besondere Form der Interaktionen einer Persönlichkeit. Das menschliche Wesen ist dabei das Ensemble seiner gesellschaftlichen Beziehungen. Aus den komplexen gesellschaftlichen Verhältnissen müssen die für die jeweilige Persönlichkeit relevanten sozialen Beziehungen und Interaktionen erschlossen werden. Das Soziale liefert den Rahmen und die Bedingung für individuelles Denken und Tun. Aus den zugleich komplexen Beziehungen einer Person zu ihrer Umwelt können mannigfaltige Bedürfnisse, Interessen, Motivationen und Handlungen entstehen[32]. Diese drei Bereiche müssen so vollständig wie möglich abgearbeitet werden. Nur durch das Zusammentragen jeglicher Information kann die erwähnte „biographische Totalität" erzielt werden.

---

30 *Engelberg / Schleier*, Geschichte und Theorie der historischen Biographie, in: ZfG 1990, 207; vgl. auch *Szczepanski*, Die biographische Methode, in: König (Hrsg.), Handbuch der Empirischen Sozialforschung, S. 551–569.

31 Bei den „Ego-Dokumenten" handelt es sich um höchstpersönliche Dokumente des Beschriebenen, wie beispielsweise Tagebücher, Memoiren oder Briefe.

32 *Szczepanski*, Die biographische Methode, in: König (Hrsg.), Handbuch der Empirischen Sozialforschung, S. 551–569.

Für die spätere Arbeit am Strafgesetzentwurf Strombecks nimmt die vorgeschaltete Lebensbeschreibung drei wichtige Funktionen wahr: Die Biographie hat zum Einen eine *Erklärungsfunktion*, denn biographische Zeugnisse vermitteln Aussagen über ihre historische Epoche und über zeitgenössische Denk- und Verhaltensweisen, die wiederum die von den Menschen erschaffenen Regelwerke zu erläutern helfen. Sie nimmt auch eine *Durchdringungsfunktion* wahr: Mit Hilfe der *biographischen* Totalität kann die *gesellschaftliche* Totalität durchdrungen werden – ein Detailwissen, das der Rechtshistoriker braucht, um eine Gesellschaft in ihrer Epoche zu charakterisieren. Ferner hat die Biographie eine *Individualisierungsfunktion*: In einer durch Entfremdung und Anonymisierung geprägten Welt hilft sie, Beispiele individueller Lebensgestaltung und personeller Wertmodelle zu entwerfen[33], und ist dem Rechtshistoriker dabei behilflich, individuell-herausragende Gedanken und Aktionen von den gesellschaftlich-geprägten zu filtern.

Es bleibt noch die Frage zu klären, wie ein Jurist dies alles bewältigen soll? Die Antwort lautet: Inter- oder auch Intradisziplinäres Arbeiten! Denn die Schwierigkeiten liegen auf der Hand: „Juristen erforschen und entwickeln Regelhaftigkeiten. Die nach wie vor stark idiographisch geprägten Bedingungen der Geschichtsschreibung, vor allem der Biographik, sind ihnen daher kraft Amtes nicht ohne weiteres vertraut"[34]. Möchte man dem Erfordernis interdisziplinären Arbeitens folgen, so muß man für die eigene Arbeit Methoden aller berührten Disziplinen soweit wie möglich heranziehen. Es leuchtet ein, daß der Jurist keine Psychoanalyse seines Beschriebenen vornehmen kann, ebenso wenig kann man von ihm verlangen, sozialwissenschaftliche empirische Daten einer längst vergangenen Epoche zu erheben. Aber er kann versuchen, das Augenmerk nicht nur auf das juristische Werk zu lenken, sondern das Individuum in seiner gesamten Schaffens- und Wirkphase zu erfahren, Kontakte des Beschriebenen zu ermitteln, seine Schul- und Universitätsausbildung zu studieren, Briefe und Tagebuchaufzeichnungen zu untersuchen usw. Auch die Arbeit mit dem rein historischen Material ist dem Juristen nicht geläufig. Anders als in der Rechtswissenschaft, in der ein Text auf Ergebnisse oder Ansichten hin gelesen wird, muß man sich in der Geschichte damit abfinden, daß die studierte Quelle auf den ersten Blick möglicherweise gar kein Ergebnis bereithält. Das eigentliche Ergebnis der Quelle ist oftmals die Quelle selbst, und als solche muß der Jurist sie schätzen lernen.

33 Vgl. zur Individualisierungsfunktion auch *Scheuer*, Rhetorisches Wörterbuch, S. 194.

34 *Vormbaum*, Juristen-Leben, in: FS für Walter Stree und Johannes Wessels, S. 1252.

Eine Biographie kann freilich „nur in Umrissen die Vielfältigkeit eines Menschen" wiedergeben. „Manches" ist und „bleibt im Verborgenen" und „zeigt sich dem Zugriff der Sprache" für immer „entzogen"[35]. Der Nutzen, der aus ihr gezogen werden kann, läßt diese Tatsache aber schnell wieder in den Hintergrund geraten.

35 So: *Speckmann*, Welt als Wille und Vorstellung, S. 426.

1. TEIL:
LEBEN UND WERK

1. Kapitel: Kinderjahre in Braunschweig

I. Einleitung

Am 16. September 1771 erblickte Friedrich Karl von Strombeck – als ältestes[1] von sieben Kindern – im Bäckerklint Nr. 1 in Braunschweig das Licht der Welt[2]. Die Umstände hätten für das Neugeborene nicht günstiger sein können. Es war die Zeit des aufgeklärten Absolutismus, und das kleine Herzogtum Braunschweig, das seine Residenz seit 1753 von Wolfenbüttel nach Braunschweig verlegt hatte, galt als eines der vorbildlichsten Länder seiner Zeit[3]. Unter der ausklingenden Herrschaft *Herzog Karls I.* (1735–1780) gehörte es

> „unstreitig zu den cultiviertesten und glücklichsten Ländern in ganz Deutschland, sey es in Betreff der Industrie und des Wohlstandes, die unter den niederen Volksklassen jenes Fürstenthums anzutreffen waren, oder auch in Hinsicht auf die Cultur und auf den feineren Lebensgenuß, welche den höheren Ständen dort so allgemein herrschten."[4]

---

1 *Strombeck*, Darstellungen, Bd. 1, S. 27. Streng genommen war Strombeck der Zweitgeborene. Ihm vorangegangen war eine Schwester, die aber kurz nach der Geburt gestorben war und deren Name uns nicht bekannt ist. Zwei Jahre später wurde der Bruder Friedrich Heinrich geboren, dann die Schwestern Catharina und Henriette. Nach weiteren zehn Jahren kam Bruder Georg auf die Welt, zuletzt Schwester Clara, die ebenfalls im Kindesalter verstarb. Von Georg ist nichts weiter bekannt, als daß er zehn Jahre jünger war als Strombeck. Dieser Altersunterschied erklärt vielleicht, warum Strombeck ausschließlich von seinem jüngeren Bruder Heinrich spricht, niemals aber von Georg. Heinrich hatte ebenso wie Strombeck, die Rechte studiert und war später in den Staatsdienst gegangen. Georg wird von Strombeck ein einziges Mal – außer in seinen Memoiren – erwähnt: Strombeck widmet ihm seine Übersetzung der Elegien von Tibull aus dem Jahre 1825.

2 *Strombeck*, Darstellungen, Bd. 1, S. 10.

3 Dieser Umstand war weithin bekannt. Der französische Romancier *Henri Beyle* alias *Stendhal* beispielsweise schreibt einleitend in seiner Reisebeschreibung über Braunschweig: „Ich bin [...] in einem Ländchen von 200.000 Einwohnern angekommen, das durch seinen Fürsten berühmt ist. Das Herzogtum Braunschweig war, wie mir scheint, das bekannteste aller kleinen Fürstentümer Deutschlands." (*Stendhal*, Reise nach Braunschweig, in: Mattauch [Hrsg.], Stendhal. Zeugnisse aus und über Braunschweig, S. 217).

4 Abdruck bei: *Albrecht*, Aufgeklärter Absolutismus, in: Jarck / Schildt, Braunschweigische Landesgeschichte, S. 576.

Die Regierung *Karls I.* hatte zu vielen Neuerungen in dem kleinen Fürstentum (knapp 200.000 Einwohner)[5] geführt. Ganz dem Geiste des Merkantilismus verschrieben, bemühte[6] sich der Herzog um die Begründung von Einrichtungen, die der Landwirtschaft und dem Gewerbe zugute kommen und dazu beitragen sollten, sich vom Ausland unabhängig zu halten[7]. Er stärkte die Rechte des Volkes durch eine ambitionierte Gesetzgebung[8], errichtete ein herzogliches Leihhaus, um die Untertanen vor Wucher zu schützen, erließ eine Armenordnung zur Vermeidung von Bettelei, richtete eine Witwen- und Waisenkasse ein und begründete eine Landesbrandkasse, die der Verarmung durch Brandschäden vorbeugen sollte[9]. In kultureller Hinsicht ist insbesondere die Gründung des namhaften Collegium Carolinum im Jahre 1745 auf den Regenten zurückzuführen[10]. Es mutet freilich wie selbstverständlich an, wenn Strombeck später, fast sechzigjährig, in seinen Memoiren behaupten wird:

---

5 Das Herzogtum Braunschweig gehörte ehemals zum alten Sachsenland, bis es von Karl dem Großen unterworfen, zum Christentum bekehrt und in das fränkische Reich eingegliedert wurde. Seit etwa 1180 spricht man von dem jetzigen Land Braunschweig, welches Heinrich der Löwe im Zuge seiner Eroberungen wiedererlangt hat. Der Gebietsumfang des Landes betrug etwa 3690 km² und teilte sich in zwölf Städte, ebenso viele Flecken und 463 Dörfer auf. Umgeben wurde das Land von hannoverschen, kurhessischen und preußischen Gebieten (*Rotteck / Welcker*, Staats-Lexikon, Stw. Braunschweig [Herzogthum], S. 718; vgl. *Meibeyer*, Die Landesnatur, in: Jarck / Schildt [Hrsg.], Braunschweigische Landesgeschichte, S. 21).

6 In wiefern hierbei von einem tatsächlichen Bemühen seitens des Regenten gesprochen werden kann, ist den Quellen nicht zu entnehmen. Man kann aber zumindest feststellen, daß er sich den großen Reformvorhaben des Landes nicht widersetzte und zumindest dafür Sorge trug, jene Männer ins Land zu bestellen, welche die Reformen vorantrieben (*Albrecht*, Aufgeklärter Absolutismus, in: Jarck / Schildt, Braunschweigische Landesgeschichte, S. 576).

7 Insbesondere sind dies die Begründung der „Carlshütte" (Stahl- und Eisenverarbeitung), der „Spiegelglashütte", der Porzellanfabrik und der Lackwarenfabrik „Stobwasser" (*Moderhack*, Braunschweigische Landesgeschichte, S. 82).

8 *Hohnstein*, Geschichte des Herzogtums Braunschweig, S. 396. Besonders nennenswert sind hier Karls Gesetze zum Schutz der Bauern gegen die Bedrückung und Ausbeutung gegen ihre Gutsherren. Im Zuge dieser Gesetzgebung wurde ein auf Jahrzehnte (1746–1784) angelegtes Vorhaben begonnen, das die Neuvermessung des Landes zum Gegenstand hatte und für zuverlässige Feldrisse sorgte.

9 *Moderhack*, Braunschweigische Landesgeschichte, S. 82.

10 Der Fürst leitete eine ganze Reihe von Reformen des Schulwesens ein. In einer Reform aus dem Jahre 1753 widmete er sich zunächst der Verbesserung der höheren Schulen des Landes. Etwas später folgte eine Reform der niederen Schulen, in deren Zusammenhang auch sechs Armenschulen eingerichtet wurden (*Hohnstein*, Geschichte des Herzogtums Braunschweig, S. 396).

> „Das Herrlichste, was es in der Welt geben konnte, war mir und meinen Brüdern, die Stadt Braunschweig.“[11]

Die wichtigste aller Errungenschaften unter *Karl I.* war aber die Anerkennung und Ausfertigung der Privilegien und Befugnisse der Landschaft[12] Braunschweigs. In der Urkunde vom 9. April 1770 – der ersten Verfassung des Landes Braunschweig – versicherte der Herzog feierlich:

> „wie er allerdings gemeint sei, getreuer Landschaft die ihr zustehenden Privilegien, Freiheiten und Gerechtigkeiten ruhiglich genießen zu lassen, auch den mit derselben von Zeit zu Zeit verglichenen Landtags-Abschieden, Recessen und anderen verbindlichen compactis, auch vorhandenen landesfürstlichen Reversalien ohnverdrücklich nachzukommen und darüber mit allem Ernste und Nachdruck zu halten.“[13]

Freilich gab es auch negative Aspekte aus dem kleinen Herzogtum zu berichten. So ambitioniert *Karl I.* gewesen sein mag, so hochgradig war er doch auch „prachtliebend, verschwenderisch, ohne die erforderliche Kraft des Willens [...], freigebig“ und „der Einwirkung von Günstlingen allzusehr unterworfen“[14]. In seinem „ganzen Auftreten, in seiner gesamten Lebensführung“ war der Herzog „noch ein typischer Vertreter des Barock.“[15] Eine höchst aufwendige Hofhaltung[16] und die prachtvolle Ausstattung der zahlreichen Prinzen und Prinzessinnen[17] verliehen dem Hof ein pompöses Gepräge. Zuweilen sprach man sogar von „Klein-Versailles“. Auch die Folgen des Siebenjährigen Krieges – Braunschweig stand in der gesamten Zeit eng an Preußens Seite – und die Unterhaltung der Truppen[18] trugen dazu bei, das Land in den 1760ern in eine immer größer werdende Schuldenlast zu treiben, die das Volk massiv belastete. Erst unter *Karl Wilhelm Ferdinand*, dem Sohn und Nachfolger

---

11 *Strombeck*, Darstellungen, Bd. 1, S. 6.

12 Der Begriff der „Landschaft“ wird hier als die „Vertretung des Landes“ verstanden (*Schildt*, Von der Restauration zur Reichsgründung, in: Jarck / Schildt, Braunschweigische Landesgeschichte, S. 752).

13 Auszug aus der Originalurkunde in: *Rotteck / Welcker*, Staats-Lexikon, Stw. Braunschweig (Herzogthum), S. 722.

14 *Havemann*, Geschichte der Lande Braunschweig und Lüneburg, S. 169.

15 *Albrecht*, Aufgeklärter Absolutismus, in: Jarck / Schildt, Braunschweigische Landesgeschichte, S. 575.

16 Insbesondere das Veranstalten von italienischen Opern bei Hofe und die fortwährende Ergänzung der prachtvollen Kunstsammlung belasteten den Staatshaushalt massiv (*Albrecht*, Aufgeklärter Absolutismus, in: Jarck / Schildt, Braunschweigische Landesgeschichte, S. 576).

17 *Moderhack*, Braunschweigische Landesgeschichte, S. 82.

18 Im Jahre 1760 betrug die Truppenstärke 16.000 Mann bei einer Einwohnerzahl von 159.000 Personen (*Moderhack*, Braunschweigische Landesgeschichte, S. 82).

Karls I., dem der Vater bereits seit 1773 ein aktives Mitspracherecht an der Regierung eingeräumt hatte, wurden einschneidende Sparmaßnahmen ergriffen, die das Land nach und nach sanierten[19].

Geographisch mußte man sich Braunschweig als eine auf ehemals sumpfigen Böden, im Alluvialtal belegene und zu beiden Seiten von der Oker umgebene Landschaft vorstellen. Die Stadt lag im Vorland des Harzes – „zwischen Harz und Heide", wie es der Volksmund noch heute ausdrückt[20]. Die Beschreibungen dieser Zeit vermitteln uns, daß:

> „die ersten Eindrücke, die man empfängt, wenn man nach Norddeutschland, zumal mitten im Winter, kommt, äußerst traurig [sind]."[21]

> „Man stelle sich eine große, nach Norden abfallende lehmige Ebene mit Sandinseln vor, dann hat man im großen ein Bild von diesem Land im Umkreis von 60 Meilen. Indes gibt es ein paar Erhebungen im Braunschweiger Land: die Hügel des Elm [...], und die der Asse [...] was ich in den 16 Monaten, die ich hier bin, zumeist gesehen habe, war kalter Schlamm [...]. Die Oker, ein acht Meter breiter Fluß, der aus dem Harz kommt, fließt durch Braunschweig und Wolfenbüttel."[22]

Die Witterungsbedingungen des Landes sollen:

> „meist [...] ein unablässiger Wechsel [gewesen sein]. Der Frost ist kaum stärker als sechs oder sieben Grad unter Null, aber fünf- bis sechsmal gibt es abwechselnd Schnee und Sonnenschein am selben Tag. Von weitem sieht man eine stahlgraue Wolke heranziehen, die Sonne wird verdeckt, es schneit, die Wolke zieht vorüber, die Sonne scheint wieder, die Dächer tropfen, und zwei Stunden darauf ist vom Schnee nichts mehr zu sehen. Es regnet viel. Die Wege sind sieben Monate im Jahr wegen des Schlamms unpassierbar. Es gibt keinen Frühling. [...] Niemals jene samtweiche [...] Luft, niemals jene Abende, wo man nur für das Glück lebt, eine milde Luft zu atmen. Zweimal habe ich diese schöne Luft geatmet [...]. Daß dieses Wetter hier so selten ist, ist für mich eines der der Hauptärgernisse dieses Landes."[23]

---

19 Vgl. die Anmerkung *Stövers* alias *Quintus Aemilius Publicola*: „Man merkt hier kaum, daß hier eine Hofhaltung ist, so wenig Gepränge wird bey Hofe gemacht" (*Quintus Aemilius Publicola*, Niedersachsen [...], S. 39).

20 *Knopp*, Landesgeschichte, in: Jarck / Schildt, Braunschweigische Landesgeschichte, S. 11.

21 *Staël*, Über Deutschland, S. 28.

22 *Stendhal*, Reise nach Braunschweig, in: Mattauch (Hrsg.), Stendhal. Zeugnisse aus und über Braunschweig, S. 218.

23 *Stendhal*, Reise nach Braunschweig, in: Mattauch (Hrsg.), Stendhal. Zeugnisse aus und über Braunschweig, S. 217.

II. Abstammung und Elternhaus

Die Familie von Strombeck[24] – eines der ältesten Patriziergeschlechte der Stadt Braunschweig und bereits im Jahre 1306 unter den Ratsfamilien genannt[25] – war schon seit mehreren Jahrhunderten im Besitz reicher Lehen. Durch diesen Landbesitz – vorzüglich Lehen in den Fürstentümern Braunschweig, Lüneburg, Hildesheim und Halberstadt[26] – war sie zunächst in den Landadel hineingewachsen. Den Reichsadel erhielt die Familie im Jahre 1800[27]. Dem Wohlstand und Ansehen ist es auch zu verdanken, daß die Strombecks das Geschehen der Stadt lange Zeit entscheidend mit beeinflußt haben. Im Jahre 1590 war ein Strombeck Bürgermeister[28], man erwähnt die Strombecks im Zusammenhang mit den Brabantschen Unruhen von 1604[29], und *Herzog Julius* (1568–1589) soll im Hause Strombeck oft zu Gast gewesen sein[30]. Seit 1671 – dem Jahr der Unterwerfung der Stadt Braunschweig durch

---

24 Früher Stroebecke (*Strombeck*, Darstellungen, Bd. 1, S. 6: „Seit dem dreizehnten Jahrhundert erscheinen die von Strombeck [von Stroebecke, wie sie sich in sassischer Sprache bis zum 16ten Jahrhunderte nannten]“), eine Familie, die vermutlich aus Ströbecke (Kreis Halberstadt) stammt (*Reidemeister*, Genealogien [vor 1671], S. 143–146). Seit 1298 ist die Familie in Braunschweig nachweisbar. Sie wirkte von 1306 bis 1612 aktiv im Rat der Stadt mit (*Reidemeister*, Genealogien [vor 1671], S. 143–146; *Moderhack*, Ratsherren der Stadt Braunschweig 1231–1671, S. 200 f.).

25 *Strombeck*, Darstellungen, Bd. 1, S. 6; *Spiess*, Braunschweig im Nachmittelalter, Bd. 2, S. 455.

26 So *Strombeck* in seinen Darstellungen, Bd. 1, S. 7.

27 Genau genommen am 25. November 1800. Zum Adelsnachweis: *Ehrenkrook*, Genealogisches Handbuch des Adels, B III, Bd. 31 (1963), S. 433; *Hueck*, Genealogisches Handbuch des Adels, Bd. XIV (2003), S. 217; *Kneschke*, Adels-Lexicon, Bd. IX (1930), S. 90 f. Die Erhebung in den Reichsadel und Freiherrenstand erfolgte zunächst nur für den Vater Christoph Georg und seine Nachkommen. Dieser wurde dann am 20. September 1813 für Friedrich Karl erneuert und bestätigt (*Siméon*, in: Der Deutsche Herold 1906, S. 70 f.).

28 *Figge*, Friedrich Karl Genau genommen am 25. November 1800. Zum Adelsnachweis: *Ehrenkrook*, Genealogisches Handbuch des Adels, B III, Bd. 31 (1963), S. 433; *Hueck*, Genealogisches Handbuch des Adels, Bd. XIV (2003), S. 217; *Kneschke*, Adels-Lexicon, Bd. IX (1930), S. 90 f. Die Erhebung in den Reichsadel und Freiherrenstand erfolgte zunächst nur für den Vater Christoph Georg und seine Nachkommen. Dieser wurde dann am 20. September 1813 für Friedrich Karl erneuert und bestätigt (*Siméon*, in: Der Deutsche Herold 1906, S. 70 f.).Von Strombeck, in: BrJb, Bd. 36 (1955), S. 99. *Strombeck* spricht in seinen „Darstellungen“ sogar von mehreren Vorfahren, die Bürgermeister der Stadt gewesen sein sollen (*Strombeck*, Darstellungen, Bd. 1, S. 6 f.); so auch der Enkelsohn Strombecks in seinen Memoiren: *Strombeck R.*, Fünfzig Jahre, S. 10.

29 *Figge*, Friedrich Karl von Strombeck, in: BrJb, Bd. 36 (1955), S. 99.

30 *Strombeck*, Darstellungen, Bd. 1, S. 7.

Herzog Rudolph August – hatte sich die Familie aber weitestgehend aus dem politischen und öffentlichen Leben zurückgezogen[31].

Dieser Tradition folgte auch der Vater Strombecks, *Christoph Georg von Strombeck* (1729–1801). Er hatte auf den Universitäten zu Göttingen und Leipzig die Rechte studiert, übte seinen Beruf aber nur noch im Rahmen der Verwaltung seiner Güter aus[32]. Über Christoph Georg weiß man kaum etwas. Die wenigen Quellen, die man bezüglich seiner Person konsultieren kann, stammen vornehmlich aus Strombecks Feder und muten im Ganzen wenig schmeichelhaft an:

> „Der jetzigen Generation wird es schwer werden, sich ein treues Bild von der Art und Weise, wie mein Vater lebte, zu machen. [...] Mein Vater, ein streng und alterthümlich rechtschaffener und biederer Mann, war im hohen Grade ernst und eifersüchtig auf sein Ansehn. Ich erinnere mich nicht, daß er auch nur ein einziges Mahl mit Zärtlichkeit meine Mutter oder uns Kinder angeredet oder mit recht innigem Wohlgefallen freundlich angeblickt hätte. Den tiefsten Respect gegen ihn, die strengste Erfüllung der Pflichten verlangte er für beständig, und nicht das Mindeste sah er in dieser Hinsicht nach. [...] Diese Art zu sein war meinem Vater so zur andern Natur geworden, daß er sich nur unter den von ihm abhängigen Hausgenossen behaglich finden konnte, und er hatte also gar keinen Umgang, am wenigsten einen freundlichen."[33]

Ähnlich äußerte sich der Biograph *Cramer*:

> „Der Vater, der zwar wünschte, daß die Kinder etwas anständiges lernen möchten, lebte größtentheils nur der Verwaltung seiner Familiengüter [...]; die treue Mutter dagegen sorgte mit unbeschreiblicher [...] Zärtlichkeit für das äußere Wohl ihrer Kinder."[34]

Identifizieren konnte Strombeck sich mit dem Vater nicht. „Diese Art zu seyn lag [so sehr] in [des Vaters] ganzem Wesen"[35], daß sie den Sohn nicht nur befremdete, sondern – wie sich noch zeigen wird – bis zum Tode des Vaters im Jahre 1801 immer wieder zu Auseinandersetzungen führen sollte. Später wird Strombeck sich zwar „dankbar mehrerer Beweise väterlicher Liebe und Vorsorge" entsinnen, „so wenig Zärtlichkeit der Vater auch in seinem gewöhnlichen Betragen gegen seine Kinder blicken ließ"[36], er wird aber nie eine Bindung zu dem despotischen und distanzierten Mann aufbauen. Auch wird er

31 *Cramer*, Strombeck, in: Zeitgenossen V, S. 144.

32 *Strombeck*, Darstellungen, Bd. 1, S. 8.

33 Ebd., S. 8 f.

34 *Cramer*, Strombeck, in: Zeitgenossen V, S. 143 f.

35 Ebd., S. 18.

36 Ebd.

männliche Orientierung nicht durch den Vater, sondern eher durch den Großvater mütterlicherseits erfahren[37]:

> „Mit wahrer Ehrfurcht und einer frommen Liebe erinnere ich mich noch dieses ehrwürdigen Greises [...]. Ein Fest war es für uns Kinder, ihn zu besuchen. [...] das ganze [...] Betragen des Greises [...] machte es wohl mit, daß er sich beständig mit einem Ernst und einer Würde benahm, wie man es selten, selbst bei Personen aus den höchsten Standesclassen, findet. Er schrieb und sprach Französisch und Italiänisch, und erschien in seinem ganzen Betragen uns Kindern, als ein Wesen aus einer andern Zeit, dessen Würde und Ansehn zu erreichen fast unmöglich werden müsse."[38]

Später wird Strombeck verstärkt auf den Rat des Bruders *Heinrich* zurückgreifen, der zwar stark nach dem Vater kam, den er aber dennoch sein Leben lang als einen der wichtigsten und konstantesten Ratgeber erachtete.

Entscheidenden Einfluß übte die Mutter auf Strombeck aus. *Christiane Henriette Luise von Strombeck* geb. *Häseler* war gebürtige Kaufmannstochter und hatte eine für damalige Verhältnisse „übliche Erziehung erhalten". „An sogenannter gelehrter Bildung fehlte" es ihr aber ganz[39]. Anders als der Vater war sie „von der frohesten Laune, liebenswürdig und liebreich"[40]. Die sensible Frau litt daher besonders stark unter dem schwierigen Ehemann, zumal es sich bei den Eheleuten Strombeck wohl nicht um eine Liebesheirat gehandelt hat[41]. Trost suchte sie meist bei ihrem Erstgeborenen. Strombeck erinnert sich, daß er als Kind oft „Stunden lang" mit der Mutter geweint habe[42]. Das erklärt freilich die enge Bindung zwischen Mutter und Sohn[43], die Strombeck auch später noch dazu veranlassen wird, sich immer wieder für die Mutter verantwortlich zu fühlen. Viele Entscheidungen werden – wie sich im Einzelnen noch zeigen wird – durch die enge Bindung von Mutter und Sohn motiviert sein. Der Tod der Mutter im Jahre 1804 traf ihn tief. Lange Zeit wird Strombeck glauben, „es sei unmöglich, je wieder froh zu werden"[44].

---

37 Dieser soll ihm auch von der äußeren Erscheinung stark geähnelt haben (*Strombeck*, Darstellungen, Bd. 1, S. 24).

38 Als der Greis verstarb „zerflossen" die Kinder „in Tränen" (*Strombeck*, Darstellungen, Bd. 1, S. 21).

39 *Strombeck*, Darstellungen, Bd. 1, S. 25.

40 Ebd., S. 23.

41 Ebd., S. 24.

42 Ebd.

43 Strombeck wird später sagen, daß „durch die Geburt die Charaktere der Mutter [...]" vollständig auf ihn „übergegangen" seien (*Strombeck*, Darstellungen, Bd. 1, S. 24).

44 *Strombeck*, Darstellungen, Bd. 1, S. 167.

Im Hause Strombeck gab es auch Tage „in denen der Vater minder ernst und zurückhaltend war“. An solchen Tagen herrschte zuweilen sogar eine ausgelassene Heiterkeit[45]. Diese Tage scheinen aber die Ausnahme gewesen zu sein. Häufiger wurde das familiäre Zusammenleben von den Launen des Vaters getrübt und man erwartete von allen Familienmitgliedern unbedingte Rücksichtnahme und Gehorsam gegenüber der Verfassung des Vaters[46].

Die ersten Eindrücke Strombecks lassen bereits auf die Ambivalenz seiner Persönlichkeit schließen. Von der Mutter mit Liebe umsorgt, vom Vater mit strenger Hand geführt, wuchs der begabte Knabe in geordneten und sicheren Familienverhältnissen auf. Der Weg war ihm durch das wohlhabende Elternhaus bereits vorgegeben. Der Junge sollte eine angemessene Ausbildung erhalten, nach Möglichkeit die Rechte studieren und sich, wie es bereits der Vater und der Großvater getan hatten, den Strombeck'schen Besitzungen widmen. Das schwierige Verhältnis zum Vater führte jedoch – wie sich noch zeigen wird – dazu, daß Strombeck diesen Weg nicht ohne Umwege nahm. Anders als den Vater, zog es den Knaben schon früh in die Öffentlichkeit. Er wollte etwas erreichen. Mit der bloßen Verwaltung der Familiengüter wollte er sich nicht zufrieden geben. Angetrieben von einem „fast krankhaften“[47] Ehrgeiz arbeitete Strombeck sich später an die Spitze der Braunschweiger Juristen. Die Bereitschaft, hart zu arbeiten, ein durch die Mutter gefördertes gesundes Selbstbewußtsein und viel Optimismus halfen ihm dabei – es sind Eigenschaften, die bereits in der Kindheit begründet wurden.

III. Schulbildung (1782–1789)

Im Hause Strombeck wurde die Ausbildung der Kinder sehr ernst genommen. Der alte *Christoph Georg*, der „wünschte, daß die Kinder etwas anständiges lernen möchten“[48], scheute weder Kosten noch Mühen, um ihnen eine angemessene Bildung zukommen zu lassen. Die frühkindliche Erziehung der Brüder *Friedrich* und *Heinrich* wurde zunächst von einem Privatlehrer[49] besorgt. Später schickte man die Brüder auf die Waisenhausschule – eine der standes-

---

45 *Strombeck*, Darstellungen, Bd. 1, S. 25.

46 Ebd., S. 27.

47 So *Treitschke*, Deutsche Geschichte, Bd. IV, S. 117.

48 *Cramer*, Strombeck, in: Zeitgenossen V, S. 143 f.

49 Ein gewisser Burg-Kantor Kirchhof, über den uns keine weiteren Informationen vorliegen (*Strombeck*, Darstellungen, Bd. 1, S. 30).

gemäßen Lateinschulen[50] der Stadt Braunschweig[51]. An der Lehranstalt stand die Erziehung der Zöglinge ganz im Sinne einer lutherisch-orthodox-frommen Gesinnung[52]. Die Lehrer sollten sich

> „aller gottesfurcht und reiner evangelischer lehre, wie auch eines ehrbaren wandels befleißigen, keusch und züchtig, nüchtern und mäßig, freidtlich und in ihrem ampt treu und unverdroßen, auch nicht eigennützig und unvergnügsam sein, sondern jedermann in worten und werken ein gut exempel zur nachfolge geben“[53]

und hinsichtlich der Kinder

> „stets fleißige acht haben, daß sie stille sein, nicht schlaffen noch schwatzen, sondern andächtig zuhören, beten und singen, ihre lectiones aus dem catechismo und sonsten nach anweisung der ordtnung fleißig lernen, im lesen schreiben und rechnen sich üben, daß sie fertig darin werden [und] keine betstunde versäumen.“[54]

Insgesamt verbrachte Strombeck vier Jahre an der Waisenhausschule.

Ostern 1782 wurde er im Collegium Martineum angemeldet, in dessen Tertia[55] er im Alter von elf Jahren eintrat[56]. Der Lehrplan des Martineums[57] sah für die Tertia eine Unterrichtung in den Sprachen Deutsch[58], Latein[59], Griechisch[60]

---

50 Eine „musterhaft eingerichtete Schule“ (*Cramer,* Strombeck, in: Zeitgenossen V, S. 145).

51 Auch im Schulwesen war das Herzogtum Braunschweig liberaler Vorreiter seiner Zeit. Jedem Kind stand ungeachtet seiner Herkunft jede Art von Bildung im Herzogtum zu. Bereits im Jahre 1755 wurden im Herzogtum sechs Armenschulen eingerichtet (*Albrecht*, Aufgeklärter Absolutismus, in: Jarck / Schildt [Hrsg.], Braunschweigische Landesgeschichte, S. 605 ff.).

52 Diese religiöse Erziehung und Gesinnung wird von Strombeck auch in seinem späteren Entwurf eines Strafgesetzbuches aufgegriffen.

53 Ordnung der Waisenhausschule von 1677, abgedruckt in: Koldewey (Hrsg.), Braunschweigische Schulordnungen, S. 189.

54 Ordnung der Waisenhausschule von 1677, abgedruckt in: Koldewey (Hrsg.), Braunschweigische Schulordnungen, S. 189.

55 Insgesamt verbrachte Strombeck fünf Jahre auf dem Martineum. Drei Jahre in Tertia 1 ½ Jahre in Secunda und 1 ½ in Prima (*Strombeck*, Darstellungen, Bd. 1, S. 45).

56 *Strombeck*, Darstellungen, Bd. 1, S. 30.

57 Das Martineum ist die älteste Schule der Stadt Braunschweig. Seine Gründung geht auf das Jahr 1415 zurück, als dem Rat der Stadt die päpstliche Erlaubnis erteilt wurde, bei den Pfarrkirchen St. Martini und St. Katharinen je eine Lateinschule zu errichten (*Koldewey*, a.a.O., S. 22).

58 Stylübungen mit grammatik verbunden, richtiges und ausdrucksvolles lesen, deklamiren (Koldewey, a.a.O., S. 448).

59 Justin und Kornelius Nepos abwechselnd, Stylübungen zur Grammatik (*Koldewey*, a.a.O., S. 448).

60 Lesen, Deklinieren und Konjugieren (*Koldewey*, a.a.O., S. 448).

und Französisch[61] vor; ferner sollten die Schüler in der Religion, Geographie, Geschichte, Rechnen und der Naturgeschichte unterwiesen werden[62]. Zusätzlich mußten sie drei Schreibstunden pro Woche absolvieren[63]. Strombeck entdeckte am Martineum schon bald seine Liebe für die Antike. Recht schnell „hielt er tausende von Versen aus den klassischen Dichtern fest“[64], und schon früh versuchte er „die herrlichen Gemälde nach ihren Originalmaßen in der Muttersprache nachzubilden“[65]. Aber auch in den Wissenschaften war Strombeck „bei weitem über [seine] Mitschüler hinaus“[66]:

> „Vorzüglich [war er] ganz ausgezeichnet in den Dogmen der Lutherischen Kirche bewandert [...]. Daher konnte [er] in den Religions-Stunden kaum erwarten, daß die Reihe zum Antworten an [ihn] kam, wo [er] nie verfehlte, [seine] Kenntnisse, soweit [er] in der Kürze durfte, zum Besten zu geben. Eben so ging es [ihm] in der Geometrie, Geschichte und Geographie. [Seine] Mitschüler waren in diesen Wissenschaften gar nicht mit [ihm] zu vergleichen.“[67]

Im März des Jahres 1788 – nunmehr ein Adoleszent im Alter von 17 Jahren – wechselte Strombeck schließlich auf das Collegium Carolinum[68]. Über seinen Eintritt in das Carolinum wird er uns später sagen, daß sich ihm „gleichsam eine neue Welt“ eröffnete[69].

Das Collegium Carolinum war im Jahre 1745 als experimentelle Schulform auf die Initiative des *Abtes Jerusalem* hin von *Herzog Karl I.* gegründet und auf dessen Kosten errichtet worden[70]. Es hatte im Herzogtum schon länger ein Zustand der Unzufriedenheit über die Qualität des schulischen Unterrichts geherrscht. Insbesondere waren Bedenken geäußert worden, die Kinder würden nicht hinreichend auf die Universitäts- oder Berufslaufbahn vorbereitet[71].

---

61 Lesen und Grammatik (*Koldewey*, a.a.O., S. 448).

62 Lehrplan und Schulgesetze des Martineums, abgedruckt in: *Koldewey* (Hrsg.), Braunschweigische Schulordnungen, S. 448 f.

63 Ebd.

64 *Cramer*, Strombeck, in: Zeitgenossen V, S. 143.

65 Ebd., S. 143.

66 *Strombeck*, Darstellungen, Bd. 1, S. 32.

67 Ebd., 32 f.

68 Mit der Matr. Nr. 1043. Freund Hoyer wird mit der Matr. Nr. 1060 aufgeführt (*Düsterdieck*, Matrikel des Collegium Carolinum, S. 21; vgl. *Ders.*, Die Studenten des Collegium Carolinum, in: Kertz [Hrsg.], Vom Collegium zur TU, S. 74).

69 *Strombeck*, Darstellungen, Bd. 1, S. 49.

70 *Schikorsky*, Carolinum als Reformanstalt, in: Kertz (Hrsg.), Vom Collegium zur TU, S. 6 f.

71 *Albrecht*, Aufgeklärter Absolutismus, in: Jarck / Schildt (Hrsg.), Braunschweigische Landesgeschichte, S. 605.

Mit dem Carolinum sollten diese Mißstände beseitigt werden. Dabei sollte die Lehranstalt zweierlei Funktion erfüllen: zum Einen sollten diejenigen Schüler, welche eine Universität besuchen wollten, auf die akademische Laufbahn vorbereitet werden, zum Anderen wollte man aber auch für jene Schüler Sorge tragen, die im Herzogtum einen nichtakademischen Beruf ausüben würden[72]. Ziel war es, den Jugendlichen Kenntnisse zu vermitteln, „die jedem gebildeten Manne nothwendig und unentbehrlich"[73] sind, um sie so „zu brauchbaren und glücklichen Mitbürgern"[74] zu formen. Das Bildungsangebot war vielseitig. Es wurden Vorlesungen in den Sprachen Hebräisch, Griechisch, Latein, Deutsch, Französisch und Italienisch gehalten, es bestand die Möglichkeit, sich in der Beredsamkeit, den hebräischen, griechischen und römischen Altertümern, der Staatsgeographie, der Universal-, Kirchen- und Reichshistorie, der Historie der Gelehrten, der Philosophie, der Medizin, der Rechtswissenschaften, der Theologie[75] und der natürlichen Gottesgelehrtheit[76] ausbilden zu lassen sowie Vorlesungen zur Mathematik und Physik zu hören. Daneben wurde aber auch Unterricht in der Führung von Gewerben und Manufakturen, der Buchführung und den Verwaltungswissenschaften[77] erteilt[78]. Um die Knaben hinreichend auf ihre spätere gesellschaftliche Stellung vorzubereiten[79], wurden diese im Zeichnen, Reiten, Fechten und Tanzen unterwiesen[80]. Das hervorragende Angebot an Vorlesungen – gehalten durch so illustre Lehrkräfte wie *Ebert*[81],

72 *Eschenburg*, Geschichte des Collegii Carolino, Vorbericht, S. V f.

73 *Eschenburg*, Geschichte des Collegii Carolino, Vorbericht, S. V f.

74 Aus den Instruktionen der Hofmeister für das Carolinum, in: *Eschenburg*, Geschichte des Collegii Carolini, S. 174.

75 Besonders fortschrittlich zu bemerken ist, daß das Collegium bewusst keinerlei Unterscheidung zwischen den Konfessionen gemacht hat. Den Schülern stand es also, unabhängig von ihrem Glauben, frei, sich in der Theologie ausbilden zu lassen (*Kuhlenkamp*, Beiträge zur Geschichte der Carolo-Wilhelmina, S. 66).

76 Lehre der Wahrheit der christlichen Religion.

77 Mit Schwerpunkt auf die Bereiche Steuern und Zölle (*Kuhlenkamp*, Beiträge zur Geschichte der Carolo-Wilhelmina, S. 64).

78 *Kuhlenkamp*, Beiträge zur Geschichte der Carolo-Wilhelmina, S. 64 ff.

79 Schüler des Collegiums waren – trotz der gewünschten Ausbildung auch nichtadeliger Landeskinder, meist Adelige (vgl. *Düsterdieck*, Die Studenten des Collegium, in: Kertz [Hrsg.], Vom Collegium zur TU, S. 76).

80 Ordnung für das Collegium Carolinum, in: *Koldewey* (Hrsg.), Braunschweigische Schulordnungen, S. 411.

81 Johann Arnold Ebert wurde am 8. Februar 1723 in Hamburg geboren. Ab 1743 studierte er in Leipzig zunächst Theologie, später die schönen Wissenschaften. 1748 erhielt Ebert auf Betreiben seines Freundes Gärtner einen Ruf als Hofmeister an das Collegium Carolinum. Später wurden ihm die Vorlesungen des Englischen überantwortet. Zum Schluß genoß er den Titel eines ordentlichen Professors und lehrte in der

Gärtner[82] und nicht zuletzt den Dichter *Klopstock* – brachte dem Carolinum binnen kürzester Zeit Weltruhm ein[83]. Strombeck fühlte sich in dieser Atmosphäre sichtlich wohl:

> „Da war nichts Pedantisches, nichts Grobes [...]. Zu meiner Zeit studirten auf dem Collegium Carolinum mehrere Deutsche Fürsten und Grafen; selbst vornehme Oestreicher fehlten nicht [...]. Auch Engländer und Russen, aus den ersten Familien, waren dort [...] die freundlichen Hörsäle, die Achtung, mit welcher die Studirenden von den Professoren und übrigen Lehrern, die von Adel sogar an dem Herzoglichen Hofe behandelt wurden [...] alles dieses trug dazu bei, daß der Caroliner sich ein gewisses vornehmes und gesetztes Wesen aneignete, welches sehr gegen die Rohheit, die auf vielen Schulen und Universitäten auch zu der Zeit vorherrschend war, abstach."[84]

Dieses Bewußtsein, von Stand zu sein, läßt sich immer wieder in den Äußerungen Strombecks finden – sie liegt bereits im Kindesalter begründet. So erinnert sich Strombeck später daran, daß ihm als Kind stets „das Herz [...] höher schlug, wenn" er „sein Familien-Wappen [...] erblickte: da verfehlte" er „denn nicht, dieses" den „Gespielen zu zeigen, und ihnen zu erzählen, wie es ehedem in" der „Stadt ausgesehen, und was" seine „Vorfahren darin gegolten hätten"[85]. Im Alter wird dieses Bewußtsein zunehmend in „aristokratische Behaglichkeit" umschlagen[86].

In die Schulzeit um 1788 fällt auch die Bekanntschaft und Freundschaft mit dem Pastorensohn *Wilhelm Hoyer*[87]:

> „Wilhelm Hoyer, der Sohn eines höchst altertümlich gebildeten, gelehrten und sehr wohlhabenden Predigers zu Vortfeld [...] lebte gleichsam nur in mir, so wie ich in ihm. Auch ergänzten wir uns wechselseitig durch die Verschiedenartigkeit unserer Charaktere. [...] Uns vereinte der Fechtboden, die Reitbahn, die Drechselbank, und

---

Wissenschaft der Gelehrtenhistorie. 1780 wurde Ebert zum Hofrat ernannt. Er starb am 19. März 1795 (ADB, Bd. 5, S. 586–587).

82 Karl Christian Gärtner wurde 1712 in Freiberg in Sachsen geboren. Im Jahre 1746 wurde er auf Vorschlag des Abtes Jerusalem für die Vorlesungen im Deutschen für das Collegium Carolinum gewonnen. 1748 wurde ihm auch die Vorlesungen für Sittenlehre und Beredsamkeit übertragen. Später las er auch Lateinisch. 1780 wurde er zum herzoglichen Hofrath ernannt. Dieses Amt übte er bis zu seinem Tode am 14. Februar 1791 aus (ADB, Bd. 8, S. 381–382).

83 „Das Carolinum [war] durch ganz Deutschland, selbst durch einen bedeutenden Theil des übrigen Europa, berühmt" (*Strombeck*, Darstellungen, Bd. 1, S. 49).

84 *Strombeck*, Darstellungen, Bd. 1, S. 49 ff.

85 Ebd., S. 6.

86 *Unbekannt*, Friedrich Karl von Strombeck, in: Neuer Nekrolog der Deutschen, 26. Jg. (1848), S. 886.

87 Über Hoyer konnte sich nichts ermitteln lassen. Es liegen uns lediglich die Informationen vor, die Strombeck uns mitgibt.

nie nahm Einer von uns Beiden eine Excursion in den benachbarten Harz allein vor; wie denn auch Hoyer im älterlichen Haus stets der willkommene Gast [war]. – So lebten wir zusammen, auch als Männer [...]. Die Tugend, die Bedachtsamkeit, der Geschmack dieses edeln Menschen hat auf mein Leben und mein Thun einen großen Einfluß ausgeübt."[88]

Mit *Hoyer* hat Strombeck beinahe die gesamte Jugend- und Studienzeit verbracht. Man kann ohne Zweifel behaupten, daß es sich bei *Wilhelm Hoyer* um den engsten und vertrautesten Freund Strombecks gehandelt hat. Eine derart intensive Freundschaft hat er später nie wieder geschlossen[89]. Der frühe Tod des Freundes im Jahre 1804 hat Strombeck schwer erschüttert. *Hoyer* hatte seit seiner Geburt an einem Herzfehler gelitten und war diesem schließlich erlegen. Noch 1803 hatte Strombeck in Paris versucht, einen renommierten Spezialisten dazu zu bewegen, sich des Leidens *Hoyers* anzunehmen[90] – aber leider ohne Erfolg. Über den Verlust des Freundes schreibt er noch 1833:

„[...] obwohl er jetzt seit acht und zwanzig Jahren todt ist, vergeht wohl kaum ein Tag, daß ich mich mit ihm nicht förmlich unterhielte."[91]

Im Jahre 1788 ahnte man freilich noch nichts von diesen schweren Stunden. Man war unbeschwert, bildete sich aus[92] und begann, erste kleine Erfolge zu verzeichnen[93]. Im Rückblick wird Strombeck die Zeit am Carolinum als eine „mit einer durch melancholische Gefühle mehr gewürzte als getrübte Wonne"[94] bezeichnen.

Die Jahre vergingen. Plötzlich fand man sich im Jahre 1789 wieder. Strombeck hatte mittlerweile die nötige Reife erlangt und verließ das Carolinum im

---

88 *Strombeck*, Darstellungen, Bd. 1, S. 57 f.

89 Als Strombeck im Jahre 1793 seine Reise nach Italien unternahm, schrieb er dem Freund beinahe jeden Tag (*Strombeck*, Briefe an Hoyer, in: Darstellungen, Bd. 3, Anlage II, S. 381–430).

90 *Strombeck*, Darstellungen, Bd. 2, S. 101.

91 Ebd., S. 58.

92 Strombeck bildete sich auf dem Collegium, nebst in den Wissenschaften, auch in den Sprachen Latein, Griechisch, Englisch, Französisch, Spanisch und Italienisch aus.

93 So verfasste Strombeck anlässlich des Todes seiner Schwester Clara im Alter von 17 Jahren eine Elegie, die ihm so gelang, „daß Gärtner [...] davon entzückt wurde, und nicht aufhören konnte, sie im Collegio zu loben" (*Strombeck*, Darstellungen, Bd. 1, S. 55). Ein anderes Mal reichte er eine Fabel ein, die so gelungen war, daß Gärtner an der Autorschaft des jungen Strombeck Zweifel hegte. Strombeck war darüber über alle Maßen gekränkt (*Cramer*, Strombeck, in: Zeitgenossen V, S. 147).

94 *Strombeck*, Darstellungen, Bd. 1, S. 56.

Herbst 1789, um sich an der Universität zu Helmstedt für das Studium der Rechte einzuschreiben[95]. *Hoyer* würde ihm ein Jahr später nach Helmstedt folgen.

95 Er immatrikulierte sich am 21. Oktober 1789 (Matr. Nr. 11779). In demselben Semester befand sich auch sein Freund und späterer Schwager Gottfried Philipp von Bülow, der ebenfalls das Studium der Rechte aufnahm (Nachweis in: *Mundhenke*, Die Matrikel der Universität Helmstedt [1685–1810], S. 285).

2. Kapitel: Studienjahre und Reise nach Italien

I. *Studium in Helmstedt (1789–1791)*

Im Oktober bezog Friedrich Karl von Strombeck die Universität zu Helmstedt[1]. Über die berühmt-berüchtigte Universitätsstadt hieß es bereits im 17. Jahrhundert:

> „Welcher Student
> von Wittenberg kommt mit gesundem Leib,
> von Leipzig und Tübingen ohne Weib,
> von Jena und Helmstedt ungeschlagen,
> der kann von großem Glück sagen."[2]

Die Beweggründe Strombecks, ausgerechnet nach Helmstedt zu gehen, sind uns nicht bekannt. Angesichts seiner finanziellen Position hätte er sein Studium durchaus auch an der renommierteren Universität zu Göttingen beginnen können. Vielleicht schien dem jungen Strombeck ein Weggang von Braunschweig in die nur etwa 47 km entlegene Stadt Helmstedt aber angenehmer[3]. Möglicherweise agierte Strombeck auch bereits im Hinblick auf eine spätere Anstellung in den braunschweigischen Staatsdienst. Eine solche Anstellung setzte nämlich aufgrund herzoglicher Verordnung voraus, mindestens zwei Jahre an der Universität des Vaterlandes verbracht zu haben[4]. Helmstedt war

1 Das Gründungsjahr der Julia-Carolina zu Helmstedt geht auf das Jahr 1576 zurück. Ihren Namen verdankte die Lehranstalt dem Begründer Herzog Julius. Die Universität beherbergte – wie damals üblich – die vier Fakultäten Theologie, Jurisprudenz, Medizin und Philosophie. 1810 wurde die Universität zu Gunsten Göttingens von der Regierung Westfalen geschlossen. Der Universität war es bereits zu Anfang des 18. Jahrhunderts schlecht gegangen. Mit der Gründung der Universität zu Göttingen war Helmstedt immer mehr ins Abseits geraten und pflegte zunehmend den Ruf nur noch grobe, pöbelnde und gewalttätige Studenten zu beherbergen. Das Ausbleiben ernsthafter Wissenschaftler und zahlkräftiger Studenten soll entschieden dazu beigetragen haben, daß die Universität mehr um ihrer rauflustigen Studenten als ihres akademischen Ruhmes gekannt wurde (so *Brüdermann*, Studenten in Helmstedt, BrJbLa 81, S. 26).

2 Abdruck bei *Brüdermann*, Studenten in Helmstedt, BrJbLa 81, S. 9. An der Universität soll es seit ihrer Gründungszeit besonders rauflustig und grob zugegangen sein. Das ernsthafte Betreiben eines Studiums war unter diesen Umständen schwer möglich.

3 Göttingen liegt rund 112 km von Braunschweig entfernt.

4 Diese Verordnung galt zunächst nur für Stipendiaten des Herzogs und Theologen, die eine staatliche Anstellung anstrebten. Sie kann wohl aber auch auf für übrigen Fakul-

damals eine „nach ihrem Sitze und nach der Studentenzahl zu den kleineren gerechnet[e]" Universität, die sich durch ein besonders „trauliches Familienverhältniß" zwischen Professoren und Studenten auszeichnete[5]. Auch dies könnte letztlich den Anlaß dazu gegeben haben, daß Strombeck sich für Helmstedt entschied. Letztlich kann man nur Mutmaßungen darüber anstellen. Eindeutig ist nur, daß Strombeck sich

> „in Helmstedt [...] außerordentlich glücklich [fühlte], so sehr, daß [er] selbst in den Ferien oft die [...] geliebte Stadt nicht verließ. [Er] fand [sich] frei und unabhängig, keinem Tadel, keiner Controlle unterworfen, und dieses zum ersten Mahle in [seinem] Leben."[6]

Er fand Unterkunft im Hause des Professors Bruns[7], der ihn „mit einem Wohlwollen", ja sogar „mit einer Freundschaft" aufnahm, die auf das künftige Leben des jungen Mannes „nicht ohne Einfluß" blieben[8]. Die Einmietung der Studenten bei Universitätsangehörigen war damals nicht unüblich und in Helmstedt vom Landesherren auf das genaueste geregelt. So war der Standard einer Studentenwohnung des 18. Jahrhunderts auf ein Bett, zwei Tische, vier bis sechs Stühle, einen Sessel, einen Kleiderschrank und einen Spiegel festgelegt. Als Mietpreis wurden 20 Taler jährlich veranschlagt[9].

Das Studium der Rechte nahm Strombeck zügig auf[10]. Der Fakultät zu Helmstedt oblag vor allem die Ausbildung der höheren Verwaltungsbediensteten des Landes[11]. Nach den Statuten der Universität war das Rechtsstudium dabei in

---

täten angenommen werden (*Brüdermann*, Studenten in Helmstedt, BrJbLa 81, S. 26; so auch *Müller*, Bode, S. 20).

5 *Cramer*, Strombeck, in: Zeitgenossen V, S. 148. Im 18. Jahrhundert soll sich die Studentenzahl auf 200 bis 300 Studenten jährlich belaufen haben (*Brüdermann*, Studenten in Helmstedt, BrJbLa 81, S. 12).

6 *Strombeck*, Darstellungen, Bd. 1, S. 66. Ein gewisses Streben nach Unabhängigkeit und Freiheit war Strombeck – sowohl im beruflichen als auch im privaten Bereich – stets wichtig.

7 Paul Jakob Bruns (1743–1814) war ab den 1760ern Professor der Literaturgeschichte an der Universität zu Helmstedt.

8 *Strombeck*, Darstellungen, Bd. 1, S. 59.

9 Bei einem nicht allzu gut situierten Studenten betrug das Jahresbudget etwa 200 bis 300 Taler, die Miete machte also etwa 10 % des Jahresgeldes aus. Davon wurden mit etwa zwei Talern jährlich noch die Leistungen des Gesindes des Hauswirtes mit abgegolten. Die Preise waren verglichen mit anderen Universitäten jener Zeit verhältnismäßig günstig (*Brüdermann*, Studenten in Helmstedt, BrJbLa 81, S. 13).

10 Ein Studium, das sich nicht jedermann leisten konnte. Die Studenten mußten damals jede Vorlesung selbst an den Professor bezahlen. Für das Studium der Rechte wurden keine Stipendien vergeben, so daß dieses Studium lediglich den besser situierten vorbehalten war (vgl. *Brüdermann*, Studenten in Helmstedt, BrJbLa 81, S. 26).

11 *Haase*, Die Universität Helmstedt 1576 bis 1810, S. 59.

einen engen Zusammenhang zur Religion zu bringen, weil das Recht und die Rechtswissenschaft „letztlich göttlichen Ursprungs" sei und „mindestens indirekt dem Reiche Gottes als Fundament des Friedens und der Ordnung im staatlichen Gemeinwesen" zu dienen habe[12]. Den Studenten wurde zu Beginn der Vorlesungen die Bibel – als essentielle Quelle menschlichen Rechts – für die gesamte Zeit des Studiums empfohlen.

Voraussetzung für die Aufnahme des Studiums der Rechte war eine ausreichende Kenntnis in den klassischen Sprachen, sowie der Dialektik und der Geschichte. Der Lehrplan sah zunächst die Institutionen Justinians vor. Später sollten die Pandekten „besonders sorgfältig" behandelt werden. Ziel war es, die Studenten zunächst mit der Systematik und der Interpretation von Recht vertraut zu machen, um sie dann in den speziellen Rechtsgebieten des Personen- und Kontraktrechts, des Erbrechts, des Rechts der Klage, des Prozeß- und schließlich des Lehnrechts zu unterweisen[13].

Strombeck widmete sich nur mit mäßigem Eifer der neuen Aufgabe[14]. Er hörte das Zivil- und Kriminalrecht bei *Oelze*[15] und das Römische Recht bei *Günther*[16], verwandte aber insgesamt wenig Mühe auf das Studium der Rechte. Mehr Begeisterung scheinen ihm die Vorlesungen in der Ästhetik und den schönen Künsten bereitet zu haben, die er regelmäßiger und mit weitaus größerem Engagement besuchte[17]. Es scheint fast, als habe Strombeck das Studium der Rechte eher auf den Wunsch des Vaters hin, als den eigenen Neigungen entsprechend, aufgenommen. Seine Leidenschaft galt nach wie vor der Antike, deren Dichter er nun auch verstärkt zu übersetzen versuchte. Die Juristerei war für ihn eher eine lästige Pflicht, die er zwar ordentlich meisterte, die ihm aber nicht sonderlich viel Freude bereitet zu haben scheint. Es verwundert daher kaum, daß das juristische Talent Strombecks zunächst im Verborgenen blieb.

---

12 Statuten der juristischen Fakultät zu Helmstedt, in: *Baumgart / Pitz* (Bearb.), Statuten der Universität Helmstedt, S. 34.

13 Ebd., S. 36.

14 *Strombeck*, Darstellungen, Bd. 1, S. 59.

15 Gottlieb Eusebius Oelze (1734–1807) dozierte ab 1781 an der Universität zu Helmstedt die Rechte. Ab 1783 wurde er Hofrat und Ordinarius der juristischen Fakultät (*Behse*, Universität Helmstedt im Naturrecht, S. 157).

16 Christian August Günther (1758–1839) folgte 1786 einem Ruf als außerordentlicher Professor der Rechte an die Universität zu Helmstedt. Ab 1788 wurde er zum ordentlichen Professor ernannt. Er verließ die Universität 1804, um einer Stelle als Appellationsrat in Dresden Folge zu leisten (ADB, Bd. 10, S. 167–168).

17 *Strombeck*, Darstellungen, Bd. 1, S. 62.

II. Studium in Göttingen (1791–1793)

Studentenunruhen in Helmstedt[18] und der Wunsch nach persönlicher Weiterentwicklung veranlaßten Strombeck im Jahre 1791 zu einem Wechsel nach Göttingen. Von Göttingen versprach er sich für seine Studien „viel, desto weniger aber für [sein] Herz"[19]. In der neuen Stadt widmete er sich ausschließlich dem Studium der Rechte und hörte bei *Pütter*[20], *Claproth*[21], *Hugo*[22] und *Waldeck*. Besonders *Pütter* – seinerzeit der wohl „bedeutendste und erfolgreichste Staatsrechtslehrer"[23] – schätzte den talentierten jungen Mann und suchte ihn mehrfach für die akademische Laufbahn zu gewinnen[24]. Strombeck lehnte jedoch ab:

> „Für dergleichen kleinliche Verhältnisse hielt ich mich gleichsam zu vornehm."[25]

---

18 Bei den Unruhen handelte es sich um Übergriffe der Studentenschaft gegen die Handwerksgesellen der Stadt. Strombeck hatte sich an den Studentenunruhen nicht beteiligen wollen, weil ihm „von Natur aus sanft und gerecht" solche „Ständel, wodurch [seine] Studien gestört wurden, in den Tod zuwider waren". Den mangelnden Einsatz, hatten die Kommilitonen ihm später als Abtrünnigkeit angelastet (*Strombeck*, Darstellungen, Bd. 1, S. 70 f.). Brüdermann beschreibt diese Arten von Studentenunruhen – „Rencontres" genannt – als Element des Studentenstatus, die dem Studenten eine „gruppenspezifische Ehre" verliehen. Wer der Verteidigung der Ehre in solchen „Rencontres" fernblieb mußte mit sozialer Ächtung rechnen (*Brüdermann*, Studenten in Helmstedt, BrJbLa 81, S. 21; vgl. *Behse*, Auszug der Helmstedter Studenten, in: Alt-Helmstedt, Jg. 1 1914.9, S. 54).

19 *Strombeck*, Darstellungen, Bd. 1, S. 71. Der Umstand, daß Helmstedt junge Juristen nur mäßig auszubilden vermochte, entspricht wohl der Wahrheit. So entsinnt sich Strombecks Studienfreund Bülow in seinen Memoiren, daß „die gewonnene Ausbeute nicht groß" war; „sie bestand in nicht viel Mehreren, als einer Bekanntschaft mit den Gegenständen des genossenen Unterrichts, ohne mir eine Vollständigkeit des Erkenntnisses, eine wahre Wissenschaft zu gewähren, und ich bezweifle, daß ich eine Prüfung würde habe bestehen können, wie sie jetzt [...] überstanden werden muß" (*Bülow*, Rückblicke, S. 47).

20 Johann Stephan Pütter (1725–1807) kam 1753 als Ordinarius an die Universität zu Göttingen. 1757 übernahm er die ordentliche Professur für öffentliches Recht, die er bis zu seinem Tode im Jahre 1807 ausübte (ADB, Bd. 26, S. 749–776; vgl. DBE, Bd. 8, S. 87–88).

21 Justus Claproth (1728–1805) kam 1748 nach Göttingen. Ab 1761 war er ordentlicher Professor und hielt Vorlesungen im Prozeßrecht. 1805 übernahm er den Posten des Ordinarius im Spruchkollegium der Universität.

22 Gustav Hugo (1764–1844) nahm seine Göttinger Lehrtätigkeit im Jahre 1788 auf.

23 So *Kleinheyer / Schröder*, Deutsche und Europäische Juristen, S. 332.

24 *Strombeck*, Darstellungen, Bd. 1, S. 73 f.

25 Ebd., S. 74.

Das eigentliche Problem lag wohl darin, daß die gewöhnliche akademische Laufbahn Strombeck regelrechte „Abscheu" verursachte[26]. Es ekelte ihn an, „sich von einem Auditor bis zu einem Rathe durch Sollicitiren und die Protection Anderer heraufzuquälen" und das „Abhängigkeitsverhältnis der Professoren zu den Studenten" und ihr „neidisches Treiben unter und gegen einander" am eigenen Leib zu erfahren. Ohnehin wollte sich in seinen Gedanken kein „rechte[r] Plan" einstellen, „was er in Zukunft mit [seinen] erworbenen Kenntnissen beginnen wollte." Im letzten Semester des Jahres 1793 besuchte er keine einzige Vorlesung im Recht. Ostern 1793 ging er – scheinbar ohne Abschluß – von der Universität zu Göttingen ab[27].

III. Strombecks Reise nach Italien (1793)

Strombeck zog zunächst wieder bei den Eltern ein. Viel wußte er nicht mit sich anzufangen. Es mangelte ihm an Plänen und an Perspektiven. Ohne Ziel lebte er in den Tag hinein und betrieb ausgedehnten Müßiggang. Seinen Studien widmete er sich nur halbherzig. Es verwundert kaum, daß der ehrgeizige Strombeck diesen Zustand nicht lange aushielt. Er fühlte, daß „[ihm] Alles" fehlte, weil es ihm an „feste[n] Geschäfte[n] und ein[em] bestimmte[n] Zweck des Lebens [...] mangelte."[28] und so mußte er versuchen, „wenigstens wieder eine Episode" in sein Leben zu bringen. Bereits in Göttingen war in ihm der Plan gereift, Italien und den Orient zu bereisen, sich eine „schöne Griechin zur Gattin [zu] holen" und sich als Übersetzer klassischer Autoren einen Namen zu machen[29]. Freilich hatte es sich damals lediglich um diffuse Gedanken gehandelt. Nun, da er viel Zeit gehabt hatte, über seinen ursprünglichen Plan nachzudenken, fand er immer mehr Gefallen an der Vorstellung. „Fürs Erste" sollte sein „Ziel Italien sein, und" er „wollte sehen, was ferner daraus würde[30]. Im

---

26 *Strombeck*, Darstellungen, Bd. 1, S. 73.

27 Ebd., S. 80. Dies behauptet zumindest *Figge*, a.a.O., S. 101. Für die Behauptung könnte sprechen, daß Strombeck in seinen Memoiren die Ablegung eines gesetzlichen Examens mit keiner Silbe anspricht. Anders beispielsweise sein Studienfreund und späterer Schwager Bülow, der das Examen ausdrücklich in seinen Aufzeichnungen erwähnt (*Bülow*, Rückblicke, S. 49).

28 *Strombeck*, Darstellungen, Bd. 1, S. 73.

29 Ebd., S. 74 f.

30 *Strombeck*, Darstellungen, Bd. 1, S. 81.

Juni des Jahres 1793 setzte er diesen Plan – ohne Wissen der Eltern – in die Tat um[31].

Über Nürnberg[32], Augsburg, Innsbruck und den Brenner ging es nach Italien[33]. Das erste Ziel in Italien sollte Verona sein, wo Strombeck am 19. Juni 1793 ankam. Besonders oft besuchte er dort das Amphitheater, das er als „auf das tiefste herabgewürdigt“[34] vorfand. Er suchte es „täglich [...] mit einem Maaßstabe von fünf venezianische Fuß in der Hand“[35] auf und stellte detaillierte Untersuchungen über die Architektur und Geschichte des Bauwerkes an. Seine Beobachtungen teilte er uns später auf das Genauste mit:

> „wenn man die höchste Genauigkeit genau beobachten wollte, [der Sitz] sei es auch noch so wenig, an der inneren Seite ausgehöhlt sein [mußte]. Dieses hat der alte Baumeister mit einer unbegreiflich genauen Sorgfalt beobachtet. Nicht so die Ausbesserer; diesen war es genug, statt der alten schadhaften, neue ganz gerade Marmorblöcke einzuschieben. Da aber der Umkreiß so außerordentlich groß ist, so wird dieser Mangel an Genauigkeit beim allgemeinen Anblicke gar nicht, sondern erst bei einer genauern Untersuchung entdeckt.“[36]

Im Ganzen bot sich ihm Verona aber in einem „Bild des Verfalles dar“. Er fand „prachtvolle Paläste“ und „kostbare Sammlungen“ vor, die leider aus einer früheren Zeit herrührten und das aktuelle Bild Veronas nicht übertünchen konnten[37]. Ein kurzer Aufenthalt in Vicenza bot ihm ein ähnlich trauriges Bild:

> „In dem berühmten *teatro olimpico* des Palladio war es schmutzig und düster, so daß mir keine erfreuliche Erinnerung davon geblieben ist. [...] Die herrlichen, von Palladio erbauten Paläste des Vicentianischen Adels fand ich in ihrem Innern größtentheils in keinem sonderlichen Zustande.“[38]

Einzig Venedig fand seinen uneingeschränkten Beifall:

> „Auch solche Reisende, welche die vorzüglichsten Städte Europa's sahen, setzt der erste Anblick von Venedig in Erstaunen. Der Fremde, der Thürme, Kuppeln und Palläste aus den Fluten des Meeres emporragen sieht, weiß kaum, ob er seinen Au-

---

31 Strombeck reiste, unter dem Vorwand Jena besuchen zu wollen los, ohne vom Vater einer Erlaubnis zu dieser Reise gehabt zu haben (*Cramer,* Strombeck, in: Zeitgenossen V, S. 149).

32 In Nürnberg machte er kurz Halt, um die „Stadt und ihre Merkwürdigkeiten bestens kennen zu lernen“ (*Strombeck*, Darstellungen, Bd. 1, S. 84).

33 Von Braunschweig nach Verona brauchte er keine vierzehn Tage (*Cramer,* Strombeck, in: Zeitgenossen V, S. 149).

34 *Strombeck*, Darstellungen, Bd. 1, S. 91.

35 *Strombeck*, Bruchstücke einer italienischen Reise, in: BraMag 1795, S. 500 f.

36 Ebd., S. 509.

37 *Strombeck*, Darstellungen, Bd. 1, S. 92.

38 Ebd., S. 93.

gen trauen, oder was er erblickt für ein Blendwerk der Sinne oder die Wirkung eines täuschenden Traumes [...] halten soll? So ging es auch mir."[39]

In Venedig wollte er etwa „einen Monat verweilen"[40].

Durch eine glückliche Fügung fand er Aufnahme im Hause der Signora Magdalena, einer liebenswerten Witwe, in der „Ruga gussa zwischen dem Markus-Platze und dem Lido de' Schiavoni"[41] und richtete sich, teils, um die Stadt eingehend zu studieren, teils, um auf Geld zu warten, das er im Elternhause für eine Fortsetzung der Reise nach Rom und Neapel erbeten hatte, für einen längeren Aufenthalt im Hause der Signora ein. Die Signora war eine Frau, die „sittsamer, frommer und freundlicher" nicht sein konnte und mit der Strombeck in sehr gutem, freundschaftlichen Verhältnis stand[42]. Sie wird – wie sich noch zeigen wird – nicht ohne Einfluß auf das Leben Strombecks bleiben. Getrieben von scheinbar unstillbarem Wissensdurst, machte er sich daran, Venedig auf das Gründlichste und Sorgfältigste zu studieren. Seine hervorragenden Kenntnisse in der italienischen Sprache ermöglichten es ihm, auch die Bevölkerung etwas besser kennen und verstehen zu lernen. Es verwunderte ihn sehr, daß hier – entgegen der weit verbreiteten Auffassung (man hatte Strombeck sogar eindringlich davor gewarnt, in der Öffentlichkeit politische Themen anzusprechen[43]) – beinahe täglich auf den Straßen über das politische Tagesgeschehen offen debattiert wurde. Diese Debatten waren sogar „fast der einzige Gegenstand der Unterhaltung", auch wenn „man sich beständig sehr behutsam ausdrückte"[44]. So vergingen ihm die Tage schnell.

Er befand sich nun seit gut drei Wochen in Venedig, aber „kein Brief, kein Wechsel" des Vaters wollte kommen[45]. Wie aber die Reise nach Rom und

---

39 *Strombeck*, Briefe über Venedig, in: Berlinerische Monatsschrift 1797, S. 48.

40 Ebd., S. 98.

41 Die Dame „achtete" sogar „mit wahrhaft mütterlichen Sorgfalt" auf den jungen Strombeck (*Strombeck*, Darstellungen, Bd. 1, S. 98, 100).

42 *Strombeck*, Darstellungen, Bd. 1, S. 98.

43 Einem weitläufig in der Fremde verbreiteten Vorurteil entgegen (*Strombeck*, Briefe über Venedig, in: Berlinerische Monatsschrift, S. 51). Strombeck selbst äußert sich kaum zu der Regierungsform der Republik, aus seinen Briefen kann man lediglich entnehmen, daß er das daran gekoppelte (und für erforderlich gehaltene) Denunzianten- und Spitzeltum nicht befürwortete.

44 Ohnehin äußerte sich Strombeck kaum zu der politischen Situation in Venedig. Aus seinen Briefen läßt sich lediglich entnehmen, daß er das an die Republik gekoppelte (und für erforderlich gehaltene) Denunzianten- und Spitzeltum nicht befürworte (*Strombeck*, Briefe über Venedig, in: Berlinerische Monatsschrift, S. 51).

45 Wie es der Zufall will, kam das Geld einige Tage nach Strombecks Abreise aus Venedig an (*Cramer*, Strombeck, in: Zeitgenossen V, S. 149).

Neapel fortsetzen? Strombeck war sich unschlüssig. Sollte er noch abwarten? Oder den Vater erneut anschreiben? Oder einfach wieder nach Deutschland zurückkehren und sich dort das Geld für die weitere Reise vor Ort beschaffen? Den Zweifeln Strombecks nahm sich die besorgte Signora Magdalena an. „Wie groß wird die Sorge Eurer lieben Frau Mutter sein!“ pflegte sie wiederholt zu sagen[46]. Es verging kaum ein Tag, an dem sie nicht versuchte, Strombeck zur Rückreise zu bewegen. Sie setzte sich schließlich durch. Anfang August trat Strombeck seine Rückreise nach Deutschland an:

> „Mit schwerem Herzen nahm ich Abschied von meiner mütterlichen Freundin [...]. Meine Stimmung war keineswegs eine heitere: ich verließ Menschen, die mich Unbekannten als einen alten Freund aufgenommen [...]; ich kehrte von einer Reise zurück, welche ich kaum begonnen hatte, und was hatte ich am Ende zu Haus zu erwarten? War es nicht eben die Art zu leben, der ich entflohen war? [...] ich blickte noch einmal hin zu dem schönen, von der Abendsonnen beleuchteten Venedig, und begann mich [dann] um meine Reisegesellschaft zu kümmern.“[47]

In Braunschweig traf Strombeck im Herbst wieder ein – freilich nur vorerst, denn er wollte seinen Aufenthalt nur so lange nehmen, wie es dauern würde, um die finanziellen Mittel für die Weiterreise aufzutreiben. Es sollte aber anders kommen. Strombeck sollte die Reise erst gute dreißig Jahre später im Jahre 1835 fortsetzen.

Die Reise nach Italien – so wird Strombeck uns später mitteilen – bedeutete eine Kehrtwende für sein gesamtes Leben[48]. Es ist eine der wenigen Aussagen, die einen Eindruck davon vermitteln kann, wie wichtig und entscheidend die Reise nach Italien für die persönliche Entwicklung Strombecks gewesen ist. In seinen Ausführungen beschränkt er sich leider fast ausschließlich auf die geschichtliche und architektonische Beschreibung der besuchten Städte – dies allerdings in minuziöser und fast ermüdender Weise. Seine Eindrücke und Empfindungen teilt er hingegen kaum mit. Die Ausführungen wirken nüchtern, oberflächlich und belanglos[49]. Daß die Reise nach Italien aber einen entscheidenden Einfluß auf das gesamte Fortkommen Strombecks gehabt hat, läßt sich ohne Zweifel behaupten. Sie trug dazu bei, nach der trostlosen Zeit des Frühjahres 1793, sein Selbstwertgefühl zu stärken. Sicherlich half sie ihm auch, sich auf seine ursprünglichen Kräfte und Talente zu besinnen und sich wieder eine gewisse Form der Unabhängigkeit anzueignen.

---

46 *Strombeck*, Darstellungen, Bd. 1, S. 102.

47 *Strombeck*, Darstellungen, Bd. 1, S. 113.

48 Ebd., S. 102.

49 Ähnlich *Unbekannt*, Friedrich Karl von Strombeck, in: Neuer Nekrolog der Deutschen, 26. Jg. (1848), S. 883–886.

In Braunschweig widmete sich Strombeck zunächst wieder seiner Tätigkeit als Übersetzer und Schriftsteller[50]. Erste dichterische Versuche machten im Jahr 1794 die Veröffentlichung eines Sonetts[51] und 1795 sogar eines Singspiels, das er anläßlich der Hochzeit seiner Schwester Henriette verfaßt hatte, möglich[52]. Im Jahre 1795 wurde eine Übersetzung von *Ovids Kunst zu lieben* herausgegeben. Es handelte sich um eine Arbeit, welche Strombeck bereits zu Studienzeiten begonnen hatte. An eine Veröffentlichung hatte er aber zunächst gar nicht geglaubt:

> „Als ich diese Übersetzung der *Kunst zu lieben* des unsterblichen Ovids anfing, dachte ich an nichts weniger, als eine öffentliche Bekanntmachung derselben.“[53]

Tatsächlich ist die Arbeit auch nicht besonders freundlich aufgenommen worden. In einer Rezension aus dem Jahre 1796 heißt es sogar:

> „Hr. von Strombeck hat, wie er selbst gesteht, die Kunst Verse zu machen, und das Studium der Alten nie sehr getrieben. Daß dies Geständnis nicht falsche Bescheidenheit ist, davon liefert jede Seite hinlänglichen Beweis. [...] Doch genug von dieser schlechten Arbeit! Wir haben uns so lange [Anm. der Verf.: Der Rezension wird keine halbe Spalte gewidmet!] dabey aufgehalten, damit Hr. v. Str. [...] und alle Übersetzer seines Gleichen von einer so unnützen, die Zeit verderbenden, die Dichtkunst entehrenden, Versemacherey auf immer, wo möglich, abgeschreckt werden.“[54]

Mit solch vernichtender Kritik hatte wohl auch Strombeck nicht gerechnet. Er war zutiefst gekränkt und fühlte sich viel zu hart kritisiert. In einer vierseitigen Verteidigungsschrift setzte er sich gegen das harte Urteil des Rezensenten zur Wehr:

> „Es giebt kein sichereres Mittel, die Verdienste eines Gelehrten herabzusetzen, als wenn man, statt zu sagen, was er geleistet hat, sich allein oder vorzüglich bei demjenigen aufhält, was er hätte leisten können, oder wie man es gemeiniglich vorstellt, leisten sollen.“[55]

Daß es sich bei dieser Arbeit aber tatsächlich um eine schlechte Arbeit gehandelt haben muß, bestätigt uns auch eine Aussage aus dem Jahre 1813, in der es heißt:

---

50 Unter der Leitung seines ehemaligen Lehrers am Carolinum Domenico da Gattinara übersetzte er mehrere Trauerspiele Schillers ins Italienische (*Figge*, Friedrich Karl von Strombeck, in: BsJb 36 [1955], S. 102).

51 *Strombeck*, Sonett, in: Apollo 1794 (Heft 3), S. 96.

52 *Strombeck*, Diana und Endymion – Ein Singspiel, Braunschweig 1795.

53 *Strombeck*, Vorrede zu Ovids Kunst zu lieben, S. 3.

54 *Unbekannt*, Rezension: Ovids Kunst zu lieben, in: AlitZ 1796, S. 239 f.

55 *Strombeck*, Verteidigung gegen einen Angriff, in: ALitZ 1796, S. 4.

> „Der Herr Präsident von Strombeck übersetzte schon im Jahre 1795 [....] 'Ovids Kunst zu lieben' [...]. Das waren seine ersten, schwachen Versuche in diesem schweren und wenig belohnenden Fache. Es war wohl nicht zu verwundern, daß sie nicht ganz geriethen, und wohl jetzt des Beifalls ihres Urhebers selbst unwerth sein mögten."[56]

Später hatte Strombeck selbst keinen Hehl mehr aus der Mangelhaftigkeit seiner Arbeit gemacht. Im Jahre 1831 brachte er sogar eine zweite überarbeitete und stark verbesserte Auflage seiner Übersetzung von 1795 heraus. So unglücklich Strombeck im Jahre 1796 über die vernichtende Kritik seiner Arbeit gewesen sein mag, so glücklich hat sie aber auch seinen weiteren Lebensweg beeinflußt. Im selben Jahr war die Arbeit nämlich auch dem braunschweigischen Landesvater in die Hände gelangt. *Herzog Karl Wilhelm Ferdinand*[57], der ein Auge für die schönen Künste hatte, las die Übersetzung, erkannte das Talent des jungen Mannes und ließ ihn umgehend an den Hof bitten[58]. Er fand bald Gefallen an dem ehrgeizigen Strombeck und so blieb es nicht aus, daß der Herzog ihn in staatliche Dienste ziehen wollte. Er unterbreitete ihm folgenden Vorschlag:

---

56 *Anonym*, Sendschreiben an ein Frauenzimmer, S. 5 in Anm. b.

57 Karl Wilhelm Ferdinand (1735–1806) übernahm bereits 1773, sieben Jahre vor dem Tod seines Vaters Herzog Karl I., die Regierung im Fürstentum Braunschweig-Wolfenbüttel. Er wuchs inmitten seiner 13 Geschwister auf, von denen aber nur acht das Jugendalter überlebten, und erhielt als Erbprinz eine angemessene Erziehung durch den Abt Jerusalem. Aufgrund seiner engen verwandtschaftlichen Beziehung zu Preußen und eines Vertrages, in dem das Fürstentum Braunschweig Truppen an Preußen zu Verfügung stellte, kämpfte der 21jährige Erbprinz im Siebenjährigen Krieg tapfer und erfolgreich gegen Frankreich auf preußischer Seite. 1763 heiratete er eine Schwester des Königs Georg III. von Großbritannien, Prinzessin Augusta (1734–1813). Die Regierung des Herzogs war Anfangs geschickt geführt. Erfolgreiche Reformen ließen das kleine Fürstentum Braunschweig aufblühen. Unter dem Einfluss von Abt Jerusalem und dem Pädagogen Campe war Herzog Karl Wilhelm Ferdinand ein echter aufgeklärter Fürst. Seine größte Leidenschaft blieb aber das Militär. Im Jahr 1787 wurde der Herzog zum preußischen Feldmarschall ernannt. Es folgte der Oberbefehl über die preußischen und österreichischen Truppen, um die französische Revolutionsarmee zu besiegen. Karl Wilhelm Ferdinand wurde 1806 als Oberbefehlshaber für die preußische Armee reaktiviert. Im hohen Alter von 71 Jahren starb er den Folgen einer schweren Verwundung aus dem Kampf gegen die napoleonische Armee im damals dänischen Ottensen. Ihm folgte 1815 der Sohn Friedrich Wilhelm auf den Thron (*Hahne, Otto*, Zur Charakteristik des Herzogs Karl Wilhelm Ferdinand, in: FS für Paul Zimmermann, S. 117–125; vgl. *Pockels K.F.*, Carl Wilhelm Ferdinand, Tübingen 1809; vgl. *Stern, Selma*, Karl Wilhelm Ferdinand (Hildesheim-Leipzig 1921); vgl. *Unbekannt*, Carl Wilhelm Ferdinand und Friedrich Wilhelm, in: Zeitgenossen I, S. 45–66; vgl. *Unbekannt*, Carl Wilhelm Ferdinand, in: Görger, Wilhelm (Hrsg.), Galerie von Portraits der berühmten Herzöge von Braunschweig-Lüneburg, S. 124–127; *Zimmermann, Paul*, Abt Jerusalems Berichte, in: BrJb, 5. Jg. (1906), S. 129–164.

58 *Cramer*, Strombeck, in: Zeitgenossen V, S. 150.

„[es] soll [...] von Ihnen abhängen, ob Sie Assessor bei der Justiz-Canzlei oder bei dem Hofgerichte werden wollen. Ich rathe zu dem letztern, so können Sie noch länger in Ihren Verhältnissen hier in der Stadt und in Ihrem älterlichen Hause bleiben, und sie sind sofort stimmführendes Mitglied eines Obergerichts.“[59]

Mit einem solchen Angebot hatte Strombeck sicher nicht gerechnet. Nahm er es an, so würde er, entgegen seinen Neigungen, die Laufbahn eines Juristen einschlagen. Darüber hinaus würde der Plan, seine Italienreise fortzuführen, zunächst ruhen müssen. Andererseits fühlte sich Strombeck aber auch über alle Maßen geschmeichelt, bereits im Alter von 24 Jahren zum stimmführenden Mitglied eines obersten Gerichtes ernannt zu werden. Im Grunde entsprach es nicht Strombecks Wesen, ein solches Angebot auszuschlagen. Viel zu sehr war er vom Ehrgeiz gepackt. Er akzeptierte kurzerhand. Nach der Anfertigung von Probearbeiten trat er im Juni desselben Jahres seinen Dienst bei dem Hofgericht zu Wolfenbüttel an.

59 *Strombeck*, Darstellungen, Bd. 1, S. 129 f.

3. Kapitel: Erste Berufserfahrungen

I. Außerordentlicher Assessor am Hofgericht zu Wolfenbüttel (1795–1799)

Die neue Aufgabe verlangte von Strombeck, den „Diäten“ des Hofgerichts[1] – einem Plenum, das sechs mal im Jahr statt fand – beizuwohnen. Hofgerichtsassessoren waren dabei – wie der Herzog es Strombeck zugesagt hatte – wirkliche Räte und im Kollegium stimmberechtigt[2]. Das Hofgericht war am 13 Januar 1557 von Herzog *Heinrich dem Jüngeren* errichtet worden und sollte nach der Hofgerichtsordnung von 1557 erste Instanz für Grafen, Herren Ritter und Edelleute und Berufungsinstanz für die Landesangehörigen sein[3]. Über das anzuwendende Recht traf die Ordnung keine Aussage, es wurde lediglich festgesetzt, daß die Richter „nach ehrbaren und guten Ordnungen, nach Statuten und Gewohnheiten zu urteilen“ hätten. Erst die „gemehrte und verbesserte Hofgerichtsordnung von 1559“ bestimmte, daß die Richter

> „alle rechtshängigen Sachen [...] auf das gemeine geschriebene Recht[4], des Heiligen Römischen Reichs Constitutiones und Abschied und ehrbare gute Ordnungen, Statuten und redliche beständige Gewohnheiten erkennen“

sollten. Eine Änderung hat die Hofgerichtsordnung letztmalig im Jahre 1663 erhalten.

Besetzt wurde das Gericht mit einem Hofrichter und mehreren Assessoren. Es oblag ihm die Entscheidung in Zivilsachen, in welcher es mit der „Hof-Kanzlei“, welche ebenfalls die oberste Gerichtsbarkeit des Landes führte, in

---

1 Das Hofgericht ist vom Instanzenzug einem heutigen Oberlandesgericht gleichzusetzen (vgl. *Heusinger*, Einführung, in: Spiess [Hrsg.], Geschichte des Gerichtswesens in Braunschweig, S. VII).

2 *Cramer*, Strombeck, in: Zeitgenossen V, S. 150.

3 *Herse*, Das Hofgericht, in: Spiess (Hrsg.), Geschichte des Gerichtswesens in Braunschweig, S. 3.

4 Die Bezeichnung „gemeines Recht“ bezieht sich dabei auf das römische Recht. Der Sachsenspiegel wurde als Rechtsquelle konkludent ausgeschlossen. Die Errichtung des Hofgerichts führte damit erstmals das römische Recht und den rechtsgelehrten Richter ein, was für das Rechts- und Gerichtswesen des Landes eine tiefe Zäsur bedeutete (so *Herse*, a.a.O., S. 4; vgl. *Brüdermann*, Glaubensspaltung, in: Jarck / Schildt [Hrsg.], Braunschweigische Landesgeschichte, S. 469).

Konkurrenz stand[5]. Die Geschäfte des Hofgerichts verliefen daher eher schleppend, einen großen Arbeitsaufwand verursachten sie nicht. Strombeck wird sich über mangelnden Müßiggang wohl kaum beklagt haben dürfen. Aus dem Elternhaus zog er zunächst nicht aus. Trotz des gestrengen Vaters scheinen die Annehmlichkeiten, die man genoß, wenn man noch bei den Eltern wohnte, wohl nicht von der Hand zu weisen gewesen sein. Auch finanzielle Aspekte dürften bei dem kargen Gehalt eines Assessoren eine Rolle gespielt haben.

Die Tätigkeit bei Gericht beanspruchte den jungen Mann nur mäßig, obschon sie – wie wir aus Strombecks Memoiren erfahren – ihn gehörig anstrengte[6]. Er widmete sich daher weiterhin fast ausschließlich seiner literarischen Tätigkeit. In den Jahren 1796 und 1797 stellte er eine Übersetzung der *Heilmittel der Liebe Ovids*[7] fertig und fing unmittelbar im Anschluß eine Übersetzung der *Elegien des Tibull*[8] an, die er, weil er sie auch einem ungelehrten Publikum zugänglich machen wollte, mit kurzen Zusammenfassungen der Grundideen und Anmerkungen versah. Wenn er nicht schrieb, weilte Strombeck oft auf dem väterlichen Gut Groß-Twülpstedt, wo er mit dem Freund *Hoyer* „jagend und zu Pferde die Umgegend durchschwärmend, ein wahr haft idyllisches Leben" führte[9]. Dieses Leben hätte er sicherlich auch noch einige Zeit weiterführen wollen, wenn der Vater dem Ganzen am „ersten Tage des Jahres 1797" nicht ein jähes Ende bereitet hätte:

> „Gott weiß, was meinen Vater verstimmte, und ohne daß von meiner Seite die geringste Veranlassung dazu gegeben, äußerte er sich auf einmahl gegen mich in [...] herben Worten [...]. Ohne eine Silbe zu erwidern, stand ich auf und ging auf mein Zimmer [...]. Mein Entschluß [...] war bald gefasst: [...] Entweder der Vater bewilligt mir ein Jahresgehalt, so daß ich zu Wolfenbüttel meinem Amte obliegen kann, bis ich zu einer genügenden Besoldung gelange [...] oder er ist hierzu nicht zu bewegen –: dann widme ich mich der Advokatur, und lebe auch so unabhängig."[10]

---

5 *Zimmermann*, Organisation der Verwaltung im Herzogtum Braunschweig, S. 12.

6 *Strombeck*, Darstellungen, Bd. 1, S. 132.

7 *Strombeck*, Ovids Heilmittel der Liebe. In der Versart des Originals mit erläuternden Anmerkungen und einer Skizze von dem Leben des Dichters, Braunschweig 1796.

8 Proben dieser Übersetzungen wurden in der Deutschen und der Berlinerischen Monatsschrift veröffentlicht (*Strombeck*, Zwei Elegien Tibulls, in: DMo, 1796, S. 3–10; *Ders.*, Zwei Elegien aus dem ersten Buch, in: BMo 1798, S. 54–68; *Ders.*, Proben einer neuen Übersetzung, in: BMo 1798, S. 204–212; *Ders.*, Zehnte Elegie des ersten Buches, in: BMo 1798, S. 204–212). Ebenso wurden veröffentlicht: *Strombeck*, Sulpicia, in: BMo 1798, S. 404–406; *Ders.*, Ovids Elegie auf Tibulls Tod, in: BMo 1799, S. 64–72; *Ders.*, Properzens Erste Elegie, in: BMo 1799, S. 379–385.

9 *Strombeck*, Darstellungen, Bd. 1, S. 134.

10 Ebd., S. 134 f.

Der Streit zwischen Vater und Sohn muß so heftig gewesen sein, daß sich sogar der Herzog gezwungen sehen mußte, einzugreifen. Man kam schließlich beiderseits überein, daß der alte *Christoph Georg* dem Sohn ein „kleines Jahresgehalt zu Wolfenbüttel aussetzte, wogegen ihm", von Seiten des Herzogs, „die bestimmte Hoffnung gemacht wurde", daß Strombeck bald in eine feste Besoldung „einrücken solle"[11]. Strombeck zog nach Wolfenbüttel.

In Wolfenbüttel richtete er sich im Hause *Bülow* ein. Die *Bülows*[12] waren erst kürzlich nach Wolfenbüttel gezogen und Strombeck nicht ganz unbekannt. Der älteste Sohn der Familie, *Gottfried Philipp von Bülow*, war ein Studienfreund Strombecks aus Helmstedter Zeiten[13] und dieser hatte Strombeck auch in die Familie eingeführt und dafür gesorgt,

> „daß [ihm] in dem weitläufigen Hause, welches die Familie bewohnte, miethweise einige Zimmer überlassen wurden, ja er bewirkte bei seiner Mutter, daß [er], gegen ein billiges Kostgeld, die Ehre hatte, täglich mit der Familie zu speisen."[14]

Die Eheleute *Bülow* hatten insgesamt elf Kinder, davon fünf Töchter im Alter zwischen zwölf und 20 Jahren. Schon bald fühlte Strombeck sich stark zur ältesten Tochter *Philippine von Bülow* hingezogen. Er begann ihr bald den Hof zu machen. *Philippine* aber erwiderte Strombecks Liebe nicht und so „verlöschte denn allmählig" seine „Flamme, um für Amalie, ihre jüngere Schwester, bei der" er „die Gegenliebe zu finden glaubte, zur Feuersbrunst aufzulodern"[15]. Ob Strombeck die Verschmähung Philippines tatsächlich bereits überwunden hatte, als er sich für die zweitgeborene *Amalie* entschied, läßt sich freilich nicht mehr nachhalten. Selbst macht er dazu keine Angaben. Jahre später soll er seinem Freund *Stendhal*[16] aber gestanden haben, daß er sich bei

11 *Strombeck*, Darstellungen, Bd. 1, S. 136 f.

12 Eine ursprünglich aus Hannover stammende Familie (*Bülow*, Rückblicke, S. 5).

13 So behauptet es *Strombeck*, a.a.O., S. 136. Bülow erwähnt diese Freundschaft in seinen Memoiren nicht. Er spricht die Person Strombecks ein einziges Mal – allein in Bezug auf die Verheiratung seiner zweiten Schwester Amalie mit diesem – an (*Bülow*, Rückblicke, S. 73).

14 *Strombeck*, Darstellungen, Bd. 1, S. 136 f.

15 *Strombeck*, Darstellungen, Bd. 1, S. 139.

16 Die beiden Männer hatten sich während der französischen Besatzungszeit in Braunschweig kennengelernt, wo Stendhal von 1807 bis 1808 als Kriegskommissar-Adjunkt tätig gewesen ist. Die Freundschaft der beiden Männer hatte sich erst langsam entwikkelt. Der erste Eindruck Stendhals von Strombeck war nicht sonderlich positiv ausgefallen. Der junge Franzose fand, Strombeck sehe aus „wie ein Apotheker", von schwerfälligem, langsamen Geist, zwar gebildet, aber ohne jeglichen „Gärstoff der Philosophie". Deshalb – so mutmaßte Stendhal – habe dieser „keinen Erfolg mit seinen Ideen". Diesen Mängeln hielt er jedoch entgegen, daß Strombeck zumindest „ein guter Freund, ein zärtlicher Vater, ein guter Sohn und Bruder" war (*Stendhal*, Gesammelte Werke.

aller Liebe zu *Amalie* doch immer noch zu *Philippine* hingezogen fühle[17]. Auch *Stendhal* lernte *Philippine* im Jahre 1807 und auch er war sofort zutiefst beeindruckt:

> „Eine deutsche Frau mit der Seele Philippidions, mit eben so viel Geist und der edlen Gestalt, die sie mit siebzehn Jahren gehabt haben muß (sie ist jetzt neunundzwanzig oder dreißig), ehrbar und natürlich durch die Sitten des Landes, und dadurch auch ein klein wenig religiös, nur soweit es nützlich ist, eine solche Frau könnte zweifellos einen Gatten sehr glücklich machen."[18]

Amalie hingegen hatte einen weniger guten Eindruck auf den Franzosen gemacht:

> „Seine [Strombecks] Frau ist Mutter, weiter nichts. Eine völlige Null, Sanftmut und Tugend in Person, aber entsetzlich langweilig; eine Deutsche in jeder Beziehung."[19]

Die Geschichte der unglücklichen Liebe Strombecks zu seiner Schwägerin hat *Stendhal* derart fasziniert, daß er ihr später in seinem Werk *Über die Liebe* ein Denkmal gesetzt hat[20]:

Tagebücher, S. 381). Diese weniger glanzvolle Beurteilung hat Stendhal später mehrfach revidiert. In seinem Werk „Spaziergänge in Rom" nennt er Strombeck einen „der geistreichsten, harmlosesten und gelehrtesten Männer", die er je kennen lernen durfte (*Stendhal*, Gesammelte Werke. Spaziergänge in Rom, S. 59). In seiner „Geschichte der Malerei" sagt er von Strombeck: „Er ist einer der ersten deutschen Juristen und einer der ehrlichsten Menschen." (*Stendhal*, Gesammelte Werke. Geschichte der Malerei, S. 201). Auch spätere Briefwechsel bekunden, daß Stendhal den Braunschweiger Freund sehr geschätzt haben muß. In einem Brief von 1813 schreibt er: „Nie habe ich hier [d.h. in Deutschland] einen Freund gefunden. Sie sind der einzige, den ich in der Sprache des 'Ja' besitze" (*Stendhal*, Gesammelte Werke. Briefe, S. 695). Der Kontakt der beiden Freunde brach im Jahre 1814 aber endgültig ab (*Simon*, Le souvenirs du Baron de Strombeck, S. 6). Siehe zum Aufenthalt Stendhals in Braunschweig auch: *Mattauch*, Zeugnisse aus und über Braunschweig; *Naumann*, Stendhals Deutschland; *François-Poncet*, Stendhal in Braunschweig.

17 *Stendhal*, Gesammelte Werke. Tagebücher, S. 373.

18 *Stendhal*, Gesammelte Werke. Tagebücher, S. 374.

19 Ebd., S. 381.

20 Stendhal war nicht der einzige Schriftsteller, der an Strombecks Liebe teilhatte. Auch Klopstock, dem Strombeck seine Übersetzung der Elegien Tibulls zugesandt hatte, wusste um die Liebe zu Philippine. Strombeck hatte sein Werk mit der Widmung „An Olympia" versehen und damit Philippine gemeint. Klopstock hatte an diesem Umstand derartig Gefallen gefunden, daß er den jungen Strombeck bat, „ihn zum nähern Vertrauten" seiner Liebe zu machen. Strombeck hatte dem Ansinnen des großen Klopstock jedoch aus Verlegenheit nicht geantwortet, denn „die Wendung" seiner Liebe hätte dem Mann „nach seiner Art zu lieben [...] wenig gefallen" (*Strombeck*, Darstellungen, Bd. 1, S. 156). Strombeck hatte den Dichter zeit seines Lebens verehrt. Im Jahre 1803 wid-

„Sicher ist jedenfalls, daß er [sc. Strombeck][21] sie leidenschaftlich liebte, daß er wiedergeliebt wurde, daß sie sich ununterbrochen sahen und daß doch kein Makel auf sie fällt; aber die Halberstädter Sonne ist matt, die Verhältnisse sind eng und diese beiden Leute ziemlich kühl. Selbst bei ihren leidenschaftlichsten Gesprächen waren Kant und Klopstock zugegen.“[22]

Trotzdem war auch *Stendhal* letztlich davon überzeugt, daß die Verbindung Strombecks mit *Amalie* keine reine Zweckverbindung gewesen sein konnte:

„Alle Deutschen aus Strombecks Bekanntschaft sind Liebesheiraten eingegangen, er selbst, [...] sein Bruder Georg, Herr von Bülow [...].“[23]

Tatsächlich spricht auch viel für diese Annahme. Die Verbindung der Beiden wurde von den Eltern zunächst nicht gebilligt[24]. Strombeck bemühte sich deswegen nach Kräften um den elterlichen Segen. Erneut griff der Herzog ein, an welchen Strombeck sich in seiner Verzweiflung gewandt hatte und welchen er um eine Ratsstelle mit Besoldung bei der Justiz-Kanzlei gebeten hatte, um seine Amalie endlich heiraten zu können. Der Herzog, dem „nicht unbekannt war, was Liebe sei“, war „schnell geneigt“, dem unglücklichen Mann zu helfen und schlug ihn seiner Schwester, der *Prinzessin Auguste Dorothea* – Äbtissin zu Gandersheim – für den erledigten Posten eines Abteirats vor. Nachdem Strombeck der Prinzessin seine Aufwartung gemacht hatte, ernannte sie ihn zum neuen Abteirat, was verlangte, daß Strombeck nach Gandersheim übersiedelte. Dies wollte er freilich nicht ohne seine *Amalie* tun, und so wurde die Verbindung der beiden jungen Menschen

„am 2ten April 1799 in Wolfenbüttel, in Gegenwart meiner [...] Aeltern, Geschwister und vieler Verwandten und Freunde gefeiert. Mit allem zu einer Haushaltung Gehörigen wohl und recht elegant ausgestattet, zogen wir nun nach Gandersheim, wo wir am 7ten April eintrafen, und bis zur Einrichtung unserer Wohnung, einer Stifts-Curie, auf der Abtei unser Quartier angewiesen bekamen.“[25]

Philippine, die unverheiratet geblieben war und bis zu ihrem Tode im Stift Steterburg als Kanonissin lebte, blieb Strombeck eine enge Freundin und Vertraute.

---

mete er ihm das Werk „Gleim und Klopstock. Verklärte Geister“, in: BMo 1803, S. 321–323.

21 Stendhal lässt Strombeck unter dem Decknamen „Mermann“ auftreten und verlegt das Geschehen nach Halberstadt – der Herkunftsstadt der Strombecks. Allein Philippine tritt unter ihrem richtigen Namen auf (vgl. *Naumann*, Stendhals Deutschland, S. 185).

22 *Stendhal*, Gesammelte Werke. Über die Liebe, S. 269.

23 *Stendhal*, Gesammelte Werke. Tagebücher, S. 369.

24 Als Grund wird angeführt, daß Bedenken bestanden hätten, der junge Mann könne seine Amalie nicht hinreichend versorgen (*Strombeck*, a.a.O., S. 139).

25 *Strombeck*, Darstellungen, Bd. 1, S. 149.

II. Hof- und Abteirat des Stiftes Gandersheim (1799–1810)

Die Tätigkeit in Gandersheim nahm Strombeck zügig auf[26]. Diese bestand anfangs in der Verwaltung der örtlichen Justiz und der Besorgung der Geschäfte der Lehnkammer[27]. Strombeck arbeitete sich gut ein und wurde bereits ein Jahr später zum Geschäftsführer der Äbtissin ernannt. Dem jungen Mann oblag nun die gesamte Verantwortung für den Finanz- und Hofstaat der Abtei. Diese Aufgabe wird Strombeck nicht leicht gefallen sein, denn „von geschäftlichem Sinn steckte" in der Äbtissin „keine Spur"[28]:

> „In Geschäften war es nicht leicht, mit dieser geistreichen und milden Fürstin umzugehen; schon deshalb, daß sie ihnen selten die nöthige Aufmerksamkeit widmete. Zweimahl hatte ich wöchentlich, Morgens nach 11 Uhr, in ihrem Cabinette Vortrag zu machen und die Ausfertigung zur Unterschrift vorzulegen. Da war es denn oft nicht wenig schwer, ihr einleuchtend zu machen, daß eine Pachtung [...] künftig ein Paar hundert Rthlr. mehr abwerfen könne. – 'Hat der Mann Familie?' pflegte sie dann zu fragen, und mußte dieses bejaht werden, dann war es doppelt schwer. Wandten sich endlich Pächter, denen ich die Pacht so gesteigert hatte persönlich an die Fürstin, wie oft der Fall war, dann lag ich nicht selten unter."[29]

Mit unermüdlichem Eifer gelang es Strombeck jedoch, die Einkünfte der Abtei stetig zu vermehren[30] und Ordnung in die Geschäfte der Äbtissin zu bringen[31],

26 Seine literarische Tätigkeit vernachlässigte Strombeck indes nicht. Es erschienen in den Jahren 1799–1806 folgende Arbeiten: *Strombeck*, Tibulls Elegien (Göttingen 1799); *Ders.*, Darf ein Braunschweigischer Minister zu der Stelle eines Schatzrathes aspirieren?, Wolfenbüttel 1801 (hierbei handelt es sich um die erste veröffentlichte juristische Abhandlung Strombecks); *Ders.*, Elegien des Properz (Göttingen 1803); *Ders.*, Properz I. Elegie 3, in: BMo 1800, S. 203–215; *Ders.*, Zwei Elegien von Properz, in: Bmo 1800, S. 401–406; *Ders.*, Der Wanderer und der Brocken, in: BMo 1800, S. 185; *Ders.*, Cornelia, in: ALitZ 1801, S. 1–19; *Ders.*, Etwas über die Entdeckung eines Achten Hauptplaneten, in: BraMag 1802, S. 515–524; *Ders.*, Berichtigung einiger Irrthümer, in: BraMag 1803, S. 465–472; *Ders.*, Bemerkungen, die Mondsteine betreffend, in: BraMag 1803, S. 179–182; *Ders.*, Die Erscheinung bei der Wiege, in: BMo 1804, S. 445–447; *Ders.*, Gegenbemerkung über die vermeintliche atmosphärische Zugkraft, in: BraMag 1804, S. 461–466; *Ders.*, Phantasien, in: BMo 1806, S. 271–293; *Ders.*, Einige Bemerkungen über die Tunnelburg zu Gandersheim, in: BraMag 1806, S. 321–328.

27 *Cramer*, Strombeck, in: Zeitgenossen V, S. 152.

28 *Zimmermann*, Die letzten Tage, S. 117.

29 *Strombeck*, Darstellungen, Bd. 1, S. 163.

30 Diese beliefen sich bei Antritt der Auguste auf jährlich 8.800 Taler, was einem heutigen Wert von etwa 70.000 € entspricht (vgl. *Zimmermann*, Die letzten Tage, S. 116).

31 Strombeck brachte binnen kürzester Zeit, das „seit vielen Jahren in Verwirrung gerathene abteiliche Archiv in Ordnung", vermehrte durch zweckmäßige Einrichtungen die abteilichen Einkünfte, nahm die Pflege der Kirchen- und Schulanstalten wahr,

die sich selbst „schwer zu ordnungsmäßiger Behandlung ihrer Obliegenheiten verstehen" konnte[32]. Die Äbtissin schätzte den Einsatz des klugen Mannes und zwischen Strombeck und *Auguste Dorothea* entwickelte sich bald ein freundschaftliches und vertrautes Verhältnis, von welchem zahlreiche Briefwechsel noch heute zeugen. Schon bald unterschrieb die Äbtissin ihre Briefe an Strombeck nur mit „Mama Auguste", „ihre Pagode" „ihre zugethane guthmütige Mama". Ein anderes Mal schrieb sie: „Der Segen der kleinen Äbtissin ruht auf ihrem Hofrath, sie verbleibt seine wohlgeneigte ergebene Auguste"[33] usw. Strombeck war bald der engste Vertraute der Äbtissin. *Prinzessin Auguste Dorothea*, die sich selbst als „eine kleine Person 5 Schu hoch, eine lange Nase, Mund in die Quere und mit einem guten deutschen Herzen"[34] beschrieb, war am 2. Oktober 1749 als vorletztes von 13 Kindern als Tochter des *Herzogs Karl I.* und der *Herzogin Philippine Charlotte*, einer Schwester *Friedrichs des Großen*, zu Wolfenbüttel geboren worden. Ähnlich wie ihre Geschwister hatte auch Auguste eine vorzügliche und aufgeklärte Ausbildung genossen. Der Vater hatte für seine jüngste Tochter die klösterliche Laufbahn vorgesehen und so wurde Auguste bereits bei der Wahl ihrer Tante, der *Äbtissin Therese Natalie*, einer Schwester *Herzog Karls I.*, als deren Nachfolgerin in Aussicht genommen. Auf Verlangen des Herzogs wählte sie das Kapitel am 3. August 1778 zur Nachfolgerin. Ihre Inthronisation erfolgte am 13. März 1779[35]. Im Ganzen erfahren wir wenig von der Äbtissin. Strombeck widmet ihr in seinen Memoiren einige Seiten[36]. Er beschreibt sie als äußerst geistreich, freundlich und mild. Sie soll durch „ihren lebhaften Geist und sprudelnden Witz das belebende Element des Braunschweiger Hofes" gewesen sein. Selbst pflegte sie sich als die „interlocutrice" zu bezeichnen[37]. Ein besonders inniges Verhältnis hegte *Auguste* vor allem zu ihrem älteren Bruder und späteren *Herzog Karl Wilhelm Ferdinand.* Dieser liebte sie aufrichtig und wünschte, daß die Prinzessin stets um ihn sei[38]. Tatsächlich residierte *Auguste* fast ausschließlich in

---

sorgte für die Urbarmachung wüster Ländereien usw. (*Cramer*, Strombeck, in: Zeitgenossen V, S. 152).

32 *Zimmermann*, Die letzten Tage, S. 117; vgl. *Goetting*, Das Bistum Hildesheim, S. 358.

33 *Zimmermann*, Die letzten Tage, S. 118.

34 Ebd., S. 115.

35 Ebd.

36 *Strombeck*, Darstellungen, Bd. 1, S. 161–166. Des weiteren hat Strombeck einen Aufsatz im 14. und 15. Stück der Zeitschrift „Panorama der Gegenwart" von 1842 veröffentlicht. Dieser Aufsatz ist aber nicht mehr aufzufinden.

37 So *Zimmermann*, Die letzten Tage, S. 116.

38 So soll der Herzog es ungern ertragen haben, sie länger als 14 Tage zu entbehren (*Zimmermann*, Die letzten Tage, S. 118).

Braunschweig. Nur zweimal jährlich – im Frühjahr und im Herbst – weilte sie für kurze Zeit in Gandersheim. Diese Amtsführung brachte einen nicht geringen Verfall der Abtei und ungeordnete Verhältnisse mit sich, denen sich Strombeck, als ihr alleiniger Bevollmächtigter, meist ohne ihre Hilfe ausgesetzt sah.

Im Jahre 1801 zwang der Tod des Vaters *Christoph Georg* Strombeck zur Rückkehr nach Braunschweig[39]. Besonders schwer wird ihm der Umzug nicht gefallen sein, hatte er doch Gandersheim stets als einen „uralte[n], zwischen den Vorgebirgen des Harzes gelegene[n], ziemlich düstere[n] Ort" empfunden, „der nichts als eine arme Landstadt gewesen" sei. In Braunschweig wollte er sich künftig um die Verwaltung der angefallenen Güter kümmern und Sorge für die verwitwete Mutter tragen. Keine Sekunde wird Strombeck gezögert haben, der geliebten Mutter zu Hilfe zu eilen und ihr bis zu ihrem Tode nicht mehr von der Seite zu weichen. Seiner Äbtissin blieb Strombeck aber weiterhin treu zu Diensten. Die Geschäfte der Abtei konnten sich ohne weiteres auch von Braunschweig aus besorgen lassen.

Den treuesten Dienst erwies er der Äbtissin freilich im Jahre 1802. Aus Paris drang die Nachricht nach Braunschweig, daß man zur Entschädigung für die Verluste, die einige deutsche Fürsten auf der linken Rheinseite, als Folge des Krieges gegen Frankreich, erlitten hatten, im rechtsrheinischen Deutschland auch das Stift Gandersheim verwenden wollte. Strombeck handelte schnell und schloß am 23. September 1802 mit dem Herzoglichen Ministerium einen Vertrag, in welchem die Äbtissin allen reichsständischen Ansprüchen entsagte und ihre Abtei dem Landesfürsten unterstellte. Gandersheim entging so dem Reichsdeputationshauptschluß vom 25. Februar 1803, der nichts weiter verfügen konnte, als das, was Strombeck bereits ausgehandelt hatte – die Säkularisierung der Abtei[40]. Er verhandelte zudem so geschickt, daß er der Abtei „manchen kleinen Vorteil" zuwenden konnte. Der Herzog zeigte sich über dieses Verhandlungsgeschick sehr beeindruckt und pflegte des Öfteren anzumerken, daß er (Strombeck), wäre er der „Schwester nicht unentbehrlich geworden", er ganz des Herzogs sein müsse[41]. Die Abtei blieb indes vor größeren

---

39 Im Jahre 1801 erschien auch die erste ernstzunehmende juristische Abhandlung *Strombecks* über die Frage „Darf ein Braunschweigischer Minister zur Stelle eines Schatzraths aspirieren?" (Wolfenbüttel 1801).

40 *Strombeck*, Darstellungen, Bd. 1, S. 169 f.

41 Ebd., S. 170.

Schäden bewahrt. Man ließ lediglich „aus dem Titel das 'kaiserlich und des heiligen Römischen Reiches' weg [...] und Alles blieb bei dem Alten“[42].

Es waren Jahre des „tiefsten Friedens“ in Braunschweig[43]. Noch ahnte man nichts von der bevorstehenden Katastrophe, die das kleine Land bald ereilen würde, jedoch zeichnete sich am politischen Horizont bereits das Ende dieser friedvollen Phase ab. Das Deutsche Reich zerfiel zunehmend und das „dahin sinkende Gleichgewichts-System“[44] bot keine Sicherheit mehr. Der Umsturz der bestehenden Verhältnisse schien nur noch eine Frage der Zeit. Die Äbtissin sah den kommenden Ereignissen mit bangen Ahnungen entgegen, und Strombeck pflichtete ihr bei:

> „Glauben Sie mir, wir sind am Abend vor einer Katastrophe. Ich beklage vor allem meinen unglücklichen Bruder: ihn rufen Pflicht und Ehre; er kann nicht anders, aber man sollte nicht auf seine Schultern legen, was jetzt für ihn zu tragen zu schwer ist.“[45]

Im Oktober des Jahres 1806 war *Herzog Karl Wilhelm Ferdinand* – 71jährig – zum Oberbefehlshaber der preußischen Truppen ernannt worden und gegen Napoleon in die Schlacht gezogen. Plötzlich überschlugen sich die Ereignisse. Am 17. Oktober kam die Kunde von der Niederlage zu Jena und Auerstädt. Im Hause Braunschweig entschied man sich auf Anraten des Herzogs sofort zur Flucht. Die Äbtissin wollte Braunschweig am 18. Oktober verlassen. Strombeck sollte, weil *Amalie* unmittelbar vor der Geburt des dritten Kindes stand[46], zunächst in Braunschweig zurückbleiben. Doch am Vorabend der Flucht erschien die Äbtissin in furchtbarer Aufregung im Hause Strombeck und bat ihren Abteirat auf das dringlichste, sie zu begleiten. Strombeck sagte sofort zu:

> „Sowohl meine Frau als ich versicherten, daß ihre Wünsche für uns Befehle seien, und daß uns Beide nichts mehr geschmerzt habe, als die bisherige Bestimmung, daß ich zurückbleiben solle.“[47]

Im Morgengrauen machte man sich auf den Weg nach Rostock, wo man am 22. Oktober ankam. Am 1. November wurde die Reise nach Lübeck fortgesetzt. Da aber die französischen Truppen bereits im Anmarsch waren und man Gefahr befürchtete, so entschied man sich am 5. November zur Weiterreise

42 *Strombeck*, Darstellungen, Bd. 1, S. 168.

43 *Strombeck*, Darstellungen, Bd. 1, S. 168.

44 Ebd.

45 *Zimmermann*, Die letzten Tage, S. 119.

46 Strombeck hatte bereits einen Sohn Georg (1800) und eine Tochter Auguste Dorothea (1801).

47 *Strombeck*, Darstellungen, Bd. 1, S. 239.

nach Altona, wo man auf neutralem dänischen Gebiet Schutz und Sicherheit vermutete. Ganz in der Nähe – in Ottensen – war auch der schwer verwundete Herzog eingetroffen. Unfähig, eigene Entscheidungen zu treffen, mußte ohne den Rat des Landesvaters gehandelt werden. Strombeck riet der Prinzessin zur Rückkehr. „Aber [war die Antwort der Aebtissin], wovon leben, wovon meine Dienerschaft bezahlen?“[48] Der Einwand war nicht unberechtigt. Strombeck bot daher an, zunächst allein nach Braunschweig zurückzukehren, um die Umstände zu erforschen. Die Äbtissin sollte bis zu seiner Rückkehr in Altona bleiben. In Braunschweig schienen die Verhältnisse jedoch günstiger als angenommen. Strombecks Verhandlungsgeschick überzeugte die französischen Besatzer, deren oberste Verwaltungsbeamte die Herren *Malraison* und *Bisson* waren und welch Ersterem Strombeck sich sofort empfahl. *Malraison*, der Strombeck „mit der größten Freundlichkeit“ aufnahm, riet

> „auf das dringlichste zur Rückkehr derselben [sc. der Äbtissin], versichernd, alles, was in seinen Kräften stehe, gern dazu beitragen zu wollen, daß die Fürstin nicht nur im ruhigen Genuß der Einkünfte der Abtei Gandersheim und der Propstei Quedlinburg bleibe, sondern daß sie auch ihre Apanage und die Zinsen von ihren bei der herzoglichen Cammer stehenden Capitalien nach wie vor ausgezahlt empfinge. Er habe zu Allem diesen freilich die kaiserliche Erlaubniß nöthig [...] jedoch zweifle er, nach der Großmuth des Kaisers, keineswegs an dieser Erlaubniß, wenn ich [Strombeck], als Geschäftsführer der Prinzessin, in einem an den Minister Talleyrand unmittelbar gerichteten Memoire die Verhältnisse derselben und der Abtei Gandersheim entwickeln würde.“[49]

Strombeck schritt sofort zur Tat und wandte, um den Kaiser für sich zu gewinnen, eine kleine List an. Er behauptete kurzerhand, das Stift Gandersheim sei von *Karl dem Großen* begründet worden und nun „erwarte es Schutz von dem Nachfolger dieses unsterblichen Monarchen“. Tatsächlich entsprach diese Angabe nicht ganz der Wahrheit, denn das Stift war im Jahre 853 von dem *Herzog Ludolf von Sachsen* begründet worden[50]. Dennoch hegte *Napoleon* keinen Zweifel. Er fühlte sich sogar äußerst geschmeichelt. Schon am 10. Dezember erhielt die Äbtissin eine „ausgezeichnet gütige Antwort“:

> „Die Fürstinn wurde geschützt in dem Besitze ihrer Abtei und Propstei, befreit von jeder Einquartierung in ihren Schlössern, es wurden ihr ferner gewährt ihre Apanage als Braunschweigische Prinzessin, der besondere Zuschuß zu derselben von Seiten des Herzogs, die Zinsen von ihren bei der herzoglichen Kammer belegten Capitalien, und überhaupt alle Emolumente, welche sie bisher gehabt hatte.“[51]

---

48 *Strombeck*, Darstellungen, Bd. 1, S. 250.

49 Ebd., S. 254.

50 Vgl. *Steinacker*, Stift Gandersheim, in: BsJb 8 (1906), S. 1 ff.

51 *Strombeck*, Darstellungen, Bd. 1, S. 258.

Mit Stolz konnte Strombeck später behaupten, die Prinzessin, als einzige des Hauses Braunschweig, schadfrei gehalten zu haben, obschon sein Vorgehen nicht ganz ungefährlich gewesen war. Über seinen Erfolg wird er später schreiben:

> „Ich gestehe es, daß ein solcher Erfolg mich mit einigem Vertrauen auf meine eigenen Kräfte erfüllte: denn von mehreren Seiten hegte man den größten Zweifel am Erfolg meiner Schritte."[52]

Am 26. Juli 1807 zog die Äbtissin, unter all dem ihr gebührenden Respekt, wieder in Gandersheim ein[53]. Der Triumphzug Strombecks sollte sich wenig später fortsetzen.

---

52 *Strombeck*, Darstellungen, Bd. 1, S. 258.

53 *Strombeck*, Darstellungen, Bd. 2, S. 13: „Sie war so glücklich, liebenswürdig und freundlich als in den Tagen des höchsten Glanzes ihrer erhabenen Familie."

4. Kapitel: Beruflicher Aufstieg im Königreich Westfalen

I. Einleitung

Durch Proklamationen vom 23. und 30. Oktober 1806 wurde das Herzogtum Braunschweig offiziell von Frankreich in Besitz genommen. Dieses Schicksal war bereits durch die Niederlagen bei Jena und Auerstädt besiegelt worden. Zwar hatte der Herzog sein Land für neutral erklärt[1], jedoch hatte die Oberbefehlshaberschaft des braunschweigischen Fürsten über die preußischen Truppen *Napoleon* letztlich gegen diesen aufgebracht[2]. Der Kaiser erkannte die Neutralität des Herzogtums nicht an[3] und erklärte es für militärisch besiegt. Aus „seiner Erbitterung gegen das Fürstenhaus" machte er keinen „Hehl"[4]. *Herzog Karl Wilhelm Ferdinand* rang schwer verwundet mit dem Tode; an seiner Seite Familien- und Regierungsmitglieder. Unter den Anwesenden befand sich – als Rat der Schwester des Herzogs – auch Strombeck, der uns tief bewegt, seine Eindrücke schildert:

> „So hatte ich ihn [den Herzog] nie gesehen [...] und um so tiefer hat sich jener ergreifende Anblick meinem Gedächtnisse eingedrückt. Kein Wort ging von seinen Lippen; ob er schlafe oder wache, war nicht zu erkennen."[5]

Mehrere Tage verharrte der Regent in diesem Zustand, bis er am 10. November 1806 mit den Worten:

> „Mit mir ist es aus; sorgen Sie nicht weiter für mich, aber versprechen Sie mir unter allen Umständen mit meinem Lande zu bleiben."[6]

---

1 *Puhle*, Herzogtum Braunschweig-Wolfenbüttel, S. 24.

2 Napoleon hatte sich nicht nur über die Befehlshaberschaft des Herzogs über die preußischen Truppen geärgert. Der Herzog hatte bereits im Jahre 1792 das „Manifest von Koblenz" unterzeichnet, das Paris die totale Zerstörung für den Fall androhte, daß Ludwig der XVI. nicht wieder in seine Rechte eingesetzt würde (*Naumann*, Stendhals Deutschland, S. 126).

3 Napoleon schrieb folgendermaßen: „Eine Neutralität könne dem Herzoge [nicht] gewährt werden [...] ein Souverän müsse nicht in den Kriegsdiensten eines anderen Souveräns stehen; sei dieses dennoch der Fall, so müsse man annehmen, sein Land gehöre zu dem Lande des Fürsten, dem er diene." (*Strombeck*, Bd. 1, S. 245 f.).

4 *Rhamm*, Eine Gesandtschaft der braunschweischen Stände, in: ZHistVNi, Jg. 1886, S. 149.

5 Ebd., S. 249.

6 *Strombeck*, Darstellungen, Bd. 1, S. 247.

aus dem Leben schied. Die Worte galten seinem Innenminister *Gustav Anton von Wolffradt* und läuteten eines der dunkelsten Kapitel der Geschichte des kleinen Herzogtums ein. Über Nacht war es praktisch führungslos geworden, der legitime Nachfolger, *Friedrich Wilhelm*, war noch zu jung, um die Geschäfte des Landes zu übernehmen. Es blieb nichts übrig, als sich geschlagen zu geben und sich damit abzufinden, daß Braunschweig *Napoleon* gehörte, der es bereits als Teil des neuen Königreichs Westfalen vorgesehen hatte. Westfalen[7] war dem Frieden von Tilsit entsprungen. Am 18. August 1807 war es durch Dekret von *Napoleon* formell proklamiert und territorial beschrieben worden[8]. Das künftige Königreich sollte das Herzogtum Braunschweig, Hessen-Kassel, Teile des Königreichs Hannover und andere, westlich der Elbe gelegene kleine Territorien umfassen[9], sich auf ca. 38.000 km^2 erstrecken und 1,9 Millionen Einwohner vereinen[10]. Als Residenzstadt hatte man Kassel vorgesehen. Die Regierungsgeschäfte sollten *Napoleons* Bruder, *Jerôme Bonaparte* übertragen werden[11]. Bereits wenige Tage nach den siegreichen Schlachten wurde mit der Einnahme der Gebiete begonnen. Braunschweig wurde am 26. Oktober 1806 besetzt. Umgehend wurden erste Maßnahmen zur Errichtung des Königreichs ergriffen, denn *Napoleon* schwebte eine Art Modellstaat nach französischem Muster vor. Dieser sollte zweierlei Funktion erfüllen: Zum Einen sollte Westfalen den übrigen Rheinbundstaaten als Vorbild dienen, zum Anderen sollte es das napoleonische Herrschaftssystem im

---

7 Seinen Namen erhielt das Königreich in Anlehnung an den früheren Niederrheinisch-Westfälischen Reichskreis. Bei dem Niederrheinisch-Westfälische Reichskreis (oft auch nur Westfälischer Reichskreis genannt), handelt es sich um einen der zehn Reichskreise, in die Kaiser Maximilian I. im Jahre 1500 bzw. 1512 das Heilige Römische Reich eingeteilt hatte (vgl. *Strauß*, Franzosenzeit, in: Jarck / Schildt [Hrsg.], Braunschweigische Landesgeschichte, S. 693).

8 *Lengemann*, Parlamente in Hessen, S. 14.

9 *Kleinschmidt*, Geschichte des Königreichs Westfalen, S. 4. Kleinschmidt merkt an, daß von Seiten Jerômes auf territoriale Bedürfnisse und lokale Eigentümlichkeiten keinerlei Rücksicht genommen wurde, sondern daß dieser vielmehr „nach völlig französischer Schablone [administrierte]“ (*Kleinschmidt*, a.a.O., S. 12). Ob diese Äußerungen heute noch haltbar sind, ist fraglich. Sicher ist, daß Napoleon stets von einer „moralischen Eroberung“ sprach und Tyrannei und Rücksichtslosigkeit beim Aufbau seiner Modellstaaten Berg und Westfalen ausgeschlossen bleiben müssten. Napoleon äußerte sich diesbezüglich folgendermaßen: „Welches Volk wird unter die preußische Willkürherrschaft zurückkehren wollen, wenn es einmal die Wohltaten einer weisen und liberalen Verwaltung gekostet hat.“ (Abdruck eines Briefes Napoleons an Jerôme, in: *Wohlfeil*, Napoleonische Modellstaaten, S. 49).

10 Vgl. *Hassel*, Statistische Darstellungen, S. 6 ff.; *Ders.*, Statistisches Repertorium, S. 19 ff.

11 *Strauß*, Franzosenzeit, in: Jarck / Schildt (Hrsg.), Braunschweigische Landesgeschichte, S. 693.

rechtsrheinischen Deutschland sichern[12]. Die Organisation oblag den Herren *Siméon*[13], *Beugnot* und *Jollivet*[14].

Am 5. November 1807 unterzeichnete der Kaiser die Verfassung für das Königreich Westfalen[15]. Die Existenz der Einzelstaaten war damit endgültig aufgehoben. Bereits zu Beginn des Jahres 1808 wurden alle alten Behörden ausnahmslos aufgelöst und das Königreich in acht – etwa gleich große – Departements eingeteilt[16]. Jedem Departement stand ein Präfekt[17] vor und zerfiel seinerseits in Distrikte, die wiederum in Kantone zerfielen, diese dann in Munizipien. Erstaunlicherweise wurden alle Präfekturstellen mit Deutschen besetzt, was letztlich dazu beigetragen haben mag, daß die „neuen Westfalen" trotz der gewaltsamen Einnahme durch Napoleon der neuen Regierung nicht vollends ablehnend gegenüber standen[18]. Vielerorts war man den Franzosen sogar freundlich gesinnt. Die Einnahme durch Frankreich scheint im Vergleich zu einer Einnahme durch die „schwerfälligen Preußen" das kleinere Übel gewesen zu sein[19]. Insbesondere das aufgeklärte Bildungsbürgertum begrüßte die

---

12 *Strauß*, Franzosenzeit, in: Jarck / Schildt (Hrsg.), Braunschweigische Landesgeschichte, S. 693.

13 Joseph Jeremie Siméon war am 30. September 1759 in Aix in der Provence geboren worden. Nach seinem Studium der Rechte war er zunächst als Advokat tätig. 1795 trat er als Deputierter der Rhone-Mündungen erstmals in das öffentliche Leben ein. Sein fester und aufrechter Charakter brachte ihm Respekt und Achtung ein, bescherte ihm aber, aufgrund seines engagierten Eintretens für Neuerungen, auch Probleme. 1804 wurde er von Napoleon in den Staatsrat berufen. Nach dem Frieden von Tilsit wurde er zunächst zum Mitglied der das Königreich Westfalen organisierenden Regierungskommission gewählt, später von Jerôme zum Justizminister ernannt. Siméon sorgte rasch für eine Einführung der französischen Rechtspflege auf westfälischem Gebiet. Nach 1813 trat er aus der Ministerstellung aus und wurde 1814 vom französischen König zum Präfekten des Nord-Departements ernannt (Nachweise in: ADB, Bd. 34, S. 349–350; vgl. *Unbekannt*, in: Zeitgenossen V, S. 76–79).

14 *Kleinschmidt*, Geschichte des Königreichs Westfalen, S. 9.

15 Es handelte sich dabei um eine der ersten geschriebenen Gesamtstaatsverfassungen im modernen Sinne. So sah diese unter anderem die Gleichheit vor dem Gesetz (Art. 10), die Religionsfreiheit (Art. 10) und die Aufhebung der Leibeigenschaft (Art. 13) vor (*Valjavec*, Politische Strömungen, S. 356).

16 *Kohl*, Die Verwaltung der östlichen Oker-Departements, S. 14; vgl. *Behrding*, Königreich Westfalen, in: Lippische Mitteilungen, 54. Bd. (1985), S. 187.

17 Für das Okerdepartement trat diesen Posten, nachdem Strombeck abgelehnt hatte, das ehemalige Kanzleimitglied Henneberg an.

18 Dieser Umstand wurde sogar von den ultrakonservativen Kreisen als besonders positiv bewertet und aufgenommen (*Puhle*, Herzogtum Braunschweig-Wolfenbüttel, S. 72).

19 Vgl. die Aussagen eines Müllers bei Hahne (Hrsg.), Erinnerungen an die Franzosenzeit, in: BsJb 4 (1943), S. 115. Siehe auch *Molitor*, Vom Untertan zum Administré, S. 99 ff.

politischen Neuerungen *Napoleons*. Strombeck gehörte zu diesen Befürwortern. Er erinnert sich, daß es in Braunschweig

> „niemals glänzender zugegangen [sei] als während der französischen Okkupation [...] in der Stadt beeiferten sich die Vornehmen, den Französischen Behörden Feste zu geben. [...] Es schien nicht anders, als wären [die] ungebetenen Gäste [...] Gastfreunde.“[20]

Ähnlich dem Verwaltungswesen wurde auch die Justiz nach französischem Vorbild umstrukturiert. Nach Art. 45 ff. der Westfälischen Verfassung wurde festgelegt, daß jedes Kanton über ein Friedensgericht, jedes Distrikt über ein Tribunal 1. Instanz und jedes Departement über einen peinlichen Gerichtshof verfügen sollte. Einen Oberappellationshof für alle Streitigkeiten konstituierte man zunächst in Kassel und ab 1810 auch in Celle[21]. Wesentlichste Neuerungen waren die Einführung der Unabhängigkeit der Richter (Art. 49)[22], sowie deren lebenslange Anstellung und die Festlegung der Grundsätze von Öffentlichkeit und Mündlichkeit des Verfahrens[23]. Art. 45 sah ferner vor, den Code Napoleon ab dem 1. Januar 1808 uneingeschränkt in Westfalen einzuführen. Die Schwierigkeiten, die bald entstehen sollten, lagen auf der Hand: Es herrschte ein Zustand der Verwirrung und Unsicherheit, was im wesentlichen daran gelegen haben soll, daß die deutschen Juristen zu schwerfällig gewesen sein sollen, um die Neuerungen *Napoleons* umzusetzen. Die Ideen des Code ließen sich nicht auf ein Deutschland übertragen, welches gerade erst im Begriff war, ein Bildungsbürgertum herauszubilden[24]. Viel zu weltlich waren die Ansätze, welche das Gesetzeswerk den Juristen bot. Im Allgemeinen fand es daher

> „keinen [...] Beifall, man hatte zu großes Vertrauen zu der bisher üblichen Handhabung des Rechts und sah sie nur mit großem Schmerz gegen eine neue Weise vertauscht.“[25]

Strombeck teilte diese Ansichten – wie wir später noch sehen werden – nicht. Als Befürworter des neuen Rechtssystems stand er aber auf einsamem Posten, denn der Vielzahl von Juristen mangelte es an Reformwillen und der deutsche

---

20 *Strombeck*, Darstellungen, Bd. 1, S. 267 f.

21 *Wrobel*, Von Tribunalen, Friedensrichtern und Maires, S. 63.

22 Die Richter wurden zwar zunächst nur auf fünf Jahre und danach erst auf Lebenszeit ernannt, jedoch konnten sie nur suspendiert werden, wenn sie vom Appellationsgericht als „pflichtvergessen“ eingestuft wurden (*Wrobel*, Von Tribunalen, Friedensrichtern und Maires, S. 63 f.).

23 *Puhle*, Herzogtum Braunschweig-Wolfenbüttel, S. 100.

24 *Fehrenbach*, Traditionelle Gesellschaft, S. 80.

25 *Kleinschmidt*, Königreich Westfalen, S. 153.

Justizapparat ließ sich deswegen nur schwerlich in andere Bahnen lenken. Der Westfälische Justizminister *Siméon* beurteilte die Situation in einem Brief an Strombeck folgendermaßen:

> „Langsame Justiz ist kaum eine halbe Justiz. Es gibt in Westphalen viele gute Rechtsgelehrte, nur müssen sie ihr Wissen einer demselben bisweilen anhaftenden scholastischen und metaphysischen Wendung entkleiden, es weniger spitzfindig machen und es direkter aufs Ziel lossteuern lassen."[26]

Was sich aus *Siméons* Mund so einfach anhörte, stellte sich in der Praxis als große Schwierigkeit dar. Es läßt sich freilich nicht mehr mit Bestimmtheit sagen, ob die mangelnde Umsetzung französischer Rechtsinstitute allein dem Unverständnis der neuen Rechtsordnung oder der mangelnden Kooperationsbereitschaft durch die Juristen geschuldet war. Wahrscheinlich haben beide Aspekte gleichermaßen zu den Schwierigkeiten beigetragen. Fakt ist aber, daß in den ersten Jahren der Besetzung große Unsicherheiten unter den Juristen geherrscht haben.

Am 10. Dezember 1807 zog *Jerôme* in Kassel ein, wo ihm 275 Abgesandte aus allen Teilen des Landes am 1. Januar 1808 huldigten. Auch Strombeck wohnte der Huldigung des Königs bei und war befremdet von dem französischen Pomp. Im Rückblick schreibt er:

> „Alles dieses war dankens- und lobenswerth, unbegreiflich aber, wie eine verständige Regierung hoffen konnte, durch eine lächerliche Ceremonie [...] zu imponieren. Diese diente uns Jahre lang zum Spott und zur Erlustigung."[27]

Trotz der Fremdartigkeit der französischen Sitten fand Strombeck sich erstaunlich gut und schnell zurecht und begann, eine Karriere zu beschreiten, von der er wahrscheinlich selbst nicht zu träumen gewagt hätte. Bereits 1808 sah man ihn für den Präsidentenposten des 1. Tribunals zu Einbeck vor. Im selben Jahr erfolgte die Berufung zu den Reichsständen, in deren Zivilgesetzgebungskommission man ihm den Vorsitz übertrug. Im Jahre 1810 wurde er zum zweiten Präsidenten des Appellationshofes zu Celle ernannt. Zeitgleich verlieh man ihm das Freiherrendiplom der westfälischen Krone[28]. Seinen Hö-

---

26 Abdruck bei: *Kleinschmidt*, Königreich Westfalen, S. 153.

27 *Strombeck*, Darstellungen, Bd. 2, S. 30.

28 Der Deutsche Herold, 37. Jg. (1906), S. 70 f.:«Le services rendus à l'Etat et à Nous par Notre amé le Sieur Frédéric-Charles de Strombeck, l'un de Nos Coneseillers d'Etat, Chevallier de 1ére Classe de l'ordre de Notre Couronne [...] Dans cette vue, Nous lui avons, par Notre Décret du 22. Septembre 1812, accordé le titre de Baron.» Vgl. die Bekanntmachung im *Moniteur westfalien*: „Durch ein Dekret vom 20ten Februar sind zu Rittern des Ordens der westphälischen Krone ernannt, die Herren: [...] von Strombeck, Mitglied der Stände [...]." (Moniteur, Nr. 23, 1810, S. 121). Zu diesem Orden ge-

hepunkt erreichte Strombeck aber im Jahre 1813, als man ihn als Kassationsrichter in den Westfälischen Staatsrat berief.

II. Tätigkeit als Abgeordneter der Reichsstände (1808–1810)

Am 2. Juli des Jahres 1808 eröffnete man die Reichsstände Westfalens:

> „Gegen 11 Uhr versammelten sich die [...] Repräsentanten des Westphälischen Volkes [...]. So wie der König in den Saal trat, erschallte das durchdringende Geschrei der Huissiers: 'le Roi!'. Man sah es allen Anwesenden an, dass ihre Aufmerksamkeit zu dem höchsten Grade der Spannung gekommen: sie erhoben sich insgesamt, und die Luft ertönte [wie es uns als passend angedeutet war] von einem schmetternden: 'Vive le Roi!'."[29]

Bereits am 29. April 1808 hatte man Strombeck mit 100 zu 47 Gegenstimmen[30] zum Mitglied der Stände gewählt. Insgesamt bestanden die Stände aus 100 Abgeordneten, die sich aus 70 Grundeigentümern, 15 Kaufleuten und Fabrikanten sowie 15 Gelehrten und „sonst um den Staat verdienten" Bürgern zusammensetzten[31]. Erstmalig in Deutschland war die Wahl einer Volksvertretung damit nicht mehr anhand von Standeskriterien, sondern anhand von Grundeigentum und Bildung erfolgt, was dazu geführt hatte, daß nur noch knapp die Hälfte aller Mitglieder dem Adel entsprangen[32]. Dieser weitgehend demokratische Aspekt kontrastierte freilich mit dem Umstand, daß die Abgeordneten durch vom König auf Lebzeit ernannte Funktionäre gewählt wurden[33]. Die „Stände des Reiches waren daher weder Stände im Sinne der Überlieferung noch eine moderne Repräsentation, sondern vielmehr eine Notabelnversammlung"[34], wenngleich sie als „Kontrolleure der Staatsfinanzen" fungieren sollten und ihnen damit das „Parlamentsrecht schlechthin" zustand[35]. Tatsächlich erfüllten sie wohl eher die „Funktion einer Vertrauens- und Ver-

---

hören zu dürfen galt als äußerst erstrebenswert (*Grefe*, Gefährdung monarchischer Autorität, S. 17).

29 *Lengemann*, Parlamente in Hessen, S. 15 ff.

30 Moniteur, Nr. 59, 1808, S. 237.

31 *Puhle*, Herzogtum Braunschweig-Wolfenbüttel, S. 49. Strombeck gehörte der Gruppe der „Gelehrten [...]" an (Nachweis in: *Lengemann*, Parlamente in Hessen, S. 47).

32 *Hecker*, Napoleonischer Konstitutionalismus in Deutschland, S. 150.

33 Die Wahlmänner traten departementweise zusammen und bestanden – je nach Größe des Departements aus etwa 80 bis 300 Stimmberechtigten (*Strauß*, Franzosenzeit, in: Jarck / Schildt [Hrsg.], Braunschweigische Landesgeschichte, S. 705).

34 *Berding*, Napoleonische Herrschafts- und Gesellschaftspolitik, S. 23.

35 *Puhle*, Herzogtum Braunschweig-Wolfenbüttel, S. 49.

mittlungsklammer“ zwischen König und Volk[36]. Ähnlich fällt die Beurteilung der Wirksamkeit der Repräsentativvertretung aus. Der erste Repräsentant des Staates war der König[37], wenn auch die Verfassung seine Regierungsgewalt durch die Gesetzgebungskompetenz der Reichsstände beschränkte. Diese aber waren an das Initiativrecht des Staatsrates[38] gebunden, dem wiederum der König vorsaß[39]. Ihre Kompetenz blieb daher faktisch ohne Einfluß, denn die eigentliche legislatorische Tätigkeit fand im Staatsrat statt. Dieser entwarf und diskutierte die Gesetze und leitete lediglich das Ergebnis der Beratungen an die Kommissionen weiter, die das Gesetz nun ebenfalls zu beraten und es, nach Abschluß der Beratungen, dem Staatsratsplenum – möglichst mit Änderungs- und Ergänzungsvorschlägen versehen – erneut zur Annahme vorlegen mußten (Art. 24). Erst dann wurde der Entwurf den Ständen zur Abstimmung überbracht (Art. 25). Die Abstimmung erfolgte im Geheimen, durch die Abgabe farbiger Kugeln. Öffentliche Debatten über die Entwürfe wurden nicht geführt[40]. Der Kerngehalt des – ansonsten als sehr fortschrittlich einzustufenden – freien Mandats erschöpfte sich mithin in der geheimen Abstimmung[41].

Trotz – oder gerade wegen – des Mangels an Öffentlichkeit, zeichneten sich die Stände durch bemerkenswerte Aktivität aus. In den wenigen Wochen der Sessionen von 1808 und 1810 verabschiedeten sie immerhin 17 Gesetze[42].

---

36 *Hecker*, Napoleonischer Konstitutionalismus in Deutschland, S. 138.

37 *Saalfeld* drückte es folgendermaßen aus: Die neuen Repräsentanten seien „weder die Einzigen noch die Ersten; erster Repräsentant [sei] der Fürst“ (Abdruck in: *Lengemann*, Parlamente in Hessen, S. 18).

38 Der Rat – ein Gremium, das neben der eigentlichen Regierung in Staatsangelegenheiten tätig wurde – übte das Initiativrecht in der Gesetzgebung aus. Er bestand aus mindestens 16 und höchstens 25 Mitgliedern und teilte sich in die Sektionen Justiz und Inneres, Krieg und Handel und Finanzen auf (*Kleinschmidt*, Geschichte des Königreichs Westfalen, S. 176).

39 *Obenaus*, Reichsstände, in: Francia, Bd. 9 (1981), S. 306.

40 Eine Diskussion der Entwürfe fand aber wohl im privaten Rahmen statt. Strombeck erinnert sich, daß die Mitglieder der Kommissionen sich täglich in „Privat-Reunion“ im Haus des Präsidenten getroffen hätten: „Es ist kaum glaublich, wie belehrend diese Unterhaltungen waren, in denen wir die geistreichsten Kritiken der Gesetzentwürfe vernahmen; unendlich belehrender als alle das öffentliche, oft ekelerregende Geschwätz, welches wir in so mancher Deputierten-Cammer hören, wo es nur darauf abgesehen ist, sich wichtig zu machen“ (*Strombeck*, Darstellungen, Bd. 2, S. 46).

41 *Hecker*, Napoleonischer Konstitutionalismus in Deutschland, S. 151.

42 Zwei Entwürfe wurden abgelehnt. Es handelte sich zum Einen um den „Entwurf eines Grundsteuergesetzes“ vom 7. August 1808, der mit Änderungen versehen den Ständen am 18. August 1808 erneut vorgelegt und von diesen schließlich mit 83 gegen sieben Stimmen angenommen wurde; zum Anderen um den „Entwurf eines Stempelsteuergesetzes“ vom 26. Februar 1810. Dieses wurde nicht mehr abgeändert, trat aber in Form

Unter dem Vorsitz Strombecks, den man am 3. Juli 1808 zum Mitglied der Zivilgesetzgebungskommission gewählt und zugleich zu ihrem Präsidenten ernannt hatte[43], wurden zwei Gesetze verhandelt. In der 8. Plenarsitzung vom 6. August 1808 stimmten die Stände über den *Entwurf eines Gesetzes, wodurch die Dispensation vom Eheverbot zwischen Schwägern und Schwägerinnen autorisiert wird* ab[44]. Das Gesetz sollte die Staatsbehörden ermächtigen, das Eheverbot zwischen Schwager und Schwägerin aus dringenden Ursachen aufzuheben, wenn nicht die vorangegangene Ehe durch Ehescheidung getrennt worden war. Ziel war es, bestehende Familienverhältnisse zu erhalten, die andernfalls durch das Versterben eines Ehepartners hätten zerbrechen können. Es verwundert nicht, daß Strombeck, dem die Familie heilig war, sich engagiert für den Entwurf einsetzte und ihn als „eine dem Vaterlande gezeigte große Wohlthat" bezeichnete[45]. Der Entwurf wurde einstimmig angenommen[46]. In der 10. Plenarsitzung vom 16. August 1808 wurde den Ständen der *Entwurf eines Gesetzes, die bürgerliche Prozeßordnung betreffend* vorgelegt. Aus der Rede, die Strombeck vor den Ständen hielt, erfahren wir, daß

> „einem Bedürfnisse [...] nun zwar abgeholfen [war], welches lange als dringend anerkannt [wurde]: [man] erhielt [...] ein deutliches, einfaches und philosophisches Gesetzbuch. Ein nicht minder großes Bedürfnis blieb [aber]: [man] erhielt [...] noch keine Prozeßordnung."[47]

Strombeck konnte die Notwendigkeit einer Zivilprozeßordnung aus eigener richterlicher Erfahrung gut bestätigen. Aufgabe des zur Abstimmung gebrachten Gesetzes sollte es sein, eine Grundlage für die Anwendung des Code Civil zu schaffen. Dabei sollte die neue Prozeßordnung vom Amtsermittlungsgrundsatz abrücken und den Parteienvortrag positivrechtlich normieren, bei welchem es den Parteien künftig selbst überlassen bleiben sollte, ob und was sie hinsichtlich des geltend gemachten Anspruchs vortragen würden[48]. Nach Strom-

---

eines königlichen Dekrets vom 7. Juni 1810 dennoch in Kraft (*Obenaus*, Reichsstände, in: Francia, Bd. 9 [1981], S. 316).

43 Moniteur, Nr. 83, 1808, S. 333 f.

44 Die Rede Strombecks wurde im Moniteur nicht abgedruckt. Es findet sich jedoch ein Abdruck im Magazin für das Civil- und Criminal-Recht des Königreichs Westphalen (Bd. 1, 1810, S. 406–413). Die Aussage Lengemanns, die Rede sei nicht mehr aufzufinden ist mithin nicht zutreffend (so aber in: *Lengemann*, Parlamente in Hessen, S. 74).

45 *Strombeck*, Rede des Präsidenten Strombeck, in: MagCivCrimWestf, Bd. 1 (1810), S. 406.

46 Moniteur, Nr. 97, 1808, S. 393.

47 *Strombeck*, Rede vor den Reichsständen, S. 5; vgl. Moniteur, Nr. 104, 1808, S. 421 ff; Moniteur, Nr. 105, S. 425.

48 Ebd., S. 9.

becks Ansicht gestaltete sich der bisher praktizierte Grundsatz der Amtsermittlung für die Parteien nachteiliger, denn die Richter müßten im Idealfall „Scharfsinnigkeit, Thätigkeit, Rechtskenntniß und vorzüglich Unparteilichkeit" aufweisen. Richter aber – so Strombeck – seien auch nur Menschen und keine Ideale. Es sei daher unangebracht, ein Gesetzbuch auf eine Idealvorstellung zu stützen[49]. Der Entwurf sah auch die positive Festschreibung des in Art. 46 der Konstitution geforderten Öffentlichkeitsgrundsatzes vor – eine Maxime, die Strombeck ohnehin am Herzen lag. Seine Rede schloß er daher mit den Worten:

> „Ob nun gleich die Commission sehr gewünscht hätte, eine geraumere Zeit [...] der Prüfung des Gesetzbuches widmen zu können [...] so hat sie dieses Werk doch hinlänglich kennen lernen, um den Nutzen, ja das dringende Bedürfniß seiner Einführung in Westphalen, zu sehen, und es Ihnen, meine Herren, zur Annahme mit voller Überzeugung zu empfehlen."[50]

Auch dieser Entwurf wurde mit 84 gegen drei Stimmen angenommen[51].

Nach insgesamt 14 Plenarsitzungen wurden die Reichsstände am 22. August 1808 geschlossen. Die nächste Session sollte 1809 stattfinden[52], konnte aber, aufgrund der zunehmenden Gefährdung der napoleonischen Herrschaft von Seiten Preußens und Rußlands, erst am 28. Januar 1810 eröffnet werden. Es bleibt offen, ob durch das seltene Zusammenkommen der Stände eine ausreichende Gesetzgebung überhaupt gewährleistet werden konnte, denn nach 1810 berief man die Stände überhaupt nicht mehr ein. Worin die Ursache zu suchen ist, läßt sich heute nicht mehr sagen[53]. Sicher ist aber, daß die mangelnde Beteiligung des Volkes einen entscheidenden Beitrag geleistet haben mag, den Unmut in der Bevölkerung zu schüren und sich von *Jerôme* und letztlich von

---

49 *Strombeck*, Rede vor den Reichsständen, S. 11.

50 Ebd., S. 21.

51 Moniteur, Nr. 101, 1808, S. 409.

52 Art. 33. Dieser sah das Erfordernis des jährlichen Zusammenkommens zwar nicht ausdrücklich vor, es folgte jedoch indirekt aus der Bestimmung, daß die Reichsstände das „jährliche Finanzgesetz" zu beraten und die „Rechnungen der Minister" zu sehen hätten (*Lengemann*, Parlamente in Hessen, S. 21).

53 *Berding* vermutet, daß der fortschrittliche Charakter des napoleonischen Zeitalters zunehmend „vor den militärdiktatorischen und ausbeuterischen Seiten der französischen Machtexpansion" verblaßt sei (*Berding*, Napoleonische Herrschafts- und Gesellschaftspolitik, S. 109). *Obenaus* hingegen sieht eine begründete Furcht seitens der Regierung darin, daß die Stände „notwendig gewordenen Maßnahmen widersprechen" hätten können (*Obenaus*, Reichsstände, in: Francia, Bd. 9 [1981], S. 327).

Westfalen abzuwenden, was – wie wir noch sehen werden – zum endgültigen Zusammenbruch des Königreichs geführt hat[54].

III. Tätigkeit als Richter (1808–1814)

1. Am Tribunal erster Instanz zu Einbeck (1808–1810)

Am 23. Februar 1808 ernannte man Strombeck zum Präsidenten[55] des Tribunals 1. Instanz zu Einbeck[56]. Eine vorhergehende Ernennung zum Präfekten des Oker-Departements (ehemals Herzogtum Braunschweig) hatte er im Hinblick auf seine Verpflichtungen gegenüber der *Prinzessin Auguste Dorothea* abgelehnt[57]. Bei den Tribunalen 1. Instanz handelte es sich um mittlere Instanzen, die mit einem Präsidenten, fünf Richtern, einem königlichen Prokurator und einem Greffier besetzt wurden[58]. Zuständig waren sie in Strafsachen als Berufungsinstanz der Friedensgerichte und erstinstanzlich bei Vergehen mit Geldstrafe bis zu 20 Francs oder Gefängnis bis zu zwei Jahren. In Zivilsachen letztinstanzlich bei einem Streitwert von bis zu 1000 Francs bei beweglichen und bis zu 100 Francs Ertrag bei unbeweglichen Sachen. Aus Strombecks Schilderungen erfahren wir aus der Anfangszeit in Einbeck, daß

> „ein königliches Decret bestimmt [hatte], zu Einbeck [...] solle ein Civil-Tribunal bestehen, dessen Gerichtsbezirk und Competenz festgesetzt [waren], die Mitglieder des Gerichtes ernannt: – dieses aber war so ziemlich Alles, was in Beziehung auf diese neue Institution geschehen war. Was übrig geblieben, um das Gericht in Gang zu bringen, war der Umsicht und Thätigkeit des Präsidenten überlassen. Unglaublich wird es scheinen, und doch verhielt es sich so, daß, obwohl das Tribunal am 1sten März installiert ward, und sofort seine Geschäfte beginnen sollte, doch erst drei Wochen nachher die Friedensgerichte eingerichtet wurden, von denen die Appellationen an das Tribunal gingen, und die Crimininal- und Corrections-Sachen [denn auch solche gehörten, theils nur hinsichtlich der Instruction, theils auch zur Entscheidung, vor dieß Gericht] für dasselbe thätig sein mußten. [...] Der Gang des

54 Sehr lesenswert in diesem Zusammenhang: *Berding*, Westfalen als Modellstaat, in: LippMitt 1985, S. 181–193.

55 Eine Bestallungsakte für Strombeck ließ sich nicht ermitteln. Auch im Bestand Hann. 72 Einbeck (Amtsgericht Einbeck) lässt sich sein Name nicht als Stichwort in einem Aktentitel ermitteln (Schreiben des Niedersächsischen Hauptstaatsarchivs vom 11. Dezember 2005).

56 Moniteur, Nr. 25, 1808, S. 100 ff.

57 Strombeck, Darstellungen, Bd. 1, S. 274. Diese Entscheidung aus Loyalität bedeutete eine nicht unerhebliche finanzielle Einbuße von 8.000 Francs Jahresgehalt (*Figge*, Friedrich Karl von Strombeck, in: BsJb 36 [1955], S. 109). An Stelle von Strombeck ernannte man den ehemaligen braunschweigischen Geheimrat *Friedrich Christian Ludwig Henneberg* zum Präfekten des Oker-Departements.

58 *Kohl*, Die Verwaltung der östlichen Departements, S. 203.

> Processes erforderte Procuratoren, aber nicht einer war vorhanden [...]. Kurz, ein Gericht bestand nur auf dem Papiere."[59]

Es fehlten vornehmlich einheitliche Gesetze, insbesondere mangelte es an einer einheitlichen Prozeßordnung[60]. In der Verfassung von 1808 war lediglich der Instanzenzug festgelegt worden. Weil aber bei der Einteilung der Departements keine Rücksicht auf vorherige Landesgrenzen genommen worden war, so konnte es vorkommen, daß in einem Departement mehrere Gesetze nebeneinander galten. Im Distrikt Einbeck beispielsweise war auf braunschweigisches, hannoversches, preußisches, altes hildesheimisches und corveysches Recht gleichermaßen zurückzugreifen. Strombeck beendete diese Verwirrung, indem er – mit Einverständnis aller Beteiligten – kurzerhand nur noch „nach dem Wesen des gemeinen Deutschen Prozesses" (also nach römischem Recht) verhandelte[61]. Ein solches Vorgehen setzte allerdings eine erhebliche persönliche Souveränität voraus, welche die wenigsten Kollegen Strombecks aufwiesen[62]. Justizminister *Siméon* suchte den mißlichen Zustand durch wiederholte Rundschreiben zu mildern[63], mußte aber bald erkennen, daß die Umstrukturierung der alten Verhältnisse zu übereilt erfolgt war. So entschied man sich im Zivilrecht, die Vorschriften des Code im Einklang mit dem geltenden deutschen Recht anzuwenden, allerdings auch nur soweit, wie sie den Regelungen des Code nicht vollends entgegenstanden. Für schwebende Verfahren sollte vorzüglich das alte Recht mit den eben genannten Einschränkungen gelten[64].

Die Einführung der Zivilprozeßordnung am 1. März 1809 ließ die Juristen erstmals wieder etwas aufatmen, dies umso mehr, als *Siméon* verfügte, daß auch im Hinblick auf die Prozeßordnung viele alte Gebräuche, „welche vor der französischen Prozedur den Vorzug" verdienten, beibehalten werden sollten. Eine ihrer wesentlichsten Neuerungen war die Öffentlichkeit des Verfahrens, die Strombeck entschieden begrüßte:

> „die Parteien wechselten ihre Proceß-Schriften, ohne daß jemand, ausser ihnen und dem Richter, etwas von ihrem Inhalt erfuhr. [...] Das Urtheil erfolgte. Wie es ent-

---

59 *Strombeck*, Darstellungen, Bd. 2, S. 5 f.

60 *Von Nedden*, Strafrechtspflege im Königreich Westfalen, S. 19.

61 *Strombeck*, Darstellungen, Bd. 2, S. 9.

62 Vgl. *von Nedden*, Strafrechtspflege im Königreich Westfalen, S. 20.

63 Siméon verfuhr dabei stets „mit einer preiswürdigen Geduld und Humanität" (*Strombeck*, Darstellungen, Bd. 2, S. 99).

64 *Schubert*, Französisches Recht, S. 110.

stand, war ein neues Geheimniß. [...] Nun kann den Verhandlungen ein jeder Bürger beiwohnen. – Welcher Richter möchte es wagen, hier wissentlich ungerecht zu sein?"[65]

Die erste öffentliche Sitzung – eine Ehescheidungssache – eröffnete er mit einer Rede über die Vorzüge der Öffentlichkeit und Mündlichkeit des Verfahrens[66]. Dieses Novum machte tatsächlich auch den größten Eindruck auf die Bevölkerung. In der Regel sollen in Einbeck hundert und mehr Zuhörer, auch auswärtige, den Verhandlungen, die im alten Einbecker Rathaus stattfanden, gefolgt sein[67]. Einbeck wurde zu einem regelrechten Gericht mit Vorbildfunktion und Strombeck zu einem der engagiertesten Verfechter des neuen Rechts[68]. Die vollständige Rückkehr zum alten Verfahrensrecht hat er später, weil er „die ganze Justizverfassung Westphalens" für eine „vortreffliche" hielt, wiederholt zutiefst bedauert[69].

Im Strafrecht wurde, mangels rechtzeitiger Einführung des Code pénal[70], bis zum Zusammenbruch des Königreichs nach altem Recht entschieden. Die Frage des hierbei anzuwendenden Rechts richtete sich nach Art. 111 der Constitutio Criminalis Carolina – dem Tatortprinzip[71].

Angesichts der anspruchsvollen Tätigkeit müssen Strombeck die Jahre wie im Fluge vergangen sein. Am 10. März 1810 ereilte ihn die schmerzliche Nachricht des Versterbens der *Äbtissin Auguste Dorothea*. In ihrem Testament hatte sie Strombeck zum Testamentsvollstrecker ernannt und ihn mit einem großzügigen Legat in Höhe von 1596 Reichstalern jährlicher Leibrente bedacht. Weil aber als Universalerbe Augustes Neffe *Herzog Friedrich Wilhelm* eingesetzt

65 *Strombeck*, Rede in der Versammlung der Westphälischen Reichsstände am 16. August 1808, Sonderdruck Kassel 1808.

66 *Schubert*, Französisches Recht, S. 110 f. An Siméon schrieb er: „Une grande quantité de citoyens des toutes les classes de la société [...] fut venue pour assister à un spectacle jusque alors pour eux inconnu" (Ebd., S. 110).

67 *Strombeck*, Darstellungen, Bd. 2, S. 69 f., 108.

68 *Figge*, Friedrich Karl von Strombeck, in: BsJb 36 (1955), S. 117.

69 *Strombeck*, Darstellungen, Bd. 2, S. 105.

70 Man vermutet, daß der französische Code pénal von 1810 in modifizierter Form in Westfalen eingeführt werden sollte. Diesbezügliche Beratungen hatten im Staatsrat bereits seit 1811 stattgefunden. Obwohl Jerôme den Code im September 1813 sogar noch vollzogen hat und die Drucklegung im Bulletin de Lois bereits begonnen worden war, scheiterte seine Einführung jedoch letztlich am Zusammenbruch des Königreichs 1813/1814. Als Verfasser des Westfälischen Code pénal vermutet man den ehemaligen Göttinger Professor Christoph von Leist, welcher in den ersten Reichsständen von 1808 den Vorsitz der Kriminalgesetzgebungskommission innehatte (*Schubert*, Einleitung zum Code pénal, S. 7 ff.).

71 *Von Nedden*, Strafrechtspflege im Königreich Westfalen, S. 27.

worden war und der Nachlaß daher unter Sequester kam, konnte Strombeck die Auszahlung des Legats nicht bewirken[72]. Er erhob Klage, doch das Tribunal 1. Instanz zu Einbeck beschied ihn ablehnend. Strombeck reagierte mit Unverständnis, denn er war „tief davon überzeugt, daß ihm das Tribunal zu Einbeck Unrecht that“[73]. „Das höchste Gericht aber“, so Strombeck, werde „ihm dasjenige zusprechen [...] was eine edle [...] Fürstinn ihm zudachte“. Aber auch der Appellationshof zu Kassel wies das Begehren ab, und so mußte Strombeck sich zunächst geschlagen geben. Erst eine Verfügung *Friedrich Wilhelms* aus dem Jahre 1813 bewirkte die Auszahlung des Legats.

2. Am Appellationshof zu Celle (1810–1813)

Durch den Anfall Hannovers an Westfalen, war die Errichtung eines zweiten Appellationshofes notwendig geworden. Sitz des Tribunals sollte Celle sein. Am 14. August 1810 ernannte man Strombeck zu seinem zweiten Präsidenten[74], nachdem er auf Anraten von *Siméon* auf den Posten eines General-Prokurators verzichtet hatte[75]. Erster Präsident wurde der ehemalige braunschweigische Kanzleidirektor *Rumann*. Strombeck begrüßte diese Entscheidung:

> „Es war mir hinlänglich, die Wünsche des wohlwollenen Ministers zu kennen, um sie mit Vergnügen zu erfüllen. Mein Wirkungskreis blieb derselbe, ob ich Erster oder Zweiter Präsident des Gerichtshofes war.“[76]

Von der neuen Tätigkeit versprach er sich viel, denn

> „es konnte unmöglich meine Absicht sein, in einer Landstadt, von allen literarischen Hilfsmitteln entfernt, beschränkt auf einen engen Kreis von Männern, mit denen ein gelehrter Austausch stattfinden konnte, mein Leben zu vollbringen. Dazu die ungeheure Masse unbedeutender Civil- und Criminalsachen, welche mich fast erdrückten und eine im höchsten Grade anstrengende Thätigkeit zur Pflicht machten. [...] ich hatte umso weniger gezaudert, diese mir zugedachte Mission an-

72 Im Einzelnen war auch streitig gewesen, ob es sich bei der Zuwendung tatsächlich um ein Legat oder aber um eine Schenkung unter Lebenden gehandelt habe. (Vgl. ausf. *Strombeck*, Darstellungen aus einem Rechtsstreit, S. 28).

73 *Strombeck*, Darstellung aus einem Rechtsstreit, S. 66.

74 Ein Erschließen der Tätigkeit Strombecks anhand von Gerichtsakten ist bedauerlicherweise nicht mehr möglich. Sämtliche Gerichtsakten der Bestände Hann. 73, 73a, 73b (Akten des Oberappellationsgerichts in Celle, 1705–1890) sind 1943 verbrannt (Schreiben des Niedersächsischen Hauptsstaatsarchivs Hannover vom 11. Dezember 2005).

75 Moniteur, Nr. 99 (1810), S. 446.

76 *Strombeck*, Darstellungen, Bd. 2, S. 100 f.

> zunehmen, da der Tod meiner Fürstinn den einzigen Grund, weshalb ich eben Einbeck zu meinem Aufenthaltsorte gewählt, hinweggenommen hatte."[77]

Der Gerichtsbezirk des Appellationshofes zu Celle umfaßte etwa die Hälfte des Königreichs Westfalen, namentlich die nordhannoverschen Lande, Braunschweig und die ehemalige preußische Altmark mit Magdeburg. Er zerfiel in zwei Sektionen[78], deren zweiter Sektion Strombeck vorsaß. Es scheint sich dabei um die Zivilkammer gehandelt zu haben. Darauf deutet seine im Jahre 1815 erfolgte Veröffentlichung einer *Sammlung von Entscheidungen des vormahligen Appellations-Hofes zu Celle*[79] hin, eine Sammlung, die ausschließlich zivilrechtliche Fälle – vornehmlich Ehescheidungsverfahren – zum Gegenstand hat.

Dank der effektiveren Organisation der Gerichtsverhandlungen gelang es Strombeck, im ersten Jahr nach Errichtung des Tribunals 4493 Entscheidungen zu fällen, unter welchen sich 1206 Definitiv-Urteile befanden[80]. Einen Eindruck von seiner Tätigkeit hat er in dem dreibändigen Werk *Rechtswissenschaft des Gesetzbuches Napoleons* niedergeschrieben. Die Erkenntnisse des Gerichts, die dieses Werk enthält, hat Strombeck, „nach Statt gehabter Berathung, dem Gerichtssecretair, mit den gesammten Entscheidungsgründen, in die Feder dictirt [...] genau so wie es in Frankreich üblich ist". Ziel war es, das weithin unbekannte französische Recht zu erläutern und „die Anwendung der Gesetze" zu „erleichtern"[81]. Die Unkenntnis der neuen Rechtslage, insbesondere in den neu angefallenen hannoverschen Teilen, hatte in der Vergangenheit wiederholt zur Anrufung des Appellationshofes geführt, welche Strombeck auf diese Weise einzudämmen versuchen wollte. Bei der Redaktion seiner Bände griff er nicht nur auf seine Erfahrungen im Gerichtssaal zurück, sondern schöpfte auch aus eigenen Studien über das französische Recht. Im Jahre 1805 hatte er eine Reise nach Frankreich unternommen und sich ein eigenes Bild vom Rechtswesen des Landes machen können[82]. Dies machte ihn zu einem Kenner der Materie. Neben der dreibändigen *Rechtswissenschaft des Gesetzbuches Napoleons* veröffentlichte er ein weiteres dreibändiges Werk: *Formu-*

---

77 *Strombeck*, Darstellungen, Bd. 2, S. 99.

78 *Wrobel*, Von Tribunalen, Friedensrichtern und Maires, S. 74.

79 *Strombeck*, Sammlung von Entscheidungen des vormahligen Appellationshofes zu Celle [...], Braunschweig 1815.

80 *Strombeck*, Darstellungen, Bd. 2, S. 103.

81 *Strombeck*, Rechtswissenschaft Napoleons, Vorrede, S. IV.

82 Über diese Reise sind wir in Form von Briefen an den Berliner Verleger und Bibliothekar Biester unterrichtet (*Strombeck*, Schreiben an Herrn Biester, in: NBMo 1805, 14. Bd., S. 81–92).

lare und einige Anmerkungen zu der Prozeßordnung des Königreichs Westphalen. Dieses Werk, weist mehr noch als die *Rechtswissenschaft* [...] einen rein praktischen Gehalt auf, denn es enthält vornehmlich vorgefertigte Formulare für den Gerichtsgebrauch. Strombeck hatte die Sammlung in den Gerichtsweihnachtsferien erstellt. „Keinen bleibenden Werth also" sollten „diese, in wenigen Tagen vollendeten Blätter, haben, ihr Zweck" sollte „ganz provisorisch seyn"[83]. Dennoch machte die starke Nachfrage bereits zwei Monate nach dem Erscheinen der Erstauflage eine Zweitauflage notwendig. Strombeck versah sie – auf ausdrücklichen Wunsch des Verlegers – noch mit einigen Mustern gerichtlicher Reden[84].

Die Jahre waren gezeichnet von Arbeit, Ruhm und Anerkennung. Strombeck schien sich in einem Zustand unaufhörlichen Schaffensdranges zu befinden, und so wandte er sich im Jahre 1813 – kurz vor seiner Berufung in den Westfälischen Staatsrat – einer Materie zu, die uns – haben wir Strombeck bislang als rationalen und aufgeklärten Menschen kennengelernt – etwas merkwürdig anmuten mag: der Materie des animalischen Magnetismus, eine Materie, deren Entdeckung auf den Arzt *Franz Anton Mesmer* (1734–1815) zurückgehen soll und die jener im wesentlichen folgendermaßen beschreibt:

> „Es gibt in der Natur ein unbekanntes materielles Princip, das auf die Nerven Einfluß hat. Vermittels dieses Princips, und nach besonderen mechanischen Gesetzen, stehen diese lebenden Körper, die Erde und die Himmelkörper in Wechselwirkung, und daher offenbaren sich in allen lebendigen Wesen, vorzüglich aber im Menschen, Eigenschaften, welche den Wirkungen des Magnetismus gleichkommen, und diese müssen geleitet und auf Krankheiten angewendet werden."[85]

Das unbekannte materielle Prinzip, welches *Mesmer* zu entdecken geglaubt hatte[86], nannte er Fluid, und er stellte die Behauptung auf, daß alle Erkrankung des Menschen auf einen behinderten Fluß dieses Fluids zurückzuführen sei. Heilung könne nur dann erzielt werden, wenn es gelänge, das Fluid wieder in Gang zu bringen. Zu diesem Zwecke sollten dem Kranken magnetische Gegenstände an den Körper angebracht werden, was mitunter sehr schmerzhaft sein konnte und weswegen *Mesmer* bereits zu Lebzeiten in den Fokus der Kritik geraten war. Er suchte dieser Kritik mit übertriebener Religiosität zu be-

---

83 *Strombeck*, Formulare und Anmerkungen, Vorrede, S. 5.

84 Ebd.

85 Aus: *Anonym*, Sendschreiben an ein Frauenzimmer, S. 59.

86 Tatsächlich hatte man sich bereits im 17. Jhd. an der Universität zu Paris mit der Frage beschäftigt, ob es magnetische Heilmittel gegen Krankheiten gebe. Man war zu dem Schluß gekommen, daß es sie nicht gäbe (aus: *Anonym*, Sendschreiben an ein Frauenzimmer, S. 59).

gegnen, was seinen aufgestellten Thesen nur noch mehr den Anschein von Unwissenschaftlichkeit verlieh[87]. Umso erstaunlicher erscheint es daher, daß gerade Strombeck sich einer derart okkulten Materie zuwendete. Auslöser für die Beschäftigung mit dem Magnetismus war die Erkrankung seiner Pflegetochter *Julie* an der Melancholie. Das Krankheitsbild des Mädchens zeigte sich vornehmlich in dem Verfallen in „somnabulische Zustände" und dem Auftreten „convulsivischer" Krämpfe, die oft mehrere Minuten andauern konnten. Eine Heilung war aufgrund der heftigen Störungen, die Julie aufwies, nicht abzusehen. Sie trat dennoch – wie durch ein Wunder – eines Tages ein, was Strombeck letztlich zur Niederschrift der Ereignisse in dem Werk: *Geschichte eines allein durch die Kräfte der Natur hervorgebrachten Magnetismus* inspirierte[88]. Inhaltlich schildert es die Ereignisse, die sich am Tage der Heilung Julies zutrugen. Die Geschichte ist in wenigen Worten erzählt: *Julie* verfiel – wie so oft – in einen somnabulischen Zustand. Dieser Anfall zeichnete sich aber durch die Besonderheit aus, daß *Julie* in ihm vorhersah, wie ihre Heilung zu bewirken wäre. Danach sollte Strombeck für einen von *Julie* exakt vorausgesagten Tag einen Ring aus Gold erwerben, der genau zwei Louis d'Or kosten sollte und welchen sie am Tage ihrer Heilung werde tragen müssen, um vollständig zu genesen. Sei jener Tag gekommen, würde sie dann in einen letzten – besonders heftigen Zustand – der Somnabulie verfallen und schließlich endgültig geheilt sein. Strombeck tat, wie ihm von *Julie* beschrieben, der Tag kam, *Julie* verfiel in den von ihr vorausgesagten Zustand und ward plötzlich geheilt. Es scheint eine Geschichte aus einer anderen Welt, die mehr als fragwürdig auf den heutigen Leser wirken mag. Strombeck aber glaubte sie. Der sonst so nüchterne Mann schildert uns überzeugt:

> „Alles war Wunder, aber kein übernatürliches Wunder [...]. Ich schaute die Natur und so Gott; vor ihm warf ich mich auf die Knie."[89]

Eine Affinität zum Übernatürlichen soll Strombeck zwar schon früher gehabt haben, denn ein anonymer Kritiker der *Geschichte eines animalischen Magnetismus* wies in einer Schrift darauf hin, daß

> „die Vorliebe des Herrn von Strombeck für das Auffallende und das Wunderbare [...] sich hier nicht zum ersten Male [offenbart], denn er glaubt wenigstens zweimal

87 Meyers Konversationslexikon, Bd. 11, Stw. „Mesmer".

88 *Strombeck*, Geschichte eines allein durch die Kräfte der Natur hervorgebrachten animalischen Magnetismus [...], Braunschweig 1813. Die Arbeit erfreute sich so großer Beliebtheit, daß sie sogar ins Französische übersetzt wurde (Histoire de la guérison d'une jeune personne par le magnétisme animal, produit par la nature elle-même [Paris 1814]).

89 *Strombeck*, Geschichte eines animalischen Magnetismus, S. 43.

> in seinem Leben eine Inspiration, oder eine Ahnung gehabt zu haben. Er erzählt die Erscheinung, welche er einst im Traume hatte, als er der Familie von Oeynhausen einen Besuch machte, aber er erzählt die andere nicht. Ich vermute, er deutet auf das Geräusch, welches er in seinem Zimmer, acht Tage vor dem Tode der A... von Gan..., als er grade schlummerte, zu hören glaubte, und woraus er den Tod jener ausgezeichneten Person weißsagte."[90]

Jedoch erscheint es verwunderlich, Strombeck in derart übernatürlichem Geschehen wiederzufinden. Religiös war Strombeck freilich schon immer gewesen. Auch besonders fromm und gläubig. Aber diese – zu Recht in die Welt des Mystizismus verbannte – neue Form des Glaubens, läßt uns doch sehr an seiner Person zweifeln. Dies umso mehr, als uns der anonyme Kritiker – grundsätzlich ein Bewunderer Strombecks – ferner darüber in Kenntnis setzt, daß die erkrankte Pflegetochter schon immer einen Hang zum Theatralischen gehabt habe[91]. Strombeck wirft er Leichtgläubigkeit vor und bezichtigt ihn sogar der Demagogie:

> „[Die Geschichte] ward bald das Gespräch des Tages, besonders an dem Geburtsorte Juliens und in der umliegenden Gegend. Der Glaube an übernatürliche Wunder, an seltsame phantastische Erscheinungen aus dem Reiche der Geister ward dadurch kräftig angeregt, besonders da die scheinbaren Beweise für diesen Glauben aus der Feder eines Mannes flossen, der eine geraume Zeit in dieser Gegend einen hohen Grad von Achtung verdient und genossen hatte."[92]

Strombeck reagierte gewohnt bissig:

> „Den Ton, welchen der mir unbekannte Freund der Wahrheit in seiner Schrift gewählt hat, wird von keinem Freunde der Wissenschaft und Humanität gelobt werden [...] jemand [...] nicht nur so geradezu alle Beurtheilungskraft, in Beziehung auf Thatsachen, die derselbe beobachtete, abzusprechen, sondern ihn auch zugleich absurder, lächerlicher, und, wenn gleich versteckt *gefährlicher* Grundsätze zu beschuldigen. Dergleichen riecht nach Verfolgung, die es nicht mit der Sache, sondern mit der Person zu thun hat."[93]

Sogar mit dem seinerzeit zu Unrecht verurteilten *Galileo Galilei* verglich er sich[94] und übersandte seine Schrift ungeachtet der Kritik, die er über sich erge-

---

90 *Anonym*, Sendschreiben an ein Frauenzimmer, S. 101. Strombecks Name findet sich auch in einem Aufsatz aus dem Jahre 1893 mit dem Titel „Gibt es Warnungsträume" wieder. In dem Aufsatz beschreibt der Autor einen Traum Strombecks, der sich schließlich als Vorahnung entpuppen soll, denn alles, was Strombeck geträumt hatte, ereignete sich später wirklich (*Du Prel*, Gibt es Warnungsträume?, in: Psychische Studien, Jg. 20 [1893], S. 248).

91 Ebd., S. 45.

92 Ebd., Einleitung, S. VIII.

93 *Strombeck*, Nachtrag zu der Geschichte eines animalischen Magnetismus nebst einigen beiläufigen Bemerkungen über den Brief eines Wahrheitsfreundes, S. 4.

94 Ebd., S. 6.

hen lassen mußte, der Göttinger Akademie der Wissenschaften. Was Strombeck zu der Beschäftigung mit dieser merkwürdigen Materie gebracht haben mag – wir wissen es heute nicht. Wir können uns auch schwerlich einen Reim darauf machen, denn diese Art zu sein, deckt sich keinesfalls mit dem übrigen Bild, welches wir bislang von Strombeck haben konnten. Die Vehemenz, mit welcher er die Ereignisse, die sich in seinem Hause zugetragen haben sollen, verteidigt, läßt vermuten, daß er von den Geschehnissen tatsächlich überzeugt gewesen sein muß. Andererseits war die Beschäftigung mit dem Magnetismus im 19. Jahrhundert – wie uns der anonyme Kritiker weiter unterrichtet – wieder stark in Mode gekommen. Und Strombeck war süchtig nach Anerkennung und Bestätigung. Möglich ist es durchaus, daß er den Ruhm, welchen er sich im Königreich Westfalen binnen kürzester Zeit erarbeitet hatte, dazu ausnutzte, alles zu publizieren, was ihm die erhoffte Geltung verschaffte. Allzu große Diskreditierung hatte er nämlich, aufgrund seiner gehobenen Position, nicht zu befürchten. Belegt ist, daß Strombeck auch noch in den 1830er Jahren an den Behauptungen von 1813 festgehalten hat und wir deswegen wohl glauben müssen, daß er den Magnetismus ernst genommen hat, wenngleich Strombeck zu einem späteren Zeitpunkt eher von der Kraft der Selbstheilung spricht und die ganze Geschichte damit in etwas anderes Licht rückt[95].

Die Zeit in Celle hat Strombeck insgesamt in guter Erinnerung behalten. Die Jahre sollen ihm „in angemessener Thätigkeit" heiter verflossen sein. Allerdings gibt uns der Biograph *Cramer* eine etwas andere Darstellung der Dinge:

> „Das angenehme Dienstverhältnis, dessen sich v. Strombeck in Einbeck erfreute, beglückte ihn in Celle nicht. Hier war Abneigung gegen alles nicht ursprünglich Einheimische."[96]

Strombeck soll anläßlich der mißlichen Lage zu Celle sogar eine Satire verfaßt haben, in der es heißt:

> „Oder auch, wenn wir lachten des eitelen Treibens der Mitwelt:
> Wie sich das liebende Ich spiegelt im eigenen Wahn,
> Wie es täuschte so gern, und doch nicht täuschte den Klugen,
> Der durch erheuchelten Ernst wieder den Tugenden trügt."[97]

In seinen später verfaßten Memoiren will er davon nichts mehr wissen und versucht dem Leser glaubhaft zu versichern, daß er allseits

> „mit allgemeinem Wohlwollen aufgenommen"

---

95 *Strombeck*, Darstellungen, Bd. 2, S. 99.

96 *Cramer*, Strombeck, in: Zeitgenossen V, S. 141.

97 Abdruck bei *Figge*, Friedrich Karl von Strombeck, in: BsJb 36 (1955), S. 120.

worden war und ihm

> „im Umgange mit hochgebildeten Männern und Frauen, und an der Seite seines geliebten Bruders Heinrich, der durch eine glückliche Fügung zum Präsidenten des Tribunals 1. Instanz zu Celle ernannt worden war, kaum etwas zu wünschen übrig.“[98]

blieb.

Warum Strombeck sich zu diesem Thema ausschweigt, wissen wir leider nicht. Die Art, unangenehme Geschehnisse zu verdrängen und die Dinge in späteren Aussagen zu relativieren, ist ihm stets eigen gewesen. Strombeck war sicherlich streitbar. Auch scheute er sich nicht, seinen Unmut – wie wir bereits mehrfach sehen konnten – mitunter heftig mitzuteilen. Dennoch entspricht es genauso seinem Wesen, stets die Wogen zu glätten. Ein Biograph *Stendhals* stellte zutreffend fest, daß:

> „Herr von Strombeck [...] wohl einer derjenigen gewesen [ist], die zuerst und am leichtesten sich mit der neuen Ordnung der Dinge abgefunden haben. Er hat französisches Recht studiert. Er zeichnet sich durch einen franzosenfreundlichen Eifer aus, so sehr er auch immer Sorge tragen mag, in den Erinnerungen, die er in der Folge schreiben wird, seine Haltung während der Besatzungszeit zu verschleiern.“[99]

Hierin mag auch der Grund für Strombecks Schweigen liegen. Nach dem Zusammenbruch Westfalens war er als „Kollaborateur“ scharf kritisiert worden. Wie viele andere seiner Kollegen, deren Reputation durch die Zusammenarbeit mit Frankreich gelitten hatte, fühlte auch Strombeck sich zu Unrecht angegriffen. Er hatte nämlich – und das mögen wir ihm glauben – stets zum Besten seines braunschweigischen Vaterlandes gehandelt, wenngleich nicht von der Hand zu weisen ist, daß er durch die Besetzung Braunschweigs auch persönliche Vorteile ziehen konnte. Die Vorwürfe, die ihm diesbezüglich gemacht wurden, konnte er daher nie ganz verwinden. Möglicherweise wären die Vorwürfe, die man Strombeck machte, milder ausgefallen, hätte ihn nicht im August des Jahres 1813 ein Schreiben des Justizministers *Siméon* erreicht, welches ihn umgehend nach Kassel berief.

3. Im Staatsrat zu Kassel (1813–1814)

Unmittelbar nach dem Erhalt des Schreibens reiste Strombeck ab. In Kassel angelangt, eröffnete ihm der Justizminister, daß es der Wille des Königs sei, daß er (Strombeck) in den Westfälischen Staatsrat einträte:

---

98 *Strombeck*, Darstellungen, Bd. 2, S. 103.

99 *François-Poncet*, Stendhal in Braunschweig, S. 34.

„'Ihr würdet', [...] nicht nur dem Willen des Königs entgegenhandeln, wenn Ihr die ehrenvolle Auszeichnung, die er Euch zugedacht hat, ausschlüget, sondern Ihr würdet Euch auch eine Laufbahn verschließen [...]. Überdieß sind die Umstände jetzt von der Art, daß ein Ausschlagen des königlichen Antrages, als auf einen Mangel an Zutrauen hindeutend, Euch sehr verdacht werden könnte."[100]

Tatsächlich waren in Westfalen ungünstige Zeiten angebrochen. Man stand unmittelbar vor den Befreiungskriegen und es wurde zu Recht befürchtet, daß der Untergang des Königreichs nur noch eine Frage der Zeit sei. *Jerôme* mußte daher versuchen, den Willen des Volkes zu stärken und dieses an sich zu binden, denn die Untertanen schworen dem Monarchen schon längst nicht mehr die Treue. *Napoleons* ständiger Drang nach Macht und Geltung hatte das Westfälische Volk zunehmend in große Nöte gebracht. Der unaufhörliche Geld- und Menschenbedarf für die Kriege des Kaisers[101], sowie unwahrscheinlich hohe Kontributionszahlungen, die Westfalen jedes Jahr an Frankreich zu leisten hatte[102], ließen das Land nach und nach wirtschaftlich ausbluten:

„Die Last der Einquartierungen war außerordentlich groß, denn die Truppen marschierten unaufhörlich hin und her [...]. Ich weiß, daß Barum 14 Tage hintereinander Einquartierung hatte; wie die Leute es aushielten ist nicht zu begreifen."[103]

Daneben hatte der Kaiser sich vorbehalten, die Hälfte aller Staatsdomänen einzuziehen[104]. Die Finanzlage des jungen Königreichs war dementsprechend von Anfang an äußerst schlecht. Eine vernünftige Finanzpolitik schien unter diesen Umständen nicht möglich. Deswegen schrieb *Jerôme* bereits im Jahre 1809 an *Napoleon*:

„Die Not im ganzen Königreich ist, da niemand bezahlt werden kann, auf einen solchen Punkt gestiegen, daß, wenn EW. Majestät mir nicht zu Hülfe kommen, es nicht zwei Monate so fort gehen kann."[105]

Der Kaiser regte Staatsanleihen an, die das junge Königreich aber nur noch weiter in finanzielle Not trieben. Alle Versuche, die Verschuldung über Steuererhöhungen zu regulieren, scheiterten, zumal sie das Volk nur noch stärker

---

100 *Strombeck*, Darstellungen, Bd. 2, S. 181 f.

101 Das Königreich hatte dem Rheinbund ein Kontingent von 25.000 Mann zu stellen. Daneben mußten die Truppen unterhalten werden. Das bedeutete für Westfalen eine jährliche Finanzlast von 15 Mio. Francs (*Puhle*, Herzogtum Braunschweig-Wolfenbüttel, S. 320).

102 Vgl. i. E. *Mack*, Finanzielle Ausbeutung, in: BsJb 7 (1908), S. 143–210.

103 *Hahne* (Hrsg.), Erinnerungen an die Franzosenzeit, in: BsJb 4 (1943), S. 116.

104 Napoleon behielt sich diese Domänen zur Entlohnung seiner Offiziere vor (*Berding*, Napoleonische Herrschafts- und Gesellschaftspolitik, S. 27).

105 Bei *Puhle*, Herzogtum Braunschweig-Wolfenbüttel, S. 321.

belasteten[106]. Die andauernden Mißstände sorgten schließlich dafür, daß der Unmut in der Bevölkerung stetig wuchs. In Braunschweig war schon seit dem Jahre 1811[107] „eine unfreundliche Stimmung“ wahrzunehmen[108]. Den Tumulten suchte man zunächst durch Bespitzelung und polizeiliche Unterdrückung zu begegnen[109]. Die Repressionen sollten das Volk einschüchtern:

> „Es war überhaupt eine jämmerliche Zeit. Ein jeder mußte auf seine Worte achten, denn die Polizei war immer achtsam, und jedes Wort wurde belauscht.“[110]

Das Gegenteil war aber der Fall. Es entwickelte sich ein „Widerstandspotential“[111], welches bald in offene Feindseligkeit umschlug[112]. Der König zeigte sich über das Verhalten seines Volkes „sehr ungehalten“[113], doch mußte er letztlich einsehen, daß:

---

106 *Puhle*, Herzogtum Braunschweig-Wolfenbüttel, S. 321 ff.

107 Schon 1809 hatte Herzog Friedrich Wilhelm (Sohn des Herzogs Karl Wilhelm Ferdinand zu Braunschweig) versucht, Braunschweig zu befreien. Diesbezüglich hatte er sogar eine Staatskonvention zwischen Österreich und Braunschweig unterzeichnet, welche in 18 Artikeln die Aufgabe, Stärke, Uniformierung, Feldzeichen, Mindestzahl und Besoldung eines braunschweigischen Freikorps festlegte. Das Freikorps stand unter dem Schutz Österreichs, blieb aber selbständig und wurde auf Kosten des Herzogs errichtet und unterhalten. Einzusetzen war es gegen Frankreich. Am 1. August 1809 tobte die Schlacht bei Ölper vor den Toren Braunschweigs, in der Friedrich Wilhelm sich gegen eine dreifache Übermacht behauptete und siegesreich in Braunschweig einmarschierte. Er nahm zunächst im Schloß Quartier und beorderte die Beamten der braunschweigischen Mairie zu sich. Diese weigerten sich jedoch, dem Herzog bei seinem Rückeroberungszug behilflich zu sein und auch die Möglichkeit auf die braunschweigische Bevölkerung einzuwirken, erwies sich als wenig hilfreich. Dem Herzog blieb nichts weiter übrig, als die Flucht in den Norden anzutreten. Eine Rückeroberung der braunschweigischen Lande war also durch diese – wohl größte Manifestation von Widerstand – erst einmal gescheitert (*Zimmermann*, Der Schwarze Herzog).

108 *Zimmermann*, Braunschweig unter westfälischer Regierung, in: BsJb 6 (1934), S. 58.

109 Eine Art Geheimpolizei war im Jahre 1808 eingerichtet worden. Diese wurde aber bereits 1809 – wegen wiederholter Erhebungen des Volkes – wieder aufgelöst und im Untergrund fortgeführt. 1813 wurde für die Stadt Braunschweig sogar ein sog. „Schwarzes Buch“ angelegt, das 66 Namen regimefeindlicher Bürger aus Braunschweig enthielt (*Puhle*, a.a.O., S. 253, 263).

110 *Hahne* (Hrsg.), Erinnerungen an die Franzosenzeit, in: BsJb 4 (1943), S. 117.

111 Diese Aufstände richteten sich vordringlich gegen die Konskripiton, d.h. gegen die (zuvor weitgehend unbekannte) allgemeine Wehrpflicht (*Heitzer*, Insurrectionen, S. 122).

112 *Zimmermann*, Braunschweig unter westfälischer Regierung, in: BsJb 6 (1934), S. 58.

113 Abdruck bei *Henneberg*, Geschichte Familie Henneberg, S. 93.

> „die Wuth so groß [war], daß sich des Abends alles wider zusammenrottirte [...] was von Militär hier war, hatte sich versammelt, und es wurde, da die Unruhe zu groß wurde, auf den Straßen geschossen."[114]

Diese Mißstände dürften auch Strombeck nicht unbekannt gewesen sein. Das Angebot des Königs brachte ihn deshalb in eine Zwangslage. Doch was sollte er tun? Er konnte sich unmöglich gegen dessen Wunsch stellen, und so blieb ihm

> „unter diesen Umständen nichts übrig, als ein Amt anzunehmen, dessen Bekleidung jetzt allerdings sehr misslich erscheinen konnte."[115]

Am 2. September 1813 führte man ihn als Kassationsrichter[116] in den Staatsrat ein. Sein Amt konnte er aber nur wenige Monate ausüben, denn kurz nach seiner Einführung überschlugen sich die Ereignisse. Kassel wurde von Rußland angegriffen:

> „Das Land war ringsum in dichte Nebel gehüllt, der jegliche Einziehung von Kundschaft verhinderte und den ganzen Morgen über anhielt. Das Leipziger Thor und die Fulda-Brücke wurden verrammelt und mit verstärkten Posten versehen. Um halb 8 Uhr begann das Kleingewehrfeuer am Leipziger Thore, wo der Feind erschien, und von wo aus er in die Unterneustadt eindrang [...]."[117]

Die Gefechte zogen sich bis zum 6. Oktober hin. Am 7. Oktober rückten die napoleonischen Garden in Kassel ein und es schien, als könne sich das Königreich gegen die feindlichen Übergriffe behaupten, doch die Völkerschlacht zu Leipzig stand unmittelbar bevor. Vom 16. bis 19. Oktober 1813 kämpften 510.000 Mann um die Vorherrschaft in Europa. Frankreich wurde geschlagen. Mit der Flucht *Jerômes* aus Kassel am 25. Oktober 1813 „war das Königreich Westphalen nun endgültig verschwunden"[118].

IV. Der Zusammenbruch Westfalens – Strombeck ein Kollaborateur?

Nach den Kriegsereignissen blieb Strombeck zunächst in Kassel. Er hielt es für „das Beste", sich „so einzurichten", daß er „dort wenigstens einige Monate mit Bequemlichkeit [...] bleiben" könne. Er ahnte, daß „eine gänzliche Veränderung der Dinge" bevorstand, hoffte aber, in Kassel bleiben und in den dortigen

114 Abdruck bei *Puhle*, Herzogtum Braunschweig-Wolfenbüttel, S. 296.

115 *Strombeck*, Darstellungen, Bd. 2, S. 181 f.

116 Dem Staatsrat oblag neben dem Gesetzesinitiativrecht auch das Kassationsrecht letztinstanzlicher Urteile (*Kleinschmidt*, Geschichte des Königreichs Westfalen, S. 176).

117 *Strombeck*, Darstellungen, Bd. 2, S. 186.

118 Ebd., Bd. 2, S. 208.

Staatsdienst eintreten zu können[119]. Diese Hoffnung wurde nicht bestätigt, man wies ihn Anfang des Jahres 1814 aus und belegte ihn zudem noch mit einem Abzugsgeld von 50 Reichstalern[120]. Um eine Rückkehr in den braunschweigischen Staatsdienst hatte Strombeck sich bereits Ende 1813 bemüht – allerdings ebenfalls ohne Erfolg:

> „Wenn ich nun doch nicht ganz denjenigen Empfang bei meinem Fürsten zu finden glaubte, zu dem ich mich nach meinem Gefühle berechtigt achtete, so fehlte doch viel, daß dieses im geringsten auf meine Empfindungen gegen den edeln und wahrhaft gut meinenden Fürsten den geringsten Einfluß gehabt hätte: ich erkannte nur die augenblickliche Wirkung der Einflüsterungen von Menschen, denen ich auf eine störende Weise nach ihren ganz richtigen Ansichten im Wege stehen konnte. Auch war es für manchen gar zu süß, den Mann, der ihnen zu schnell vorgeschritten, jetzt zurückgesetzt zu sehen."[121]

Angesichts der aussichtslosen Situation ging Strombeck mit seiner Familie zunächst wieder nach Wolfenbüttel und zog sich in den Privatstand zurück. Finanzielle Ängste mußte er nicht erleiden, denn er hatte „für die Erhaltung" des „bedeutenden Familien-Vermögens [...] auf das treuste und glücklichste gesorgt [...] und nicht der kleinste Theil war davon verloren gegangen."[122] Zudem erhielt er die Leibrente der Äbtissin. *Friedrich Wilhelm* hatte ohne Anstalten für die Auszahlung derselben gesorgt, denn er hatte wohl nicht vergessen, daß Strombeck seiner Tante immer die Treue gehalten und dafür gesorgt hatte, daß sie als Einzige des Hauses Braunschweig ohne Schaden geblieben war. Die exponierte Karriere in Westfalen konnte er ihm aber nicht verzeihen. Eben so wenig wie andere Zeitgenossen. Bereits als sich die Dinge im Königreich noch gut anließen und ein Ende des Regimes nicht abzusehen war, war Strombeck immer wieder in den Fokus der Kritik geraten. Hinter vorgehaltener Hand bezichtigte man ihn der „übereifrigen Franzosenfreundlichkeit"[123], und mit Argwohn beobachtete man, daß er Freundschaften zu französischen Funktionären – wie dem Offizier *Henri Beyle* alias *Stendhal* oder dem Justizminister *Siméon* – unterhielt. Freilich verbarg Strombeck zu keinem Zeitpunkt seine Euphorie für Westfalen. Noch im Jahre 1833 schrieb er:

> „Wenn ich nun gleich, [...] nachdem die vaterländische Regierung wiederhergestellt, das Königreich Westphalen aber in sein ursprüngliches Nichts zurückgesunken ist, mich gewissermaßen entschuldigen wollte, daß ich dem Souverain dessel-

119 *Strombeck*, Darstellungen, Bd. 2, S. 199.

120 *Figge*, Friedrich Karl von Strombeck, in: BsJb 36 (1955), S. 123.

121 *Strombeck*, Darstellungen, Bd. 2, S. 215.

122 Ebd.

123 *Haase*, Politische Säuberungen, S. 255 f.; *François-Poncet*, Stendhal in Braunschweig, S. 34.

ben, bis er aufgehört hat dieses zu sein, nicht nur treu, sondern [um hier mich des alten vasallistischen Ausdrucks zu bedienen] auch hold gewesen bin, wenn ich vielmehr mich dessen, als einer Pflichterfüllung noch jetzt rühme: so muß ich doch aufrichtig gestehen, daß mir diese Pflicht keineswegs schwer geworden ist."[124]

Dies hatte dazu geführt, daß er „die Zuneigung mancher" Zeitgenossen für immer verlor[125]. Nach dem Zusammenbruch Westfalens wendeten sich „hunderte der bisherigen sogenannten Freunde" von ihm ab[126]. Er hoffte Teilnahme zu finden und erblickte nur „Schadenfreude"[127]. Warum Strombeck so hart verurteilt wurde, läßt sich schwer erklären. Tatsächlich wirkt die Schmähung als „Kollaborateur" verhältnismäßig hart. Dies umso mehr, als die Braunschweiger grundsätzlich keine „politische Säuberung" betrieben[128].

Unter „Kollaboration" versteht man eine „gegen die Interessen des eigenen Landes gerichtete Zusammenarbeit mit dem Kriegsgegner oder der Besatzungsmacht"[129]. Betrachtet man den Begriff etwas genauer, so tritt sein wertender Charakter deutlich hervor. Er prangert das Unrecht und die Verwerflichkeit einer solchen Zusammenarbeit an[130]. Aber – waren die Franzosen tatsächlich Feinde? Waren sie nicht von der Bevölkerung unter Jubel in Empfang genommen worden, weil ansonsten eine Vorherrschaft durch die unangenehmen Preußen gedroht hätte[131]? Daß sich das Volk später gegen seinen Souverän stellte, war – wie wir bereits gesehen haben – vornehmlich den finanziellen Mißständen im Königreich zuzuschreiben[132]. Wie also kam man nun dazu, die Zusammenarbeit mit den französischen Besetzern als verwerflich einzustufen? War den „Kollaborateuren" überhaupt eine Wahl geblieben? Viele waren allein durch ihren Beruf gezwungen, mit den Besetzern zusammenzuarbeiten, weil sie anderenfalls brotlos geworden wären[133]. Hier sind vor allem die Juristen zu nennen. Sollte man den Franzosen darüber hinaus einfach das Vaterland überlassen und den Dienst quittieren? Konnte man es nicht gerade dadurch vor Schaden bewahren, eben und gerade weil man entsprechende

---

124 *Strombeck*, Darstellungen, Bd. 2, S. 175.

125 *Cramer*, Strombeck, in: Zeitgenossen V, S. 163.

126 *Strombeck*, Darstellungen, Bd. 2, S. 225.

127 Ebd., S. 199.

128 Anders in Hannover, wo mindestens 40 Fälle „politischer Säuberungen" bekannt sind (*Haase*, Politische Säuberungen, S. 42).

129 Duden, Bd. 5, Stw. „Kollaboration".

130 *Hoffmann*, Kollaboration, S. 207.

131 Hahne (Hrsg.), Erinnerungen an die Franzosenzeit, in: BsJb 4 (1943), S. 115.

132 Vgl. nochmals *Berding*, Westfalen als Modellstaat, in: LippMitt 1985, S. 181–193.

133 *Puhle*, Herzogtum Braunschweig-Wolfenbüttel, S. 367.

Positionen mit Deutschen besetzte[134]? Und – empfand man die Franzosen überhaupt nur als rücksichtlose Vorherrscher? Nach neueren Erkenntnissen begrüßte gerade die Bildungselite sie als Überbringer von Neuerungen – Neuerungen, die man gemeinhin als notwendig erachtete, um längst überholte Strukturen zu überwinden[135]. Ihre Anwesenheit scheint mithin durchaus willkommen gewesen zu sein. Freilich gab es auch Opportunisten, die dem Widerstand aus Bequemlichkeit auswichen. Aber alle „Kollaborateure“ als Opportunisten zu bezeichnen, erscheint angesichts der Mannigfaltigkeit der Gründe für die Kollaboration zu einfach. Es darf auch nicht unberücksichtigt bleiben, daß es Viele gab, die mit Überzeugung für das französische Regime eintraten – so auch Strombeck. Es bot sich aber gerade die Methode des Schmähens hervorragend an, um eine Vergangenheit hinter sich zu lassen, von welcher nun niemand mehr wissen wollte. Strombeck fiel dieser Methode zum Opfer. Tatsächlich hatte er nicht mehr oder minder kollaboriert, als viele seiner Zeitgenossen, dennoch war sein rascher Aufstieg unter *Jerôme* vielen ein Dorn im Auge gewesen. Neid und Mißgunst mögen dabei ihre eigene Rolle gespielt haben. Besonders die Ernennung Strombecks zum Ritter der Westfälischen Krone, sowie seine überraschende Berufung in den Westfälischen Staatsrat sind ihm zum Verhängnis geworden. Wenngleich er aus der kurzen Epoche Westfalens viele Vorteile ziehen konnte, so sind ihm übereifrige Franzosenfreundlichkeit oder Opportunismus nur bedingt vorzuwerfen. Viel zu sehr beseelten ihn auch die Neuerungen Westfalens, wenngleich er sich zu einem späteren Zeitpunkt – wie wir noch sehen werden – etwas von seiner damaligen Euphorie distanzieren wird. Grundsätzlich stand er aber hinter dem neuen Regime[136]. Natürlich betrauerte auch Strombeck seinen ehemaligen Landesvater, er hatte ihm schließlich alles zu verdanken. Aus dieser Anhänglichkeit hat er aber nie einen Hehl gemacht. Besonders glaubhaft hat er seine Loyalität durch seine treuen Dienste gegenüber der Äbtissin unter Beweis gestellt, die er bis zu ihrem Tode nicht verließ. Er brachte sich in Gefahr, als er mit der Äbtissin flüchtete und brachte sich in noch größere Gefahr, als er nach Braunschweig zurückkehrte, um mit den Franzosen die Rückkehr Augustens auszuhandeln.

---

134 So beispielsweise der ehemalige braunschweigische Innenminister Gustav Anton von Wolffradt, der im Jahre 1812 an Strombeck schrieb: „Von *mir* hatte unser unvergesslicher Herr, bey seinem Abschied das Versprechen verlangt, unter allen Umständen mit seinem Land zu bleiben.“ Dieses dem Herzog am Sterbebett gegebene Versprechen nahm er außerordentlich ernst. (In: *Hoffmann*, Kollaboration, S. 217).

135 *Groote*, Entstehung des Nationalbewußtseins in Nordwestdeutschland, S. 45.

136 Freilich wird sich seine Position diesbezüglich noch ändern. Siehe dazu: 6. Kapitel: Die Braunschweiger Revolution. In diesem Kapitel wird aufgezeigt werden, wie Strombeck, als Mitglied der braunschweigischen Landstände, zunehmend von seinen liberalen Ansätzen abweichen wird.

Er nahm diese Gefahren aber unerschrocken auf sich. Einen Posten als Präfekt für das Oker-Departement lehnte er mit dem Hinweis auf seine Verpflichtungen gegenüber *Auguste* ab. Er begnügte sich vielmehr mit dem Posten des Präsidenten eines Tribunals 1. Instanz zu Einbeck, was immerhin eine Einbuße von rund 8.000 Francs Jahreseinkommen zur Folge hatte und ihm weitaus weniger Macht verlieh. Ihn später als einen „egoistischen Emporkömmling" zu bezeichnen und der „Kriecherei" zu beschuldigen, wirkt unter diesem Gesichtspunkt wenig nachvollziehbar[137]. Im Falle Strombecks ging es wohl tatsächlich nicht darum, ihn für die Kollaboration zur Rechenschaft zu ziehen. Man brauchte vielmehr einen illustren „Sündenbock"[138]. Alle übrigen Funktionäre Westfalens wurden nämlich ohne weiteres wieder in ihre Staatsämter zurückberufen[139]. Darüber hinaus ist auch möglich, daß man sich – wie es Strombeck vermutete – seiner Person aus Neid entledigen wollte, „denn es gab Menschen, denen" er „dergestalt im Wege stand, daß dieses eben nicht außerhalb ihrer Wünsche stand"[140]. Mit Sicherheit läßt sich sagen: „Es war damals ein Zeitpunkt verdoppelter Pflicht"[141], und will „man auch zugeben, daß Strombeck mit großer Zuneigung dem Königreich Westphalen angehörte, selbst mit größerer, als dieses es verdient hätte, so ist doch wohl die irrige Ansicht eines redlich handelnden Mannes ein geringeres Verbrechen, als das Vorgehen Mancher, sie hätten Eid und Dienste nur geleistet, weil es sich damals nicht gut habe anders thun lassen"[142].

137 So wohl die Beschimpfung in einem Braunschweiger Salon (*Figge*, Friedrich Karl von Strombeck, in: BsJb 36 [1955], S. 129, 153).

138 Ein anderer prominenter Sündenbock ist der ehemalige Innenminister Gustav Anton von Wolffradt, der im Königreich Westfalen das Amt eines Staatsrates innehatte. Nach dem Zusammenbruch des Königreichs wurde er ins Exil nach Rügen verbannt, wo er im Jahre 1833 verstarb. Nach Braunschweig kehrte er nie wieder zurück. Seine Verbitterung darüber war deutlich spürbar: „Ich bin stets in Caßel der unglückliche Repräsentant des Braunschweiger Landes gewesen, und habe stets für dasselbe gebüßt [...]. Ich bin während der ganzen Westphäl. Regierung der Sündenbock für Braunschweig gewesen, soll ich es nun für den König von Westphalen seyn?" (In: *Hoffmann*, Kollaboration, S. 226). Zur Person von Wolffradts s. ADB, Bd. 44, S. 64–67.

139 *Haase*, Politische Säuberungen, S. 249.

140 *Strombeck*, Darstellungen, Bd. 2, S. 223.

141 *Cramer*, Strombeck, in: Zeitgenossen V, S. 157.

142 Ebd., S. 163.

5. Kapitel: Berufliche Rückkehr und Tätigkeit bis 1830

I. Einleitung

„Neunzehn Jahre hatte" Strombeck „in Amtsgeschäften gelebt, [...] ihnen den schönsten und kräftigsten Theil" seines „Daseins gewidmet". Er hatte sich sowohl „an die Art der Beschäftigung" als auch „an den Einfluß, den Ämter gewähren können" derart gewöhnt, daß er nun „allerdings dafür" Sorge tragen mußte, die Lücke, welche „Amtlosigkeit" hervorbringt, „auszufüllen"[1]. Seinen Neigungen entsprechend wandte er sich wieder der Antike zu und begab sich daran, die Werke des *Tacitus* zu übersetzen, denn – so Strombeck – es fehlte in Deutschland an einer „genügenden Nachbildung" der Schriften [2]. Eine Veröffentlichung erfolgte im Jahre 1816[3]. Wenig später folgte eine Übersetzung der Schriften des *Sallust*[4]. Beide Übersetzungen wurden hervorragend aufgenommen und sicherten Strombeck endgültig die Anerkennung um seine Verdienste als Übersetzer klassischer Autoren[5].

In das Jahr 1816 fiel auch die Veröffentlichung einer Sammlung von Fällen mit dem Titel: *Beiträge zur Rechtswissenschaft Deutschlands* – eine Fortsetzung der *Rechtswissenschaft des Gesetzbuches Napoleons*. Sie enthielt die „merkwürdigsten" Fälle, die am Appellationshof zu Celle verhandelt worden waren, behandelte daneben aber auch wichtige Fragen des Übergangsrechts. Es

---

1 *Strombeck*, Darstellungen, Bd. 2, S. 223. Entgegen seiner sonstigen Gewohnheit, reichlich zu publizieren, verhielt Strombeck sich in den Jahren 1815 und 1816 verhältnismäßig ruhig. Einzig eine Zeitschriftenpublikation in den Curiositäten erfolgte im Jahre 1816. Darin beschäftigte Strombeck sich mit der Inschrift alter metallener Becken (*Strombeck*, Bemerkungen über die Inschrift dreier uralter metallner Becken, in: Curiositäten 1816, S. 386–397), eine Publikation, die er im Jahre 1817 noch ergänzte (*Ders.*, Weitere Bemerkungen über die Inschrift dreier uralter metallner Becken, in Curiositäten 1817, S. 66–77). In diesem Zusammenhang wird sein Name auch in der Korrespondenz Christian August Vulpius' genannt, der moniert, daß Strombeck eine äußerst undeutliche und unleserliche Handschrift besäße (Meier [Hrsg.], Christian August Vulpius. Eine Korrespondenz zur Kulturgeschichte der Goethezeit, Bd. 1, S. 197).

2 *Strombeck*, Darstellungen, Bd. 2, S. 223 ff.

3 *Strombeck*, Des Caius Cornelius Tacitus sämtliche übriggebliebenen Werke (4 Bände), Braunschweig 1816.

4 *Strombeck*, Des Caius Sallustius Crispus übrig gebliebene Werke, außer den Bruchstücken, Göttingen 1817.

5 Vgl. *Cramer*, Strombeck, in: Zeitgenossen V, S. 167.

fällt auf, daß die einstige Begeisterung, die Strombeck für das französische Rechtssystem gehegt hatte, einer zunehmend kritischen Begutachtung der Rechtsinstitute wich. Das Institut des Friedensrichters beurteilte Strombeck beispielsweise nunmehr als ungünstig, weil es dem nicht rechtskundigen Laienrichter aufgrund einer gewissen Nähe zum Volk an Autorität fehle, und auch gegen den Mündlichkeitsgrundsatz sprach er sich – entgegen seiner bisherigen Auffassung – aus. Weder könne das rein mündliche Verfahren der Anwalt- und Richterschaft eine ausreichende Verhandlungs- oder Entscheidungsgrundlage liefern, noch seien die deutschen Juristen für die Durchführung mündlicher Verhandlungen hinreichend ausgebildet[6].

Durch den Nachlaß des Schwiegervaters war Strombeck in den Besitz eines reichen geologisch-mineralischen Kabinetts gelangt. Eine eingehende Beschäftigung mit der Geologie hatte sich zu Zeiten des Königreichs Westfalens, aufgrund seiner enormen Arbeitsbelastung, lange verboten. Nun, da es die Zeit zuließ, entbrannte aber in ihm der Eifer für die Lehre. Sie wurde der Gegenstand seines ernsthaftesten und ergiebigsten Fleißes. Schon bald verfaßte er einige bemerkenswerte Aufsätze über die heimische Geologie[7], welche ihm ein gewisses Ansehen unter den Experten verschafften[8]. Eingehender beschäftigte er sich mit der damals umstrittenen Frage, ob die Erde hauptsächlich vulkanisch oder neptunisch, also durch die Einwirkung von Wasser, gebildet wurde. Er kam zu dem Entschluß, daß sie hauptsächlich vulkanischen Ursprungs sei[9]. Diese Ansicht entlehnte er dem Geologen *Scipio von Breislack*, dessen Lehrbuch der Geologie er übersetzte, mit Anmerkungen und Erläuterungen versah und im Jahre 1819 veröffentlichte[10]. Die Arbeit gelang ihm so gut, daß *Breislack* sich persönlich für die Übersetzung bedankte:

> „die zahlreichen Anmerkungen und Zusätze, mit denen Sie mein Buch beschenkten“,

---

6 *Strombeck*, Beiträge zur Rechtswissenschaft Deutschlands, Vorrede, Braunschweig 1816.

7 Vgl. z.B. *Strombeck*, Über die Steinbrüche von Velpke und die Struktur der Schöninger Gegend, in: BraMag 1824, S. 609 ff.

8 Strombeck war nicht das einzige Familienmitglied, das sich in der Geologie einen Namen machte. Die Verdienste des Neffen *August von Strombeck*, eines studierten Geologen, der zuweilen im Hause des Onkels lebte, sind heute noch anerkannt.

9 *Strombeck*, Scipio Breislacks Lehrbuch der Geologie, Vorrede, Braunschweig 1819/1821.

10 *Strombeck*, Scipio Breislacks Lehrbuch der Geologie nach der zweiten umgearbeiteten französischen Ausgabe, mit steter Vergleichung der ersten italienischen, übersetzt und mit Anmerkungen begleitet, 3 Bände, Braunschweig 1819/1821.

schrieb *Breislack* im Jahre 1822,

„haben es Jedem, der sich mit Geologie beschäftigt, nützlich gemacht.“[11]

Und so kam es, daß Strombeck darüber nachdachte, seine geologischen Erkenntnisse auf Reisen zu vertiefen. Er bestimmte das Jahr 1816 zu einer Reise nach Italien und Sizilien und das Jahr 1817 zu einer Reise nach Island. Es sollte aber erneut anders kommen. Strombeck hatte „die Woche [der] Abreise“ nach Italien „bereits festgesetzt“, als sich Fürstin *Pauline zur Lippe*[12] mit einem überraschenden Gesuch an ihn wandte – sie wollte Strombeck in die Dienste Lippes ziehen. Grund für ihre Anfrage war ein Beschluß des Deutschen Bundes, wonach

Bundesstaaten, deren Bevölkerung nicht 300.000 Einwohner übersteigt, [...] sich mit größeren Mitgliedern des Bundes oder mit den ihnen verwandten Häusern, mit welchen sie wenigstens eine solche Bevölkerungszahl ausmachen, zur Bildung eines gemeinschaftlichen Obersten-Gerichts vereinigen [sollten].[13]

Entsprechend dem Beschluß hatte Lippe sich mit den Fürstentümern Waldeck-Pyrmont und Schaumburg-Lippe sowie dem Herzogtum Braunschweig zusammengeschlossen und ein gemeinschaftliches Tribunal zu Wolfenbüttel errichtet. Besetzt wurde das Gericht mit drei Gerichtsräten aus Braunschweig, einem Rat aus Schaumburg-Lippe, einem Rat aus Waldeck-Pyrmont und einem Rat aus Lippe, dessen Repräsentation Strombeck wahrnehmen sollte. *Pauline* fand nämlich in ihm „einen klugen, gebildeten und gelehrten Mann“, den sie gerne schon früher in die Dienste ihres Landes berufen hätte[14], doch Strombeck stand im Jahre 1810, als sich Fürstin und Jurist das erste Mal begegneten[15]

„in Jeromes Diensten und war Präsident des Appellationshofes in Celle. Die dortigen Gesellschaftskreise hatten ihn abgelehnt, man sah in ihm lediglich den Ab-

---

11 *Strombeck*, Darstellungen, Bd. 2, S. 274.

12 Zu ihrer Person s. *Cramer*, Pauline Christine Wilhelmine Fürstin zur Lippe, in: Zeitgenossen II, S. 9–74.

13 Art. XII der Deutschen Bundesakte vom 8. Juni 1815.

14 Mit Pauline verband Strombeck ein ähnlich herzliches Verhältnis wie mit Auguste Dorothea. Pauline und er standen in einem regen und freundschaftlichen Schriftwechsel, der nach Aussage der Erben Strombecks heute leider nicht mehr aufzufinden ist (vgl. *Kniewing*, Fürstin Pauline zur Lippe, S. 455). Von der großen Bewunderung Strombecks für die Fürstin spricht auch eine Ode, die er anläßlich der Rückkehr Paulines aus einem längeren Kuraufenthalt verfaßt hatte (vgl. *Strombeck*, An Okeanos, Braunschweig 1818).

15 *Kniewing*, Fürstin Pauline zur Lippe, S. 488 f.

trünnigen. Dennoch war die Verfemung nicht stark genug, den Posten mit einer Regierungsratsstelle in Detmold zu vertauschen."[16]

Erst im Jahre 1816 sollte sich eine neue Gelegenheit für *Pauline* finden, und so ergab es sich, daß sie Strombeck, nach einer kurzen Korrespondenz, zuvörderst (unter dem 28sten Mai) zu ihrem „Geheimen-Justizrathe", dann (unter dem 24sten August) zum „Oberappellations-Gerichts-Rathe" ernannte[17]. Strombeck fand sich plötzlich rehabilitiert und verspürte, nach Jahren der Zurückgezogenheit, „eine wahre Gier nach Arbeit". Seine Pläne stellte er zurück. Seine Reisen würde er auch noch zu einem späteren Zeitpunkt antreten können. Bereits „Ende Mai" fand er sich in Detmold ein, „um sich in die lippischen Gerichtsformen einzuarbeiten"[18]. Dank einer umsichtigen Politik *Paulines*, war Lippe nie dem Königreich Westfalen einverleibt worden, sondern selbständiger Rheinbundstaat geblieben[19]. Mithin hatte sich auch das Rechtssystem nicht verändert – es galt lippesches Recht. Erneut war Strombeck also gezwungen, sich mit einem fremden Rechtssystem auseinanderzusetzen, dies umso mehr, würde er seinen Aufgaben als Vertreter Lippes am Oberappellationsgericht gerecht werden wollen. Doch wie wir es von Strombeck erwarten können, meisterte er auch diese Herausforderung mit Bravour.

II. Tätigkeit als Rat des Fürstentums Lippe (1816–1843)

1. Entwurf einer Ordnung für das gemeinschaftliche Oberappellationsgericht

Für das Oberappellationsgericht zu Wolfenbüttel sollte eine neue Gerichtsordnung geschaffen werden. Man berief Strombeck im Jahre 1816 in die Position des Referenten, in welcher Funktion er bereits im Herbst des Jahres 1817 seinen Kollegen einen ersten Entwurf vorlegte, welcher nach längerer Beratung den Höfen zur Begutachtung weitergeleitet wurde[20].

---

16 Ebd., S. 344.

17 *Strombeck*, Darstellungen, Bd. 2, S. 233 f.

18 *Kniewing*, Fürstin Pauline zur Lippe, S. 488 f.

19 Im Jahre 1805 hatte die Fürstin zum Schutze ihres Landes eine Reise nach Paris unternommen und Napoleon ihre Aufwartung gemacht. Sie imponierte dem Kaiser derart durch Geistesgegenwart und Einsicht, daß dieser nach dem Kriege verfügte, Lippe solle an sämtlichen Reparaturleistungen nicht teilhaben (*Cramer*, Pauline Christine Wilhelmine Fürstin zur Lippe, in: Zeitgenossen II, S. 47).

20 *Mundhenke*, Entwicklung der braunschweigischen Justizverfassung von 1814–1877, in: Spiess (Hrsg.), Geschichte des Gerichtswesens in Braunschweig, S. 114 f.

Bei der Ausarbeitung des Entwurfs hatte er auf die Preußische Allgemeine Gerichtsordnung und *Gönners* Entwurf eines Gesetzbuches über das gerichtliche Verfahren zurückgegriffen und auf diese Weise versucht, dem Gericht „kein Ideal, sondern eine Arbeit“ vorzulegen, „deren Grundlage gänzlich positiv“ ist[21].

Insgesamt enthält der Entwurf 283 Paragraphen und ist in zwei Teile untergliedert. Der erste Teil behandelt die Gerichtsordnung, welche Zuständigkeit und Aufbau des Gerichts näher regeln soll. Nach § 1 ist die Zuständigkeit des Oberappellationsgerichts dann gegeben, wenn:

> „Civil-Rechtsstreitigkeiten und Criminalsachen [...] nach jeden Landes besonderer Verfassung, von den Gerichten zweiter Instanz dahin gelangen.“[22]

Wann dies der Fall ist, wird durch § 2 konkretisiert:

> „Eine besondere, von jedem der vereinten Landesfürsten, einzeln zu erlassende Verordnung soll genau bestimmen, über was für Arten von Civil- oder auch Criminal-Sachen sich die Gerichtsbarkeit des Oberappellationsgerichts erstrecken [...] soll.“[23]

Daneben muß das Gericht die Funktion eines „Austrägalgerichts“ übernehmen, wenn es von zwei deutschen Bundesstaaten darum ersucht wird (§ 5)[24]. Die §§ 8 ff. behandeln die Besetzung des Gerichts. Nach § 8 soll es aus einem Präsidenten, fünf Oberappellationsräten, zwei Sekretären, einem Fiskal und den notwendigen Kanzlisten, Kanzleidienern und Gerichtsboten bestehen. Zum Appellationshof berufen werden dürfen gemäß § 27 Abs. 1 nur „Rechtsgelehrte, die von christlicher Religion, deutsch und von ehelicher Geburt, rechtschaffen und von völlig unbescholtenem Lebenswandel und mindestens 30 Jahre alt sind“. Absatz 2 verlangt darüber hinaus, daß die Aspiranten „wenigstens zwey Jahre lang in einem deutschen höheren Justizcollegium oder in einer deutschen Juristen-Facultät als stimmführendes Mitglied gearbeitet haben“. In § 12 wird die richterliche Unabhängigkeit positiv normiert. So sollen die Richter:

> „keine besonderen Verpflichtungen gegen ihre respectiven Landesfürsten haben. Ihre Verpflichtung ist vielmehr ganz allgemein: unparteiische und prompte Justiz-

---

21 *Strombeck*, Vorrede zum Entwurf einer Ordnung [...], S. 4.

22 *Strombeck*, Entwurf einer Ordnung [...], § 1.

23 Ebd., § 2 Abs. 1.

24 Der Begriff „Austrägalgericht“ ist abgeleitet von dem Verb „austragen“. (Vgl. *Mundhenke*, Entwicklung der braunschweigischen Justizverfassung von 1814–1877, in: Spiess [Hrsg.], Geschichte des Gerichtswesens in Braunschweig, S. 115).

pflege, ohne jede Rücksicht auf diejenigen Länder, welchen sie als Staatsdiener und Unterthanen angehören."[25]

Ferner dürfen Richter nur durch „Urtheil und Recht suspendiert, entsetzt, und an" der „Ehre oder Besoldung gekränket werden" (§ 14). Eine Verfügungsgewalt der Fürsten wird mithin ausgeschlossen, eine unparteiische Justiz letztlich in vollem Umfange gewährleistet. Die beiden Vorschriften bilden das Kernstück der Gerichtsordnung. Weiteres wesentliches Element ist die Normierung des Verbots der „Justiz-Verzögerungen", welches uns heute als Beschleunigungsgebot bekannt ist. Nach § 19 ist das Gericht verpflichtet, Beschwerden, welche Verzögerungen zum Gegenstand haben, zu prüfen und sorgfältig über die Handhabung einer möglichst schleunigen Justizpflege zu wachen. Ferner ist es verpflichtet, über die eigene Arbeit Rechenschaft abzulegen und einen Jahresbericht vorzulegen, aus welchem hervorgehen soll:

wie viele Sachen während dem Laufe des Jahres an das Oberappellationsgericht gelangt;

wie viele davon Urtheile, und wie viele durch rejectorische Bescheide, erledigt;

gegen wie viele Erkenntnisse Rechtsmittel eingewendet seyen, und wie viele davon erledigt;

wie viele Relationen oder Correlationen zum Urtheile oder über die Relevanz jedes Mitglied gehalten.[26]

Die Mißachtung des Beschleunigungsgebotes soll nach § 41 Schadensersatzansprüche nach sich ziehen können. Ferner steht es den Parteien frei, Unterlassungsbeschwerde einzureichen, wenn hinsichtlich der „Beförderung ihrer Sachen" ein Bescheid „über zwey Monate" rückständig ist (§ 42).

Der zweite Teil des Entwurfes enthält die Prozeßordnung. Er konkretisiert vornehmlich die zu beachtenden Förmlichkeiten (§§ 89–165). Ferner behandelt er den Gang der Hauptverhandlung (§§ 166–206), die Möglichkeit der Aktenversendung an Juristenfakultäten (§§ 206–215), die Beweismittel (§§ 216–238), die Rechtsmittel (§§ 239–260) und die Vollstreckung von Urteilen (§§ 261–275). Im Gegensatz zur Gerichtsordnung weist die Prozeßordnung keine Besonderheiten auf. Einzig auffällig ist, daß gegen Erkenntnisse des Oberappellationsgerichts allein das Rechtsmittel der Revision zulässig ist. Der Entwurf normiert damit die Möglichkeit, daß das Gericht sich selbst kontrollieren kann und entzieht damit den Landesfürsten die Macht, selbst als letztinstanzliche Revisoren zu fungieren.

---

25 Hervorhebungen sind aus dem Original übernommen (*Strombeck*, Entwurf einer Ordnung [...], § 12).

26 *Strombeck*, Entwurf einer Ordnung [...], § 21.

Insgesamt läßt das Werk auf die Vorstellung einer modernen Justizpflege schließen, ganz so, wie Strombeck sie bereits im Königreich Westfalen erfahren hatte. Tatsächlich gelang ihm die Arbeit so gut, daß sie dem amtlichen Entwurf im Jahre 1818 als Vorlage diente. Eine Verabschiedung erfolgte allerdings erst im Jahre 1835[27].

2. Erste Berührungen mit dem Kriminalrecht – Der Fall Henning von Brabant

Am Oberappellationsgericht zu Wolfenbüttel war Strombeck hauptsächlich als Kriminalrichter tätig[28]. Freude bereitete ihm das neue Amt angesichts der unbefriedigenden Rechtslage freilich nicht. Im norddeutschen Raum galten nämlich mit wenigen Ausnahmen nach wie vor die blutigen Vorschriften der Constitutio Criminalis Carolina (CCC). Zwar wurden die Vorschriften nicht mehr entsprechend dem Wortlaut, sondern im Lichte der Aufklärung angewandt, jedoch hatte diese Methode dazu geführt, daß das Strafrecht zunehmend einer positivrechtlichen Grundlage entbehrte. Diesen Zustand war man im Hinblick auf die Gebote der Gewaltenteilung und der Rechtssicherheit nicht mehr gewillt hinzunehmen und so setzten allmählich Bestrebungen ein, das Strafrecht zu reformieren – eine Aufgabe, der sich auch Strombeck widmete. Im Jahre 1829 veröffentlichte er den *Entwurf eines Strafgesetzbuches für ein norddeutsches Staatsgebiet*, worin er sich in Anlehnung an das Toskanische Strafgesetzbuch von 1793 explizit gegen die Anwendung von Folter und Todesstrafe aussprach. Insbesondere die Todesstrafe wollte Strombeck aus dem Strafgesetzbuch verbannt wissen. Er berichtet uns, daß er selbst in zwei Fällen auf die Todesstrafe hatte erkennen müssen, „aber", so wird er uns später sagen, „mit welchem Empfinden?"[29]. Nach Vorstellung Strombecks galt es nicht, einen Straftäter als „Feind" der Gesellschaft zu beurteilen, sondern als „Unglücklichen", den allein die Umstände – seien sie psychischer oder physischer Natur – zur Straftat bewogen hätten. Daher votierte Strombeck umso entschiedener für eine Abkehr vom Vergeltungsgedanken der CCC.

Offenbar um ein abschreckendes Beispiel gegen die CCC zu geben, veröffentlichte er im Jahre 1829 die Geschichte des Bürgerhauptmannes *Henning*

27 *Figge*, Friedrich Karl von Strombeck, in: BsJb 36 (1955), S. 124.

28 Gerichtsakten, die die Tätigkeit Strombecks am OAG nachweisen könnten, sind heute leider nicht mehr auffindbar (Schreiben des Niedersächsischen Staatsarchivs vom 15. Dezember 2006).

29 *Strombeck*, Vorrede, S. XI.

Brabant[30]. *Brabant*, Bürger und Notar der Stadt Braunschweig, hatte sich engagiert für die stärkere Beteiligung der Bürgerhauptleute im Stadtrat eingesetzt. Im Jahre 1601 war es ihm gelungen, den Rat, der überwiegend aus Patriziern bestand, einen so genannten *Neuen Rezeß* unterschreiben zu lassen, welcher den Bürgern mehr Mitspracherechte sicherte. Durch sein beherztes Auftreten hatte er sich viele Feinde gemacht. Im Jahre 1604 kam es zu Unruhen in Braunschweig, in der eine Jagd auf die Bürgerhauptleute und ihre Anhänger einsetzte. *Brabant* gelang zunächst die Flucht, bei der er sich jedoch verletzte und am Folgetag in seinem Versteck gefangen genommen wurde. Im unmittelbar folgenden Strafprozeß entlud sich dann die Rache des alten Rates. *Brabant* gestand unter Folter Verbindungen zu *Herzog Heinrich Julius*, dem er angeblich die gerade wieder gesicherte Stadt ausliefern wollte. Das Geständnis umfaßte weiterhin die Anstiftung zum Aufruhr und ein Bündnis mit dem Teufel. Dem Schuldspruch folgte am 17. September 1604 *Brabants* Hinrichtung, die selbst für die damalige Zeit unverhältnismäßig grausam ausfiel[31]. Die Veröffentlichung des Todes *Brabants* erfolgte so originalgetreu wie möglich[32], kein einziges Detail der Marter des Bürgerhauptmanns wurde ausgelassen. Damit bezweckte Strombeck ein Mahnmal gegen die Grausamkeit der Vorschriften des Gesetzeswerkes *Kaiser Karls V.* Die Vorrede zum *Brabant* schloß er daher auch mahnend mit folgenden Worten:

> „Das Schicksal gebe, daß Deutschland nie zurückschreiten möge!“[33]

In Braunschweig sollte es erst im Jahre 1840 dazu kommen, daß ein neues und zeitgemäßes Strafgesetzbuch verkündet wurde.

---

30 Die Darstellung des Prozesses hatte Strombeck zunächst im Braunschweigischen Magazin (1827, S. 327, 343, 359, 375, 391 und 1829, S. 734) und 1829 auch als Sonderdruck veröffentlicht, der im Jahre 1904 neu herausgegeben wurde (*Strombeck*, Henning Brabant. Bürgerhauptmann der Stadt Braunschweig und seine Zeitgenossen. Ein Beitrag zur Geschichte des deutschen Stadt- und Justizwesens, Braunschweig und Halberstadt 1829).

31 *Mack*, Zur Katastrophe Henning Brabants, in: BrJb, Bd. 2 (1903), S. 149–152.

32 Eine vollständige Widergabe der Ereignisse war aufgrund der in hohem Grade unleserlichen Handschrift Brabants nicht möglich (*Strombeck*, Henning Brabant, Vorrede, S. 7 in Anm. 1).

33 *Strombeck*, Henning Brabant, Vorrede, S. 7.

6. Kapitel:
Die Braunschweiger Revolution von 1830

I. Einleitung

> „Am 7ten September 1830, Nachts um 3 Uhr, empfing ich [...] die Nachricht, das Schloß stünde in Flammen! Ich begab mich sofort nach Braunschweig, wo ich denn erblickte, wie die Gluth aus dem schönen Schlosse emporloderte. Auch ich versuchte es, der Feuersbrunst Einhalt zu thun, indem ich durch Zuspruch das Volk zum Löschen aufmunterte, mich furchtlos unter dieses mischend und die Warnungen meiner Freunde unbeachtet lassend: aber es war unmöglich, diejenige Thätigkeit hervorzubringen, die erforderlich gewesen wäre, einem so furchtbaren Brande Einhalt zu thun."[1]

Es war die Nacht, in der die Braunschweiger gegen *Herzog Karl II.* aufbegehrten, die Nacht, in der sich alle Wut eines zutiefst enttäuschten Volkes entlud. Sieben Jahre dauerte die Herrschaft *Karls II.* bereits an. Es waren sieben Jahre des Elends. *Karls* absolutistischer Regierungsstil, seine Mißwirtschaft, sowie Hungers- und Existenznöte hatten das Volk nach und nach endgültig gegen den Landesherren aufgebracht. Einige Tage vor den gewaltsamen Unruhen hatte *Karl II.* bereits eine Deputation von Bürgern – unter ihnen der spätere Magistratsdirektor *Wilhelm Bode*[2] – empfangen, welche ihn auf die in der Stadt herrschende Not aufmerksam gemacht und den Herzog eindringlich beschworen hatte, Abhilfe zu schaffen[3]. Doch der Herzog reagierte mit Härte. Statt Maßnahmen zur Linderung der Mißstände zu ergreifen, ließ der Fürst die braunschweigischen Truppen mobilisieren, um so einen drohenden Aufstand möglichst schnell niederschlagen zu können. Am Abend des 6. September kam es schließlich zu ersten Protestaktionen. Bei einem Theaterbesuch des Herzogs, beschimpfte ihn eine wütende Volksmenge. Ihre lautstarken Forderungen waren. „Arbeit!", „Erlass der Personalsteuer!" und „Landesstände!". Man warf mit Steinen auf den Wagen des Herzogs, der sich nur mit Mühe retten konnte. Der Herzog ließ daraufhin Kanonen auffahren. Am Abend des 7. September fanden sich einige tausend Menschen vor dem Schloß wieder. Als die wütende Menge sich daran machte, die Gitter an den Fenstern des Schloßes zu erbre-

---

1 *Strombeck*, Darstellungen, Bd. 2, S. 304.

2 Über seine Person siehe ausführlich *Müller*, Stadtdirektor Wilhelm Bode, Braunschweig 1963.

3 *Bock*, Die Braunschweiger Revolution, in: Ders. (Hrsg.), Unzeit des Biedermeiers, S. 31.

chen und in das Schloß einzudringen, floh der Herzog. Bevor er die Stadt verließ, übergab er General *Herzberg* die Truppen ohne klaren Befehl. Der zurückgelassene *Herzberg* wußte nicht, wie er entscheiden sollte. Etwa ein Blutbad unter den eigenen Bürgern anrichten? Das Schloß aufgeben?[4] Inzwischen hatte der Pöbel sich über alle Teile des weitläufigen Schlosses zerstreut und, während dasselbe bald an allen Enden lichterloh brannte, eine wüste Plünderung begonnen. Was mitzunehmen unmöglich war, wurde vernichtet. Die kostbaren Möbel wurden aus den Fenstern gestürzt, die Bilder zerschnitten, die Vasen und sonstigen Kunstgegenstände zerschlagen und das Schloß dem Feuer preisgegeben. Das Militär machte indes kaum Anstalten, gegen die Menge gewaltsam vorzugehen. Untätig, wenn vielleicht auch mit Grimm im Herzen, sah es dem wüsten Treiben zu und ließ die Zerstörung geschehen, bis das Schloß vor seinen Augen in Asche sank[5].

II. Die Regierung Karls II. – Konflikte mit Volk und Ständen

Als *Karl II.* am 30. Oktober 1804 das Licht der Welt erblickte, war es wie ein Segen, schien doch durch die Geburt des Kindes die Dynastie des Hauses Braunschweig, die sich durch Milde und Barmherzigkeit auszeichnete, gesichert. Strombeck verfaßte sogar eine Ode auf den edelblütigen Sproß: *Die Erscheinung bei der Wiege eines neugebornen deutschen Fürsten.* Die Zukunft noch nicht ahnend, besang er darin:

> „Du wirst," spricht sie, „wenn Du es wagst, gerecht seyn,
> Wann das Schicksal ruft Dich zum Völker-Hirten.
> Zu verdienen such, daß Du wardst ein Enkel
> *Karls des Gerechten.*"[6]

Er sollte sich wahrlich täuschen. Weder sollte *Karl II.* gerecht, noch mild, noch fürsorglich sein. Aufgewachsen ohne Vater oder Mutter, lebte er, ohne liebevolle Fürsorge, bald hier, bald dort, zunächst in Schweden, später in Bruchsal, dann in Karlsruhe und schließlich in England bei seinem Onkel *Georg IV.*, der im Jahre 1815, als der Vater *Karls II.* in der Schlacht zu Quatebras fiel, die Vormundschaft für den Knaben übernahm[7]. Eine anständige Erziehung erfuhr *Karl* nicht, und so entwickelte sich der Knabe zunehmend zu einem egoisti-

---

4 *Huber*, Dokumente zur deutschen Verfassungsgeschichte, S. 53.

5 *Koch*, Aufstand der Braunschweiger, Leipzig 1860; vgl. *Treitschke*, Deutsche Geschichte, Bd. IV, S. 101 ff.

6 *Strombeck*, Die Erscheinung bei der Wiege, Sonderdruck Braunschweig 1804.

7 *Böse*, Entthronung Herzog Karl II., S. 1 ff.

schen, despotischen und verwahrlosten jungen Mann[8]. Als *Karl* am 30. Oktober 1822 die Volljährigkeit erlangte, machte *Georg* zunächst keine Anstalten, ihm die Regierungsgeschäfte zu übertragen. Erst durch Vermittlung des *Fürsten von Metternich*, an welchen *Karl* sich gewandt hatte, übertrug *Georg* seinem Neffen die Regierungsgewalt für das Herzogtum. Im Gegenzug dazu verpflichtete *Karl* sich, an den während der Vormundschaft getroffenen Einrichtungen, drei Jahre lang keine Änderung vorzunehmen. Am 30. Oktober 1823 zog Karl, vom Volk freudig begrüßt, in Braunschweig ein. Doch schon bald kam es zu Konflikten. Er ließ das Ministerium zwar im Amt, aber weder beschwor er die neue Landschaftsordnung von 1820, noch berief er den Landtag ein[9]. Vielmehr begab er sich – ohne weitere Sorge für die Regierung seines Landes zu treffen – für drei Jahre auf Reisen nach Italien, England und Frankreich.

Unmittelbar nach seiner Rückkehr im Jahre 1827 kam es zu einem ernsten Streit mit dem ehemaligen Vormund *Georg IV.* In einem offenen Brief erklärte *Karl* seinem Onkel, daß er die während der Zeit der Vormundschaft erlassenen Verordnungen nicht anerkenne, und, daß *Georg IV.* seiner Regierung wohl den „Flecken einer Usurpation" hätte ersparen können. Der zutiefst gekränkte *Georg* rief den Deutschen Bund an, der am 20. August 1829 beschloß, *Karl* möge seine Erklärung vom 10. Mai 1827 zurücknehmen, welchem Beschluß *Karl* erst nachkam, als der Bund mit Exekution drohte[10].

Innenpolitisch weigerte *Karl* sich hartnäckig, die 1820 erlassene Landschaftsordnung anzuerkennen und die Stände einzuberufen. Strombeck erinnerte sich, daß

> „die Regierung keine Anstalt machte, die rechtmäßige ständische Verfassung des Landes wieder in das Leben zurückzurufen; sie regierte vielmehr so völlig uneingeschränkt, als wenn das Herzogthum niemahls Landstände gehabt hätte."[11]

Und dies obwohl die Bundesakte vom 8. Juni 1815 ausdrücklich festgelegt hatte, daß „in allen Bundesstaaten" – zu welchen auch Braunschweig gehörte –

---

8 Die verwahrloste Erziehung des Fürsten hatte Strombeck im Jahre 1824 dazu bewogen, eine Art Handbuch für die Erziehung von Fürstenkindern herauszugeben (*Strombeck*, Deutscher Fürstenspiegel aus dem 16. Jahrhundert, Braunschweig 1824). Vorarbeiten und Auszüge veröffentlichte er im Neuen Vaterländischen Archiv (*Strombeck*, Über die Erziehung Karls II., in: NVA 1825, S. 1 ff.; *Ders.*, Über die Erziehung Karl Wilhelm Ferdinands, in: NVA 1831, S. 14 ff.).

9 *Böse*, Entthronung Herzog Karl II., S. 2.

10 *Hohnstein*, Geschichte des Herzogtums Braunschweig, S. 467.

11 *Strombeck*, Darstellungen, Bd. 2, S. 263.

„eine landschaftliche Verfassung Statt“ zu finden habe[12]. Die Stände protestierten und drohten mit Selbstversammlung – ein Recht, das ihnen nach der Landschaftsordnung von 1820 zustand[13] und welches im Ergebnis auf das diesbezügliche Engagement Strombecks zurückzuführen war. In den Verhandlungen der Jahre 1819 und 1820 drohte die Verabschiedung der Landschaftsordnung nämlich insbesondere an dieser Frage zu scheitern. Man kam daher überein, Strombeck zu beauftragen, in einer Konferenz mit dem Geheimrat *Schmidt-Physeldeck* über den streitigen Gegenstand zu beraten. Strombeck – selbst Befürworter des Konvokationsrechtes, „ohne welches alle übrigen Rechte [...] gleichsam null und nichtig“ seien, war erfolgreich, und das Selbstversammlungsrecht wurde in die Landschaftsordnung von 1820 integriert[14]. Nicht ohne Grund erachtete *Herzog Karl II.* Strombeck daher als „das führende und angesehenste Mitglied der Stände“ und lud ihn, zur Beilegung des Streits mit der Landschaft, zu einer Audienz nach Braunschweig ein[15].

Strombeck, der seit 1819 zu den Mitgliedern der braunschweigischen Landstände zählte[16], war in erster Linie als gewandter Wortführer des Adels „auf das kräftigste“ in Erscheinung getreten[17]. Weitestgehend betrieb er eine Art „reaktionärer Defensivpolitik“, in der es galt „zu retten [...], was man vernünftig retten kann“[18]. Besonders eifrig bemühte er sich um eine schnelle Rückkehr zu alten Rechtsverhältnissen und setzte sich engagiert für die Wiederherstel-

---

12 Vgl. *Engelbert*, Konstitutionalismus in deutschen Kleinstaaten, in: Böckenförde (Hrsg.), Probleme des Konstitutionalismus, S. 104 f.

13 *Rhamm*, Verfassungsgesetze Braunschweig, Braunschweig 1900; *Ders.*, Staatsrecht Braunschweig, Tübingen 1908.

14 *Strombeck*, Darstellungen, Bd. 2, S. 265.

15 *Figge*, Friedrich Karl von Strombeck, in: BsJb 36 (1955), S. 137.

16 Strombeck war in zwei Funktionen Mitglied der Stände. Zum einen in seiner Funktion als Probst der Klöster Clus und Brunshausen in der Prälatenkurie, welcher Titel ihm am 14. Juli 1800 verliehen worden war, zum Anderen in seiner Funktion als Gutsbesitzer des Gutes Groß-Twülpstedt in der Ritterkurie (*Strombeck*, Darstellungen, Bd. 2, S. 264; vgl. auch *Goetting*, Das Bistum Hildesheim, S. 486). Im Jahre 1820 wählte man ihn in das Steuerkollegium – ein besonderer Steuerausschuß – zu dessen Vorsitzenden man im Jahre 1833 auch ernannte. Allerdings wurde das Steuerkollegium im Jahre 1835 wieder außer Kraft gesetzt (*Figge*, Friedrich Karl von Strombeck, in: BsJb 36 [1955], S. 128).

17 *Strombeck*, Mittheilungen in Beziehung auf die erneute Landtags-Ordnung, in: Staatswissenschaftliche Mittheilungen, S. 1–98.

18 Siehe *Eichstädt*, Deutsche Publizistik von 1830, S. 66, der Strombeck als gemäßigt konservativ einordnete, wenngleich gewissen Konzessionen nicht ganz abgeneigt. Siehe auch *Jürgens*, Ritterschaft und Reaktionstendenzen, in: Weil (Hrsg.), Konstitutionelle Jahrbücher, Bd. 2 (1843), S. 103–185.

lung vornapoleonischer Zustände ein[19]. So soll er – entgegen seinen früheren Ansichten – zu den Unterzeichnern einer ständischen Eingabe gehört haben, die das Westfälische Gerichtswesen als einen der übernommenen und noch zu beseitigenden Mißstände anprangerte[20], obwohl er es im Jahre 1833 in seinen Memoiren nach wie vor „für eines der vortrefflichsten" hielt, dessen Abschaffung er „zutiefst bedauerte"[21]. Auch die Frage nach einem Ein- oder Zweikammernsystem beurteilte Strombeck eher reaktionär:

> „Unsere Landschaft stellt zwei landschaftliche Cammern dar; und dieses ist eben ein Vorzug von unermesslicher Wichtigkeit, denn dieser Umstand bewirkt, daß nie die Grundeigentümer die Städter, und nie diese die ersten in ihren wesentlich verschiedenen Interessen verletzen können."[22]

Die Landschaftsordnung von 1820 hatte letztlich vom Zweikammernsystem, von welchem man überzeugt war, daß es einzig dem Erhalt feudaler Strukturen diene[23], abgesehen und ein Einkammersystem, als Ausdruck eines liberalen Ganzen nach Außen, eingeführt[24]. Einzig am Öffentlichkeitsgrundsatz hielt Strombeck nach wie vor fest, denn er war davon überzeugt, daß der landschaftliche Repräsentant seine Kraft „allein in der öffentlichen Meinung" finden könne[25].

Das Gespräch Strombecks mit dem Herzog fand am 15. März 1829 statt. Leider zeigte es, wie man es vermutet hatte, keinen Erfolg. Zwar erklärte Karl sich zunächst zu einem größeren Entgegenkommen bereit – die Resultate der Unterredung, vornehmlich den Erhalt der Privilegien des Adels und die Anerkennung der erneuerten Landschaftsordnung von 1820, ließ er Strombeck sogar schriftlich fixieren[26] – jedoch zeigte er sich bereits am nächsten Tag, als Strombeck ihn zu einer erneuten Konferenz aufsuchte, wieder völlig unnachgiebig:

> „Soll denn nur der Stärkere Recht haben, weil er der Stärkere ist?"[27]

---

19 *Grefe*, Gefährdung monarchischer Autorität, S. 20, 33.

20 *Jürgens*, Actenstücke, in: Buddeus (Hrsg.), Deutsches Staatsarchiv, Bd. 3, S. 124.

21 *Strombeck*, Darstellungen, Bd. 2, S. 108.

22 *Strombeck*, Geschichte der erneuten Landtags-Ordnung, in: Staatswissenschaftliche Mittheilungen, Heft 1, S. 92.

23 *Boldt*, Deutsche Staatslehre, S. 275.

24 *Grefe*, Gefährdung monarchischer Autorität, S. 33.

25 *Strombeck*, Ueber die Oeffentlichkeit ständischer Versammlungen, in: Staatswissenschaftliche Mittheilungen, Heft 2, S. 194.

26 *Strombeck*, Resultate einer Conferenz, in: Staatswissenschaftliche Mittheilungen, Heft 3, S. 204–220.

27 *Strombeck*, Darstellungen, Bd. 2, S. 297.

soll Karl Strombeck wütend entgegnet und erbost den Raum verlassen haben. Wie sich später herausstellte, hatte Karl sich einflüstern lassen, daß der Adel eine Verschwörung gegen ihn plane. In Strombeck sah er einen seiner größten Feinde und begann bald gegen ihn zu intrigieren. Er bezichtigte ihn der Verfassung staatsfeindlicher Schriften[28] und der „Konspiration" gegen seine Person[29] und versuchte sogar die Abberufung Strombecks als Oberappellationsrat zu erwirken – letzteres allerdings ohne Erfolg[30]. Ob diese, dem gesamten Adel nachgesagte und vorgeworfene, Konspiration tatsächlich stattgefunden hat, ist bis heute nicht aufgeklärt und wird teilweise immer noch vertreten[31]. Insbesondere *Böse* hielt noch im Jahre 1935 an der von Karl vertretenen „Konspirationstheorie" fest und wollte gerade in Strombeck, einer – wie er fand – „Persönlichkeit von nahezu krankhaftem Ehrgeiz", einen der führenden Köpfe der Konspiration sehen, weil er ihn, insbesondere seit dem Scheitern der Gespräche mit dem Herzog im Jahre 1829, nunmehr als erbitterten Gegner des Herzogs wahrgenommen haben will[32]. Die „Konspirationstheorie" *Böses* ist heute freilich nicht mehr haltbar[33], denn zu groß war der Unmut, den Karl in allen Bevölkerungsschichten gleichermaßen gesät hatte. Vielmehr weigerte man sich schlicht – und zwar unabhängig von der Standeszugehörigkeit – den „Befehlen" Karls „Folge" zu „leisten" [34]. Daß der Aufstand des Volkes dem Adel gelegen gekommen ist, läßt sich nicht leugnen, doch scheint der Adel nicht die treibende Kraft gewesen zu sein. Strombeck verwarf die Konspirationstheorie als „eine einzige Lüge". Von einer solchen Konspiration hätte er schließlich, als namhafter Vertreter des Adels, wissen müssen – von einer möglichen Konspiration habe er aber nie gehört[35]. Vielmehr sei die Ursache des Umsturzes in der „Volkswuth" zu sehen gewesen[36], und zwar – wenn-

28 Karl bezog sich dabei auf die von Strombeck herausgegebene Zeitschrift „Staatswissenschaftliche Mittheilungen", in welcher Strombeck staatspolitische und rechtliche Mißstände behandelt und welche im Jahre 1831 von der Regierung verboten und ihre Erscheinung eingestellt wurde (*Strombeck*, Darstellungen, Bd. 2, S. 299).

29 Denkwürdigkeiten des Herzogs Karl von Braunschweig, Bd. 2, S. 217.

30 Gegen diese Angriffe hat Strombeck sich auf das Entschiedenste zur Wehr gesetzt. Von dem Vorwurf betroffen war im Übrigen auch sein Sohn Hermann (*Strombeck*, Vertheidgung gegen die Verleumdung regierungsfeindlicher Schriften, BraAnz 1836).

31 Vgl. *Pollmann*, Landschaftsordnung von 1832, S. 6, in: Pöls / Pollmann (Hrsg.), Moderne Braunschweigische Geschichte.

32 *Böse*, Entthronung Herzog Karl II., S. 97.

33 So *Grefe*, Gefährdung monarchischer Autorität, S. 66.

34 *Koch*, Aufstand der Braunschweiger, S. 44.

35 *Strombeck*, Darstellungen, Bd. 2, S. 306 (in Anm.).

36 Ebd., S. 305.

gleich Strombeck dies später auch etwas vorsichtig behaupten wird – als Konsequenz der in Paris und Brüssel stattgefundenen „Julirevolutionen"[37]. In der Tat spricht einiges dafür, daß man auch in Braunschweig in den Strudel der Revolution geraten war, wenngleich die Ereignisse des Juli, in Bezug auf den Braunschweiger Aufstand, nicht überbewertet werden dürfen. Es läßt sich aber feststellen, daß auch in Braunschweig ein Bewußtsein aufgekommen war, daß

> „die Zeiten vorüber [waren], wo [...] der Absolutismus seine Befehle für die Nationen von Europa diktierte. Abscheuliche und verkehrte Politik, die den Schweiß und den Fleiß von hunderttausend Unterthanen in den Schlund eines wollüstigen und verschwenderischen Fürsten jagt. – Auf diese Weise befestigt man das Ansehen der Fürsten, die Unverletzlichkeit der Throne nicht. Das heißt die Revolutionen und den Bürgeraufruhr mit den Bajonetten herausfordern."[38]

Reine „Neuerungssucht" oder „Revolutionsgedanken" motivierten den Braunschweiger Aufstand aber nicht. Es ging den Braunschweigern nämlich vordergründig gar nicht darum, dem Souverän die Macht zu entziehen, um sie dem Volk zu geben, sondern der Aufstand diente in erster Linie dem Zweck, sich von der tyrannischen und damit nicht mehr hinnehmbaren Herrschaft Karls II. zu befreien. Entsprechend traditionellen Rügegebräuchen wollten die Protestierenden den Herzog vor allem für seine Versäumnisse strafen und ihn auf seine Fürsorgepflichten und die herrschende Not im Land aufmerksam machen[39]. Den Aufstand hatte Karl allein zu verantworten. Den Adel als „Motor" der Ereignisse ansehen zu wollen wäre mithin verfehlt. Die Aussagen Strombecks sind diesbezüglich auch glaubwürdig. Strombeck hätte, wenn er von einer Konspiration gewußt hätte, sicherlich nicht in seinen Memoiren darüber geschrieben. Er hätte aber Hinweise darauf gegeben[40]. Eine Konspiration, die Strombeck angeführt haben soll, scheint abwegig. Strombeck – der sich, in fast schon übertriebener Obrigkeitstreue, allen Monarchen stets unterworfen hat, Strombeck – der noch bis zuletzt versucht hatte, Karl zu einem Einlenken zu

---

37 Strombeck vermutet, daß wohl „die Julius-Sonne" im September in Braunschweig geleuchtet habe (*Strombeck*, Einleitung, in: Staatswissenschaftliche Mittheilungen, Heft 3, S. 7).

38 *Unbekannt*, Offener Brief eines Braunschweiger Bürgergardisten, S. 7.

39 In Braunschweig vertrat man seit alters her die Ansicht, daß die Untertanen ein natürliches Recht hätten, den Landesherren nach Mißbrauch der Staatsgewalt als auf die Regierung verzichtend zu betrachten, ihm weiteren Gehorsam zu verweigern und die höchste Macht von ihm zurückzufordern. Es ergab sich dies deutlich aus einer, eine Rechtsbelehrung über den Huldigungseid enthaltende Urkunde aus dem Jahre 1345 (*Rotteck / Welcker*, Staats-Lexikon, Stw. Braunschweig [Herzogthum], S. 731).

40 So wie auf die Abstrafung seines Kollegen Wolffradt (*Strombeck* , Darstellungen, Bd. 2, S. 247).

bewegen[41]. Strombeck – der stets um eine gemäßigte Umsetzung von Neuerungen bemüht gewesen ist, warum sollte ausgerechnet Strombeck den Sturz eines Monarchen initiieren und für Zeiten der Unruhe sorgen? Wo doch niemand hatte wissen können, ob sich die Unruhen später nicht auch gegen den äußerst mächtigen Adel richten würden. Sollte Strombeck gar sein eigenes Schicksal besiegeln? Das Aufbegehren gegen Karl ist nicht als ursächlich adelig oder bürgerlich oder bäuerlich zu verstehen. Vielmehr wirkte ein ganzes Volk zusammen, welches, „nicht um neues Recht zu gewinnen, sondern um altes Recht zu verteidigen, gemeinsam gegen den Herzog" anging[42].

III. Die Zeit nach dem Umsturz – Reaktionen

Bereits zwei Tage nach den Unruhen – am 9. September 1830 – trat der Große Ausschuß der Landstände in Braunschweig zusammen und faßte drei entscheidende Beschlüsse: 1. man werde bis zur Einberufung der Stände zusammenbleiben, 2. man werde Bevollmächtigte nach Berlin und Hannover entsenden, um „Rath zu erbitten" und 3. man werde *Wilhelm*, den Bruder des vertriebenen Herzogs bitten, die Regierung Braunschweigs anzutreten[43]. Am 10. September traf Wilhelm in Braunschweig ein. Die Regierungsgeschäfte sollte er angesichts des schwebenden Streits mit Karl nur vorläufig übernehmen[44]. Zunächst hatte Karl dem Bruder sogar eine Vollmacht erteilt, die er aber überraschend am 18. November 1830 widerrief. Daraufhin erließ Wilhelm am 26. November ein herzogliches Patent, in welchem er, unter Hinweis darauf, daß die Bemühungen um eine friedliche Streitbeilegung vergeblich geblieben seien, offiziell die Regierung des Herzogtums an sich nahm. Weitere Proteste und Versuche Karls, gegen die Nachfolge Wilhelms vorzugehen, blieben erfolglos. Die Entmachtung wurde im Juli 1832 vom Deutschen Bund bestätigt und Wilhelm zum rechtmäßigen Thronfolger bestimmt[45]. Verfassungsgemäß sind die Maßnahmen, die der Ausschuß zur Ordnung der Verhältnisse im Herzogtum ergriffen hatte, freilich nicht gewesen. Weder die Erklärung in Permanenz, noch die Entsendung von Bevollmächtigten oder aber die Anrufung Wilhelms, waren

---

41 In der Nacht vor dem Aufstand hatte Strombeck noch einen Brief an den Herzog verfaßt, indem er ihn noch einmal eindringlich auf die angespannte Situation im Land hinwies und wiederholt bat, Karl möge seine Ansichten überdenken (*Strombeck*, Darstellungen, Bd. 2, S. 306).

42 *Huber*, Dokumente zur deutschen Verfassungsgeschichte, S. 53.

43 *Treitschke*, Deutsche Geschichte, Bd. IV, S. 103.

44 Die Legitimation erfolgte durch Bundestagsdekret vom 2. Dezember 1830 (*Huber*, Dokumente zur deutschen Verfassungsgeschichte, S. 56).

45 *Böse*, Entthronung Herzog Karl II., S. 52 ff.

von der Landschaftsordnung von 1820 gedeckt. Es handelte sich vielmehr um Befugnisse, die allein dem Monarchen als Regierungsoberhaupt zustanden[46].

Man hat später versucht, den Braunschweiger Aufstand und seine Folgen zu legitimieren – so auch Strombeck. Unter dem Titel: *Was ist rechtens, wenn die oberste Staatsgewalt dem Zweck des Staatsverbandes entgegen handelt?* gab er eine Schrift heraus, die Erklärungen finden sollte, um genau diese Fragen zu beantworten[47]. Ausgehend von der Staatsvertragslehre, stellte Strombeck die These auf, daß, wenn ein Herrscher seine Vertragspflichten verletze, die Untertanen ihrerseits berechtigt seien, den Gehorsam aufzukündigen. Ein Fürst – so Strombeck –, der dem Staatszwecke entgegen handele, höre auf Herrscher zu sein und falle damit in die Kategorie eines Tyrannen. Unter diesen „äußersten Umständen", aber auch nur dann, sei die Aufkündigung des Gehorsams als Notwehr der Untertanen rechtlich begründet[48]. Ob der Herrscher dem Zwecke des Staatsverbandes entgegen handele, beurteile sich nach dem Erfolg einer Revolte – mit anderen Worten: mißlinge ein Umsturz, so sei er als widerrechtlich anzusehen[49]. Im Schrifttum wurde dieser Ansatz überwiegend als zu „pauschal" kritisiert. Man warf Strombeck vor, zu „schnellfertige" Schlüsse aus der Staatsvertragslehre zu ziehen. Diese Schlüsse – so heißt es weiter – seien zwar geeignet, „der Halbbildung" einzuleuchten, keinesfalls könne man sie aber auf die Ereignisse des 7. September übertragen[50]. Noch weiter ging *Friedrich Wilhelm Ludwig Röpcke* – ein Student der Rechte. In seiner Abhandlung *Staat und Regierung* aus dem Jahre 1831 widersprach er der These Strombecks, daß sich das Volk nur bei eklatanten Verstößen des Monarchen von diesem lösen dürfe. Aus dem Wesen des Staatsvertrages ergebe sich vielmehr, „daß ein Jeder, welcher bisher stillschweigend in den Staat willigte, zu jeder Zeit aus demselben austreten" dürfe[51]. Im Zusammenhang mit der Betonung der absoluten Gehorsamspflicht durch Strombeck, führte *Röpcke* die Aussage dergestalt ad absurdum, daß er darlegte, daß das Volk sich dann nichts sehnlicher wünschen müsse, als daß der Herrscher einmal dem Zwecke des Staatsverbandes entgegenhandele, denn nur so lasse sich im Ergebnis eine

46 Vgl. *Rhamm*, Staatsrecht Braunschweig, Tübingen 1908.

47 Die Schrift fand reißenden Absatz und machte bereits im Jahre 1832 eine vierte Auflage nötig.

48 *Strombeck*, Was ist rechtens [...] ?, S. 26.

49 Ebd., S. 32. So auch: *Anonym*, Betrachtungen über den Aufstand der Braunschweiger, Braunschweig 1830.

50 *Treitschke*, Deutsche Geschichte, Bd. IV, S. 117.

51 *Röpcke*, Staat und Regierung, S. 20.

durch Zeit und Umstände überholte Verfassung beseitigen[52]. Auch *Karl Heinrich Jürgens*[53] – Publizist und Politiker aus Braunschweig – verwarf Strombecks Ansätze entschieden. Seine Abhandlung *Von der Notwendigkeit durchgreifender Reformen* aus dem Jahre 1831 leitete er mit dem Hinweis darauf ein, daß die Abhandlung Strombecks „in mehr als einem Punkt das Rechte nicht getroffen" habe[54]. Energisch bestritt er zunächst die These, daß der Staat nur aus Vertrag entstehen könne. Würde man dieser Ansicht folgen – so *Jürgens* – müsse man immer dann einen Vertrag fingieren, wenn ein solcher nicht eindeutig nachgewiesen werden könne. Anderenfalls würde es an einer Grundlage für die Verpflichtung des Fürsten, nicht dem Staatszwecke entgegen zu handeln einerseits, und für die Gehorsamspflicht des Bürgers andererseits, gänzlich fehlen[55]. Auch die Beschränkung des Rechtes der Gehorsamsverweigerung „auf den äußersten Fall" lehnte *Jürgens* mit dem Hinweis auf die Unpraktikabilität ab. Für die Grenze einer solchen Bestimmung ließen sich schwerlich Kriterien finden[56]. Völlig untragbar aber hielt er Strombecks These, daß eine Gehorsamsverweigerung zwar auch in den Fällen eines tollen Fürsten begründet sein sollte, dies allerdings nur, wenn und soweit der Fürst „bösartig" handele[57]. Nach Ansicht *Jürgens* mußte dieser Schluß zwangsläufig dazu führen, daß einem „gutmütigen Fürsten in den Händen böser Tyrannen" der Gehorsam nicht aufgekündigt werden dürfe, das Volk vielmehr der „Zerstörung der gemeinen Wohlfahrt" tatenlos zusehen müsse[58]. Freilich meinte auch Strombeck im Grunde, daß das Volk nicht so lange warten müsse, „bis die Kräfte [...] verloren gegangen" seien, Widerstand zu leisten[59], jedoch hält *Jürgens* diesen Zusatz für zu unbestimmt[60]. Im wesentlichen aber lag *Jürgens* Vorwurf darin, daß ihm die Ansichten Strombecks zu gemäßigt und zu reaktionär erschienen. *Jürgens* wollte Neuerungen. Er wollte die „alten Zöpfe" abschneiden, die Braunschweig noch anhingen und für die er den Adel verantwortlich machte. Und er scheute sich nicht davor, diese Forderungen geltend zu machen. Der spätere Kopf der liberalen Opposition im Landtag – *Karl*

52 *Röpcke*, Staat und Regierung, S. 51.

53 Über seine Person siehe ADB Bd. 14, S. 740–743 und NDB Bd. 10, S. 648 f.

54 *Jürgens*, Notwendigkeit durchgreifender Reformen, S. 4.

55 Ebd., S. 9.

56 Ebd., S. 18.

57 *Strombeck*, Was ist rechtens [...] ?, S. 27.

58 *Jürgens*, Notwendigkeit durchgreifender Reformen, S. 19 f.

59 *Strombeck*, Was ist rechtens [...] ?, S. 27 f.

60 *Jürgens*, Notwendigkeit durchgreifender Reformen, S. 21 f.

Steinacker[61] – hat die Forderungen *Jürgens* in der Schrift *Wünsche der Braunschweiger*[62] konkretisiert und darin verstärkt auf Mißstände, welche die Landschaftsordnung aus dem Jahre 1820 aufwies, hingewiesen. Der Verfassungskonflikt in Braunschweig war damit endgültig entbrannt. Erste Verhandlungen fanden aber erst Ende September 1831 statt – also gut ein Jahr nach den Unruhen in Braunschweig. Hintergrund dieser späten Einberufung war, daß die neue Verfassung nicht das Resultat des Sturmes „einer aufgeregten Zeit“ sein sollte, sondern ein sich durch Kontinuität auszeichnendes Gesetzeswerk[63]. Man warnte vor allzu „carricaturartigen Nachäffereien französischen Aberwitzes“ und wies die Absicht weit von sich, eine moderne Repräsentativverfassung schaffen zu wollen[64]. Man debattierte über ein Jahr über die wesentlichen Fragen der neuen Verfassung[65]. Das Ergebnis dieser Verhandlungen wurde am 12. Oktober 1832 verkündet und trug den Namen *Erweiterte Landschaftsordnung* – ein Name, der, in Anlehnung an die Landschaftsordnung von 1820, ebenfalls auf die gewünschte Kontinuität der Verfassung hinweisen sollte.

Zentrale Fragen der Debatten waren die Zusammensetzung der Stände, in welchem Zusammenhang auch die Entscheidung über ein Ein- oder Zweikammernsystem erneut aufgeworfen wurde, und der Grundsatz der Öffentlichkeit der ständischen Verhandlungen.

Die Frage nach der Zusammensetzung der Stände basierte vornehmlich auf Eingaben und Petitionen durch die Bevölkerung. Im Vergleich zur Landschaftsordnung von 1820 war man vom Prinzip der erblichen Landstände – im wesentlichen Abgeordnete von Amts wegen und Vertreter auf Lebenszeit – abgerückt. Die Landschaftsordnung von 1832 sah lediglich auf sechs Jahre gewählte Abgeordnete vor, deren Gesamtheit sich aus zehn freien Bauern[66], zehn Rittergutsbesitzern, zwölf Städtevertretern und 16 „Männern aus der

61 Über seine Person siehe ADB, Bd. 35, S. 676–682 und NDB, Bd. 12, S. 438.

62 *Steinacker*, Wünsche der Braunschweiger, Braunschweig 1831.

63 Vgl. *Pollmann*, Landschaftsordnung von 1832, S. 6, in: Pöls / Pollmann (Hrsg.), Moderne Braunschweigische Geschichte, S. 6.

64 Motive der revidierten Landschaftsordnung, in: Actenstücke über die Verhandlungen, Bd. 1.

65 Leider ist der Verlauf der Verhandlungen nur sehr lückenhaft erhalten. Des weiteren ist davon auszugehen, daß viele wichtige Punkte vermutlich nicht schriftlich protokolliert worden sind (*Pollmann*, Landschaftsordnung von 1832, S. 6, in: Pöls / Pollmann [Hrsg.], Moderne Braunschweigische Geschichte, S. 9).

66 Die Frage nach der Zulassung des Bauernstandes hatte auch Strombeck umfangreich diskutiert und im Ergebnis befürwortet (*Strombeck*, Ist dem Bauernstande das Recht der Landschaft einzuräumen?, Staatswissenschaftliche Mittheilungen, Bd. 2, S. 118–132).

höheren Geistesbildung“ zusammensetzen sollte, die mit einem freien Mandat ausgestattet wurden. War man in der Landschaftsordnung von 1820 zunächst nur davon ausgegangen, festzuschreiben, daß der Abgeordnete nur seinem „eigenen Gewissen zu folgen, keineswegs aber Instructionen von Anderen anzunehmen und zu beachten“ habe (§ 133), so wurden in die Verfassung von 1832 das Erfordernis des zwingenden persönlichen Erscheinens zur Wahrnehmung der ständischen Befugnisse (§ 133 S. 2), der Schutz der freien Meinungsäußerung (§ 134), sowie der Schutz vor Verhaftung während einer Ständeversammlung (§ 135) mit aufgenommen[67]. Hinsichtlich der Frage nach dem Ein- oder Zweikammernsystem wich man von der Regelung aus dem Jahre 1820 nicht ab. Hinsichtlich der Kammernfrage blieb es bei der Entscheidung zugunsten eines Einkammersystems. Der Adel konnte sich mithin erneut nicht durchsetzen.

Wesentliche Neuerung – von Strombeck sogar als „die wesentlichste Neuerung“ bezeichnet[68] – war die gesetzlich festgeschriebene Trennung der herzoglichen Einkünfte von den öffentlichen Finanzen, die nun vollständig im Staatshaushaltsetat eingebracht werden mußten. Was als öffentliche Einnahmen zu gelten hatte, wurde gesetzlich fixiert, so daß dem Herzog nunmehr der Weg verschlossen war, sich auf anderen als den verfassungsmäßig vorgeschriebenen Wegen Geld zu beschaffen. Freilich wehrte sich der Herzog hartnäckig gegen diese Beschränkung. Andererseits drängten die Stände aber auf keine andere Bestimmung so energisch, wie auf diese, welche sie als eine der „über das ganze künftige Landeswohl unwiderruflich zu entscheidenden Fragen“ betrachteten, und so lenkte der Herzog schließlich ein[69].

Besonders streitig wurde die Frage nach der Öffentlichkeit der ständischen Verhandlungen behandelt. Im Ergebnis entschied sich die Mehrheit der Abgeordneten gegen sie. Es wurden Befürchtungen geäußert, daß das Publikum einen verderblichen Einfluß auf die Beratungen ausüben könne. Weiterhin wurde darauf hingewiesen, daß die die Gefahr bestehe, daß nur „einseitige Parteiansichten“ durchgesetzt würden, weil gerade rhetorisch ungeübte Abgeordnete es möglicherweise nicht wagen würden, ihre Ansichten vor den Zuhörern zu vertreten. Es half auch das Argument nicht, daß die Wähler geradezu verpflichtet seien, ihre Wahl nach gründlicher Prüfung der bisherigen Mitglie-

---

67 Erweiterte Landschaftsordnung von 1832 (Online: www.verfassungen.de/de/nds/braunschweig32-index.htm., 20. April 2007).

68 *Grefe*, Gefährdung monarchischer Autorität, S. 33.

69 *Rotteck* / *Welcker*, Staats-Lexikon, Stw. Braunschweigische Landstände, S. 768.

der vorzunehmen[70]. Die Ansichten, daß der Repräsentant seine Kraft „allein in der öffentlichen Meinung“ finden könne[71] oder daß „nur wirkliche Öffentlichkeit eine sichere Bürgschaft gegen Servilismus“ gewähre, blieben in der Minderheit. Obwohl diese „einsichtslose“ Behandlung der Öffentlichkeitsfrage immer wieder kritisiert worden ist, wurde ihre Behandlung stets vertagt. In der Tat ist es vor 1848 nicht dazu gekommen, über die restriktive Regelung des Jahres 1832 hinauszukommen[72].

Strombecks Zustimmung dürfte die Landschaftsordnung von 1832 nicht in allen Punkten gefunden haben. Als Wortführer des Adels dürfte er sich insbesondere mit der Bestätigung des Einkammersystems nicht einverstanden erklärt haben. Auch die Mehrheitsmeinung gegen die Öffentlichkeit widersprach seinen Ansichten. Begeistert haben wird sich Strombeck dagegen für die vom herzoglichen Ministerium postulierte Kontinuität der Verfassung. Es entsprach – und in diesem Punkt hatte *Jürgens* Recht behalten – einfach nicht Strombecks Wesen, Bestehendes umzuwälzen und sich von Altem zu trennen. Mehr noch als ein Reaktionär war Strombeck ein Traditionalist. Freilich ist nicht von der Hand zu weisen, daß er, als Privilegierter der Landstände, vom bestehenden System profitierte. Sein Festhalten an Althergebrachtem diente aber nicht allein dem Machterhalt. Anderenfalls hätte er sich nicht bezüglich anderer Fragen – wie der Frage nach der Zulassung des Bauernstandes oder der Öffentlichkeitsfrage – seinen liberalen Kollegen angeschlossen. Verfehlt ist es daher zu behaupten, Strombeck habe die Zeichen der Zeit im Ganzen nicht zu deuten gewußt. „Kein Mensch“ würde ihn „für einen Revolutionär halten“ wollen[73]. Von einem verknöcherten Reaktionär war Strombeck aber genauso weit entfernt.

In privater Hinsicht brachten die 1830er nicht nur positive Veränderungen. Im Jahre 1831 starb der Bruder und langjährige Weggefährte *Heinrich von Strombeck*, der, neben *Hoyer*, eine der wichtigsten Bezugspersonen für Strombeck gewesen ist. So ungleich die Brüder zeit ihres Lebens gewesen sein mögen (*Heinrich* kam insgesamt eher nach dem Vater), so sehr waren sie sich „mit treuer und brüderlicher Liebe zugethan“[74]. Der plötzliche Tod des Bruders

70 *Pollmann*, Landschaftsordnung von 1832, S. 6, in: Pöls / Pollmann (Hrsg.), Moderne Braunschweigische Geschichte, S. 24.

71 *Strombeck*, Ueber die Oeffentlichkeit ständischer Versammlungen, in: Staatswissenschaftliche Mittheilungen, Heft 2, S. 194.

72 *Pollmann*, Landschaftsordnung von 1832, S. 6, in: Pöls / Pollmann (Hrsg.), Moderne Braunschweigische Geschichte, S. 24.

73 *Jürgens*, Notwendigkeit durchgreifender Reformen, S. 22 f.

74 *Strombeck*, Darstellungen, Bd. 2, S. 221.

„von dessen Nähe er [Strombeck] keine Ahnung hatte", erschütterte den lebensfrohen Mann, der erneut, wie zuvor die geliebte Mutter und *Hoyer*, einen innigen Vertrauten hatte gehen lassen müssen. *Heinrich* zum Bruder gehabt zu haben, bezeichnet Strombeck als „die schönste Zierde seines Lebens". Er schrieb ihm einen sehr persönlichen Nachruf[75]. Bereits 1826 war sein Schwager *von Kniestedt* gestorben, im Jahre 1833 verstarb sein Kollege *von Wolffradt*. Auch ihnen schrieb er einen Nachruf[76].

75 *Strombeck*, Eine Skizze, in: Zeitgenossen VI, S. 125–163.

76 Über Kniestedt im Neuen Vaterländischen Archiv von 1826, S. 24; über Wolffradt im Neuen Vaterländischen Archiv von 1833, S. 37.

7. Kapitel:
Die Reisejahre und der Lebensabend

I. Einleitung

Nach den Ereignissen zu Beginn der 1830er kehrte bald wieder Ruhe in das Leben Strombecks ein. Er war mittlerweile ein stattlicher Mann von über 60 Jahren, erfreute sich „bester Gesundheit"[1] und konnte auf ein Leben zurückblicken, das ihm oft Freude, zuweilen aber auch tiefe Trauer und Verzweiflung beschert hatte[2]. Man hatte ihn emporgehoben, zu Fall gebracht und wieder rehabilitiert. Man hatte ihn ausgezeichnet[3] und man hatte ihn geschmäht. Im Ganzen konnte Strombeck aber auf ein stolzes Lebenswerk zurückblicken.

Im Jahre 1822 fand sich im Rahmen eines Ehemaligentreffens noch einmal die Gelegenheit, an die Universität zu Helmstedt zurückzukehren und die alten Studienfreunde wiederzusehen[4]. „Wer der Feier nicht" beigewohnt hatte – so Strombeck –, konnte sich „das Ergreifende des Ganzen nicht denken"[5]. Es war ein ausgelassenes Fest und (freilich nur) auf einen Tag wurde die „dahingeschiedene Akademie" wieder in das „Leben zurückgebannet"[6]. Zu Ehren der Feierlichkeit hielt Strombeck eine Lobrede auf den Begründer und Namensgeber der Universität Herzog *Julius zu Braunschweig und Lüneburg*[7], ein wahr-

---

1 „Des Glücks der Gesundheit" war Strombeck „so sehr theilhaftig" geworden, daß er „nie" seit der Jugendzeit, wo er „einmal bedenklich krank gewesen" ist, „so krank gewesen" ist, „um das Bett hüten zu müssen." (*Strombeck*, Darstellungen, Bd. 2, S. 222 in Anm.).

2 Neben dem frühen Tod seines Freundes Hoyer, des Todes der Mutter und des Bruders, mußte Strombeck auch den Tod dreier seiner Kinder betrauern, die in den Jahren 1801–1807 an den Blattern verstorben waren (*Strombeck*, Darstellungen, Bd. 1, S. 167 ff.).

3 Wenig überraschend ist, daß sich unter den Auszeichnungen keine einzige aus Braunschweig befindet (*Strombeck R.*, Fünfzig Jahre, S. 1).

4 Über dieses Treffen verfaßte *Wilhelm Raabe* im Jahre 1858 die Novelle „Die alte Universität" (Hoppe / Oppermann [Hrsg.], Wilhelm Raabe. Sämtliche Werke, Göttingen 1992).

5 *Strombeck*, Darstellungen, Bd. 2, S. 278.

6 Helmstedt war den Sparmaßnahmen Napoleons zum Opfer gefallen und im Jahre 1810 geschlossen worden (*Strombeck*, Darstellungen, Bd. 2, S. 277 f.).

7 *Strombeck*, Historische Lobrede auf den Herzog Julius zu Braunschweig und Lüneburg, Sonderdruck Helmstedt. Die Rede Strombeck wurde später auch in Görgens „Galerie

haft frommer Fürsten, der das Vaterland „zu einer hohen Stuffe der Wohlhabenheit" erhoben hatte[8] – so Strombecks Fazit.

Zu Beginn des Jahres 1825 ernannte man ihn zum Stadtdeputierten von Wolfenbüttel[9] – ein Amt, das ihn nicht sonderlich beanspruchte. Eben so wenig wie die Tätigkeit am Oberappellationsgericht. Strombeck fand daher abermals Zeit, sich eingehender mit der Antike zu beschäftigen. Die Schaffenskraft dieser Jahre ist enorm. Im Jahre 1822 gab er eine zweite und verbesserte Auflage der Elegien des Properz heraus[10]. Bereits 1825 folgte eine Zweitauflage der Elegien des Tibull[11]. Im Jahre 1826 veröffentlichte er des Paterculus zwei Bücher römischer Geschichte[12]. Ciceros Abhandlungen über Freundschaft und Alter erschienen in einer Übersetzung im Jahre 1827[13]. Es folgten von 1829 bis 1847 eine zweite Auflage der Heilmittel der Liebe des Ovid[14], eine zweite Auflage der Kunst zu lieben des Ovid[15], die drei Bücher der Liebe des Ovid[16], die Werke des Cajus Suetonius Tranquillus[17], sämtliche Werke des Cicero[18] und die fünf Bücher der Trauer des Ovid[19].

Als Herausgeber veröffentlichte Strombeck 1841 das Erstlingswerk *Therese von Lützows*[20]. *Therese* (geborene *von Bacherat*) war die Tochter *Heinrich*

---

von Portraits berühmter Herzöge" veröffentlicht (*Strombeck*, Lebensbeschreibung des Herzogs Julius von Braunschweig, in: Görgen, Wilhelm [Hrsg.], Galerie von Portraits der berühmten Herzöge von Braunschweig-Lüneburg. Mit historischen Beiträgen, Braunschweig 1840, S. 77–79).

8 *Strombeck*, Historische Lobrede, S. 117.

9 *Figge*, Friedrich Karl von Strombeck, in: BsJb 36 (1955), S. 129.

10 *Strombeck*, Elegien des Propertius, 2. sehr vermehrte und verbesserte Auflage mit ausführlichem Kommentar, Erster und Zweiter Teil, Braunschweig 1822.

11 *Strombeck*, Des Albius Tibullus Ellegien übersetzt und erklärt, 2. verbesserte Auflage, Göttingen 1825.

12 *Strombeck*, Des Velleius Paterculus zwei Bücher römischer Geschichte, soviel davon übrig geblieben, Braunschweig 1826.

13 *Strombeck*, Des M. Tullius Cicero Abhandlungen von der Freundschaft und dem Alter. Paradoxien der Stoiker und Traum des Scipio, Braunschweig 1827.

14 *Strombeck*, Des Publius Ovidius Naso Heilmittel der Liebe, 2. sehr veränderte Ausgabe, Braunschweig 1829.

15 *Strombeck*, Des Publius Ovidius Naso Kunst zu lieben, 2. ganz neue Arbeit, Braunschweig 1831.

16 *Strombeck*, Des Publius Ovidius Naso drei Bücher der Liebe, Braunschweig 1832.

17 *Strombeck*, Des Cajus Suetonius Tranquillus Werke, Braunschweig 1834.

18 *Strombeck*, Ciceros sämtliche Werke, Braunschweig 1839–1841.

19 *Strombeck*, Des Publius Ovidius Naso fünf Bücher der Trauer, Übersetzung, Braunschweig 1847.

20 Über ihre Person siehe ADB, Bd. 19, S. 723 f.

von Struves, eines alten und teuren Freundes Strombecks[21]. Unter dem Pseudonym *Therese* verfaßte die begabte Frau ihre *Briefe aus dem Süden*, deren Veröffentlichung Therese Strombeck anvertraute. Strombeck, der das Talent Theresens sofort erkannte, veranlaßte die Drucklegung binnen eines Jahres[22].

Am 22. Mai 1842 fand die 19. Versammlung deutscher Naturforscher und Ärzte zu Braunschweig statt, zu deren Vorsitzenden man Strombeck erwählte[23]. Es war dies eine große Ehre für den nun schon greisen Strombeck – eine Ehre für ihn und das Vaterland, welchem er so sehr anhing. „Wissenschaft", so schloß Strombeck seine Eröffnungsrede,

> „und seine Bürger sind im deutschen Vaterland durch Bildung, Gastfreundschaft und Humanität berühmt: so ist keineswegs daran zu zweifeln, daß Braunschweig einen sehr ehrenvollen Platz in Beziehung auf die Aufnahme der Gesellschaft deutscher Naturforscher und Aerzte unter den Städten Deutschlands einnehmen werde."[24]

Im Jahre 1843 erfolgte die Ernennung zum Präsidenten des Oberappellationsgericht, welchen Posten er bis zu seinem Ruhestand im Jahre 1847 ausübte.

II. Reisejahre (1835–1839)

Die Jahre 1835 bis 1839 nutzte Strombeck für ausgedehnte Reisen. Sein erstes Ziel sollte, nachdem er im Jahre 1793 seine Reise aus Geldmangel hatte abbrechen müssen, Italien sein – mit dem Vorsatz freilich, es diesmal bis nach Rom zu schaffen. Er schaffte es sogar bis nach Neapel[25]. Über Bamberg, Nürnberg, München, wo er seinen Sohn Eggeling zum Studium zurückließ, Innsbruck und den Brenner betrat er nach mehr als vierzig Jahren, am 6. Mai 1835, veronesischen Boden:

> „Im zwei und zwanzigsten Lebensjahre, im Monat Junius tausend siebenhundert drei und neunzig, gleichsam in das Leben eintretend, war ich zu Verona, und jetzt, fast zum Ziele gelangt, befand ich mich hier wieder in demselben Gasthofe der due torri. – Wie selten, dachte ich, und dieser Gedanke hatte für mich etwas sehr Rüh-

---

21 *Strombeck*, Darstellungen, Bd. 4, S. 76.

22 *Strombeck* (Hrsg.), Theresens Briefe aus dem Süden, Braunschweig 1841.

23 Die Eröffnungsrede Strombecks, sowie sein Amtlicher Bericht sind uns heute noch erhalten (*Strombeck*, Die Gesellschaft deutscher Naturforscher und Aerzte, in: BraMag 1842, S. 165 ff.; *Ders.*, Amtlicher Bericht, in: BraMag 1842, S. 197 ff.).

24 *Strombeck*, Die Gesellschaft deutscher Naturforscher und Aerzte, in: BraMag 1842, S. 168.

25 Strombecks Beschreibungen Pompejis werden heute als unermessliche Quelle damaliger zeitgenössischer Reiseberichte geschätzt (*Fitzon*, Reisen in das befremdliche Pompeji, Freiburg 2002).

rendes, mag es geschehen, daß Jemand, vom Norden des weiten Germaniens her, nach zwei und vierzig Jahren zum zweiten Mahl Italien hat besuchen können?“[26]

Es war einer der schönsten Tage seines Lebens[27]. Über Vicenza, Venedig, Padua, Ferrara (eine Stadt, die er als „eine der schönsten Städte Italiens beschreibt)[28] und Bologna kam er am 19. Mai in Florenz an. „Florenz“, so beginnt Strombeck seine Schilderungen, hatte „seit Jahrhunderten [...] den Beinamen ‘la bella’ geführt“. Ohne Zweifel ließ sich dies im Hinblick auf die Kunstschätze behaupten. „Wollte man sich aber dem Glauben hingeben, die Stadt Florenz sei schön, so würde man sich außerordentlich täuschen“[29]. In Florenz weilte auch Jerôme Bonaparte. Strombeck ließ es sich nicht nehmen, dem ehemaligen Landesherrn seine Aufwartung zu machen. Er wurde mit „Freundlichkeit und Güte“ aufgenommen. Man unterhielt sich auf das „heiterste und unbefangenste“, wenngleich über Politik nicht gesprochen wurde[30]. In Florenz verbrachte Strombeck nur einige wenige Tage. Über Siena, wo er sich nur ein paar Stunden aufhalten konnte[31], gelangte er schließlich am 29. Mai nach Rom:

„Es war drei Uhr nachmittags, als ich zum ersten Mahle in meinem Leben die ewige Stadt erblickte.“[32]

Drei Wochen sollte er in der Stadt seiner Sehnsüchte verbleiben. Die Erwartungen, die er an Rom gestellt hatte, erfüllten sich aber nicht. Er schien enttäuscht von der „würdigen Roma“, wenngleich er später einlenkte, daß ihm die Stadt „von Tag zu Tag [...] theuer“ wurde und er dennoch wünschte, „den Rest“ seiner Tage dort zu verbringen[33]. Über die „Piazza del Popolo“ gestand er offenherzig, daß er sich „das Ganze [...] noch größer und noch mehrern Eindruck machend gedacht hatte, als [er] es nun in Wirklichkeit fand“. Das Pantheon schien ihm „ein schöner runder Tempel mit einer Kuppeldecke“, das außer „gefälligen, ansprechenden Verhältnissen [...] nichts besonders Imponierendes hatte“[34]. „Selbst die mächtigen Ruinen des Colosseo hatte“ er sich

---

26 *Strombeck*, Darstellungen, Bd. 3, S. 209.

27 Ebd., S. 200.

28 *Strombeck*, Darstellungen, Bd. 4, S. 6.

29 Ebd., S. 44.

30 Ebd., S. 83 f.

31 Wenngleich diese „merkwürdige Stadt [...] eines Aufenthalts von eben so viel Tagen werth“ als er ihr „Stunden schenken konnte“ gewesen wäre (*Strombeck*, Darstellungen, Bd. 4, S. 134).

32 *Strombeck*, Darstellungen, Bd. 4, S. 157.

33 Ebd., S. 168.

34 Ebd., S. 165.

„noch größer, gleichsam schaudererregend, gedacht“ und einen „Anblick der furchtbarsten Verwüstung“ bot ihm „das Forum Romanum“. Einzig der Petersdom gefiel ihm. „Hier trat die Wirklichkeit mit dem Bilde [seiner] Phantasie zusammen.“[35] Das Monument machte einen derart starken Eindruck auf Strombeck, daß er „während“ seines „Aufenthalts zu Rom kaum einen Tag“ hat „hingehen lassen, wo“ er die „herrliche Basilika nicht besucht hätte“. Auf die Vermittlung eines hannoverschen Gesandten wurde Strombeck sogar eine Audienz bei Papst Gregor XVI. gewährt. Am Mittag des „sechsten Junius“ empfing ihn

> „Seine Heiligkeit auf das gütigste, indem er [Strombeck] an den Arm faßte [...] und sagte, er sei dem Gesandten [...] sehr verbunden, daß er ihm die Gelegenheit gäbe, einen Gelehrten kennen zu lernen, dessen Namen er jetzt nicht zum ersten Mahle nennen höre.“[36]

Der Papst hatte von Strombecks Übersetzerdiensten gehört und zeigte sich beeindruckt von seinem Talent. Wenngleich das Gespräch von kurzer Dauer war und „ohne apostolischen Segen“ und ohne daß ihm Seine Heiligkeit den Handkuß gestattet hätte, so war er doch „hingerissen von dem Wohlwollen und der Gelehrsamkeit“ des Heiligen Vaters[37]. Auch der Mutter *Napoleons* stattete Strombeck einen Besuch ab.

Ende Juni erreichte er Neapel. Überwältigt von dem Anblick, der sich ihm bot, schrieb er später:

> „Von woher man auch auf Neapel schaue, man [wird] hingerissen [sein] von der unaussprechlichen Schönheit und Großartigkeit des Ganzen[38].
>
> Neapel ist einzig! – Seine Schönheit herabzusetzen, erscheint mir fast als Gotteslästerung.“[39]

Besonders faszinierten ihn die Ruinen Pompejis, die er einen Tag lang besuchte und „auf das genauste“ studierte[40]. Selbstverständlich bestieg er auch den Vesuv.

Mitte Juli begab er sich über Livorno, Cività Vecchia, Genua, Pavia und Mailand nach Deutschland zurück. In Wolfenbüttel traf er am 9. August wieder ein.

---

35 *Strombeck*, Darstellungen, Bd. 4, S. 166.

36 Ebd., S. 238.

37 Ebd., S. 241.

38 *Strombeck*, Darstellungen, Bd. 5, S. 16.

39 Ebd., S. 94.

40 *Strombeck*, Darstellungen, Bd. 5, S. 94 ff.

Im Jahre 1837 folgte die nächste größere Reise. Sie führte Strombeck in die Niederlande. Über den Seeweg erreichte er Anfang Juli 1838 Amsterdam – eine Stadt, die nach Ansicht Strombecks, durch die „Schönheit der Häuser“ und den „Reichtum der Kaufläden“ einen „[...] oft prächtigen Anblick“ darbot[41]. Besonders lobend spricht er von dem niederländischen Volk. „Je mehr Holländer“ er „kennen lernte, je lieber wurde“ ihm „die Nation“. Er empfand sie als besonders tugendhaft und sittsam. Über Harlem, Leiden, Den Haag und Delft setzte er seine Reise nach Rotterdam fort. Harlem gefiel ihm, er empfand es als „eine sehr schöne Stadt, freilich auf holländische Art“[42]. Die „Schönheit“ und „die Pracht von Leiden“ versetzen ihn in Erstaunen[43]. Den Haag überzeugte ihn durch seine „Lebendigkeit“ und Delft durch seine „Heiterkeit“[44]. Alle diese Städte übertraf Rotterdam aber – so Strombeck – bei Weitem:

> „Dreimaster erblickt man hier mitten in der Stadt; lange Reihen prächtiger Häuser, die man in Italien Paläste nennen würde, allenthalben ein reges Leben [...]. Wenn man so etwas erblickt, so begreift man, wie ein Land, in welchem Städte von dieser Beschaffenheit vorhanden [...] Lasten zu tragen vermöge, die manches große Königreich erdrücken würden.“[45]

Auf dem Rhein reiste er über Mainz und Frankfurt am Main, wo er das Geburtshaus Goethes besuchte, zunächst nach Göttingen. Dort sollte ihm „der Doktorhut der Rechte“ verliehen werden, nachdem ihn bereits die Universität zu Jena mit der Doktorwürde ausgezeichnet hatte[46]. Anfang September traf er dann wieder in Wolfenbüttel ein.

Die Jahre 1838 und 1839 verwandte der nun schon 67 Jahre zählende Strombeck für zwei letzte Reisen. Die erste Reise unternahm er im Sommer 1838 nach Österreich. Unter den österreichischen Städten hat ihm Linz besonders gut gefallen. In Wien wählte er einen längeren Aufenthalt von mehreren Wochen. Er genoß das Leben in der damals wohl wichtigsten Metropole Europas und traf viele Freunde und Bekannte wieder. Über das „herrliche“ Prag und das „reizende“ Dresden, dessen Hofkirche er als einen „Prototyp kostbarer Geschmacklosigkeit“ bezeichnete, kehrte Strombeck im Herbst nach Hause zurück[47].

---

41 *Strombeck*, Darstellungen, Bd. 6, S. 94 f.

42 Ebd., S. 155.

43 Ebd., S. 168.

44 Ebd., S. 191, 212.

45 Ebd., S. 214.

46 Ebd., S. 364.

47 *Strombeck*, Darstellungen, Bd. 7, S. 94.

Die letzte Reise führte Strombeck am 24. Juli 1839 über Hamburg und Lübeck in das prächtige Stockholm, dessen Erscheinung ihm „ein herrlicher, hehrer Anblick!“ war[48]. Am 16. August empfing ihn König *Karl XIV. Johann*, der Strombeck durch seine scharfsinnige Gelehrsamkeit beeindruckte. Dem König waren die criminalrechtlichen Bestrebungen und namentlich Strombecks Strafgesetzentwurf „nicht unbekannt geblieben“. Er nutzte daher, weil sich sein Land gerade selbst in Reformen befand, die Gelegenheit, Strombeck über „die bei der Abfassung von Strafgesetzen hauptsächlich zu beachtenden Grundsätze“ zu befragen. Auch über die Todesstrafe wurde gesprochen, doch „diese höchste Strafe [...] gänzlich auszuschließen, schien doch seiner Majestät“, anders als es Strombeck vertrat, „des allgemeinen Bestens wegen, nicht räthlich“, wenngleich *Karl XIV. Johann* einräumte, daß „strafen zu müssen [...] stets ein Uebel“ sei[49]. „Nicht ohne Rührung“ gingen die Männer auseinander[50]. Dem Monarchen hat Strombeck in seinem Werk *Memorabilien aus dem Leben und der Regierung des Königs Karl XIV. Johann von Schweden und Norwegen* aus dem Jahre 1842 ein Denkmal gesetzt. Die Rückreise trat Strombeck über Göteborg, Kopenhagen und Braunschweig an. In Braunschweig fuhr seit 1838 die Eisenbahn, die Strombeck auch für seinen Heimweg nahm und bereits „nach funfzehn Minuten [...] dahinfliegend“ sicher wieder in Wolfenbüttel eintraf, „hochbeglückt“, die Seinen, „nach denen“ er sich „dieses Mahl mehr als je gesehnt hatte, in bester Gesundheit vorzufinden“[51].

III. Letzte Jahre in Wolfenbüttel (1839–1848)

Die letzten Jahre verbrachte Strombeck zurückgezogen in Wolfenbüttel. Zwar übte er sein Amt als Präsident des Oberappellationsgerichts noch aus, doch beanspruchte ihn es kaum noch. Strombeck starb am 17. August 1848 in Wolfenbüttel[52]. Seine sterblichen Überreste wurden „mit vielem Gepränge“ nach dem Gut Groß-Twülpstedt überführt und dort beigesetzt[53]. Seine Witwe *Amalie von Strombeck* überlebte den Gatten noch bis 1860. Der Nachlaß Strombecks erstreckte sich auf eine stattliche Bibliothek von über 5.000 Büchern[54],

---

48 *Strombeck*, Darstellungen, Bd. 8, S. 26.

49 Ebd., S. 96.

50 Ebd., S. 103.

51 Ebd., S. 249.

52 Über Wolfenbüttel hatte Strombeck in einem Aufsatz über Lessing einmal gesagt, daß es sich um einen „schauderhaften Ort“ der Verödung handele (*Strombeck*; Wolfenbüttel und Lessing, in: BraMag 1844, S. 65 f.).

53 *Strombeck R.*, Fünfzig Jahre, S. 21.

54 Verzeichnis der nachgelassenen Bibliothek, Braunschweig 1849.

zahlreiche Gemälde, Stiche und Büsten[55], sowie eine Sammlung von chinesischem und japanischem Porzellan[56].

In dem Jahr, in dem Strombeck starb, ereignete sich auch die gesamtdeutsche Revolution, die Braunschweig aber nicht erschütterte, es nach den Unruhen von 1830 vielmehr wie einen Hort der Ruhe erscheinen ließ. Rechtlich wurde die Gerichtsverfassung des Landes in den Jahren 1849 bis 1850 grundlegend neu geordnet und die Trennung zwischen Judikative und Exekutive eingeführt. Neben zahlreichen anderen Gesetzen wurden vor allem das Gerichtsverfassungsgesetz, die Strafprozeßordnung und die Zivilprozeßordnung reformiert. Es wurde die Öffentlichkeit und Mündlichkeit der Gerichtsverfahren in Zivil- und Strafsachen vorgeschrieben sowie Geschworenengerichte in Strafsachen errichtet[57]. Für das ganze Herzogtum wurde ein Obergericht geschaffen, während die Kreise Kreisgerichte erhielten[58]. Nicht alle Veränderungen hätte Strombeck begrüßt, wenngleich ihm die Einführung des Öffentlichkeitsgrundsatzes im Strafverfahren doch sehr entgegen gekommen wäre, hatte er doch gerade an dem „deutschen Criminal-Verfahren stets furchtbar gefunden, daß der Angeschuldigte seinen eigentlichen Richter nie mit Augen zu sehen bekam" und daher die Ansicht vertreten, daß sich „das öffentliche und mündliche Verfahren" für nichts mehr eigne, „als für [...] kleine Criminal-Sachen"[59].

Das Leben Strombecks hätte nicht turbulenter – zuweilen glücklich, zuweilen tragisch, aber auch äußerst erfahrungsreich – verlaufen können. Sein Leben und sein Wesen findet sich in allem wider, was er uns hinterlassen hat. Und so kann man nicht treffender als mit den Zeilen schließen, daß aus ihm

> „eine reiche Erfahrung, eine heitere Anschauung des Lebens [spricht], [wenngleich er auch] eine gute, oft nur zu gute Meinung von berühmten Persönlichkeiten [unterhält], denen er sich vorstellt [...] viel aristokratische, durch hohes Alter gestei-

---

55 Verzeichnis von Oel- und Pastellgemälden, Kupferstichen, Stahlstichen, Lithographien, Büsten und Urnen, Braunschweig 1849.

56 Verzeichnis einer Sammlung von chinesischem, japanischen und anderem Porzellan, Braunschweig 1849.

57 Die Frage der Einführung der Öffentlichkeit in Gerichtsverfahren hatte Deutschland schon länger beschäftigt. Während sie sich in den Rheinbundstaaten überwiegend durchgesetzt hatte, war sie in den übrigen deutschen Staaten zunächst auf Ablehnung gestoßen. Letztmalig im Jahre 1819 hatte man versucht, in einigen deutschen Staaten den Öffentlichkeitsgrundsatz gesetzlich zu verankern, doch hatte die Restauration dafür Sorge getragen, daß die Frage nach der Öffentlichkeit erst wieder in den 1830ern und verstärkt in den 1840ern wieder aufgegriffen wurde. Dann aber allerdings mit großem Erfolg (vgl. i.E. *Alber*, Geschichte der Öffentlichkeit, S. 69 ff.).

58 *Böse*, Die Revolution von 1848 in Braunschweig, S. 7 ff.

59 *Strombeck*, Darstellungen, Bd. 2, S. 107.

gerte Behaglichkeit und Bequemlichkeit und mitten durch dieses aristokratische Wissen blitzen wieder Züge von liberaler, ächt menschlicher Auffassung, die uns den Verfasser wieder lieb gewinnen lassen."[60]

60 *Unbekannt*, Friedrich Karl von Strombeck, in: Neuer Nekrolog der Deutschen, 26. Jg. (1848), S. 886.

2. TEIL:
STROMBECKS ENTWURF EINES STRAFGESETZBUCHES VON 1829

8. Kapitel: Das braunschweigsche Strafrecht bis 1840

Wie in den meisten norddeutschen Staatsgebieten hatte sich seit dem 13. Jahrhundert auch in Braunschweig der von *Eike von Repgow* verfaßte Sachsenspiegel als allgemeingültige Rechtsquelle durchgesetzt. Bis ins 16. Jahrhundert wurde er in Braunschweig als wichtigste Entscheidungsquelle genutzt und erst im Jahre 1568 durch die Einführung der peinlichen Gerichtsordnung Kaiser Karls V.[1]. (CCC) – als Folge der zunehmenden Rezeption römischen Rechts in Norddeutschland[2] – ersetzt. Diese galt bis zum Erlaß des braunschweigischen Criminalgesetzbuches im Jahre 1840 nahezu uneingeschränkt fort. Zu Beginn des 17. Jahrhunderts wurden in Braunschweig erstmals Forderungen nach einem humaneren Kriminalrecht laut. „Mit dem Fortschreiten der Gesittung, der öffentlichen Ordnung und der Rechtswissenschaft“ hatte sich „im Laufe der Jahrhunderte“ zunehmend „ein feineres Gefühl“ und „eine festere Grundlage der Staats-Einrichtungen“ gebildet, welchen veränderten Grundsätzen das geschriebene Recht nicht mehr Rechnung tragen konnte[3]. Insbesondere „der Gerichtsgebrauch fing allmählich an, die klaren Bestimmungen“ der peinlichen Gerichtsordnung, wenn und soweit diese „dem Rechtsgefühl der Zeit widersprachen“, nach und nach zu umgehen[4], und dies obwohl in Braunschweig „die Nichtbefolgung der Gesetze durch specielle Bestimmungen ernstlich untersagt war“[5]. Im Laufe der Zeit war der Richter damit zum Gesetzgeber geworden[6]. Fast zwei Jahrhunderte später setzten erste Reformen in Braunschweig ein. Die braunschweigische Regierung hatte den Ständen im Jahre 1823 zunächst einen Entwurf vorgelegt, welcher das bestehende Recht hinsichtlich des Verbrechens des Diebstahls grundlegend reformieren sollte. Die Stände aber weigerten sich, den Entwurf zu verabschieden und drängten darauf, „daß ein [neues] Criminalgesetzbuch verfaßt werden möge“[7]. Am 30. September 1828 ernannte der Herzog daher eine Kommission, die den Entwurf eines Criminalgesetzbuches ausarbeiten sollte, doch erst durch das ausdrückliche Hinwirken der Stände im

---

1 *Du Roi*, Quellen und Literatur, S. 26.

2 *Würtenberger*, System der Rechtsgüterordnung, S. 13.

3 *Schormann*, Strafrechtspflege, S. 94.

4 *Du Roi*, Quellen und Literatur, S. 26.

5 *Berner*, Strafgesetzgebung, S. 138.

6 Vgl. dazu *Oehler*, Wurzel und Wandel, S. 135.

7 Motive, S. 9.

Jahre 1831 – die Kommission hatte ihre Tätigkeit bis zu diesem Zeitpunkt noch nicht aufgenommen –, nahmen die Reformen in Braunschweig letztlich Gestalt an. Fast zehn Jahre dauerten die Reformen an, eine Verzögerung, die hauptsächlich dem Umstand geschuldet zu sein scheint, daß man sich im Hinblick auf die Aufnahme der Todesstrafe als Strafart in das braunschweigische Kriminalgesetzbuch nicht einigen konnte. Die Befürworter der Todesstrafe konnten sich aber – nicht ohne massive Kritik über sich ergehen zu lassen – letztlich durchsetzen[8].

Im Jahre 1840 wurde das *Criminalgesetzbuch für das Herzogtum Braunschweig*[9] schließlich verkündet – ein nach Ansicht *Berners* „so vorzügliches Gesetzbuch", das, wäre es „in einem großen Staat erschienen: der Einfluß [...] sehr weit gereicht haben" würde[10].

---

8 In der Tat war die Frage der Todesstrafe am heftigsten diskutiert worden. Leider läßt sich heute nicht mehr nachhalten, wer für und wer gegen die Aufnahme derselben votiert hat, denn die Protokolle aus der Standesversammlung sind in anonymisierter Form verfaßt. Sicher ist aber, daß Strombeck freilich sehr engagiert gegen die Todesstrafe eingetreten sein wird (vgl. *Heinemann*, Das braunschweigische Criminalgesetzbuch, in: BrJb, Bd. 59 [1978], S. 85, 87).

9 Literatur zum braunschweigischen Kriminalgesetzbuch: *Brehmar*, Das Kriminalgesetzbuch für das Herzogtum Braunschweig, nebst den Motiven der Herzoglichen Landesregierung und Erläuterungen aus den ständischen Verhandlungen, Braunschweig 1840; Sammlung der vom braunschweigischen Kassationshofe entschiedenen Strafrechtsfälle, 3 Bde., Braunschweig 1853.

10 *Berner*, Strafgesetzgebung, S. 156.

9. Kapitel: Inhalt und Gegenstand des Entwurfs von 1829

I. Einleitung

„Durch meinen Entwurf eines Strafgesetzbuches
wollte ich Zwecke der Humanität erreichen."[1]

Etwa zur gleichen Zeit da die Reformen in Braunschweig in Gang gesetzt wurden, veröffentlichte Strombeck einen eigenen Strafrechtsentwurf, den „Entwurf eines Strafgesetzbuches für ein norddeutsches Staatsgebiet, namentlich für das Herzogthum Braunschweig und die Fürstenthümer Waldeck, Pyrmont, Lippe und Schaumburg-Lippe"[2]. Die Reformbewegungen mögen einen entscheidenden Beitrag zur Entstehungsgeschichte des Entwurfes geleistet haben, doch beschäftigte Strombeck die Idee zu einem neuen Strafgesetzbuch schon länger. Seit dem Jahre 1828 verstärkt als Kriminalrichter tätig, waren ihm die Unzulänglichkeiten der Strafrechtspflege aus eigener Erfahrung bekannt[3] – Unzulänglichkeiten, die – nach Strombecks Ansicht – insbesondere aus der Unzweckmäßigkeit der „grausamen, die menschliche Natur hinabwürdigende Strafen"[4] resultierten und die es zwingend zu beseitigen galt. Die Zeit war gekommen ein – nach eigenen Angaben – Strafgesetzbuch zu schaffen, daß künftig „ohne Schwert, ohne Schandbühne, ohne Brandmark und Geißel" auszukommen habe[5].

Grundlegend inspiriert wurde Strombeck durch die Gesetzgebung *Leopolds II.*[6], einen der – nach Strombecks Ansicht – wohl „größten Wohlthäter der Menschheit"[7]. *Leopold II.* hatte durch Gesetz vom 30. November 1786 als

---

1 *Strombeck*, Darstellungen, Bd. 2, S. 292.

2 Erschienen am 2. April 1829 beim Verlag Vieweg in Braunschweig (vgl. auch die Ankündigung in: ALitZ, Bd. 5 [1830], S. 185).

3 *Strombeck*, Darstellungen, Bd. 8, S. 129.

4 *Strombeck*, Vorrede, S. VIII.

5 Ebd., S. XVI.

6 Leopold II. war Erzherzog von Österreich, Großherzog von Toskana, König von Ungarn und Böhmen und römischer Kaiser. Er lebte von 1747–1792 (Siehe zu seiner Person: *Wandruszka*, Leopold II., 2 Bde. München-Wien 1963, 1965).

7 *Strombeck*, Darstellungen, Bd. 4, S. 115 f. Strombeck widmete seinen Entwurf sogar dem Regenten (siehe: *Strombeck*, Entwurf eines Strafgesetzbuches [...], Braunschweig 1829).

einer der ersten Regenten in Europa die Todesstrafe abgeschafft[8] und mit Nachdruck die Ansicht vertreten, daß ein „mit zu viel Strenge" abgefaßtes Gesetz dem grundsätzlich „sanften und gutmütigen Charakter" einer Nation zuwider laufe[9] – eine Ansicht, die auch Strombeck uneingeschränkt teilte. Strombeck, der sich gerne und oft als „Menschenfreund" bezeichnete[10], ging grundsätzlich vom Guten eines Menschen aus und ließ sich auch bei der Frage nach der Natur eines Verbrechers nicht von dieser Einschätzung abbringen. Er war davon überzeugt, daß ein Verbrecher nicht grundsätzlich bösartig, sondern vielmehr

> „ein Unglücklicher [sey], sey's daß ihn eine zum Bösen hintreibende angeborne physische und psychische Organisation, verführendes Beispiel, schlechte Erziehung oder drückender Mangel und Armuth zu den Verbrechen hinlenkten."[11]

Deswegen dürfe man den Verbrecher nicht als einen Feind der Gesellschaft betrachten, sondern – auch wenn man freilich „seine Handlungen hassen oder verabscheuen" mag – vielmehr „Theilnahme an seinem Schicksal" zeigen und ihn des „Mitleides" der Gesellschaft versichern. Denn

> „man mag die Sache ansehen wie man will, er hat sich immer bei dem Schicksale zu beklagen, daß er nicht zu einem edeln Gemüth geboren, daß ihm keine gute Erziehung geworden, daß ihm die Bitte: 'Führe uns nicht in Versuchung' ,nicht erhört, daß er von Elend und Unglück gedrückt ward, während andere, entweder von Natur gut, oder wären sie auch böse wie er, durch ein unverdientes Glück in solche äußere Lage versetzt wurden, daß sie keine Anreizung hatten, solche Handlungen zu begehen, die durch die Strafgesetze des Landes geahndet werden."[12]

Diese Überlegungen sollten 1829 dazu führen, daß Strombeck in seinem Entwurf auf die Todesstrafe verzichtete. Durch die Lehren *Beccarias*[13], *Voltaires* und *Montesquieus*[14] war er zu der Überzeugung gelangt, daß aus der „Milde der Strafe kein Nachteil" erwachse[15], sondern es sich im Gegenteil um „Tyrannei" handele, wenn man Maßnahmen – wie etwa die Todesstrafe – anwende,

---

8 Leider wurde die Todesstrafe in der Toskana bereits 1794 wieder eingeführt (vgl. *Oehler*, Wurzel, Wandel und Wert, S. 110).

9 Siehe in: *Wandruszka*, Leopold II., Bd. II, S. 141.

10 *Strombeck*, Darstellungen, Bd. 8, S. 128.

11 Ebd., S. 128 f.

12 Ebd., S. 129.

13 Erstabdruck 1764. Aus dem Italienischen übersetzt von *Thomas Vormbaum*, Von den Verbrechen und von den Strafen, Berlin 2004 (i.f. *Beccaria*, Von den Verbrechen und von den Strafen).

14 *Strombeck*, Darstellungen, Bd. 4, S. 115.

15 *Montesquieu*, Vom Geist der Gesetze, Kap. XII.

die „sich nicht aus einer Notwendigkeit herleiten ließen“[16]. Von der Todesstrafe als Notwendigkeit auszugehen, weil sie eine (möglicherweise) abschreckende Wirkung haben könnte, lehnte Strombeck entschieden ab: Es sei zu berücksichtigen – führte er diesbezüglich aus –, daß die Todesstrafe sich grundsätzlich nicht „abschreckend, sondern vielmehr anstoßend“ auswirke[17]. Die Abschreckung durch die Todesstrafe könne darüber hinaus niemals der Gefahr standhalten, daß eine im Falle eines Rechtsirrtums vollzogene Strafe nicht mehr zu beheben sei[18].

Strombeck war kein Verfechter der Abschreckungstheorie. Seiner Ansicht nach diente das Strafen nicht der Abschreckung, sondern primär dem Erhalt der Rechtsordnung. „Soll [...] der Staat Bestand behalten“ – führte er aus – müßten „die Mitglieder der Staatsgesellschaft zur Befolgung der Gesetze“ angehalten werden[19] – und zwar nicht etwa durch abschreckende Strafgesetze, sondern durch Maßnahmen, die geeignet seien, einen „Unglücklichen“ von der Begehung von Straftaten abzuhalten. Eine solche Maßnahme könnte in der frühzeitigen „religiösen Erziehung“ der Untertanen bestehen oder etwa, wenn eine Person bereits erste erkennbare kriminelle Neigungen aufweise, in der Gewährung einer Belohnung durch den Staat, um den „Verirrten“ so auf den rechten Weg zurückzuführen[20]. Erst wenn diese Maßnahmen den erwünschten Erfolg nicht herbeiführen, weil es – so Strombeck – natürlich auch Menschen gebe, „die weder durch Wohlhabenheit, noch durch Erziehung, noch durch Belohnung zur Beobachtung der Gesetze vermocht werden können“, so müsse der Staat zwangsläufig strafen. Die Strafe fungiere damit als ultima ratio, wenn also weder die persönliche Einwirkung auf den „Unglücklichen“, noch die staatliche Handhabe, etwa durch entsprechende Gesetze oder die Ausbildung einer „tüchtigen Polizei“ Früchte trügen[21].

Damit eine Strafe aber nicht nur „leer und unnütz“ erscheine, müsse diese zum Einen ordentlich angedroht und zum Anderen auch vollzogen werden. In die-

16 *Beccaria*, Von den Verbrechen und von den Strafen, S. 92.

17 *Strombeck*, Darstellungen, Bd. 4, S. 114.

18 *Strombeck*, Vorrede, S. XII f. Weiter führt er an, „daß ein Urtheil, von Menschen gefället, selbst wenn es auf eigenem Geständnisse des Verurtheilten beruhe, doch nur einen Beweis durch Indicien [...] zur Basis habe, mithin irrig sein könne; es also sehr wünschenswerth sein müsse, den als unschuldig erkannten Bestraften, von dem Strafübel, so viel als noch möglich sei, zu befreien, ein Todter aber nicht zu erwecken stehe“ (*Strombeck*, Darstellungen, Bd. 8, S. 97).

19 *Strombeck*, Einige Worte, S. XXXV.

20 Ebd., S. XL.

21 Ebd., S. XLII.

sem Punkt sah Strombeck auch die schwerste Aufgabe des Gesetzgebers. Eine ordentliche Strafandrohung bestünde nämlich im wesentlichen darin, die Strafe ins rechte und angemessene Verhältnis zur Tat zu setzen. Sollten Strafen daher „nicht empören und schaden", so sei es unumgänglich, eine „Scala der Gerechtigkeit" zu etablieren, die sich allein nach Gesichtspunkten eines gesunden Menschenverstandes zu bemessen habe[22], denn – so Strombeck –

> „[werde jeder letztlich] in seinem Innern fühlen, daß es ein unermesslicher Unterschied sei, mit ungestempelten Karten gespielt, oder sein Vaterland verraten zu haben, obwohl er in beiden Fällen dem Staate schadete."[23]

Zur Bewältigung dieser Aufgabe zog er zeitgenössische Entwürfe heran[24], untersuchte sie auf ausgewogene Straftatbestände und übertrug diese – so weit als möglich – auf die spezifischen Bedürfnisse der im Entwurf erwähnten norddeutschen Lande. Strombeck hatte sich in diesem Zusammenhang zur Aufgabe gemacht, „bestes zu liefern und nicht [...] etwas neues zu schaffen" und verstand sich mehr als Revisor, denn als Reformator[25], dessen Leistung im wesentlichen darin bestehen sollte, eine „Revision der Vorgängerarbeiten"[26] vorzunehmen.

II. Inhalt und Gegenstand des Entwurfs

Strombecks Entwurf zeichnet sich durch eine umfassende Regelung sämtlicher strafrechtsrelevanter Materien aus. Insgesamt zählt er 589 Artikel – polizeirechtlich geahndete Übertretungen nicht inbegriffen. Vergleicht man es mit

22 Strombeck meint damit wohl einen Schaden an der Gesellschaft, die, soll sie das Gesetz nach Möglichkeit leicht befolgen, nicht durch unangemessene und deshalb völlig empörende Strafen, zur Nichtbefolgung hingerissen werden kann. Dies wiederum schadet dem Erhalt der Rechtsordnung – dem Grundpfeiler der Strafandrohung des Strombeck'schen Entwurfes (*Strombeck*, Einige Worte, S. XLV).

23 *Strombeck*, Einige Worte, S. XLVI.

24 Etwa die Entwürfe *Feuerbachs* von 1808 und 1822 nebst den dazu erschienenen Schriften und den Feuerbach'schen Entwurf von 1827, den er aber erst nach Fertigstellung und Drucklegung seines Allgemeinen Teils erhielt. Alle Bayrischen Entwürfe waren Strombeck von einem „hohen bayrischen Staatsbeamten" übermittelt worden (*Strombeck*, Vorrede, S. XVIII in Anm. 18). Ferner benutzte er die Entwürfe *Mittermaiers* und *Bauers* für ein Strafgesetzbuch für das Königreich Hannover, den französischen Code pénal in den Fassungen der Jahre 1791 und 1810 und schließlich die Entwürfe *Tittmanns* und *Erhards* für ein Strafgesetzbuches für Sachsen.

25 *Strombeck*, Vorrede, S. XXV. Diese vorsichtige Herangehensweise spiegelt wie so oft die Strombeck'sche Denkweise wieder. Eine völlige Umwälzung bestehender Verhältnisse stand nicht in seinem Interesse. Ihm war es wichtiger Bestehendes moderat an neue Verhältnisse anzupassen.

26 *Strombeck*, Vorrede, S. XXI.

dem späteren braunschweigischen Strafgesetzbuch von 1840, das lediglich 287 Paragraphen enthielt, oder dem Strafgesetzbuch *Leopolds II.*, welches 119 Artikel enthielt, hebt es sich also deutlich ab.

Den Aufbau bestimmt, wie es im ausgehenden 19. Jahrhundert üblich ist[27], ein rein deduktives Prinzip. Strombeck unterteilt den Entwurf in einen Allgemeinen und einen Besonderen Teil und zieht bestimmte Konstellationen vor die Klammer, um so unnötige Wiederholungen im Besonderen Teil zu vermeiden.

Inhaltlich zeichnet sich der Entwurf durch das Bestreben nach „möglichster Einfachheit und Deutlichkeit"[28] aus, um dem Laien die Verständlichkeit des Strafgesetzbuches zu erleichtern. Weiteres inhaltliches Kennzeichen ist die großzügige – wenn auch nicht konsequente – Gewährung von Ermessensspielräumen für den Strafrichter, da – so Strombeck – nur dieser „die nötige Sachkunde" besitze, um die Vielzahl der auftretenden Konstellationen nach möglichst gerechten Vorstellungen zu beurteilen. Das Ermessen beschränkt sich dabei auf die Rechtsfolgenseite, denn – so Strombeck – dem Richter solle durch die Gewährung von Ermessen lediglich die Möglichkeit gegeben werden, die den Täter zu erwartende Strafe nach eigenem Gewissen ins Verhältnis zur Tat zu setzen und ihm nicht „Tür und Tor" zu willkürlichen Entscheidungen zu eröffnen[29]. Bedauernswerterweise wird die Sorge vor Willkür dazu führen, das Ermessen des Richters durch umfangreiche Kasuistik[30] wieder einzuschränken und das freie richterliche Ermessen – wie gezeigt werden wird – letztlich „ad absurdum" zu führen. Es handelt sich hierbei freilich nicht um einen Strombeck'schen Denkfehler. Vielmehr ist diese Einschränkung dann notwenig, wenn man sich für das „Übel" – vom Gesichtspunkt der Rechtssicherheit aus – der Straftatbestände mit relativer Strafdrohung entscheidet, um eine individuelle Einwirkung auf den Täter zu ermöglichen. Dann ist es aber zwingend erforderlich, den Ermessensspielraum des Richters wenigstens durch Regeln zu leiten und zu beschränken. Diese Regeln müssen freilich „durch Gesetze selbst aufgestellt werden. Denn so etwas der eigenen

---

27 Vgl. *Schmidt*, Geschichte der deutschen Strafrechtspflege, S. 168.

28 *Strombeck*, Vorrede, S. XXVII.

29 *Strombeck*, Vorrede, S. V.

30 Den Vorwurf der Kasuistik mußte Strombeck sich allerdings nicht allein gefallen lassen. Bereits 1819 hatte Mittermaier wiederholt den „unseligen Hang" der Rechtsgelehrten und Gesetzgeber zum „Generalisieren" beklagt, der dazu führe, daß in den Kriminalgesetzen wie in wissenschaftlichen Kompendien eine unüberschaubare Masse von Begriffen vornehmlich in einem sogenannten Allgemeinen Teil zusammengedrängt würde und dadurch die Entscheidungsfreiheit der Richter erheblich eingeschränkt würde (*Mittermaier*, Grundfehler, S. 109 f.).

Philosophie des Richters überlassen, heißt, es der Willkür des Richters preisgeben“[31].

1. Der Allgemeine Teil des Entwurfs

a) Umfang und Aufbau

Der Allgemeine Teil des Entwurfes erstreckt sich auf 178 Artikel und ist in zehn Titel unterteilt. Einleitend wird zunächst der Regelungsbereich des Gesetzes beschrieben. Im zweiten Titel folgen die im Entwurf vorgesehenen Strafarten, deren Normierung mit 40 Artikeln den ersten Schwerpunkt des Allgemeinen Teils bildet. Diesbezüglich beschränkt sich der Entwurf nicht allein auf die Aufzählung der einzelnen Strafen, sondern gibt auch Auskunft über ihre Ausgestaltung, sowie deren konkrete Anwendung auf den Täter[32]. An die Strafen schließt sich in den Titeln drei und vier die Regelung der Schuldformen an, bei welchen zwischen Vorsatz und Fahrlässigkeit unterschieden wird. Während die Vorsatzregelungen knapp und bestimmt gehalten sind, fällt der Regelungsbereich der Fahrlässigkeit durch detaillierte Regelbeispiele auf und gibt insoweit einen ersten Eindruck von der – leider – wiederholt anzutreffenden Kasuistik im Strombeck'schen Entwurf. Die folgenden Titel fünf und sechs befassen sich mit der Vollendung und dem Versuch eines Verbrechens. Positiv fällt in diesem Zusammenhang die ausdrücklich normierte Möglichkeit des – mit Einschränkungen – strafbefreienden Rücktritts vom Versuch auf[33]. Der siebte Titel des Entwurfs widmet sich der Frage nach der Strafbarkeit von Täterschaft und Teilnahme. Er bildet mit 32 Artikeln den zweiten Schwerpunkt im Allgemeinen Teil. Aufgeführt sind sämtliche Konstellationen der Täterschaft, also neben der Haupttäterschaft einerseits und der Anstiftung und Beihilfe (die in drei Grade unterteilt ist) als klassische Teilnahmetaten andererseits auch die Banden- und Komplotttäterschaft, sowie die Strafbarkeit der heute als mitbestrafte Nachtaten von Vermögensdelikten bezeichneten Fälle der Hehle-

---

31 *Feuerbach*, Kritik des Kleinschrodischen Entwurfs, S. 296 f.

32 Hintergrund dieser detaillierten Regelung waren die in der Mitte des 19. Jahrhunderts herrschenden schlechten Haftbedingungen, die Strombeck so zu mindern hoffte. Darüber hinaus glaubte er, durch eine auf den individuellen Täter angepaßte Strafe, diesen zu bessern und künftige Straftaten auf diese Weise zu vermeiden (*Strombeck*, Darstellungen, Bd. 2, S. 9; vgl. auch *Ders.*, Darstellungen, Bd. 8, S. 129 ff. Auf einer im Jahre 1839 nach Schweden unternommenen Reise konnte er sich ein Bild von den dortigen Haftbedingungen machen, Haftbedingungen, die er sich selbst zum Wohle des Menschen gewünscht und die, sie in die Tat umgesetzt zu sehen, äußerst erfreut hatten: „Eine Anstalt, in welcher Grundsätze wie diese zur Anwendung gebracht werden, zu schauen, erhebt das Herz und beruhigt das Gemüth.“).

33 Art. 66 E 1829.

rei und Begünstigung[34]. Titel acht und neun handeln von den Tatbeständen, welche die Straflosigkeit, die Strafmilderung oder die Strafschärfung begründen können. Mit insgesamt 58 Artikeln setzen sie den dritten Schwerpunkt im Bereich des Allgemeinen Teils. Den Abschluß bilden in Titel zehn Regelungen, welche die Begnadigung eines Straftäters, sowie deren Rechtsfolgen zum Gegenstand haben.

b) Der Regelungsbereich

Die Vorschriften, welche den Regelungsbereich des Entwurfes behandeln, finden sich in den Art. 1–10. Der Entwurf unterscheidet zwischen einem räumlichen, einem persönlichen und einem sachlichen Regelungsbereich.

aa) Räumlicher Regelungsbereich

Der räumliche Regelungsbereich sieht vor, daß alle Untertanen des Fürsten, gleich ob sie ihre Tat im In- oder Ausland begehen, dem Strafgesetz unterworfen sein sollen[35]. Art. 6 des Entwurfes dehnt die Strafbarkeit auf Untertanen aus, welche Straftaten an Feinden begehen, wenn und soweit die Feinde nicht in feindlicher Absicht auftreten.

Ausländer sollen nur dann in den Regelungsbereich des Gesetzes fallen, wenn sie entweder eine Straftat im Inland oder eine Straftat in Bezug auf die Sicherheit des Herzogs, des Fürsten oder des Staates begehen[36]. Die Verfolgung von Ausländern erfolgt damit grundsätzlich nach dem (legitimen) Prinzip des Tatorts. Ausnahmsweise, wenn es sich um Taten handelt, die geeignet sind, dem Staat nachhaltig zu schaden, muß der Staat eine Strafverfolgung auch dann betreiben können, wenn der Ausländer die Tat nicht im Inland begangen hat. Dieses Problem löst der Entwurf durch die Erweiterung der Vorschrift um den Zusatz, daß „die Verbrecher sich [entweder] innerhalb der Grenzen" des Inlandes befinden oder (aber) an die Gerichte des Inlandes ausgeliefert werden und führt damit eine völkerrechtlich gelungene Lösung der widerstreitenden Interessen herbei[37]. Von dem Regelungsbereich des Entwurfes werden ferner auch

34 Art. 112–117 E 1829.

35 Art. 5 Nr. 1 E 1829.

36 Art. 5 Nr. 2 E 1829.

37 Diesen Grundsatz entlehnt Strombeck dem „Lehrbuch des peinlichen Rechts" von Feuerbach, nach welchem der Untertan, der im Ausland eine Straftat begehe, wider den völkerrechtlichen Frieden handele und der Heimatstaat deswegen ein berechtigtes Interesse an der eigenen Ahndung einer solchen Tat habe (*Strombeck*, Entwurf, S. 5 in Anm. 4).

Ausländer erfaßt, die an einem Inländer eine Straftat begehen, sofern diese Ausländer Besitztümer im Inland halten[38].

bb) Persönlicher Regelungsbereich

Erfaßt sind, wie sich bereits aus dem räumlichen Regelungsbereich schließen läßt, alle Untertanen des Herzogs oder Fürsten, sowie Ausländer, bei deren Ahndung der Staat ein berechtigtes Interesse hat. Nach Art. 8 Abs. 1 des Entwurfs ist ferner „nur der vernünftige Mensch" der Bestrafung durch dieses Gesetz unterworfen. Ausgenommen sind danach „des Verstandes Beraubte", „Kinder", das „Andenken eines Todten" und „Leichname". Abs. 2 des Art. 8 verweist in diesem Zusammenhang auf die Vorschriften der Art. 118 ff. des Entwurfs, welche die Begrifflichkeiten im Hinblick auf die betreffenden Personengruppen konkretisieren sollen. Streng genommen handelt es sich bei Art. 8 nicht um eine Frage des Regelungsbereiches, sondern vielmehr um eine Frage des Schuldauschlusses für bestimmte Personen. Eine Aufnahme im Rahmen des Regelungsbereiches erscheint daher insoweit nicht besonders glücklich, weil sich hier die Frage des Regelungsbereiches und die Frage nach dem Schuldausschluß für den Einzelfall nicht eindeutig voneinander trennen lassen.

cc) Sachlicher Regelungsbereich

Art. 1 des Entwurfes legt fest, daß „Gegenstand des vorliegenden Gesetzbuches [...] die Bestimmung der Strafen für unerlaubte Handlungen und Unterlassungen" sein soll. In Art. 2 wird spezifiziert, daß unerlaubte Handlungen und Unterlassungen „ohne Berücksichtigung des Grades ihrer Strafbarkeit" als „Verbrechen" bezeichnet werden[39]. Ausgenommen vom sachlichen Regelungsbereich sind also alle weiteren Erscheinungsformen strafbarer Handlungen, mithin also insbesondere auch Übertretungen polizeirechtlicher Natur, die gemäß Art. 4 der Ahndung durch besondere Verordnungen überlassen bleiben sollen[40]. Strombeck wendet sich mit dieser Entscheidung gegen die aus dem französischen Recht abgeleitete Einteilung der Delikte in Verbrechen, Verge-

---

38 Art. 7 E 1829. Dieser etwas merkwürdigen Vorschrift liegt zu Grunde, daß die inländischen Gerichte in einem solchen Fall stets auf Entschädigung des Verletzten mittels des Besitzes entscheiden können.

39 Eine Praktik, die auch in das Kriminalgesetzbuch für das Herzogtum Braunschweig Eingang gefunden hat (*Heinemann*, Das braunschweigische Criminalgesetzbuch, in: BrJb, Bd. 59 [1978], S. 84).

40 Gemeint sind „Vergehungen, welche nicht zu den Verbrechen gehören", wie Disziplinar-, Drogen-, Steuer- und Polizeisachen (Art. 4 E 1829).

hen und Übertretungen, die vornehmlich dem Zweck dient, eine positivrechtliche Abstufung strafbarer Handlungen vorzunehmen[41] und deren wesentlicher Unterschied darin besteht, daß Verbrechen grundsätzlich mit dem Verlust von Ehrenrechten einhergehen, während Vergehen diese Folge nicht zwingend nach sich ziehen. Man würde – so Strombeck – den Zweck dieser Einteilung, der sich letztlich als Konkretisierung des Verhältnismäßigkeitsgrundsatzes darstelle[42], überstrapazieren, wolle man davon ausgehen – und diesbezüglich verweist er auf eine Satire –, daß „die strafbaren Handlungen" sich „nach der neuesten Criminal-Philosophie in mehrere Gattungen" unterteilten:

> „Verbrechen, Vergehen, Versehen, Vertretungen, Verirrungen, Verbiegungen, Versetzungen und Verstoße."[43]

Eine Überlegung, die Strombeck zu diesem Schritt bewogen haben mag, könnte freilich auch der Ansatz gewesen sein, das Gesetz auch für den Laien verständlich zu halten und diesen nicht mit Fachbegriffen zu konfrontieren, die letztlich nur von der Doktrin eindeutig geklärt und verstanden werden können[44].

In den sachlichen Regelungsbereich ebenfalls mit aufgenommen wurde der auf *Feuerbach* zurückgehenden Grundsatz *nulla poena sine lege*, den Strombeck wie folgt formuliert:

> „Eine Handlung oder Unterlassung, welche in diesem Gesetzbuche nicht (entweder ausdrücklich oder ihrem unverkennbaren Sinne nach), mit Strafe bedroht wird, ist kein Gegenstand einer peinlichen Bestrafung."[45]

Neben dem Grundsatz, daß ein Verbrechen nur dann bestraft werden kann, wenn es nach dem gegenständlichen Entwurf auch als solches benannt ist, bestimmt Art. 9 des Entwurfes, daß nur „völlig bewiesene Verbrechen" bestraft werden können. Diese Vorschrift schreibt mithin den von Strombeck

---

41 *Brandt*, Entstehung des Code pénal, S. 120.

42 Vgl. *Gönner*, Unterschied zwischen Verbrechen und Vergehen, in: NAdC VII (1825), S. 663, 668.

43 Zitat nach *Zaunschliffer* (Übers.), Birmanisches Gesetzbuch, in: NAdC V (1822), S. 183, 186 bei: *Strombeck*, Entwurf, S. 3 in Anm. 1. Auch in der zeitgenössischen Doktrin konnte man eine Einigung, ob eine solche Unterteilung Sinn machen könnte, nicht erzielen (vgl. *Marezoll*, Das gemeine deutsche Criminalrecht, S. 139). Der Methode Strombecks ist freilich zu Gute zu halten, daß man auf diese Weise einen Zwang vermeidet, zahlreiche Delikte einer der beiden Gruppen zuschlagen zu müssen (vgl. zu diesem Aspekt auch kritisch *Schubert*, Feuerbachs Entwurf aus dem Jahre 1824, S. 166).

44 So auch *Gönner*, Unterschied zwischen Verbrechen und Vergehen, in: NAdC VII (1825), S. 669.

45 Art. 3 E 1829.

geforderten Indizienbeweis positiv fest und hebt gleichzeitig die Praxis der Verhängung außerordentlicher Strafen auf[46].

Art. 10 des Entwurfes stellt ferner ein Rückwirkungsverbot für Straftaten auf, die vor dem In-Kraft-Treten des Strafgesetzes verübt worden sind, eine Vorschrift die den zeitlichen Regelungsbereich des Entwurfes klar festlegt. Nach Abs. 2 des Art. 10 kann von diesem Verbot aber abgewichen werden, wenn die Vorschriften des Strafgesetzbuches für den Täter vorteilhafter sind (sog. positive Rückwirkung).

c) Das Strafensystem

Das Strombeck'sche Strafensystem zeichnet sich – wie es von einem Praktiker nicht anders zu erwarten war – durch vornehmlich praktische Erwägungen aus. Das Strafensystem ruht dabei auf drei Grundpfeilern, die dem Zweck dienen, dem Richter bei der Strafzumessung und -verhängung den Weg zu weisen. Unter Zugrundelegung dieser Grundpfeiler bemißt sich die Strafe demnach: 1. nach der Natur des Verbrechens, 2. nach den konkreten Folgen für den Straftäter unter Berücksichtigung von Gerechtigkeitserwägungen, und 3. nach Aspekten der Notwendigkeit der Sicherung des Staates. Bei der Erarbeitung des Strafensystems hatte Strombeck keine konkrete Strafrechtstheorie vor Augen. Lediglich praktische Aspekte – so führt er aus – hätten seine Arbeit geleitet[47]. Doch lassen sich im Entwurf verstärkt Aspekte der Spezial- und Generalprävention finden[48] und dies obwohl Strombeck den Zweck der Strafe eigentlich nicht in der Prävention erblickt, sondern allein im Erhalt der

---

46 Bei der außerordentlichen Strafe handelt es sich um ein aus dem gemeinen Recht stammendes Institut, wonach der Richter, als besonderer Sachverständiger, vom Wortlaut des Gesetzes abweichen konnte, wenn sich für eine bestimmte Fallgestaltung aus dem Gesetz keine Strafe entnehmen lassen konnte, sog. „poena extraordinaria" (Art. 105 CCC). M.w.N. *Schmidt*, Geschichte der deutschen Strafrechtspflege, S. 166 ff. Insbesondere im ausgehenden 18. Jhd. hatte sich die Lehre vielfach um eine Klärung des Begriffs der Verdachtsstrafe bemüht, ohne jedoch zu einer einheitlichen Bestimmung des Begriffs zu gelangen (vgl. i.E. *Thäle*, Die Verdachtsstrafe, S. 3). Dies mag freilich ein Anhaltspunkt dafür sein, daß Strombeck, der bemüht war, seinen Entwurf frei von Unklarheiten und auslegungsbedürftigen Begriffe zu halten, sich von der Verdachtsstrafe abwandte.

47 *Strombeck*, Vorrede, S. XXI.

48 *Strombeck*, Vorrede, S. XXIII. Ähnlich *Beccaria*, Von den Verbrechen und von den Strafen, S. 51: „Um gerecht zu sein, darf eine Strafe nur jene Intensitätsgrade besitzen, die ausreichen, um Menschen von Verbrechen abzuhalten."

Rechtsordnung[49]. Freilich habe auch er die Besserung des Täters vor Augen, doch läge in diesem Aspekt nicht der Zweck der Strafe begründet, sondern sei dieser Ansatz lediglich dem Umstand geschuldet, daß der Täter durch unglückliche Umstände zu der Tat hingerissen worden ist und es nun – sei die Tat einmal erfolgt – zu „bessern gelte, was noch zu bessern gehe". Daher – so führt Strombeck weiter aus – dürften die Strafen nicht die mildesten, sondern müssen die gerechtesten sein. Die Strafe habe „mit all ihren Merkmalen 'sichernd' und 'abschreckend', 'vergeltend' und 'bessernd' zu wirken"[50].

Die im Entwurf vorgesehenen Strafarten sind in den Art. 11 ff. geregelt. Es handelt sich dabei um ein System, daß in Braunschweig üblich gewesen sein soll[51]. Als Strafen sieht der Entwurf in abgestufter Form vor: 1. die Strafe des großen Karren, 2. die Strafe des kleinen Karren, 3. die Zuchthaus- und Zwangsarbeitsstrafe, 4. die Landesverweisung, 5. die Dienstentsetzung, 6. das Gefängnis, 7. die Dienstentlassung, 8. die Dienstsuspension, 9. den gerichtliche Verweis, 10. die Geldstrafe. Dabei sind die fünf ersten Strafen *schwerere*, die fünf letzten Strafen *leichtere peinliche* Strafen (Art. 11). In Art. 12–14 werden Nebenstrafen angeführt. So soll bei Verbrechern im Jugendalter neben der Hauptstrafe, etwa auch auf die körperliche Züchtigung erkannt werden können (Art. 12). Wurden Gegenstände für die Begehung eines Verbrechens angewendet oder sind sie das Ergebnis desselben, so können sie konfisziert werden (Art. 13). Art. 14 bestimmt ferner, daß, neben der verhängten Strafe zusätzlich ein Gewerbe entzogen werden kann, wenn es „schon zweimahl" zur Begehung eines Verbrechens mißbraucht worden ist.

aa) Die Todesstrafe

Anders als viele Zeitgenossen entschied Strombeck sich in seinem Entwurf gegen die Anwendung der Todesstrafe. Die Todesstrafe berge – so Strombeck – weder ein „Recht" des Staates, noch sei sie „nützlich" oder „notwendig"[52], sondern grundsätzlich „entbehrlich"[53]. Der Tod könne nämlich nur dann notwendig sein, wenn es „das wirkliche und einzige Hindernis wäre", um andere vor der Begehung von Verbrechen abzuschrecken[54]. Bedacht werden müsse

49 *Strombeck*, Vorrede, S. XXVI. Vgl. hinsichtlich der sonst vertretenen Strafrechtstheorien *Abegg*, Strafrechtstheorien (Unveränderter Neudruck der Ausgabe Neustadt a.d.O., 1835), Frankfurt a.M. 1969.

50 Zitat nach Mittermaier, in: *Strombeck*, Vorrede, S. XXVI in Anm. 24.

51 *Strombeck*, Vorrede, S. XIII.

52 *Beccaria*, Von den Verbrechen und von den Strafen, S. 49.

53 *Strombeck*, Vorrede, S. XI.

54 *Beccaria*, Von den Verbrechen und von den Strafen, S. 49.

aber, daß nicht „die Härte der Strafe", „die stärkste Wirkung auf das menschliche Gemüt" ausübe, „sondern ihre Dauer", denn das menschliche Empfinden werde „dauerhafter durch sehr kleine, aber sich wiederholende Eindrücke als durch einen starken, aber vorübergehenden Anstoß bewegt". Der „häufig wiederholte Rückbezug" auf sich selbst – „*Ich selber werde zu solch langdauernden und elenden Lebensbedingungen erniedrigt, sollte ich derartige Missetaten begehen*" – sei „viel mächtiger als die Vorstellung des Todes"[55]. Darüber hinaus sei es widersinnig, einen Menschen umzubringen, um ihn davon abzuhalten, selbst zu morden[56]. Deswegen – so ist Strombeck überzeugt – erwachse auch kein Rechtsnachteil aus dieser Milde. Im Gegenteil, setze man zum Beispiel den bürgerlichen Tod an die Stelle des physischen, so bestünde zusätzlich die Möglichkeit, den bürgerlich Toten ins Leben zurückzurufen, sollte sich der Richter einmal – und das sei schließlich menschlich – im Irrtum über die Verurteilung des vermeintlichen Täters befunden haben[57].

Die Abkehr von der Todesstrafe verfolgt nach Strombeck letztlich zweierlei Zwecke: Zum einen soll durch eine größere Milde in der Gesetzgebung das kriminalistische Potential eines Straftäters gemindert werden, indem ihn etwa die dauernde Freiheitsstrafe mit dem möglichen Einhergehen des dauerhaften Verlustes seiner Rechtspersönlichkeit mehr schrecken als die abstrakte Vorstellung des Todes[58], zum anderen dient sie aber auch gleichzeitig dem Schutze des Menschen und letztlich der Humanität. Ohnehin gehörte die Anwendung und Vollstreckung der Todesstrafe in der Praxis seit langem der Geschichte an[59]. Im Herzogtum Braunschweig beispielsweise wurde in den Jahren 1817–1848 lediglich zweimal auf die Todesstrafe erkannt. In anderen deutschen Staaten verhielt es sich ähnlich[60], so daß die vollständige Abschaffung der Todesstrafe daher nur noch eine Frage der Zeit war. Dennoch – so scheint es – war der Boden für eine Abkehr von der Todesstrafe noch nicht hinreichend bereitet. Viele spätere Legislaturen haben sie sogar ausdrücklich beibehalten und auch Strombeck wollte sie doch zumindest durch den bürgerlichen Tod, ein aus dem römischen Recht abgeleitetes Instrument, das den

---

55 *Beccaria*, Von den Verbrechen und von den Strafen, S. 50.

56 Vgl. *Düsing*, Todesstrafe, S. 17.

57 *Strombeck*, Vorrede, S. XII.

58 Vgl. *Beccaria* (a.a.O., S. 50), der ebenfalls davon ausgeht, daß die Strafe des Todes dem Bürger wenig real erscheint, weil sie „stets nur in undeutlicher Ferne" zu erblicken sei.

59 *Düsing*, Todesstrafe, S. 24.

60 S. z.B. Preußen, welches in den Jahren 1818–1848, 743 Todesurteile verhängte und 204 Urteile vollstreckte. Das ergibt einen Prozentsatz von 27%. (Vgl. *Düsing*, Todesstrafe, S. 26 f. m.w.N.).

vollständigen Verlust der persönlichen Rechtsfähigkeit zur Folge hatte, ersetzt wissen. Im römischen Recht wurde der bürgerliche Tod meist durch den Verlust der Freiheit bewirkt[61]. Im Strombeck'schen Entwurf sollte er hingegen als eigenständige Strafe fungieren, die aber *ipso iure* eintreten sollte – und insoweit bestehen Parallelen zum römischen Recht –, wenn nach Art. 15 auf die Strafe des „großen Karren" erkannt und dieser auf die ganze Dauer des Lebens erstreckt werde[62].

Streng genommen handelte es sich beim bürgerlichen Tod um die „gesetzliche Erdichtung, dass ein Mensch", der physisch am Leben war, „todt sei"[63]. Die Konsequenz für den zum bürgerlichen Tod Verurteilten kam einer vollständigen Vernichtung seiner Person gleich. Er verlor sein gesamtes Eigentum, für welches der Erbfall eintrat, bestehende Ehe- und Kindschaftsverhältnisse wurden annulliert und der Verurteilte konnte ab dem Zeitpunkt des Eintritts des bürgerlichen Todes keinerlei Rechtsgeschäft mehr tätigen oder als Zeuge gehört werden[64]. Es verwundert nicht, daß die Literatur des 19. Jahrhunderts das Institut des bürgerlichen Todes als unbillige Härte empfand, denn – so die Hauptkritikpunkte – man lasse den Verurteilten zwar physisch leben, doch nehme man ihm „das höchste Gut eines jeden moralischen Wesens" und überlasse ihn so „stumpfer Gleichgültigkeit", die ihn „zu aller Ausbildung und Besserung unfähig" mache[65].

Die Verbrechen, die Strombeck mit dem bürgerlichen Tode geahndet wissen will sind freilich wenige. Sie beschränken sich auf die Staats- und Kapitaldelikte. Dennoch ist fraglich, inwiefern hier von einer Abkehr von der Todesstrafe überhaupt die Rede sein kann, denn faktisch kommt diese Art der Bestrafung der Verurteilung zum physischen Tode gleich. Das Hauptaugenmerk Strombecks, das er seinem gesamten Strafensystem zu Grunde gelegt hat, nämlich die Besserung des Straftäters, kann mit der Aufnahme des bürgerlichen Todes in den Strafenkatalog des Entwurfs wenig überzeugen. Richtig ist natürlich, daß der bürgerlich Tote im Falle eines Justizirrtums, anders als der tatsächlich Getötete, wieder „zum Leben erweckt werden kann". Aber eigentlich gibt es:

---

61 Sog. „Capitis Deminutio Maxima", in: *Kaser / Knütel*, Römisches Privatrecht, S. 79.

62 *Strombeck*, Vorrede, S. XII in Anm. 12.

63 *Zachariä*, Handbuch des französischen Civilrechts, S. 421, der sich entschieden gegen diese Art von Bestrafung ausspricht: «Nous sommes heureux de n'avoir pas à commenter cette loi barbare qui souillait le Code Napoléon».

64 *Kleinschrod*, Ueber den bürgerlichen Tod, in: NAdC II (1818), S. 72 ff.

65 Gutachten des preußischen Staatsministers von Arnim, in: *Grünhut*, Feuerbach und das Problem der strafrechtlichen Zurechnung, S. 216 f.

> „aus einem bürgerlichen Tod [...] so wenig ein Wiederaufstehen zum bürgerlichen Dasein als ein Mittel der Wiederbelebung für den Enthaupteten. [Denn] soll der bei Leibes Leben Beerbte sein Vermögen wieder zurückfordern [...]. Und die Gattin, deren Ehe durch den bürgerlichen Tod ihres Gatten von Rechts wegen aufgelöst war, kann sie der aus dem bürgerlichen Tode entstandenen Kettensträfling wieder zurückfordern, während sie unterdessen in zweiter, rechtmäßiger Ehe lebt? Mit einem Worte: der Tod gleichviel ob bürgerlicher oder leiblicher, ist – Tod."[66]

Allein der Abschreckungsgedanke kann daher Grund für die Aufnahme einer solchen Strafe sein, denn die Besserung eines Straftäters kann ein solches, von *Feuerbach* treffend als „Sclaverey" bezeichnetes Institut kaum bewirkt haben. Doch war auch *Feuerbach* letztlich der Überzeugung, daß der bürgerliche Tod „als verbindendes Mittelglied in das System der Strafen aufgenommen werden müsse[67], da ansonsten von dem physischen Tod zu der bloß zeitlichen Freiheitsstrafe ein zu großer Absprung sein würde"[68]. Nicht als verbindendes Mittelglied, sondern als Ersatz für die vollständige Abschaffung des physischen Todes findet der bürgerliche Tod letztlich Aufnahme im Strombeck'schen Strafrechtsentwurf. Ob man in diesem Rahmen überhaupt von einer Abkehr von der Todesstrafe sprechen kann, bleibt fraglich.

bb) Die Freiheitsstrafen

Die Freiheitsstrafe hat keine lange Geschichte. Sie als eigenständige Strafe anzuerkennen, setzte sich erst Mitte des 18. Jahrhunderts durch. Mit den Diskussionen um die Abschaffung der Todesstrafe setzte zeitgleich auch die Idee der Freiheitsstrafe ein, die als die große neue soziale Erfindung galt[69]. Auch Strombeck entschied sich im Jahre 1829 für ein – an der Schwere der Tat gemessenes – System von Freiheitsstrafen. Zeitige Freiheitsstrafen seines Entwurfs sollten sein: 1. der große Karren (Art. 15), 2. der kleine Karren (Art. 18), 3. das Zuchthaus und die Zwangsarbeit (Art. 22) und 4. das Gefängnis (Art. 34). Allen Strafen gemein ist das Bemühen um eine klare Abgrenzung durch genaueste Festlegung der Strafdauer, der Nebenfolgen und der Art des Vollzuges[70]. Besonders auffällig ist auch die fast vollständige Orientierung am Strafensystem der Entwürfe Bayerns von 1808 und 1824.

---

66 *Feuerbach*, Aktenmäßige Darstellung merkwürdiger Verbrecher, Bd. II, S. 356.

67 *Feuerbach*, Kritik des Kleinschrodischen Entwurfs, S. 186. Die Kritik gegen die Aufnahme dieses Instrumentes versuchte er mit den einfachen Worten zu rechtfertigen: „sie [die Strafe] sei bloß abschreckend!" (*Grünhut*, Feuerbach und das Problem der strafrechtlichen Zurechnung, S. 217).

68 Vgl. *Schubert*, Feuerbachs Entwurf aus dem Jahre 1824, S. 61.

69 *Henting*, Die Strafe, Bd. 2, S. 160.

70 Vgl. insoweit auch *Schubert*, Feuerbachs Entwurf aus dem Jahre 1824, S. 62.

Der Entwurf stellt dem Strafenkatalog die Karrenstrafe als schwerste Strafe voran und regelt sie in seinen Art. 15–22[71]. Bei der Karrenstrafe handelte es sich um eine abgewandelte Form der Kettenstrafe[72], deren Besonderheit darin bestand, den Straftäter an den „Karren", d. h. an ein Arbeitsgerät zu schmieden und ihn damit öffentliche Arbeiten – meist in Form von Festungsbau- oder Straßenbauarbeiten – verrichten zu lassen[73]. Es handelte sich damit um eine Fortentwicklung der alten Festungsbaustrafe. Ihr Zweck war eindeutig: Sie sollte vornehmlich abschrecken und damit den Willen zur Gesetzmäßigkeit lenken.

Der Entwurf unterscheidet zwischen zwei Fällen der Karrenstrafe: 1. die Strafe des großen Karren und 2. die Strafe des kleinen Karren. Die Erkennung auf den großen Karren konnte entweder zeitig oder „auf die ganze Zeit des Lebens" verhängt werden und bestand in der Verwahrung des Straftäters unter Verrichtung öffentlicher Arbeit in schweren Ketten[74]. Ihr Mindestmaß betrug fünf Jahre. Sinn der Karrenstrafe war es, den „Endzweck der Strafe am sichersten" zu erreichen – hier der Erhalt der Rechtsordnung – „und den Nutzen des gemeinen Wesens zugleich mit" zu befördern[75], eine Vorsehung, die dem Nützlichkeitsgedanken des ausgehenden 18. Jahrhunderts geschuldet war. Die lebenslange Verurteilung zum großen Karren hat den bürgerlichen Tod des Verurteilten zur Folge. Wird die große Karrenstrafe als Zeitige verhängt, so tritt die Rechtlosigkeit des Verurteilten nur für den zu verbüßenden Zeitraum ein. Art. 17 bestimmt für diesen Fall, daß der Verurteilte sein Eigentum zwar behalte, ihm für diesen Zeitraum aber ein Vormund zur Seite gestellt werden soll, der die Vermögenssorge für ihn betreibe und die Rechte über seine Kinder ausübe[76]. Im Fall der zeitigen Karrenstrafe kann ferner eine Ehe nach Art. 17 Abs. 2 auf Antrag des Ehegatten aufgelöst werden. Hier besteht ein Unterschied zu dem auf lebenslang zu großem Karren Verurteilten, dessen Eheauf-

---

71 Die Karrenstrafe war ein seit etwa 1785 gebräuchliches Institut in Braunschweig. (Vgl. *Fredersdorff*, Promtuarium, Bd. 6 [1797], S. 454).

72 Die Kettenstrafe war eine ab dem 17. Jahrhundert verbreitete Art der Freiheitsstrafe für besonders schwere Verbrecher. Sie wurde bis ins 19. Jahrhundert praktiziert und bestand darin, den Verurteilten entweder mit einer eisernen Kette an die Wand des Gefängnisses anzuketten oder ihn durch eine an seine Füße gelegte schwere Kette, an der mitunter noch eine eiserne Kugel befestigt war, in seiner Bewegungsfreiheit zu hemmen. Die Partikulargesetzgebung des 19. Jahrhunderts hatte sie noch weitestgehend in ihren Gesetzesbüchern vorgesehen (DRW, Stw. Kettenstrafe).

73 DRW, Bd. VII, Stw. Karrenstrafe.

74 Art. 15 E 1829.

75 Vgl. *Krünitz*, Oekonomische Encyklopädie, Bd. 35, S. 161 f.

76 Art. 17 Abs. 1 E 1829.

hebung *ipso iure* eintritt. Für die Zeit der Strafverbüßung gilt der Verurteilte als ehrlos[77], jedoch hat der Staat dafür Sorge zu tragen, daß er geschützt werde und vor Beleidigungen bewahrt bleibe; ferner sollen ihm die Tröstungen der Religion zukommen, sofern er dies will[78]. Diese Verpflichtung gilt sowohl im Hinblick auf den lebenslang so wie auf den zeitig zu großem Karren Verurteilten. Die Strafe des „kleinen Karren“ besteht in der Einsperrung des Verurteilten auf Zeit und der Anhaltung desselben zu öffentlichen Arbeiten mit einer „leichten Kette von einem Fuße zum andern“. Auch ihr Mindestmaß beträgt fünf Jahre, sie kann allerdings höchstens auf zehn Jahre erstreckt werden[79].

In den Art. 20–22 werden die Haftbedingungen für einen zum Karren verurteilten Täter näher beschrieben. Art. 20 legt zunächst fest, daß Art und Weise der Verwahrung, die Bekleidung und die Beköstigung der Gefangenen der Regelung durch besondere Vorschriften überlassen bleiben soll. In Art. 21 und 22 ist wegen der Härte der Karrenstrafe außerdem vorgesehen, daß Frauen und Gebrechliche grundsätzlich[80] und Kranke oder Alte durch ärztliches Gutachten von der Anwendung der Karrenstrafe verschont bleiben sollen[81] und ihre Strafe statt dessen in Zuchthaus- oder Zwangsarbeitsstrafe umzuwandeln ist. Beibehalten wird aber auch für diese Personengruppen die Verhängung von Ehrenstrafen. Ferner ist die Zucht- oder Zwangsarbeitsstrafe durch Fesselung an den Füßen mit einer leichten Kette zu erschweren[82].

Art. 23–31 behandeln die Zucht- und Zwangsarbeitshausstrafen. Diese sind als grundsätzlich gleich hart zu erachten[83]. Ihr Unterschied besteht lediglich darin, daß die zum Zuchthaus Verurteilten zu Arbeiten innerhalb der Strafanstalt und die zur Zwangsarbeit Verurteilten zu Arbeiten sowohl innerhalb als auch außerhalb der Strafanstalt angehalten werden können[84]. Die Gefangenen werden in beiden Fällen ohne Fesseln verwahrt. Art. 24 bestimmt, daß das Gericht nicht auf die eine oder die andere Strafe zu erkennen habe, dies vielmehr der Verwaltungsbehörde überlassen bleiben solle. Es scheint diese Vorschrift der Notwendigkeit geschuldet, dem bestürzenden Zustand der damaligen Verwahrungsanstalten Rechnung zu tragen – sicherlich ein gut gemeinter Ansatz.

77 Art. 17 Abs. 2 S. 2 E 1829.

78 Art. 17 Abs. 4 i.V.m. Art. 16 Abs. 3 E 1829.

79 Art. 16 E 1829.

80 Art. 21 E 1829.

81 Art. 22 E 1829.

82 Art. 21 Abs. 2 E 1829.

83 Art. 23 Abs. 1 E 1829.

84 Art. 23 Abs. 2 E 1829.

Doch birgt dieser Ansatz freilich auch Risiken. In praktischer Hinsicht überzeugt die Vorschrift ohne Zweifel, kann man doch – überläßt man der konkreten Verwahrungsanstalt die Einschätzung der individuellen Leistungsfähigkeit – gezielter auf den Einzeltäter eingehen und den im Entwurf wiederholt verankerten Besserungsgedanken des Verwahrten effektiver umsetzen. Zweifel ergeben sich aber in theoretischer Hinsicht und zwar insbesondere im Hinblick auf das Prinzip der Gewaltenteilung, ein fundamentales Prinzip moderner Rechtsstaatlichkeit. Die Bestimmung des Strafmaßes ist Teil des strafrechtlichen Urteils und somit der Judikative vorbehalten. Eine Übertragung dieser Kompetenz auf die Exekutive verletzt die Gewaltenteilung, unabhängig davon ob – wie im Entwurf bestimmt – die Härte der Strafe von Zucht- und Zwangsarbeitshaus identisch ausfällt. Es handelt sich dennoch um verschiedene Strafen, die der Entwurf schon allein durch die Wortwahl getrennt wissen will. Strombeck sieht dieses Problem freilich und versucht deshalb in seinem Art. 25 Abhilfe zu leisten, indem er etwa Bestimmungen bezüglich der genauen Verhängung, Ausgestaltung und Verkürzung der Zuchthaus- oder Zwangsarbeitshausstrafe aufstellt und insoweit die Einschätzungsprärogative der Behörde wieder einschränkt. So soll etwa auf das *Zuchthaus* vornehmlich für Frauen und „schwächliche Männer" erkannt werden[85], die Strafe des *Zwangsarbeitshauses* eigne sich hingegen mehr für „rüstige Männer". Strombeck bestimmt weiter, daß es sich bei beiden Institutionen um „eine in zwei Abtheilungen geschiedene Anstalt" handele – eine Unterscheidung, die insoweit wenig Sinn zu machen scheint, denn erneut wird nicht klar, ob es sich nun um dieselbe Strafe, nur unterschiedlich ausgestaltet, handeln soll oder nicht. Art. 25 Abs. 7 legt durch den Wortlaut zumindest nahe, daß es sich um zwei verschiedene Anstalten handeln muß, wenn er besagt, daß die „Kost" der Sträflinge durch die „Ordnungen der Anstalten" festgesetzt werden möge und dies leitet auch zu der Annahme über, daß es sich um verschiedene Strafen mit unterschiedlichen Strafmaßen handeln muß, deren Anordnung – um noch einmal auf die Problematik von oben zurückzukommen – umso mehr unter keinen Umständen allein der Einschätzung durch die Verwahrungsbehörde überlassen bleiben hätte können.

Wichtigstes Merkmal der Zucht- und Zwangsarbeitshausstrafe ist der im Fokus stehende Zweck der Besserung des Sträflings. Diesem Zweck widmet Strombeck vier umfangreiche Absätze. Dem Sträfling soll die Möglichkeit gegeben werden, ein Handwerk zu erlernen, um nach der Haftentlassung für seinen eigenen Lebensunterhalt sorgen zu können. Im Falle außerordentlichen Fleißes

85 Art. 25 Abs. 1 E 1829.

soll ihm ein Entgelt gezahlt werden[86] und durch „vorzügliches, arbeitsames, stilles und moralisches Betragen" soll ihm der „dritte Theil" der Haft verkürzt werden. Bei Entlassung ist ihm ein Führungszeugnis zu übergeben und bei guter Führung hat die Anstalt dafür Sorge zu tragen, daß der Entlassene „Arbeit erhalte"[87]. Die moralische Besserung der Häftlinge soll durch die Erteilung von „Unterricht in der Religion" bewirkt werden[88]. Darüber hinaus sollen diese zu einem „regelmäßigen Besuche des Gottesdienstes in der Anstalt angehalten" werden. Stets sei ihre Behandlung „liebreich"[89], um einer möglichen Verrohung durch die Haft entgegenzuwirken und nur bei wiederholter Aufsässigkeit und vorangegangener Verwarnung soll ausnahmsweise eine Züchtigung der Häftlinge zugelassen werden[90]. Beide Anstalten seien also im eigentlichen Sinne „Besserungsanstalten"[91].

Die Zucht- und Zwangsarbeitshausstrafe kann durch den Richter geschärft werden[92]. Er kann insbesondere darauf erkennen, daß die Kost des Verurteilten auf „Wasser und Brod" beschränkt werde, dies aber nur auf *höchstens* drei Tage in der Woche und unter Berücksichtigung der Persönlichkeit des Straftäters, ferner kann er verfügen, daß der Täter an „gewissen Tagen" einsam einzusperren sei, jedoch nicht länger als drei Monate im Jahr. Schließlich ist auch eine Kombination der beiden Möglichkeiten denkbar. Legt man dieser Vorschrift den Besserungsgedanken zu Grunde, so wirkt sie verhältnismäßig hart. Gerade die Isolationshaft ist bekannt für ihre nachhaltige Einwirkung auf die Psyche des Gefangenen, dies umso mehr, geschieht sie in den ersten Monaten der Verwahrung[93]. Durch die Formulierung Strombecks, die Isolationshaft für „gewisse" Tage verhängen zu können, wird eine relativ einschneidende Maßnahme, einem völlig unbestimmten Rechtsbegriff unterworfen, ein Umstand, der daran zweifeln läßt, ob unter solchen Bedingungen zwangsläufig eine Besserung des Täters eintreten hat können. Des weiteren bereitet die Bestimmung der Haltung des Täters bei Wasser und Brot – wird sie auch zeitlich eingeschränkt – insoweit Schwierigkeiten, als der Haftverbüßende zu schwerer körperlicher Arbeit anzuhalten ist. Insgesamt erscheint die Vorschrift mithin

86 Art. 25 Abs. 3 E 1829.

87 Art. 25 Abs. 4 E 1829.

88 Art. 25 Abs. 5 E 1829.

89 Art. 25 Abs. 6 E 1829.

90 Art. 25 Abs. 8 E 1829.

91 Art. 25 Abs. 9 E 1829.

92 Art. 26 E 1829.

93 *Hentig*, Die Strafe, Bd. 2, S. 211.

vollständig am eigentlichen Zweck der Strafe, welche die Besserung des Täters zum Gegenstand hat, vorbei geschrieben.

Die Zucht- bzw. Zwangsarbeitshausstrafe kann nach Art. 26 mindestens drei Monate und höchstens zehn Jahre betragen. Die Rechtspersönlichkeit wird den Verurteilten in vollem Umfang belassen[94], jedoch kann bei einer Verurteilung zu mehr als drei Jahren der Ehegatte des Täters – wie bei der Karrenstrafe – auf Scheidung dringen[95]. Neben der Strafe verliert der Verurteilte dauerhaft alle Titel, Würden, Staats- und Ehrenämter, sowie sämtliche öffentlich-rechtlichen Anwartschaften[96]. Der Verlust von Gilden- und Zunftrechten tritt indes nicht ein[97], eine Vorschrift, die wohl zum Wohle der Resozialisierung des Täters aufgenommen worden ist[98].

Als letzte der in Betracht kommenden Freiheitsstrafen wird in den Art. 34–41 die Gefängnisstrafe genannt, die nach dem Entwurf in zwei Kategorien zu unterteilen ist: 1. die Festungsstrafe und 2. die gewöhnliche Gefängnisstrafe. Während die gewöhnliche Gefängnisstrafe eine soziale Isolation nicht zwingend vorsieht, zeichnet sich die Festungsstrafe gerade dadurch aus, daß sie in einem Gefängnis verbüßt wird, in welchem der Gefangene „vom Umgange ausgeschlossen und auf das Sicherste verwahrt“ ist[99]. Im Unterschied zu der Karren-, der Zucht- und Zwangsarbeitshausstrafe wird der Gefangene aber nicht zu öffentlichen Arbeiten angehalten, sondern ist sich selbst überlassen[100]. Entscheidet sich der Häftling für eine bezahlte Tätigkeit, so ist er gehalten, davon „zuvörderst seinen Unterhalt zu beschaffen“. Für die Verköstigung kann er selbst Sorge tragen, geschieht dies nicht, so wird ihm ein Anstaltsessen ausgegeben[101].

Bemerkenswert ist, daß Strombeck die Festungsstrafe stets als Surrogat einer Karren-, Zucht- oder Zwangsarbeitshausstrafe verhängt wissen will, auf welche in Erwägung „besonderer Umstände, welche in den Standes-, Amts- oder

94 Art. 27 E 1829.

95 Art. 31 E 1829.

96 Art. 29 E 1829.

97 Art. 30 E 1829.

98 Vgl. die Ausführungen zu Art. 25 E 1829.

99 Art. 34 Abs. 1 E 1829. Einmal im Monat war es ihm jedoch gestattet, Freunde und Verwandte zu empfangen (vgl. Art. 34 Abs. 2 E 1829).

100 Art. 34 Abs. 4 E 1829.

101 Art. 34 Abs. 3 E 1829.

Familien-Verhältnissen des Verbrechers liegen" zu erkennen sein soll[102]. Die Begründung lautet dabei wie folgt:

> „Die größte Ungleichheit in der Strafe entsteht aus einer völlig gleichen Austheilung derselben. Selbst die bluttriefenden Kriegsartikel des vorigen Jahrhunderts verurtheilen nie einen Offizier zum *Gassenlaufen*. Ihre Verfasser fühlten, der Stand würde herabgewürdigt, wollte man eine solche Gleichheit, welche die größte Ungleichheit gewesen wäre, eintreten lassen."[103]

Bei Umwandlung der Strafe müsse das Strafurteil aber – so wird positiv festgelegt – mit dem Zusatz versehen werden, daß eine ursprüngliche Karren-, Zucht- oder Arbeitshausstrafe in „Festungsarrest verwandelt werde"[104]. Die Umwandlung der Strafe erfolgt nach in Art. 37 streng festgelegten Kriterien. So ist der Festungsarrest: 1. von gleicher Dauer der verwirkten Zuchthausstrafe, 2. doppelt so hoch wie eine zeitige Strafe des großen Karren und 3. um die Hälfte höher als die verwirkte Strafe des kleinen Karren. Wird die Festungsstrafe an Stelle der Zuchthausstrafe ausgesprochen, so kann sie – wie die Zuchthausstrafe auch – nach Art. 39 gemindert werden.

Strombeck ist auf die Gründe für die Aufnahme der Vorschrift in den hiesigen Strafenkatalog nicht näher eingegangen. Sie scheint der Rechtspraxis geschuldet, die sich wohl nicht scheute, den vermögenden gegenüber dem gemeinen Rechtsbrecher zu privilegieren[105]. Von einer Gleichheit vor dem Gesetz kann hier freilich nicht die Rede sein. Man mag die Aufnahme der Vorschrift auch nicht damit rechtfertigen, daß sie den Ansichten der Zeit entsprach. So hatte sich etwa *Feuerbach* bereits im Jahre 1813 dafür ausgesprochen, daß „wer ein Verbrechen" begehe, „nun eben Verbrecher" sei und als solcher „durchaus keinen anderen Rang [bekleide], als den ihm seine Tat zuweist". Eine Unterscheidung zwischen der Ehre des Edelmannes und der Ehre des gemeinen Bürgers sei nichts weiter als Eitelkeit[106]. Doch genau diese Eitelkeit der Verteidigung aristokratischer Interessen wird uns im Entwurf Strombeck immer wieder begegnen.

In Art. 40 und 41 ist die gewöhnliche Gefängnisstrafe aufgeführt. Sie wird in bürgerlichen Gefängnissen vollzogen und ist mit keinerlei Verlust bürgerlicher

---

102 Art. 35 Abs. 1, 2 E 1829.

103 *Strombeck*, Entwurf, S. 19 in Anm. 11. Eine Überlegung, die geeignet ist, das aus der französischen Revolution resultierende Diktum der Gleichheit Aller vor dem Gesetz, nachhaltig zu unterwandern.

104 Art. 35 Abs. 3 E 1829.

105 Vgl. *Schubert*, Feuerbachs Entwurf aus dem Jahre 1824, S. 66.

106 Trotz der scharfen Kritik, konnte Feuerbach sich mit seinen Ansichten aber nicht durchsetzen (vgl. *Schubert*, Feuerbachs Entwurf aus dem Jahre 1824, S. 66).

Rechte verbunden. Der Gefangene kann sich auf beliebige Weise selbst beschäftigen, wenn er sich selbst erhalten kann. Wird er aus öffentlichen Mitteln erhalten, so muß er die ihm von der Anstalt angebotene Arbeit verrichten. Dieser Zusatz verdeutlicht noch einmal den Unterschied zum Festungsarrest. Während die Festungsstrafe auf die Notwendigkeit der Verrichtung von Arbeit zur Beschaffung des Lebensunterhaltes des Sträflings nicht näher eingeht, sieht der Entwurf sie für die gewöhnliche Gefängnisstrafe ausdrücklich vor. Offenbar geht Strombeck in den Fällen des Festungsarrestes davon aus, daß der Straftäter – weil meist vermögend – sich selbst versorgen kann, ohne einer Arbeit nachgehen zu müssen, ein Kriterium, das er der gewöhnlichen Gefängnisstrafe – weil sie alle Stände betrifft – nicht zu Grunde legen möchte. Die gewöhnliche Gefängnisstrafe darf höchstens auf zwei Jahre verhängt werden. Ein Mindestmaß sieht der Entwurf nicht vor[107].

cc) Die sonstigen Strafen

Als weitere Strafen sieht der Entwurf die Landesverweisung, die Ehrenstrafen und die Geldstrafe vor.

Art. 32 des Entwurfes regelt die Strafe der Landesverweisung. Definiert ist sie als „zeitlich begrenzte oder unbegrenzte Ausweisung aus einem Territorium unter Verlust der Rechte in der Gemeinschaft“[108]. Strombeck sieht sie grundsätzlich für Ausländer vor[109]. Ausnahmsweise soll sie aber auch für Inländer ausgesprochen werden können, wenn anderenfalls „seine Anwesenheit im Lande öffentliches Ärgernis erregen würde“[110].

Als Ehrenstrafen sind nach dem Entwurf vorgesehen: 1. die Dienstentsetzung, 2. die Dienstentlassung, 3. die Suspension vom Amte und 4. der gerichtliche Verweis. Die ersten drei Strafen werden für die Begehung von Delikten im Amt vorgesehen, während die letzte sowohl den Beamten als auch den gemeinen Bürger treffen kann.

Die Dienstentsetzung ist in Art. 33 geregelt und bewirkt die Enthebung des Verurteilten aus seinem Amt, sowie den dauerhaften „Verlust aller mit dem bisherigen verbundenen Rechte“. Systematisch ist sie nicht – wie man es erwarten würde – im Rahmen der übrigen Ehrenstrafen, sondern zwischen Landesverweisung und Gefängnisstrafe angeführt. Nach Sinn und Zweck ist sie

107 Vgl. Art. 40 Abs. 1 E 1829.

108 DRW, Bd. VIII, Stw. Landesverweisung.

109 Art. 32 Abs. 2 E 1829.

110 Art. 32 Abs. 3 E 1829.

aber eindeutig den übrigen Ehrenstrafen zuzuordnen. Die gesonderte Einordnung der Dienstentsetzung kann an dieser Stelle nur vermutet werden. Wahrscheinlich ist, daß Strombeck die Dienstentsetzung aufgrund ihrer Nebenfolgen – dem Verlust von Rechten und Titeln – als eine den Freiheitsstrafen gleich zu erachtende Strafe behandelt wissen wollte. Auch die Freiheitsstrafen gingen nämlich grundsätzlich mit dem Verlust von Rechten und Titeln einher. Diese Vermutung konkretisiert sich um so mehr, als man die übrigen Ehrenstrafen betrachtet, welchen allen gemein ist, daß sie den Verlust von Rechten und Titeln gar nicht oder in nur eingeschränkter Form vorsehen.

Art. 42 behandelt die Strafe der Dienstentlassung. Sie steht in engem Zusammenhang mit der in Art. 43 vorgesehenen Suspension vom Amte. Während erstere jedoch die dauerhafte Auflösung des Dienstverhältnisses nach sich zieht, bewirkt letztere lediglich eine zeitige Aufhebung. Beiden Vorschriften gemein ist, daß der Verurteilte zwar seines Dienstverhältnisses, nicht jedoch seines Diensttitels enthoben wird. Neben dem im Zeitraum der Strafverbüßung vorgesehenen Amts- oder Dienstverlust bewirken die Art. 42 und 43 auch, daß der Verurteilte seinen Anspruch auf die Einkünfte aus dem Dienstverhältnis für den betreffenden Zeitraum verliert. In Art. 44 kann der Richter schließlich auch eine *nur* vorläufige Suspension vom Amte anordnen. In diesem Falle wird für die Dauer der Untersuchung die Hälfte des Gehaltes unter Vorbehalt zurückbehalten.

Art. 45 sieht den gerichtlichen Verweis vor, ein Institut, das einer heutigen mündlichen Verwarnung gleichkommt. Dabei sollte der Verurteilte „vor versammeltem Gerichte“ und „in Gegenwart des Beleidigten oder Betheiligten“ eine Art Tadel erhalten.

Zuletzt ist in Art. 46 die Geldstrafe geregelt. Sie ist nur für die durch den Entwurf bestimmten Delikte vorgesehen und darf den Betrag von 500 Reichstalern nicht überschreiten. Eindeutig festgelegt ist, daß grundsätzlich keine

> „andere Strafe [...] in Geldstrafe umgewandelt werden.“[111]

Ist der Verurteilte nicht vermögend, so kann die Geldstrafe natürlich ausnahmsweise in Gefängnisstrafe umgewandelt werden[112]. Eine Umwandlung ist auf Antrag der Eltern oder Vormünder darüber hinaus auch für Minderjährige unter sechzehn Jahren gestattet[113].

---

111 Art. 46 Abs. 2 E 1829.

112 Art. 46 Abs. 3 E 1829.

113 Art. 46 Abs. 4 E 1829.

Die Geldstrafe ist – wenn auch nicht ausdrücklich erwähnt – an den Fiskus zu richten. Diesen Schluß läßt Art. 50 zu, wonach bestimmt ist, daß „die Entschädigung des Verletzten aus dem Vermögen des Verbrechers" allen Forderungen des Fiskus vorgehen möge.

d) Die Schuldformen

Als Schuldformen sieht der Entwurf den *böslichen Vorsatz*[114] und die *Fahrlässigkeit*[115] vor. Entsprechend der von *Pufendorf* begründeten Lehre von der Imputation, bedarf es auch im Strombeck'schen Entwurf, neben der Verwirklichung des objektiven Tatbestandes, eines subjektiven Elementes im Sinne eines strafbaren *Verschuldens*.

Für den Fall des böslichen Vorsatzes liegt dieses in dem

> „Entschluß zu einer Rechtsverletzung, mit dem Bewußtseyn der Gesetzwidrigkeit der Handlung."[116]

Fahrlässiges Verschulden liegt hingegen vor, wer, entgegen der allgemeinen Verbindlichkeit

> „solche Handlungen nicht zu thun, und sich solchen Unterlassungen nicht schuldig zu machen, deren gefährliche Folgen er zu erkennen vermag"[117]

etwas tut oder unterläßt

> „woraus, *ohne seine Absicht*, eine in diesem Gesetzbuch geahndete Übertretung entstanden ist."[118]

Beide Regelungen verfügen sowohl über eine *Wissens*- als auch über eine *Wollens*komponente, deren Unterschied allein darin besteht, daß der mit böslichem Vorsatz Handelnde sowohl um die Tatbestandsverwirklichung *wußte*, als diese auch *wollte*, während dem fahrlässig Handelnden das *Wollens*element gänzlich fehlt, die Tatbestandsverwirklichung vielmehr „ohne seine Absicht" geschieht. Eine hinreichend klare Trennung von Vorsatz und Fahrlässigkeit ist damit freilich erreicht.

Aus den in Art. 118 ff. geregelten Schuldausschlußgründen ergibt sich, daß dem Täter die Tatbestandsverwirklichung stets voll zuzurechnen sein muß. Fehlt das Zurechnungselement, so entfällt die Strafbarkeit ganz, denn

---

114 Art. 52 E 1829.

115 Art. 55 E 1829.

116 Art. 52 E 1829.

117 Art. 55 Abs. 1 E 1829.

118 Art. 55 Abs. 2 E 1829.

„die Strafbarkeit wird durch eine Gesetzwidrigkeit des Willens, als Ursache des Verbrechens, bedingt."[119]

Die Zurechnung ist dabei im Sinne einer persönlichen Vorwerfbarkeit zu verstehen, durch welche der Täter, als *absolute* Ursache des Erfolges fungiert und also frei gehandelt haben muß.

aa) Der bösliche Vorsatz

Die Vorschriften, welche den Vorsatz zum Gegenstand haben, beschränken sich auf insgesamt drei Artikel. In Art. 52 gibt der Entwurf entgegen seinem sonstigen Habitus eine Legaldefinition vor, die im wesentlichen den Auffassungen in der zeitgenössischen Lehre entspricht[120]. Die Wahl zugunsten einer Legaldefinition ist für den Entwurf freilich ungewöhnlich, weil sie zum Einen den Ermessensspielraum des Richters praktisch aufhebt und sie zum Anderen den Begriff des Vorsatzes für den aus ihr entsprungenen Zeitraum einfriert, ihn mithin den Fortentwicklungen der Lehre nicht mehr zugänglich macht[121]. Die Begrenzung des Vorsatzbegriffes scheint aber wohl notwendig gewesen zu sein, um richterliche Willkür zu vermeiden. Eine Einteilung des Vorsatzes in verschiedene Vorsatzkategorien nimmt Strombeck bewußt nicht vor, was offensichtlich der Praktikabilität und Verständlichkeit der Vorschrift geschuldet ist.

In Art. 53 wird festgelegt, daß der bösliche Vorsatz auch dann vorhanden sei, wenn: 1. der Täter die Tat nach seinem Gewissen oder den Lehren seiner Religion für erlaubt halte oder 2. wenn er sich im Irrtum über die Art und Größe der Strafe befunden habe oder 3. wenn Beweggrund und Zweck von keiner böslichen Beschaffenheit sind[122]. Die ersten beiden Fallbeispiele behandeln

---

119 Art. 118 Abs. 1.

120 Vgl. den Feuerbach'schen Ansatz: „eine Bestimmung des Willens zu einer Rechtsverletzung als Zweck, mit dem Bewußtsein der Gesetzwidrigkeit des Begehrens" oder die Definition Bauers: „Der Entschluß zu einer als Verbrechen erkannten Handlung, also 1. Bewußtsein der Eigenschaft der Handlung, und 2. dennoch der Wille, sie zu begehen." (Motive, S. 25 in Anm. 1).

121 Dies entspricht auch den Ansichten der zeitgenössischen Lehre. So sprachen sich z.B. Mittermaier oder auch Gönner explizit gegen eine gesetzliche Definition des dolus aus. Anders Feuerbach, welcher der Ansicht war, daß ein Strafgesetz, um vollständig zu sein, den Richter auch über den Begriff des dolus zu belehren habe (*Schubert*, Feuerbachs Entwurf aus dem Jahre 1824, S. 100).

122 Diese Vorschrift scheint dem Bayrischen StGB von 1813 entnommen zu sein (vgl. Art. 39 Abs. 2, in: *Schubert*, Feuerbachs Entwurf aus dem Jahre 1824, S. 252).
Irrtum oder Unwissenheit über Art und Größe der Strafe oder die Beschaffenheit des Beweggrundes zu dem verbrecherischen Entschlusse oder die Meinung, was das Straf-

Irrtumskonstellationen, die den Vorsatz – trotz des zu Grunde liegenden Irrtums – nicht aufheben sollen. In Nr. 1 des Art. 53 wird der Verbotsirrtum behandelt. Der Täter weiß zwar, daß er gesetzeswidrig handelt, hält sein Handeln aber aus religiösen oder Gewissensgründen für erlaubt. Auf die Vermeidbarkeit eines solchen Irrtums geht Strombeck nicht näher ein; scheinbar soll es keinen Unterschied machen, ob der Verbotsirrtum für den Täter vermeidbar gewesen ist oder nicht. Die Unterscheidung zwischen vermeidbaren und unvermeidbaren Irrtümern ist aber auch dem Strombeck'schen Entwurf nicht fremd. Im Rahmen der Schuldausschlußgründe nämlich, genauer in Art. 122, führt Strombeck den unvermeidbaren Verbotsirrtum an. In diesem heißt es, daß die Strafbarkeit ausnahmsweise ausgeschlossen sein soll, wenn der Täter in unüberwindlicher *Unwissenheit* seine Handlung für erlaubt und unsträflich hält, es sei denn, anderes ergebe sich bereits aus den Naturgesetzen. Offenbar wollte Strombeck den Vorsatz des Täters unabhängig von religiösen und Gewissensempfindungen beurteilt wissen und nimmt daher diesen speziellen Fall des Verbotsirrtums aus dem Kreis der sonstigen Verbotsirrtümer heraus und geht sogar noch weiter: Der Verbotsirrtum aus religiösen oder Gewissensgründen soll nicht nur *nicht* die Strafbarkeit ausschließen, sondern sogar den böslichen Vorsatz gänzlich unberührt lassen. Art. 53 Nr. 2 ist eine gesetzliche Ausgestaltung des Irrtums über die Rechtsfolgen einer Tat. Auch dieser Irrtum soll den böslichen Vorsatz nicht tangieren. In Abweichung zu den beiden erstgenannten Fällen behandelt Art. 53 Nr. 3 einzig keine Irrtumskonstellation, sondern bewertet den Vorsatz lediglich anhand eines grundsätzlich nicht verwerflichen Beweggrundes oder Zweckes hinsichtlich der Tatbegehung durch den Täter. Beachtung verdient dieser Fall insoweit, als in den ersten beiden Fällen explizit auf das Wissen des Täters abgestellt wird, während dieses in Nr. 3 nicht von Belang zu sein scheint. Es reicht vielmehr aus, daß aus objektiver Sicht die Beweggründe der Tat als nicht verwerflich eingestuft werden. Diesen Schluß läßt zumindest der Wortlaut zu, wenn er besagt, daß

> „der bösliche Vorsatz auch alsdann vorhanden sei, wenn der Bewegungsgrund oder der Zweck der Handlung oder Unterlassung von keiner böslichen Beschaffenheit waren."[123]

Es entsteht der Eindruck, Strombeck habe in diesem Fall versucht, die moralische Beurteilung von Straftaten aus dem Entwurf positiv fernzuhalten[124]. Das

---

gesetz verbietet, sei nach der Religion oder vor dem Gewissen erlaubt, schließen die Rechtswidrigkeit des Vorsatzes nicht aus.

123 Art. 53 Nr. 3 E 1829.

124 Dies umso mehr, wenn man die Umstände gemeiner Not berücksichtigt, die herrschten, als der Entwurf entstand (*Husung*, Kriminalrecht in Braunschweig, in: Pöls / Pollmann [Hrsg.], Moderne braunschweigische Geschichte, S. 71 ff.).

erscheint insoweit konsequent als man auch in der Lehre zunehmend zu der Einsicht gelangt war, daß es im Strafrecht allein auf die juristische und nicht auf die moralische Zurechnung – so sehr diese auch die zwischenmenschlichen Beziehungen zu regeln vermochte – ankommen könne[125]. Hatte ein Täter den Entschluß gefaßt, eine Straftat zu begehen, so sollte sein Vorsatz allein im Hinblick auf das Wissen und Wollen der Gesetzeswidrigkeit der Tat beurteilt werden. Auf den Einzelfall konnte man im Rahmen der Strafzumessung immer noch reagieren. Insoweit handelt es sich bei der Regelung des Art. 53 Nr. 3 um eine durchaus erfreuliche Bestimmung im Entwurf Strombeck.

Art. 54 des Entwurfs schreibt vor, daß der Vorsatz nicht vermutet werden darf. Vielmehr ist dieser anhand der Erfüllung des Tatbestandes zu ermitteln, wenn und sofern das Handeln des Täters kausal für den Erfolgseintritt geworden ist. Strombeck entlehnt diese Vorschrift dem *Entwurf eines StGB für das Großherzogtum Sachsen-Weimar-Eisenach*. Hintergrund dieser Vorschrift ist eine Abkehr von der *praesumtio doli*, der – so Strombeck – in der Praxis ohnehin kaum Bedeutung beigemessen werde, weil ein gewissenhafter Richter stets darum bemüht sei, den Vorsatz des Täters für und gegen ihn zu ermitteln, so daß es in den wenigsten Fällen auf eine Vermutung ankommen müsse[126].

bb) Die Fahrlässigkeit

Die Vorschriften zur Fahrlässigkeit faßt der Entwurf in sieben Artikeln zusammen. Art. 55 versucht eine Legaldefinition der Fahrlässigkeit, die im Ergebnis recht vage bleibt. Beim fahrlässigen Verschulden solle nämlich letztlich darauf abgestellt werden, ob der Täter die „gefährliche[n] Folgen“ seines Handelns „zu erkennen vermag.“[127] In welchem Grade davon auszugehen ist, ist sicherlich einzelfallabhängig. Angesichts der sehr weit gehaltenen Formulierung des Fahrlässigkeitstatbestandes scheint es, als solle stets dann von Fahrlässigkeit auszugehen sein, wenn nicht Vorsatz gegeben ist. Diesen Schluß läßt der Wortlaut des Art. 55 Abs. 2 zu, der besagt, daß, wenn eine Übertretung im Sinne des Entwurfes *ohne Absicht* (d.h. im Sinne eines auf die Herbeiführung des Erfolges gerichteten Willens) entstanden sei, der Täter „wegen eines Verbrechens aus Fahrlässigkeit verantwortlich“ sei.

---

125 *Marezoll*, Das gemeine deutsche Criminalrecht, S. 96.

126 *Strombeck*, Entwurf, S. 25 in Anm. 3.

127 Art. 55 Abs. 1 E 1829.

Der Entwurf unterscheidet zwischen *grober*[128] und *geringerer*[129] Fahrlässigkeit. Die Ausmittelung des Fahrlässigkeitsgrades soll dabei dem richterlichen Ermessen überlassen bleiben[130], bei welcher Ausmittelung im wesentlichen drei Grundsätze zu beachten sind: 1. Wahrscheinlichkeit des Erfolgseintrittes (im Sinne einer hypothetischen Kausalität), 2. persönliche Vorwerfbarkeit des Täters (im Sinne einer besonderen Leichtsinnigkeit unter Berücksichtigung besonderer Fähigkeiten des Täters) und 3. Wichtigkeit der verletzten Verpflichtung (im Sinne der Beurteilung einer konkreten Pflichtwidrigkeitsverletzung). Um die Ausmittelung des Fahrlässigkeitsgrades zu erleichtern und die Unterscheidung zwischen grober und geringerer Fahrlässigkeit zu konkretisieren, nennt der Entwurf in seinen Art. 57 und 58 einige Regelbeispiele, die keinesfalls als abschließend gelten. Im Sinne der Art. 57, 58 wird insbesondere auf die persönlichen Fähigkeiten des Täters[131] oder die Gefährlichkeit der Handlung abgestellt[132], wobei der Entwurf mit Hilfe des Deduktionsprinzips arbeitet. Dem Richter wird zunächst die Möglichkeit gegeben, den Fahrlässigkeitsgrad anhand der Regelbeispiele der Art. 57, 58 zu ermitteln. Sollte ihm die Ausmittelung auf diese Weise nicht gelingen soll er schließlich auf den generalklauselartigen Art. 56 zurückgreifen – eine Vorgehensweise, die insoweit geschickt erscheint, als es dem Entwurf einerseits gelingt, die Fahrlässigkeitsstrafbarkeit einigermaßen plastisch darzustellen und ihm andererseits hilft, Strafbarkeitslücken zu vermeiden. Bei der Konzipierung der Fahrlässigkeitskonstellationen wird nahezu jede Möglichkeit fahrlässigen Verhaltens aufgegriffen. Selbst die bewußte Fahrlässigkeit[133] oder die Problematik einer Vorsatz-Fahrlässigkeitskombination[134] sind aufgeführt und erstaunlich präzise geregelt, was letztlich der langjährigen Gerichtspraxis Strombecks geschuldet sein mag. Bestraft wird die Tat aus Fahrlässigkeit in abgemilderter Form ent-

128 Art. 57 E 1829.

129 Art. 58 E 1829.

130 Art. 56 E 1829.

131 Vgl. z.B. Art. 57 Nr. 5 E 1829:
„wenn der Handelnde [...] noch durch besondere Pflichten des Standes, Berufes oder ähnlichen Verhältnissen zu vorzüglicher Überlegung aufgefordert wurde“
oder z.B. Art. 58 Nr. 2 E 1829:
wenn „der Handelnde jedoch wegen Schwächen des Verstandes, oder wegen eines, die Aufmerksamkeit und Überlegung störenden unverschuldeten Gemüthszustandes, oder wegen ungünstiger äußerer Umstände, die Gefährlichkeit seiner Handlung nicht leicht einzusehen vermochte“.

132 Vgl. z.B. Art. 57 Nr. 3 E 1829:
„wenn die gefährliche Handlung an sich schon rechtswidrig war“.

133 Art. 57 Nr. 1 E 1829.

134 Art. 61 E 1829.

sprechend den vorsätzlich begangenen Delikten. Zieht ein Verbrechen die fünf härteren Freiheitsstrafen nach sich, so ist ein aus grober Fahrlässigkeit begangenes Delikt mit Gefängnis von einem Monat bis zu zwei Jahren, mit Dienstsuspension oder mit Dienstentlassung zu bestrafen, zöge es die fünf leichteren Freiheitsstrafen nach sich, so ist bei grober Fahrlässigkeit auf Verweis, Geldbuße, Dienstsuspension oder Gefängnis bis zu einem Monat zu erkennen[135]. Ein Verbrechen, welches aus geringerer Fahrlässigkeit begangen wird, darf lediglich durch Geldbuße oder Verweis geahndet werden[136].

e) Die Vollendung und der Versuch

Die Vollendung und der Versuch eines Verbrechens werden in den Art. 62 ff. behandelt. Nach Art. 62 gilt ein Verbrechen dann als vollendet, wenn

> „alles bewirkt worden [ist], was zu dem gesetzlichen Begriff desselben gehört."

Erfaßt sind dabei sowohl Begehungs- als auch Erfolgsdelikte. Dies läßt sich aus Art. 63 schließen, der besagt, daß, wenn es der Tatbestand erfordere, eine bestimmte *Wirkung* zu erzeugen, das Delikt nicht eher als vollendet gelte, als diese Wirkung eingetreten sei. Zwischen Vollendung und Erfolg muß allerdings ein Kausalitätszusammenhang bestehen, der nach Art. 64 zu vermuten ist

> „wenn die verbrecherische Handlung von der Beschaffenheit war, daß sie, nach ihrer Natur, zur Hervorbringung des Erfolges genügte."

Einen Versuch begeht nach Art. 65 hingegen, wer

> „in der Absicht ein Verbrechen zu begehen, eine solche Thathandlung vorgenommen, welche als der Anfang der Ausführung des beabsichtigten Verbrechens angesehen werden muss."

Die Abgrenzung zwischen Vollendung und Versuch erfolgt anhand des Vorsatzes, wenngleich es nach dem Entwurf für die Versuchsstrafbarkeit nicht allein auf die *Absicht* ein Verbrechen zu begehen ankommt, sondern zusätzlich ein objektives Kriterium, nämlich die *Begehung einer Tathandlung*, welche als Beginn der Tatausführung gewertet werden kann, hinzukommen muß[137].

---

135 Art. 59 Nr. 1 E 1829.

136 Art. 59 Nr. 2 E 1829.

137 Freilich sieht der Entwurf auch die Bestrafung von Vollendungs-Versuchskombinationen vor. Nach Art. 74 E 1829 ist danach das vollendete Verbrechen zu bestrafen und der Versuch strafschärfend zu addieren.

Die Vollendung ist naturgemäß stets strafbar, während der Versuch nur dann bestraft wird, wenn es das Gesetz ausdrücklich vorsieht[138]. Im Hinblick auf die Strafhöhe des Versuchs muß allerdings differenziert werden. Der Entwurf unterscheidet nämlich zwischen dem *beendigten*, dem *nächsten* und dem *entfernten* Versuch. Der *beendigte* Versuch, der gegeben ist,

> „wenn alle zur Hervorbringung des Verbrechens erforderlichen Handlungen geschehen sind, ohne daß der beabsichtigte Erfolg entstand,“

ist mit der Hälfte der Strafe zu belegen, welche das vollendete Verbrechen nach sich gezogen hätte[139]. Tritt der Täter allerdings *freiwillig*[140] von der Tatbegehung zurück, *bevor* der Versuch *beendigt* worden ist, so bleibt er straflos[141].

Handelt es sich um einen *nächsten* Versuch, der vorliegt,

> „wenn der Thäter schon diejenige Handlung angefangen hatte, deren Vollendung den gesetzeswidrigen Erfolg unmittelbar hervorbringen sollte oder konnte,“

so ist auf ein Viertel der Strafe zu erkennen, welche auf das vollendete Verbrechen anzuwenden gewesen wäre[142]. Begeht der Täter aber einen *entfernten* Versuch, einen Versuch also, bei welchem er lediglich

> „Handlungen begangen hat, durch welche die Haupthandlung erst vorbereitet werden sollte“

sind allein die fünf leichten Strafen in Betracht zu ziehen[143].

Strafbedroht ist nach dem Entwurf auch der untaugliche Versuch, bei welchem allerdings, wenn die gebrauchten Mittel *gänzlich unschädlich* gewesen sind, höchstens auf Gefängnisstrafe bis zu einem Monat zu erkennen ist[144].

---

138 Dies ergibt sich freilich nicht aus den Vorschriften der Versuchsstrafbarkeit selbst, sondern aus dem Entwurf, der für einige Verbrechen die Strafbarkeit des Versuches vorsieht, während er bezüglich anderer Verbrechen zur Versuchsstrafbarkeit schweigt.

139 Art. 69 E 1829.

140 Freiwilligkeit liegt nach dem Entwurf vor, wenn die Untersuchungen „kein Hindernis der Vollbringung“ ergeben haben und der Täter dennoch Abstand von der Tatbegehung genommen hat (Art. 66 Abs. 2 E 1829).

141 Art. 66 Abs. 1 E 1829.

142 Art. 70 E 1829.

143 Art. 73 E 1829.

144 Art. 75 E 1829.

f) Die Täterschaft und die Teilnahme

In Abkehr vom Prinzip der Einheitstäterschaft entscheidet Strombeck sich für eine Einordnung der Täterschaft nach dem *Grade* der *Strafbarkeit*, die diverse Arten der Teilnahme unterscheidet[145]. Der Entwurf kennt drei Arten der Teilnahme: den *Urheber*, den *Gehülfen* und den *Begünstiger*.

Urheber ist der,

> „in dessen Willen und Handlung die Ursache vorhanden war, wodurch das Verbrechen als Wirkung hervorgebracht wurde."[146]

Gehülfe ist hingegen wer

> „die Ausführung des von einem Andern schon beschlossenen Verbrechens *wissentlich* und *vorsätzlich* befördert"[147]

und *Begünstiger* schließlich wer

> „nach vollbrachtem Verbrechen einem Übelthäter durch pflichtwidriges Thun oder Unterlassen in Bezug auf das begangene Verbrechen beförderlich ist."[148]

Innerhalb der Urheberschaft an einem Verbrechen differenziert der Entwurf weiter zwischen dem Urheber als Alleintäter und dem Urheber als Anstifter eines Verbrechens[149], welcher letzterer nach Art. 79 wie folgt definiert ist:

> „Als Anstifter ist [...] zu betrachten, wer, in der Absicht, daß das Verbrechen geschehe, durch Gewalt, Drohung, Befehl, Auftrag, Rath, Verführung, Erregung oder Benutzung eines Irrtums oder einer Leidenschaft, zur Begehung des Verbrechens die Veranlassung gab."

Den Anstifter eines Verbrechens trifft eine verhältnismäßig harte Strafe. Nicht nur hat er eine Strafe bezüglich der Tat zu erwarten, auf die *sein Wille bestimmt gerichtet* war, sondern er muß sich darüber hinaus auch:

> „jedes, nicht ausdrücklich von ihm ausgenommene Verbrechen, welches der Vollbringer als nothwendiges Mittel zu der Erreichung des Zwecks begangen hat;"

und

> „jedes Verbrechen, welches als unvermeidliche Folge aus der Handlung entstanden, so weit es dem Übertragenden zuzurechnen wäre, wenn er die verbrecherische Handlung selbst ausgeführt hätte"

---

145 Art. 76 E 1829.

146 Art. 77 E 1829.

147 Art. 101 E 1829.

148 Art. 112 E 1829.

149 Art. 78 E 1829.

zurechnen lassen[150]. Begeht der Angestiftete ein anderes als vom Anstifter aufgetragenes Verbrechen, so muß sich der Anstifter das andere Verbrechen zumindest als versuchtes Verbrechen anrechnen lassen, wenngleich die Privilegierung der Versuchsstrafbarkeit nur gilt, wenn weder *die Mittel* der Tatbegehung noch *die Folge* des Verbrechens in Zusammenhang mit dem übertragenen Verbrechen stehen[151].

Ebenfalls als Anstifter wird bestraft, wer

> „durch Reden oder Handlungen *unabsichtlich* eines Anderen Entschluß zum Verbrechen *veranlaßte*;“[152]

in diesem Fall allerdings nur nach den Bestimmungen über die Fahrlässigkeit.

Weitere Bestimmungen über die Anstiftung finden sich in den Art. 85–88. Sie befassen sich im wesentlichen mit dem Exzeß des Angestifteten und den Folgen für den Anstifter.

Die Regelungsdichte gerade im Bereich der Anstiftung verwundert nicht. Zum Einen ist sie historisch in den Kontext der sich anbahnenden Julirevolte und in eine Zeit zunehmender Gewalt einzubetten[153], zum Anderen – und dies ist der eigentliche Dreh- und Angelpunkt – zeichnet sie sich durch eine besondere Gefährlichkeit aus, weil der Angestiftete gerade nicht eine Straftat begeht, weil er sich aus eigenem Willen dazu entschließt, sondern weil er von einem Anderen dazu *animiert* wird. Die Gefahr, die zu befürchten steht, liegt also auf der Hand: ein möglicherweise *Rechtschaffener* wird vom Täter der Anstiftung zur Kriminalität bewegt und birgt zusätzlich die Gefahr, als ein aus den Fugen geratenes *Werkzeug* mehr zu begehen als vom Anstifter ursprünglich angenommen[154]. Eben deshalb trifft den Anstifter eines Verbrechens sogar eine weitaus höhere Strafdrohung als den Alleintäter einer Tat.

Eine ähnlich hohe Straferwartung trifft den *Hauptgehülfen* des Urhebers, der in Art. 80 legaldefiniert ist. Hauptgehülfe ist demnach, wer

> „böslich durch Hinwegräumen von Hindernissen, ohne welche das von einem Andern beschlossene Verbrechen ungeschehen geblieben wäre, die Veranlassung wurde, daß es Statt hatte.“

---

150 Art. 83 E 1829.

151 Art. 84 E 1829.

152 Art. 82 E 1829.

153 Daher auch die Aufnahme der Anstiftung durch Befehl und Auftrag (vgl. Art. 79 E 1829).

154 Diese Konstellation ist heute freilich unter den Begriff der „mittelbaren Täterschaft“ gefaßt.

Er ist mit derselben Strafe des Urhebers zu belegen. Handelt es sich bei der Person des Hauptgehülfen um die Ehefrau oder die in der Gewalt des Urhebers stehenden Kinder, Enkel oder minderjährigen Pflegebefohlenen, so sind sie nur dann nach den Bestimmungen des Hauptgehülfen zu bestrafen, wenn sie nicht in Abhängigkeit des Urhebers standen[155].

Wird ein Verbrechen von Mehreren gemeinschaftlich begangen, *von denen Jeder an der Vollbringung einer bestimmten strafbaren That ein Interesse hat*, so liegt nach dem Entwurf ein Komplott vor[156]. Gleiches gilt, wen sich Mehrere zur Begehung eines Verbrechens verabreden[157] oder wenn Jemand einer solchen Verabredung später beitritt[158]. Gründet sich ein Komplott mit dem Vorsatz, *mehrere, einzeln noch unbestimmte Verbrechen* zu begehen, so handelt es sich um eine *Bande*, auf welche die Bestimmungen über den Komplott anzuwenden sind[159], mit dem Zusatz freilich, daß die Einstufung als Bande einen Erschwerungsgrund bei der Straffindung bildet[160].

Grundsätzlich sind die Teilnehmer eines Komplotts gleichermaßen als Miturheber desselben zu bestrafen[161]. Es ist aber zwischen den *gemeinen Theilnehmern* einerseits und den *Häuptern* (d.h. diejenigen, welche zuerst die Vereinigung veranlaßt haben) und *Rädelsführern* (d.h. diejenigen, welche den Plan des Verbrechens entworfen oder das Unternehmen geleitet haben) des Komplotts andererseits zu unterscheiden. Die gemeinen Theilnehmer *empfangen* die Strafe des *ausgeführten* und *vollendeten*[162] oder *versuchten*[163] Verbrechens nach Maßgabe ihrer Mitwirkung. Die *Häupter* und *Rädelsführer* trifft hingegen zum Einen die volle Verantwortung für das vollendete oder versuchte Verbrechen, zum Anderen stellt ihre Position einen Strafschärfungsgrund dar, der bei der Straffindung zwingend zu berücksichtigen ist[164]. Hat ein Teilnehmer bei der Tatbegehung nicht mitgewirkt, so ist zu differenzieren, ob es sich um einen Anstifter des Komplotts oder um einen gemeinen Teilnehmer handelt. Ersterer ist gleich einem Miturheber zu bestrafen, während letzteren le-

155 Art. 81 E 1829.

156 Art. 88 S. 1 E 1829.

157 Art. 88 S. 2 E 1829.

158 Art. 88 S. 3 E 1829.

159 Art. 97 Abs. 1 E 1829.

160 Art. 97 Abs. 2 E 1829.

161 Art. 89 E 1829.

162 Art. 91 E 1829.

163 Art. 93 E 1829.

164 Art. 92 E 1829.

diglich eine Versuchsstrafbarkeit trifft[165]. Grundsätzlich ist dabei aber zu prüfen, ob der Teilnehmer den Übrigen seinen Entschluß, von dem Komplotte abzugehen, *vor* oder *bei* der Ausführung der Tat, mitgeteilt hat. Des Weiteren muß geprüft werden, ob er die Übrigen *in der Erwartung seines Beistandes gelassen* oder er sich *zur Mitwirkung bereitwillig gezeigt* hat[166]. Straffreiheit ist für den Teilnehmer eines Komplotts oder einer Bande nur dann ausnahmsweise vorgesehen, wenn er *vor* der Ausführung der Tat *zeitig* das Komplott oder die Bandentätigkeit der Obrigkeit oder dem beabsichtigten Geschädigten angezeigt hat[167] oder der Teilnehmer an einer Bande vor der Entdeckung derselben gänzlich aus ihr ausgetreten ist[168]. Wird ein schwereres, als das ausdrücklich oder stillschweigend verabredete Verbrechen begangen, so trifft die gemeinen Teilnehmer die Strafe des schwereren Verbrechens nur soweit diese mitgewirkt oder Kunde von dem Verbrechen hatten, die Häupter und Rädelsführer hingegen stehen grundsätzlich für das schwerere Verbrechen ein[169].

Die Strafbarkeit des *Gehülfen* bemißt sich nach dem Grade seiner Hilfeleistung in Abhängigkeit der *Wesentlichkeit* und *Nähe* seines Tatbeitrages für die Haupttat. Zu beachten ist, daß, handelt es sich um einen solch wesentlichen Tatbeitrag, daß ohne ihn die Haupttat gar nicht erst hätte begangen und vollendet werden können, der Gehülfe nicht nach den Bestimmungen für Gehülfen, sondern gleich einem Urheber zu bestrafen ist[170]. Der Entwurf unterscheidet zwischen Gehülfen *ersten*, *zweiten* und *dritten* Grades[171]. Unter Gehülfen ersten Grades sind insbesondere die Täter zu verstehen, die *unmittelbar* die Haupttat befördert haben, sei es durch Ratschlag im Vorfeld der Tatbegehung oder das Beschaffen von Werkzeug und Mitteln, die *unmittelbar* zum Taterfolg beigetragen haben oder das Beistandleisten bei der Tatbegehung oder etwa das Nichthindern des Haupttäters an der Tat[172]. Letztere Fallkonstellation gilt aber nur für die Fälle, in welchen Staatsbeamte oder etwa Dienstherren den Täter nicht von der Tat abgehalten haben[173]. Gehülfen zweiten Grades sind Täter, die durch ihre Hilfestellung nur einen *mittelbaren* Tatbeitrag zur Haupttat geleistet

165 Art. 94 Abs. 1 E 1829.
166 Art. 94 Abs. 2 E 1829.
167 Art. 95, 100 Nr. 1 E 1829.
168 Art. 100 Nr. 2 E 1829.
169 Art. 96 E 1829.
170 Art. 101 Abs. 2 E 1829.
171 Art. 102 ff. E 1829.
172 Art. 102 Nr. 1–3 E 1829.
173 Art. 102 Nr. 4, 5 E 1829.

haben[174]. Bei den Gehülfen dritten Grades schließlich handelt es sich um Untertanen, die es versäumen, bei der Obrigkeit ein geplantes Verbrechen – und zwar alle nach dem Entwurf genannten Verbrechen – anzuzeigen[175].

Nach Art. 105 trifft den Gehülfen ersten Grades eine Strafe von bis zu 2/3 der gesetzlich für die Haupttat angedrohten Strafe, den Gehülfen zweiten Grades eine Strafe von bis zu 1/2 und den Gehülfen dritten Grades (immerhin) höchstens eine Gefängnisstrafe.

Wird die Haupttat nicht vollendet, so trifft auch den Gehülfen – sofern es das Gesetz vorsieht – eine Versuchsstrafbarkeit[176]. Verspricht der Gehülfe eine Hilfestellung ohne diese tatsächlich zu leisten, so ist er ebenfalls nach den Bestimmungen über den Versuch zu bestrafen[177].

Im Rahmen der Strafbarkeit der Begünstigung unterscheidet der Entwurf zwischen *einfacher* und *gewerbsmäßiger Begünstigung* (Hehlerei). Eine einfache Begünstigung ist – wie bereits erwähnt – im Rahmen einer Hilfestellung nach Tatbegehung möglich[178]. Bei der gewerbsmäßigen Begünstigung muß der Täter zusätzlich aus *eigennütziger Absicht* bereits *dreimal* als Begünstiger in Erscheinung getreten sein[179].

Die Strafe für den Begünstiger bemißt sich nach der *Größe* des begangenen Verbrechens einerseits und nach *persönlichen* Motiven andererseits. Bei einem Eigeninteresse *an der strafbaren Handlung*, ist auf Zuchthaus- oder Zwangsarbeitsstrafe zu erkennen. Begeht der Begünstiger die Tat aus *Gewinnsucht* lautet die Strafe auf Gefängnis. Verübte der Täter die Begünstigung hingegen aus *Theilnahme an dem Schicksale* des Haupttäters, so darf höchstens eine Geldstrafe verhängt werden[180]. Die Strafe des gewerbsmäßigen Begünstigers ist dabei auf das doppelte heraufzusetzen[181].

---

174 Art. 103 E 1829.

175 Art. 104 E 1829.

176 Art. 108 E 1829.

177 Art. 109 E 1829.

178 Art. 112 E 1829.

179 Art. 115 E 1829.

180 Art. 114 E 1829.

181 Art. 116 E 1829.

g) Die Strafausschlußgründe

Die Strafausschlußgründe werden in den Art. 118 ff. angeführt. Den Vorschriften vorausgehend gibt der Entwurf in Art. 118 Abs. 1 zunächst eine Legaldefinition dessen, was unter strafbarem Verhalten zu verstehen sei, nämlich

> „eine Gesetzwidrigkeit des Willens als Ursache des Verbrechens."[182]

Damit wird festgelegt, daß eine Tat dem Täter nur dann angelastet werden kann, wenn sie ihm zurechenbar – im Sinne einer persönlichen Vorwerfbarkeit – ist. Ausgeschlossen wird sie mithin

> „durch das Vorhandenseyn eines Zustandes der Person, in welchem für sie die Möglichkeit aufgehoben war, entweder überhaupt nach Willkühr [...] frei zu handeln, oder ihre Willkühr den Strafgesetzen gemäß zu bestimmen,"[183]

es sei denn, daß dem „die unmittelbare Zurechnung ausschließenden Zustande nicht selbst ein gesetzwidriger Wille"[184] zu Grunde liegt[185]. Eine Einschränkung erfährt Art. 118 einerseits durch Art. 119, der besagt, daß ein Täter dann nicht schuldlos handele, wenn er „den bei ihm von Zeit zu Zeit eintretenden Zustand der Seelen-Unfreiheit" kannte und „keine Maaßregeln gegen mögliche Schadensstiftung" ergriff und andererseits durch Art. 121, welcher die verminderte Schuldfähigkeit im Falle einer Seelenkrankheit betrifft, welche die Zurechnung aber nicht vollends ausschließt. In diesem Fall ist der Täter (zumindest) aus Fahrlässigkeit zu bestrafen.

Als absolut straffrei gelten:

1. Nach Art. 120: Kinder unter 10 Jahren, Rasende, Wahnsinnige und Verrückte und überhaupt alle Personen, die sich in einem Seelenkrankheitszustand befinden, in welchem sie des Gebrauchs ihrer Vernunft nicht mächtig sind, Blödsinnige, Altersschwache, Taubstumme (wenn sie nicht durch Unterricht gebildet wurden[186]) und partiell Sinnverwirrte[187];
2. Nach Art. 122: Täter die sich im unvermeidbaren Irrtum befinden und Täter die durch „unwiderstehliche körperliche Gewalt" zur Tat gezwungen werden;

182 Art. 118 Abs. 1 S. 1 E 1829.

183 Art. 118 Abs. 1 S. 2 E 1829.

184 Art. 118 Abs. 2 E 1829.

185 Art. 118 Abs. 2 E 1829.

186 In diesem Falle sind sie zwar strafbar, jedoch wie Minderjährige zwischen 10 und 16 Jahren zu behandeln (Art. 120 Nr. 5 E 1829).

187 Scheinbar sollen Handlungen im Affekt oder Zornesrausch gemeint sein.

3. Nach Art. 123: Täter, die einen offensichtlich rechtswidrigen Befehl ausgeführt haben[188];
4. Nach Art. 124: Täter, welche ein ihnen zustehendes Recht ausüben;
5. Nach Art. 125, 126: Täter, welche in Notwehr oder Nothilfe agieren;
6. Nach Art. 132: Täter, welche in Notstand handeln;
7. Nach Art. 133: Täter, welche – ehe die durch sie begangene Tat bekannt geworden ist – den gestifteten Schaden gänzlich wieder ausgeglichen haben.

Diesen Tätern ist die Tat – aus unterschiedlichen Gründen – nicht persönlich vorwerfbar und das Erkennen auf Strafe aus diesem Grund *zwingend* untersagt. Auf die wichtigsten Fallgruppen soll nachfolgend kurz eingegangen werden.

Der in Art. 122 Nr. 7 normierte Schuldausschluß aufgrund „unvermeidbaren Irrtums" beschreibt den heute anerkannten Fall des unvermeidbaren Verbotsirrtums. Der Täter, welcher „in unüberwindlicher schuldloser Unwissenheit, seine Handlung für *erlaubt* und *unsträflich* hält", soll ausnahmsweise von Strafe verschont bleiben.

Art. 126 und 127 behandeln den Schuldausschluß für die Fälle der Notwehr oder Nothilfe, welche man im 19. Jahrhundert nicht als Rechtfertigungs-, sondern vielmehr als die Schuld ausschließende Gründe behandelte. Nach Art. 126 ist von Strafe befreit, wer einen rechtswidrigen Angriff, „zu deren Abwendung die Aufforderung obrigkeitlicher Hülfe unmöglich" geworden ist, „durch *Privatgewalt*" von sich selbst oder einem Anderen abwehrt, sofern dies in rechtmäßiger Verteidigung geschieht und die „gesetzlichen Grenzen" durch den Notwehrübenden „nicht überschritten" werden. „In gleicher Weise darf einer anderen Person, welche sich in Nothwehr befindet, Beistand geleistet werden"[189]. In den Art. 128–131 wird das Recht der Notwehr und Nothilfe näher konkretisiert. Zunächst wird festgelegt, daß die „gewaltsame Privatvertheidigung" nach Art. 128 dann *nicht* entschuldigt, wenn Zeit und Gelegenheit zu anderen, dem Angegriffenen nicht unbekannten Mitteln vorhanden waren. Es handelt sich hierbei um eine positivrechtliche Ausgestaltung des Kriteriums der Erforderlichkeit der Notwehr. Art. 129 bestimmt, daß die Notwehr „nicht weiter getrieben und kein gefährlicheres Vertheidigungsmittel gebraucht werden darf, als zur Abwendung der drohenden Gefahr durchaus erforderlich ist"[190]. Insbesondere soll es nicht gestattet sein 1. „lebensgefährliche Vertheidigungsmittel" zu gebrauchen, „wenn der Angreifer auch

188 In diesem Fall soll nicht der Befehlsausführende, sondern allein der Befehlsgeber strafbar sein (Art. 123 Abs. 2 E 1829).

189 Art. 127 E 1829.

190 Art. 129 Abs. 1 E 1829.

durch ungefährliche Gewalt übermannt oder abgehalten" hätte werden können[191], 2. Trutzwehr zu üben, obschon Schutzwehr gereicht hätte, um den Angriff abzuwehren[192] oder 3. den Gegner lebensgefährlich zu verletzen oder zu töten, wenngleich dieser ebenso „durch mäßige Verwundung" hätte überwältigt werden können[193] – mithin solle also das Gebot der Anwendung des mildesten Mittels bei Ausübung der Notwehr und Nothilfe beachtet werden. Wer dieses Gebot mißachte und die Grenzen der Notwehr überschreite – so legt Art. 130 fest – solle, wenn nicht ein Zustand der „Zurechnungs-Unfähigkeit" festzustellen sei, aus Fahrlässigkeit oder sogar Vorsatz bestraft werden. Der Notwehrtäter ist grundsätzlich zur Selbstanzeige verpflichtet[194]. Unterläßt er dies, so ist – unabhängig von der sonstigen Strafe – auf Gefängnisstrafe zu erkennen. Art. 132 schließt darüber hinaus die Schuld auch für den Notstandstäter aus, dies allerdings nur, wenn der Täter sich nicht selbst vorsätzlich oder fahrlässig in die Notstandslage versetzt oder die Grenzen des Notstandes überschritten hat[195].

Art. 133 schließlich sieht einen Schuldausschluß vor, wenn der Täter aus Reue, noch bevor seine Tat entdeckt worden ist, den von ihm angerichteten Schaden wieder rückgängig macht und das Opfer damit so stellt, als sei die Tat nie geschehen. Die Vorschrift ist dem *Österreichischen Gesetzbuch über Verbrechen und schwere Polizeivergehungen von 1803* entlehnt, dessen § 167 wie folgt lautet:

> „Jeder Diebstahl und jede Veruntreuung hört auf, ein Verbrechen zu seyn, wenn der Thäter eher als die Obrigkeit sein Verbrechen erfährt, den ganzen aus seiner That entspringenden Schaden wieder gut macht."[196]

Die Vorschrift im Entwurf Strombeck liest sich so:

> „wenn ein Verbrecher, ehe die von ihm begangene strafbare Handlung überall bekannt geworden, den von ihm gestifteten *Schaden gänzlich ausgeglichen hat*, so daß in dieser Hinsicht das Verbrechen als ungeschehen betrachtet werden kann: so soll er mit Strafe verschont werden."[197]

Während § 167 des Österreichischen Gesetzbuchs damit explizit auf die Vermögensdelikte abstellt, findet sich bei Strombeck keine Einschränkung hin-

191 Art. 129 Abs. 2 Nr. 1 E 1829.

192 Art. 129 Abs. 2 Nr. 2 E 1829.

193 Art. 129 Abs. 2 Nr. 3 E 1829.

194 Art. 131 E 1829.

195 Art. 132 Abs. 2 E 1829.

196 *Strombeck*, Entwurf, S. 57 in Anm. 2.

197 Art. 133 E 1829.

sichtlich des Geltungsbereiches des Art. 133. Nach der Systematik ließe sich daher vermuten, daß alle Verbrechen von der Regelung des Art. 133 erfaßt werden sollen. Nach Sinn und Zweck kann diese Überlegung aber nicht greifen. Wie sollte man etwa den Schaden ausgleichen, der durch die Tötung eines Menschen entstanden ist? Auf eine Sachbeschädigung, die den Untergang der Sache zur Folge hat, wäre die Regelung ebenfalls nicht anwendbar. Wie ist der Schaden eines Hochverrats zu bemessen und wie auszugleichen? Im Ergebnis muß auch die Vorschrift des Art. 133 mithin auf Vermögensdelikte beschränkt werden. Die Aufnahme einer Vorschrift, die dem Richter ein Absehen von Strafe – freilich vorausgesetzt, daß es sich um Bagatelldelikte handelt – ermöglichen sollte, mag für das 19. Jahrhundert nicht üblich gewesen sein, könnte man doch darin letztlich das Strafmonopol des Staates gefährdet sehen. Auch könnten sich angesichts dieser gesetzgeberischen Milde Probleme im Hinblick auf die Banalisierung des Strafgesetzes ergeben. Ungeachtet dieser Kritikpunkte, entschied Strombeck, der die mögliche Kritik ebenfalls gesehen hatte, sich dennoch für die Aufnahme der Vorschrift und rechtfertigte diesen Schritt folgendermaßen:

> „Den Tadel, den diesen Artikel treffen wird, sehe ich voraus. Auch ist dasjenige, was gegen denselben eingewendet werden, und diesem wieder entgegengesetzt werden kann, so in die Augen leuchtend, daß es überflüssig seyn würde, es hier darzulegen. [...] Es scheint mir aber die Bestimmung des Artikels eben so sehr mit den Gesetzen der Moral als der Strafpolitik in Einklang zu seyn. Ein Domestik stiehlt z.B. seinem Herrn eine Summe Geldes. Ehe noch der Verlust bemerkt wurde, legt er aus Reue den ganzen Werth wieder an Ort und Stelle, vielleicht erklärt er sich selber für schuldig: – wer möchte hier noch Strafgesetze anwenden? – Ist es möglich, daß der Thäter zur strengsten Moral zurückgekehrt, mehr tun konnte?“[198]

Neben dem Schuldausschluß mangels persönlicher Vorwerfbarkeit kennt der Entwurf noch folgende – von der persönlichen Vorwerfbarkeit des Täters losgelöste – Schuldausschlußgründe:

1. Nach Art. 135: Der Grundsatz ne bis in idem;
2. Nach Art. 136: Der Tod des Täters;
3. Nach den Art. 137 ff.: Die Verjährung.

h) Die Strafzumessung

Hinsichtlich der Strafzumessung entscheidet Strombeck sich für ein Mischsystem aus relativer und absoluter Strafdrohung, wobei freilich das Moment der

---

198 *Strombeck*, Entwurf, S. 57 in Anm. 2.

relativen Strafdrohung im Entwurf überwiegt[199]. Dort wo das Gesetz den Grad der Strafe unbestimmt gelassen hat soll der Richter – innerhalb der Grenzen des Gesetzes – verpflichtet sein

„das Maaß der Strafe in anpassenden Graden zu bestimmen."[200]

Die Vorschrift soll natürlich nicht dazu dienen, dem Richter freie Hand zu geben, denn weder darf der Richter von der gesetzlich vorgeschriebenen Strafart abweichen, noch von dem gesetzlich festgelegten Strafrahmen[201], sondern eine individuell gerechte Lösung innerhalb der gesetzlichen Grenzen herbeiführen, die sowohl den objektiven als auch den subjektiven Kriterien der Tat umfassend Rechnung trägt[202]. Im Einzelnen hat er etwa die Größe der tatsächlich entstandenen Rechtsverletzung (Beispiel für ein objektives Moment der Tatbegehung)[203] oder etwa die Bosheit bei der Ausübung des Verbrechens (Beispiel für ein subjektives Moment der Tatbegehung) erschöpfend zu berücksichtigen[204]. Ihm ist damit bei der Bewertung des auszuschöpfenden Strafrahmens ein Ermessen eingeräumt, dessen Ausschöpfung letztlich der Verfolgung spezialpräventiver Aspekte – im Sinne einer individuellen Berücksichtigung der Person des Täters – zu dienen bestimmt ist[205].

Besonderheiten bei der Strafzumessung sind auch hinsichtlich weiblicher und minderjähriger Täter zu beachten. So sollen *Frauenspersonen* nach Art. 143 in

199 Als Praktiker entscheidet Strombeck sich nämlich bewußt gegen ein allzu starres Strafensystem, das – wie es sicherlich auch der Praxis entsprochen haben mag und auch noch entspricht – eine individuelle Handhabung des Strafrechts fast unmöglich macht (vgl. *Strombeck*, Entwurf, S. 61 in Anm. 5; vgl. auch *Mittermaier*, Über die neuesten Fortschritte der Criminalgesetzgebung, in: NadC, Bd. IV, S. 20 f.).

200 Art. 142 E 1829.

201 Art. 148 E 1829. Insoweit auch übereinstimmend mit Feuerbach, der sich ebenfalls dafür aussprach, daß die Bestimmtheit der gesetzlichen Voraussetzungen die Grundbedingung jeder Gesetzgebung sei, weil sie die Grundbedingung aller Gewißheit sei, wenngleich Strombeck – anders als Feuerbach – das Ermessen des Strafrichters als Ausprägung der strafrechtlichen Spezialprävention ansah (vgl. i.E. *Drost*, Ermessen, S. 111 ff.).

202 Art. 142 i.V.m. Art. 144, 145 E 1829. Eine nicht unübliche Praxis der Zeit, die scheinbar bereits den Weg zur freien richterlichen Beweiswürdigung zu ebnen scheint (vgl. *Marezoll*, Das gemeine deutsche Criminalrecht, S. 169).

203 Art. 144 Nr. 1 E 1829.

204 Art. 145 Nr. 7 E 1829.

205 Vgl. Anm. 161; vgl. weiter *Mittermaier*, Über die neuesten Fortschritte der Criminalgesetzgebung, in: NadC, Bd. IV, S. 21. Ungeachtet der Möglichkeit des Richters, im Wege einer einzelfallgerechten Entscheidung, die Strafe des Täters individuell zu bemessen, zu mildern und zu schärfen, bleibt es nach dem Entwurf freilich dem entsprechenden Monarchen belassen, Begnadigungen vorzunehmen (Art. 178–182).

der Regel in niedrigeren Graden als Männer bestraft werden. Hinsichtlich minderjähriger Straftäter ist zu differenzieren. Wird die Straftat von einem Minderjährigen begangen, der das zehnte Lebensjahr nicht vollendet hat, so ist die Art der Bestrafung dem Vormund zu überlassen. Bei besonderer Boshaftigkeit hat diese Bestrafung allerdings unter Mitwirkung der Obrigkeit stattzufinden[206]. Hat der Täter zwar das zehnte aber noch nicht das sechzehnte Lebensjahr vollendet, so ist bei der Wahl der adäquaten Bestrafung die Meinung eines Schulmannes heranzuziehen[207], der im Rahmen einer Vorfrage zu klären hat, ob der Minderjährige die Tat mit *hinlänglicher Unterscheidungskraft* vorgenommen hat. Selbst wenn der Minderjährige aber die Tat in dem vollen Bewußtsein ihres Unrechtsgehaltes begangen hat, darf höchstens auf Zuchthaus- oder Zwangsarbeitsstrafe erkannt werden. Dasselbe gilt für Täter im Alter von sechzehn bis achtzehn Jahren[208]. Erst bei Tätern, die das achtzehnte Lebensjahr überschritten, das einundzwanzigste Jahr aber noch nicht vollendet haben, darf auf die Karrenstrafe erkannt werden, allerdings darf man sie nur bis zu einer Höchstgrenze von zwanzig Jahren verhängen[209]. Weil sich der Minderjährige aber grundsätzlich in einem sehr frühen und unerfahrenen Stadium seines Lebens befinde, hat der Richter sämtliche Aspekte zu berücksichtigen, die diesem Umstand Rechnung tragen. So soll der Richter insbesondere das Alter des Täters, eine etwaige Verführung desselben, dessen Gemütsbeschaffenheit, den Grad seiner Bildung und die von ihm geäußerten gefährlichen Neigungen auf das Genaueste untersuchen[210]. Besondere Nachsicht verlangt der Entwurf auch bei der Bestrafung eines aus Fahrlässigkeit begangenen Verbrechens durch einen Minderjährigen[211].

Hohes Alter wirkt sich im Rahmen der Strafzumessung nur insoweit aus, als gegen Greise, die das siebzigste Lebensjahr überschritten haben, die Karrenstrafe nicht verhängt werden darf[212].

---

206 Art. 153 E 1829.

207 Art. 154 E 1829.

208 Art. 156 E 1829.

209 Art. 157 E 1829.

210 Art. 158 E 1829.

211 Art. 159 E 1829. Entsprechende Anwendung sollen diese Grundsätze übrigens auch auf die Fälle finden, in welchen der Täter das Erwachsenenalter zwar erreicht, ihm aber mangels entsprechender Zurechnung ein Tatvorwurf im Sinne einer persönlichen Vorwerfbarkeit nur insoweit gemacht werden kann, als er die Tragweite seines Verbrechens überhaupt erkennen konnte. Im wesentlichen handelt es sich dabei um Geisteskranke, welche in *lichten Zwischenräumen* Verbrechen begehen (vgl. Art. 162 E 1829).

212 Art. 163 E 1829. Ähnlich verhält es sich mit Tätern, die an der *fallenden Sucht* (also Epilepsie) leiden (Art. 164 E 1829).

Das Problem der Zurechnung im Rahmen der Strafzumessung ist eng verknüpft mit der Frage nach der Strafmilderung bzw. Strafschärfung für den Einzelfall. Der Entwurf unterscheidet dabei zwischen Strafmilderung bzw. Strafschärfung der *Strafbarkeit* einerseits und Strafmilderung der *Strafe* andererseits, die lediglich für die Fälle angewandt wird, in welchen der Täter den Versuch unternommen hat, das Verbrechen oder den daraus entstandenen oder zu erwartenden Schaden zu mindern[213]. Die Schärfung der *Strafe* kann damit grundsätzlich nicht eintreten, weil der Entwurf eine Strafschärfung für den Fall, daß der Täter sein Verbrechen etwa nicht abgewendet oder dessen Folgen gemindert habe, ausdrücklich nicht vorsieht.

Nach Art. 146 ist die Strafbarkeit gemildert, wenn der Täter

1. wegen Mangel an Unterricht und Erziehung oder religiösen Irrwahns die Gefährlichkeit und Strafwürdigkeit seiner Handlung nicht völlig erkannt hat;
2. durch Überredung, Furcht, Versprechungen, Befehl oder Drohung zu dem Verbrechen bestimmt worden ist;
3. durch drückende Armut oder Not zu der Tat veranlaßt wurde;
4. auf die Tat durch ungesuchte, unerwartet aufgestoßene Gelegenheit begierig wurde;
5. aus ihm nicht vorwerfbarer Gemütsbewegung handelte;
6. aufgrund des bisherigen Lebenswandels einen Grad moralischer Verderbtheit aufweist.

Es handelt sich dabei um Umstände, die in der Person des Täters liegen, während eine Strafschärfung auch eintreten kann, wenn ein Verbrechen an einer Sache oder einer Person mehrmals begangen wurde (sog. fortgesetztes Verbrechen)[214], es sich mithin um einen Umstand handelt, der die Tat und nicht den Täter betrifft. Strafschärfung tritt aber auch aufgrund in der Person des Täters liegender Umstände ein, etwa wenn der Täter rückfällig wird[215].

Im Rahmen der Strafzumessungsvorschriften geht der Entwurf auch auf Fragen der Tateinheit und Tatmehrheit ein, deren Regelung sich insoweit nicht von den heutigen Vorgaben unterscheidet[216].

Besondere Beachtung verdienen abschließend noch die Art. 165 und 166, die für Fälle *langwieriger Untersuchungshaft* und *harter Behandlung* im Straf-

213 Etwa durch Anzeige eines Verbrechens in Mittäterschaft. Vgl. i.E. Art. 147 E 1829.

214 168 E 1829.

215 Art. 174 E 1829. Die Strafschärfung aufgrund von Rückfälligkeit kann allerdings nur dann verhängt werden, wenn der Täter bei Haftentlassung über die Folgen eines Rücktritts belehrt worden ist (Art. 177 E 1829).

216 Vgl. Art. 167, 169–171.

vollzug eine Abrechnung an der Strafzeit vorsehen, soweit den Täter daran keine Schuld trifft[217].

2. Der besondere Teil des Entwurfs

a) Umfang und Aufbau

Der Besondere Teil des Entwurfs gliedert sich in 16 Titel und umfaßt 406 Artikel[218]. In Anlehnung an die verwendeten zeitgenössischen Strafgesetzentwürfe entscheidet auch Strombeck sich, die Verbrechen wider den Staat[219] an den Anfang des Entwurfes zu stellen, um zu verdeutlichen, daß diesen Delikten die größte Gewichtung innerhalb des Besonderen Teils zukommen soll[220]. Der fünf Titel umfassende Abschnitt gliedert sich in die Teile: 1. Von Verbrechen gegen das Daseyn und die äußere Sicherheit des Staates, 2. Von Verbrechen wider die Majestät und die Ehre des Staates, 3. Von den Verbrechen wider die Regierung des Staates, 4. Von den wider die öffentliche Sicherheit im Staate und 5. Von den Verbrechen wider öffentliche Treu und Glauben.

An die Verbrechen wider den Staat schließen sich in den Titeln sechs bis zehn die Verbrechen wider die Person an. Es handelt sich im Einzelnen um die Titel: 6. Von den Verbrechen wider das Leben, 7. Von Beschädigungen und Mißhandlungen an der Person, 8. Von der Verletzung der Familienrechte, 9. Von Ehrenkränkungen und 10. Von dem Verbrechen der Unzucht.

---

217 Die Aufnahme dieser Vorschriften läßt sich freilich damit erklären, daß Strombeck die Haftbedingungen der damaligen Zeit als schier unerträglich und reformbedürftig empfand (vgl. *Strombeck*, Darstellungen, Bd. 4, S. 53 ff.).

218 Auffällig ist die hohe Anzahl von Artikeln, derer sich Strombeck im Besonderen Teil bedient. Sie übersteigt die Anzahl der Vorschriften im Allgemeinen Teil um mehr als die Hälfte. Freilich mag sie ihren Grund in der – im Besonderen Teil verstärkt zunehmenden – Kasuistik finden, ferner dem Umstand geschuldet sein, daß Strombeck Praktiker und nicht Gelehrter war. Insoweit mag es nicht weiter erstaunen, daß bestimmte Delikte bis zu 15 Artikel beinhalten, die sich ihrerseits in zahllosen Regelbeispielen verlieren, gerade so als wolle Strombeck die im Gerichtssaal gewonnenen Erkenntnisse unbedingt mitteilen.

219 *Schubert*, Feuerbachs Entwurf aus dem Jahre 1824, S. 168.

220 Auch Feuerbach hatte sich in seinem Entwurf von 1824 für diese Art von Einteilung entschieden und dies, obwohl er noch in seiner „Kritik gegen den Kleinschrod'schen Entwurf [...]" vorgeschlagen hatte, mit den Privatverbrechen zu beginnen, weil sie häufiger, allgemeiner und daher wichtiger seien. *Schubert* vermutet, daß die Tendenz, die Staatsdelikte an den Anfang zu stellen, sicherlich auch als Reaktion auf die veränderte politische Atmosphäre in Deutschland interpretiert werden könne (*Schubert*, Feuerbachs Entwurf aus dem Jahre 1824, S. 167 f.).

Die nachfolgenden Artikel 11 bis 15 behandeln die Vermögensdelikte, nämlich: 11. Vom Diebstahle und der Unterschlagung, 12. Von dem Betruge, 13. Vom Nachdrucke, 14. Von dem Raube und der Erpressung und 15. Von der Beschädigung des Eigenthums.

Den Abschluß bilden in Titel 16 die besonderen Verbrechen der Staatsbeamten und öffentlichen Diener.

Bei der Redaktion der einzelnen Verbrechen geht Strombeck streng systematisch vor. Unter Berücksichtigung der zu Rate gezogenen Gesetzestexte und -entwürfe, welchen er die Verbrechen größtenteils entnommen hat, stellt er jedem Verbrechen, eine Definition voran, an welche Definition sich die Begehungsformen des Verbrechens anschließen. Angeordnet sind die Verbrechen nach der Schwere der Strafe.

Obwohl das von Strombeck gewählte System auf den ersten Blick vielversprechend erscheint, wird es sich – wie zu zeigen ist – nicht bewähren. Mangels stringenter Anwendung wird die Regelung einiger Materien erhebliche Schwächen aufzeigen, während man im Rahmen anderer Materien – es handelt sich dabei vornehmlich um Materien, die Strombeck sicher beherrschte – herausragende Normierungen finden können wird.

Stilistisch zeichnen sich die Bestimmungen der einzelnen Verbrechen – wie bereits die Bestimmungen des Allgemeinen Teils – durch eine einfache, klare und verständliche, zuweilen sogar fast laienhafte Sprache aus.

b) Die Verbrechen wider den Staat

Den Verbrechen wider den Staat widmet der Entwurf 151 Artikel. An den Anfang stellt Strombeck die Verbrechen gegen „das Daseyn und die äußere Sicherheit" des Staates[221]. Es folgen die Verbrechen wider die Majestät und die Ehre des Staates[222], die Verbrechen wider die Regierung des Staates[223], die Verbrechen wider die öffentliche Sicherheit[224] und Verbrechen wider öffentliche Treu und Glauben[225].

---

221 Erster Titel, Art. 183–196 E 1829.

222 Zweiter Titel, Art. 197–213 E 1829.

223 Dritter Titel, Art. 214–255 E 1829.

224 Vierter Titel, Art. 256–283 E 1829.

225 Fünfter Titel, Art. 284–334 E 1829.

aa) Die Verbrechen wider das Staatsdasein und die äußere Staatssicherheit

Bei den Verbrechen gegen das Daseyn und die äußere Sicherheit des Staates handelt es sich um die Straftatbestände des Hoch- und Landesverrates, welche Begriffe der Entwurf klar voneinander trennt[226] und durch eine eigenständige Regelung beider Varianten klar zu erkennen gibt, daß sie nicht mit dem Majestätsschutz gleichzusetzen sind. Damit rückten statt des Monarchen nunmehr auch der Staat und seine Verfassung in den Mittelpunkt[227]. Erwähnt werden sollte in diesem Zusammenhang auch, daß die genannten Vorschriften ebenso auf Übergriffe gegen den Deutschen Bund anzuwenden waren, wenn sich der Übergriff explizit gegen den Deutschen Bund als Ganzes richtet[228].

Die Regelung des Hochverrats entlehnt Strombeck dem Criminalgesetzbuch für das Königreich Sachsen von 1824, dessen § 290 lautet:

> Wer eine Handlung verübt, um den Staat einem anderen Staate einzuverleiben, oder zu unterwerfen, oder eine gewaltsame Veränderung der Staatsverfassung, entweder in Ansehung der zur Regierung berechtigten Person, oder rücksichtlich der höchsten Gewalt herbeizuführen, ist des Hochverrats schuldig.

Strombeck modifiziert und strafft die Regelung. Nach Art. 183 mach sich des Hochverrats *nur* ein Staatsunthertan[229] schuldig, der eine Handlung begeht

> „deren Zweck ist, das Daseyn oder die Grundverfassung des Staates zu vernichten."

Näher konkretisiert wird die Vorschrift durch Art. 184. Danach werden von Art. 183 solche Handlungen erfaßt:

1. die sich gegen die Sicherheit der Person des Staatsoberhauptes richten[230]

oder

226 Anders beispielsweise noch im Bayerischen StGB von 1813, das beide Fälle unter den Oberbegriff des Staatsverrates faßte und eine Unterscheidung lediglich durch eine Unterteilung in vier verschiedene Grade des Staatsverrats herbeiführte (Art. 300 des Bayerischen StGB).

227 Freilich ein Ausfluß des aufklärerischen Gesellschaftsvertragsgedankens (vgl. *Schubert*, Feuerbachs Entwurf aus dem Jahre 1824, S. 176).

228 Art. 186, 190 E 1829.

229 Zutreffend geht Strombeck davon aus, daß nur einen Staatsuntertan die schwere Strafe des Hochverrats treffen kann, weil nur dieser in einem besonders engen Pflichtverhältnis zum Staat steht (vgl. *Marezoll*, Das gemeine deutsche Criminalrecht, S. 239).

230 Im Einzelnen handelt es sich um Übergriffe auf das Leben, die Gesundheit und die Freiheit des Staatsoberhauptes. Erfaßt werden dabei sowohl unmittelbare als auch mittelbare Angriffe. Letztere können durch die Erregung von Aufruhr, die Verschwörung im Inneren und Verbindungen mit Auswärtigen erfolgen (Art. 184 Nr. 2 E 1829).

2. die sich gegen Selbständigkeit des Staates richten[231]

oder

3. die sich gegen die Verfassung des Landes richten[232].

Den Hochverräter trifft nach Art. 185 in der Regel die schwerste Strafe, nämlich der bürgerliche Tod, der sich diesbezüglich (sogar) auf seine Nachkommenschaft insoweit auswirken kann, als diese, den Namen ändern *soll.* Ausnahmsweise *kann* beim Vorliegen mildernder Umstände auf die Strafe des großen Karren erkannt werden dürfen.

Des Landesverrats macht sich hingegen schuldig, wer[233]

> „wider die äußere Sicherheit des Staates gerichtete Unternehmungen"

begeht[234].

Nach Art. 188 sind Handlungen gemeint, nach welchen

1. ein auswärtiger Staat zu einem Kriege gegen den eigenen Staat aufgefordert oder ihm Veranlassung oder Gelegenheit dazu geboten wird

oder

2. wenn der Feind in rechtswidriger Weise unterstützt wird[235].

Anders als auf den Hochverrat, steht auf den Landesverrat nicht grundsätzlich die Strafe des bürgerlichen Todes. Vielmehr ist anhand der im Einzelfall gegebenen *Gefährlichkeit* und dem nach sich gezogenen *Schaden* zu überlegen, ob der bürgerliche Tod überhaupt verhängt werden sollte. Alternativ (und freilich in der Praxis auch häufiger) kann die Strafe des großen oder kleinen Karren verhängt werden[236].

---

231 Gemeint sind Handlungen, die dem Zweck dienen, das Staatsgebiet einem fremden Staat einzuverleiben oder den Staat zu unterwerfen oder eine fremde Regierung zu begünstigen, sei dies erfolgt durch Anstiftung eines Komplotts, Verbindung mit dem Auswärtigen oder Erregung eines Aufruhrs (Art. 184 Nr. 2 E 1829).

232 Im Einzelnen handelt es sich um Handlungen, die geeignet sind, die bestehende Staatsverfassung durch gewaltsame Mittel zu ändern, den rechtmäßigen Regenten von der Regierung zu verdrängen oder die Thronfolge zu verändern (Art. 184 Nr. 3 E 1829).

233 Der Täterkreis hinsichtlich des Landesverrats ist zutreffend weiter gefaßt, weil es bei diesem Straftatbestand nicht von Belang ist, ob der Täter in einem besonders engen Pflichtverhältnis zum Staat steht (vgl. *Marezoll*, Das gemeine deutsche Criminalrecht, S. 239 f.).

234 Art. 187 E 1829.

235 Dies kann insbesondere durch die Übergabe eines Verteidigungsposten, dem Übergang zum Feind, der Spionage oder der Aufreizung eines Soldatenaufstandes geschehen (Art. 188 Nr. 2 c).

236 Art. 189 E 1829. Das unterschiedliche Strafmaß ist freilich damit zu begründen, daß die Tätergesinnung hinsichtlich des Hochverrats (aufgrund des besonderen Pflichtenver-

Die Strafe des Hoch- oder Landesverrats, trifft nicht allein den Urheber einer Handlung, sondern auch den Theilnehmer[237]. Allerdings kann die Anzeige der hoch- oder landesverräterischen Handlung „vor dem wirklichen Ausbruche" und „bevor eine Behörde Nachricht davon empfangen hat" zur Straflosigkeit des Teilnehmers führen. Nur wegen „dringender Umstände" kann es dann noch geboten sein, den Teilnehmer ausnahmsweise aus dem Lande zu weisen.

Eine Versuchsstrafbarkeit des Hoch- und Landesverrats sieht der Entwurf grundsätzlich nicht vor. Lediglich das „Auffordern zu hoch- oder landesverräterischen Handlungen" soll, wenn es das Verbrechen nicht zur Folge gehabt hat, nach den Regeln des beendigten Versuches bestraft werden[238].

Unverständlich ist die Aufnahme des Art. 194 im Rahmen der Verbrechen des Hoch- und Landesverrats. Art. 194 sieht nämlich die Strafbarkeit von Handlungen vor, welche – anders als die Verbrechen des Hoch- und Landesverrats, deren besonderer Unrechtsgehalt *gerade* in der verräterischen Absicht besteht – „ohne hoch- oder landesverräterische Absicht" begangen werden. Die Aufnahme innerhalb dieses Abschnittes mag daraus resultieren, daß die beschriebenen Tathandlungen – im wesentlichen handelt es sich dabei um das „Führen von Staatsgeschäften zum Nachtheile des Staates", das „Verraten von Depeschen, Urkunden oder Geheimnissen", sowie das „bösliche Vernichten, Unterdrücken oder Verfälschen von Urkunden" – (ebenfalls) geeignet sind die Sicherheit des Staates zu gefährden. Weil eine klare Grenzziehung zur hoch- oder landesverräterischen Handlung aber nicht möglich ist, ist die Aufnahme der Vorschrift in diesem Abschnitt dennoch zu bemängeln. Eine Abgrenzung zum Hoch- und Landesverrat kann hier lediglich anhand des *Wissens-* und *Wollenselementes* des Täters erfolgen. Gerade weil diese Unterscheidung aber grundsätzlich Schwierigkeiten bereitet, versucht Strombeck sie – weil er sich freilich der Schwere der sonst genannten Verbrechen bewußt ist – durch den Rückgriff auf Begriffe wie „treulose Weise" oder „böslich" zu erleichtern. Die genannten Begriffe bedürfen aber der Ausfüllung, denn sie beinhalten Wertungen, was aber untragbar erscheint. Dies umso mehr, als man diesen Straftatbestand in seinen einzelnen Konstellationen genauso gut den Amts- oder Urkundendelikten hätte zuweisen und sie dort etwa als Qualifikation hätte ausgestalten können. Diese Problematik hat auch Strombeck gesehen und versucht eine

---

hältnis des Täters zum Staat) als wesentlich verwerflicher eingestuft wird, als die Tätergesinnung hinsichtlich des Landesverrats, welchen auch „Feinde" (d.h. in diesem Zusammenhang „Fremde") begehen können (vgl. *Marezoll*, Das gemeine deutsche Criminalrecht, S. 239 f.).

237 Art. 191–193 E 1829.

238 Art. 191 E 1829.

Korrektur im Rahmen der Strafdrohung vorzunehmen. Die Strafe lautet im Falle des Art. 194 *nicht grundsätzlich* auf den bürgerlichen Tod oder den Karren. Vielmehr ist die Strafe nach dem Ermessen des Richters zu bilden, der

> „vorzüglich darauf Rücksicht zu nehmen hat, welche besonderen Verpflichtungen derjenige, der das Verbrechen beging, hatte; desgleichen darauf, in welchen Schaden oder in welche Gefahr der Staat durch die verbrecherische Handlung gebracht wurde.“[239]

bb) Die Verbrechen wider die Person der Majestät

Die Art. 197–207 behandeln die Strafbarkeit der Verbrechen gegen die Majestät. Strafbar sind nach diesem Abschnitt Beleidigungen der Person der Majestät sowie der Mitglieder der landesfürstlichen Familie.

In Abgrenzung zum Hoch- und Landesverrat, macht sich der Majestätsbeleidigung schuldig, wer „ohne hochverräterische Absicht“, aber mit

> „vorsätzlicher Verletzung der schuldhaften Ehrfurcht gegen die höchste Würde des Staatsoberhauptes, dessen geheiligte Person, durch herabwürdigende Worte oder Handlungen beleidigt.“[240]

Die Beleidigung kann nach Art. 199 entweder durch „Verläumdungen“ oder „Schmähungen“ erfolgen und zwar sowohl durch „mündliche“ als auch „schriftliche“ Äußerungen. Bemerkenswert ist die Ausdehnung der Majestätsbeleidigung auf den „Reichsverweser“[241] und die Gemahlin des Staatsoberhauptes[242]. Eine gegen diese Personen gerichtete Beleidigung ist gleich einer Majestätsbeleidigung zu erachten[243]. Den Thronfolger eines Staatsoberhauptes nimmt der Entwurf aus dem Kreis der geschützten Personen hingegen heraus, doch steht auch die Beleidigung des Thronfolgers grundsätzlich unter Strafe. Diese soll allerdings entsprechend des Art. 203 in das Ermessen des Richters gestellt werden, der sich bei der Strafzumessung an den Vorschriften über die

---

239 Art. 196 E 1829. Freilich erscheint in diesem Zusammenhang weiterhin fraglich, wie vorteilhaft es sein mag, dem Richter ein dergestalt weites Ermessen einzuräumen, denn theoretisch könnte dieser auch, unter Abwägung aller Umstände, auf den bürgerlichen Tod entscheiden. Diese Folge erscheint aber, angesichts der Tatsache, daß die verbrecherische Handlung grundsätzlich ohne hoch- oder landesverräterische Absicht vorgenommen wurde, nicht haltbar.

240 Art. 197 E 1829.

241 Ein Reichsverweser nimmt die Vertretung des Monarchen während einer Thronvakanz wahr, also bei längerer Abwesenheit des Königs oder in der Zeit zwischen dessen Tod und der Thronbesteigung seines Nachfolgers.

242 So auch § 93 BrCrGB. Vgl. i.E. *Hartmann A.*, Majestätsbeleidigung, S. 60.

243 Art. 201, 202 E 1829.

Majestätsbeleidigung orientieren *kann*. Ansonsten wird die Majestätsbeleidigung grundsätzlich mit der Zuchthaus- oder Zwangsarbeitsstrafe geahndet.

Eine Strafschärfung tritt ein, wenn das Staatsoberhaupt „thätlich mißhandelt, bedroht, erpreßt" oder „genötigt" wird[244]. In diesen Fällen ist nur auf die Strafe des großen Karren zu erkennen.

Auffällig ist, daß die Majestätsbeleidigung nicht von Amts wegen untersucht werden soll. Vielmehr hat die zur Untersuchung berufene Behörde nach Verhaftung des Täters die oberste Regierungsbehörde „unter Geheimhaltung des Vorgangs" anzurufen und um „Verhaltungsvorschriften" nachzusuchen. Streng genommen handelt es sich hierbei um eine Abkehr von der sonst geltenden Offizialmaxime zugunsten der Intimsphäre des Staatsoberhauptes.

cc) Die Verbrechen wider die Ehre des Staates

Die Art. 207–213 befaßen sich mit den Straftaten welche sich gegen verschiedene Institutionen der Staatsgewalt richten. Es stehen demnach unter Strafe: 1. die „Herabwürdigung der Staatsverfassung", 2. die „Beleidigung der Amtsehre", der „Pfand- und Siegelbruch" und die „Beleidigung gegen Ständemitglieder"[245]. Im Einzelnen handelt es sich in diesem Abschnitt um Straftatbestände, denen zwar systematisch eine hohe Bedeutung zuzukommen scheint – denn sie schließen sich an die schwersten Verbrechen, die der Entwurf vorsieht, an –, deren Gewicht für das Erscheinungsbild des Strafrechtsentwurfes aber – weil die Straftatbestände insgesamt keine Besonderheit aufweisen – als gering zu bewerten ist.

Auffällig ist die Verwendung vieler unbestimmter Rechtsbegriffe. So heißt es beispielsweise in Art. 208, welcher die Beleidigung der Amtsehre behandelt, daß sich strafbar mache,

> „wer die Ehrerbietung, welche der Würde eines Staatsbeamten zukömmt, durch herabwürdigende Worte oder Handlungen [...] verletzt."

Was letztlich unter dem Begriff der „Ehrerbietung, welche der Würde eines Staatsbeamten zukommt" zu verstehen sein soll, führt der Entwurf nicht weiter aus.

Ähnlich verhält es sich mit Art. 210, der die Strafzumessung für Straftaten, welche die Amtsehre verletzen, regelt. Bei der Zumessung der Strafe möge der Richter „die Würde" der beleidigten Staatsbehörde sowie die „Größe" der

---

244 Art. 199, 200 E 1829.

245 Die Berücksichtigung der Ständemitglieder entlehnt Strombeck dem Bayrischen Entwurf von 1827.

Beleidigung heranziehen. Auch diese Begriffe erläutert der Entwurf nicht näher.

Bemerkenswert ist auch, daß man aufgrund der systematische Stellung vermuten könnte, daß es sich – weil die Straftatbestände sich an die Majestätsdelikte anschließen – vorliegend um besonders schwere Verbrechen handeln müsse. Betrachtet man die Strafrahmen der einzelnen Straftatbestände, so ist festzustellen, daß keine der Strafdrohungen an die schweren Strafen der Majestätsbeleidigung heranreichen kann – eine der schwersten Strafen, die in diesem Zusammenhang ausgesprochen werden kann, ist etwa die Gefängnis- oder Zuchthausstrafe bis zu zwei Jahren.

dd) Die Verbrechen wider die Regierung des Staates

Die Art. 214–255 setzen sich mit der Strafbarkeit der „Verbrechen wider die Regierung des Staats" auseinander.

Art. 214 normiert die gewaltsame Widersetzung gegen die Obrigkeit. Danach macht sich strafbar, wer

1. sich der Obrigkeit gewaltsam widersetzt;
2. eine obrigkeitliche Person zu einer *Amts*handlung zu zwingen oder diese abzuhalten sucht;
3. wer eine obrigkeitliche Person während einer *Amts*handlung tätlich mißhandelt

   und
4. wer an einer obrigkeitlichen Person wegen einer *Amts*handlung Rache zu nehmen sucht.

Die Strafbarkeit ist aber nur dann gegeben, wenn die obrigkeitliche Person „nicht offenbar gegen ihre Befugnisse handelt". Der Entwurf knüpft mithin die Strafbarkeit der Widersetzung prinzipiell an die Rechtmäßigkeit der *Amts*handlung an und schreibt damit den Grundsatz der Gesetzmäßigkeit positiv fest. Art. 217 erweitert den Anwendungsbereich – und damit das Kriterium der Rechtmäßigkeit – des Art. 214 auf „Unterbediente" einer obrigkeitlichen Person. Auf die Widersetzung gegen die Obrigkeit soll nach dem Entwurf mindestens die Zuchthausstrafe stehen, die hier auf einen Zeitraum von bis zu fünf Jahren erstreckt werden kann.

Es folgt in Art. 216 eine Legaldefinition des Begriffs der „Waffe", die – entgegen der Vermutung, die Definition könne nur im Rahmen der hier behandelten Verbrechen angewandt werden – für den gesamten Entwurf Geltung beansprucht. Es zeigt sich insoweit wiederholt die Schwäche der mangelnden Systematik im Entwurf Strombeck, denn ohne Zweifel wäre es vorteilhafter gewesen, eine solche Vorschrift im Allgemeinen Teil des Entwurfes aufzunehmen, um Unklarheiten bezüglich der Anwendung der Vorschrift zu vermeiden[246].

Die Art. 219–228 behandeln die Straftatbestände des Aufruhrs, des Auflaufs und der Meuterei.

Nach Art. 219 liegt ein Aufruhr vor, wenn

> „sich eine Menschenmenge zusammenrottet [...] um einer Obrigkeit mit Gewalt zu widerstehen; um eine Verfügung oder die Zurücknahme einer erlassenen Verfügung von einer Obrigkeit zu erzwingen; oder um wegen einer Amtshandlung Rache an derselben zu nehmen."

Der Wortlaut lehnt stark an die Vorschrift der „Widersetzung gegen die Obrigkeit" des Art. 214 an, sie liest sich nahezu identisch. Der einzige Unterschied findet sich bezüglich der Anzahl der Täter. Während es Art. 214 ausreichen läßt, daß ein einziger Täter die Tat begeht, verlangt die Vorschrift des Art. 219 wohl mindestens zwei Täter. Leider ist es bewußt vermieden worden, das Merkmal der „Menschenmenge" zu definieren; der Entwurf stellt nach Art. 220 die Beantwortung dieser Frage in das Ermessen des Gerichts[247].

Art. 221–225 konkretisieren und qualifizieren die Vorschrift des Art. 219. Der Entwurf sieht insoweit zwei Fälle des (qualifizierten) Aufruhrs vor, namentlich 1. das Verharren im Aufruhr ohne Gewaltanwendung[248] und 2. das Verharren im Aufruhr mit Gewaltanwendung[249]. Innerhalb dieser Qualifikation unterscheidet der Entwurf im Rahmen der Strafzumessung weiterhin zwischen den Anstiftern und Rädelsführern eines Aufruhrs und den (einfachen) Teilnehmern.

Ein Verharren im Aufruhr ohne Gewaltanwendung liegt vor, wenn die Täter „durch Lärmen, Schimpfen und Drohen" hartnäckigen Trotz zu erkennen geben und wider den Befehl der Obrigkeit im Aufruhr „verharren". Im Falle des Verharrens ohne Gewaltanwendung sind die Anstifter und Rädelsführer mit Zuchthaus- oder Zwangsarbeitsstrafe bis zu drei Jahren zu bestrafen, die Teilnehmer hingegen, wenn sie bewaffnet sind, mit Zuchthaus- oder Zwangsarbeitsstrafe bis zu sechs Monaten und wenn sie unbewaffnet sind, mit Geldstrafe.

---

246 Freilich wird der Begriff der Waffe hier erstmals erwähnt, doch ändert das nichts an dem Umstand, daß es sich eindeutig um eine allgemeine Definition handeln sollte, die – wenn man den Anspruch aufstellt, deduktiv vorzugehen – richtigerweise nicht im Besonderen, sondern im Allgemeinen Teil aufgeführt hätte werden müssen.

247 Richtigerweise muß aber darauf hingewiesen werden, daß diese Problematik bis heute vorherrscht. Auch für das gegenwärtige StGB wurde die Definition der „Menschenmenge" der Rechtsprechung überlassen.

248 Art. 221 E 1829.

249 Art. 222 E 1829.

Bei dem in Art. 222 normierten „Verharren im Aufruhr unter Gewaltanwendung“ handelt es sich eigentlich um eine Qualifikation des zuvor genannten „Verharrens ohne Gewaltanwendung“. Neben der Kundgebung „hartnäckigen Trotzes“ muß straferschwerend die Gewalt berücksichtigt werden, die von dem Aufruhr ausgegangen ist. Diese muß die „Anwendung der Militär-Gewalth notwendig gemacht“ haben. Der Begriff der Gewalt ist hier nicht näher definiert, sondern bezieht sich auf die im Entwurf vorgesehenen Gewaltbestimmungen, die sich gegen Personen oder Sachen richten. Das bedeutet: Kommt etwa bei dem Aufruhr ein Mensch zu Tode, so muß dies in der Strafe des Aufrührers, der den Menschen getötet hat – sofern dies festgestellt werden kann – straferhöhend berücksichtigt werden. Die Strafe lautet dann beispielsweise – entsprechend den Tötungsbestimmungen – auf den bürgerlichen Tod. Die Strafe des Gewaltverbrechens erhöht also die Strafe des Aufruhres. Damit legt der Entwurf ausdrücklich fest, daß der Täter – allerdings nur der Täter, der einfacher Teilnehmer ist – sich nur für eine Qualifikation im Sinne des Art. 222 zu verantworten braucht, wenn er das entsprechende Verbrechen auch tatsächlich begangen hat. Anders verhält es sich freilich für Rädelsführer und Anstifter. Verursachen diese einen Aufruhr, der einen Mord, Totschlag oder eine Brandstiftung zur Folge gehabt hat, so sind sie stets mit der Strafe des bürgerlichen Todes zu belegen, und zwar unabhängig davon, ob sie zu den Verbrechen aufgefordert haben oder nicht[250].

Art. 225 behandelt den Auflauf, dessen Aburteilung nach dem Entwurf der Polizei überlassen bleiben soll[251]. Eine Überantwortung an die Polizei ist aber nur dann möglich, wenn der Auflauf „nicht in Aufruhr mehr oder weniger ausartete“[252]. Werden ferner bei Gelegenheit eines Auflaufs Verbrechen im Sinne des Strafgesetzentwurfs begangen, so ist der bei der Aburteilung der entsprechenden Verbrechen erschwerend zu berücksichtigen. Damit gelangt der Auflauf zumindest durch die Hintertür wieder zur strafrechtlichen Anwendung.

---

250 Schubert will dieses strikte Durchgreifen im Staatsschutzrecht auf die generelle Demagogenverfolgung der 1820er (nach dem Wartburgfest) zurückführen (*Schubert*, Feuerbachs Entwurf aus dem Jahre 1824, S. 177).

251 Zweckmäßiger wäre es freilich gewesen – wie dies eigentlich auch die braunschweigische Gesetzgebung forderte – „polizeiliche Vorschriften von dem Criminalgestzbuche fernzuhalten“ (s. *Motive*, S. 144).

252 Wie diese Normierung zu verstehen sein soll, bleibt allerdings unklar. Problematisch wird dabei sein, daß es letztlich der Polizei überlassen bleiben mag, zu beurteilen, ob der Auflauf *mehr oder weniger* in Aufruhr ausartete.

Die sich anschließenden Art. 227–229 stellen die Meuterei von Fabrikanten und Handwerkern[253] sowie die Aufforderung zur Verletzung bürgerlicher Pflichten unter Strafe[254]. Bei der letztgenannten Vorschrift handelt es sich im wesentlichen um die Tathandlung der Aufforderung zur Auflehnung gegen die Obrigkeit und die Gesetze, die deswegen strafbedroht ist, weil ohne die Befolgung staatlicher Anordnungen – und dies führt der Entwurf tatbestandlich auf – die „bürgerliche Ordnung nicht bestehen kann". Einen ähnlichen, wenn auch nicht vollständig vergleichbaren Schutzzweck verfolgt Art. 230, der Prediger mit Strafe bedroht, die durch öffentliche Vorträge Religionshaß zu wecken suchen[255].

Einen ersten Schwerpunkt innerhalb der „Verbrechen wider die Regierung des Staates" bildet das in den Art. 231–242 geregelte Verbrechen des Zweikampfes. Es mag vielleicht verwundern, daß die Vorschriften über den Zweikampf nicht im Rahmen der Körperverletzungs- oder Tötungsdelikte angeführt sind, doch war man im 19. Jahrhundert weitestgehend der Überzeugung, daß der Zweikampf sich nicht nur auf die Verletzung der Rechte Dritter beschränke, sondern vor allem den öffentlichen Rechtsfrieden tangiere[256].

Dem Verbrechen des Zweikampfes wirkt der Entwurf mit bemerkenswerter Härte entgegen. Tendenzen, den Zweikampf eher mild zu ahnden und die Duellanten durch entsprechende Erziehung von der Verwerflichkeit des Delikts zu überzeugen, lehnt Strombeck – wohl um Unsicherheiten im Rahmen der Strafverfolgung zu vermeiden – entschieden ab[257].

Die Bestimmungen über das Verbrechen des Zweikampfes werden mit einer in Art. 231 aufgeführten Legaldefinition des Begriffes des „Zweikampfes" eingeleitet, wonach sich strafbar macht wer

> „unter gegenseitiger Einwilligung einen Kampf mit tödlichen Waffen eingeht."

---

253 Art. 227 E 1829.

254 Art. 229 E 1829.

255 Die Strafe für den „Hetzprediger" fällt milde aus. Wenn ein Prediger, nach einmaliger Verwarnung nicht von seinen verhetzenden Vorträgen abläßt, kann er des Dienstes entlassen werden.

256 Ähnlich behandeln fast alle Partikulargesetzbücher den Zweikampf als Verbrechen gegen die Sicherheit im Staate und nicht als Verbrechen gegen Individualrechtsgüter (vgl. *Baumgarten*, Zweikampf, S. 82).

257 In diesem Zusammenhang verweist Strombeck auf einen Aufsatz von Roßhirt, der sogar so weit gehen will, die Ahndung von Zweikämpfen sogenannten Ehrengerichten zu überlassen. Diesem Vorschlag schließt Strombeck sich jedoch nicht an (vgl. *Roßhirt*, Ueber den Zweikampf, NAdC, Bd. III, S. 453–477).

Dabei unterscheidet der Entwurf zwei Fälle des Zweikampfes: 1. den Zweikampf mit tödlichem Ausgang[258] und 2. den Zweikampf, der (lediglich) die Verwundung des Gegners bewirkt hat. Innerhalb des Zweikampfes mit tödlichem Ausgang differenziert der Entwurf weiter, ob der tödliche Ausgang von den Zweikämpfern verabredet worden ist oder nicht. Liegt Ersteres vor, so sind die Vorschriften des Totschlags anzuwenden, die immerhin die Strafdrohung des kleinen Karren bis zu 15 Jahren nach sich ziehen[259]. Fand eine Verabredung hingegen nicht statt, so trifft den Täter die Strafe des Gefängnisses bis zu drei Jahren. Der Zweikampf unter Verwundung der Zweikämpfer wird entsprechend den Vorschriften über die Körperverletzung geahndet[260]. Hat der Zweikampf weder die Tötung, noch die Verletzung eines Zweikämpfers bewirkt, so ist die Strafe Gefängnis bis zu sechs Wochen[261].

Zweckmäßig ist die Technik der analogen Anwendung von Totschlags- und Körperverletzungsbestimmungen freilich nicht. Zwar möchte der Entwurf durch die Aufnahme des Verbrechens des Zweikampfes dessen Verwerflichkeit besonders zum Ausdruck bringen, doch würdigt die Strafdrohung diese Verwerflichkeit nicht unbedingt. Nach dem Entwurf macht es nämlich – wendet man die Totschlags- und Körperverletzungsvorschriften analog an – keinen Unterschied, ob die Tötung oder Verletzung eines Menschen aufgrund eines Zweikampfes erfolgte oder aus anderen Gründen. Ob auch der Rechtsfrieden durch einen Zweikampf gestört wird, findet – wenn ein oder beide Duellanten getötet oder verletzt worden sind – keinerlei Berücksichtigung, denn der Zweikampf wirkt sich im Rahmen der Aburteilung des Tötungs- oder Körperverletzungsverbrechens nach dem Entwurf nicht strafschärfend aus. Einzig die auf den Zweikampf stehende Gefängnisstrafe, die verhängt werden kann, wenn eine Tötung oder Verletzung nicht stattgefunden hat, trägt dem Schutz des Rechtsfriedens Rechnung. Insoweit würde es hier keinen Unterschied machen, ob man den Zweikampf im Rahmen der Verbrechen wider den Staat oder im Rahmen der Tötungs- oder Körperverletzungsdelikte – dort dann strafschärfend – aufführt, denn die Intention, die Verwerflichkeit des Zweikampfes besonders zu betonen scheint damit letztlich verfehlt.

258 Art. 233, 236 E 1829.

259 S. Art. 344 E 1829.

260 Art. 236 E 1829. Allerdings führt der Entwurf, außer ansatzweise in seinem Art. 374, keinen Straftatbestand der einfachen Körperverletzung auf, so daß unter Anwendung der Vorschriften gegen die Körperverletzung weiterhin geprüft werden muß, welche Art der Körperverletzung letztlich gegeben ist.

261 Art. 237 E 1829.

Neben den Urhebern eines Zweikampfes – mithin den Duellanten – sollen nach dem Entwurf auch die Teilnehmer eines Zweikampfes mit Strafe bedroht sein.

Dritte bleiben grundsätzlich von Strafe frei. Etwas anderes gilt nur, wenn sie durch „Zureden“ den Zweikampf „bewirkt, gefährlich zu machen gesucht, verlängert oder nicht abgewandt“ haben[262]. In diesen Fällen werden die Dritten als Teilnehmer mit Gefängnisstrafe bestraft[263].

Frei von Strafe bleibt auch der Versuch des Zweikampfes. Eine Strafe soll erst dann verhängt werden können, wenn eine „wirkliche Anwendung der Waffen“ – im Sinne eines unmittelbaren Ansetzens – begonnen hat[264].

Den Vorschriften über den Zweikampf folgt das Verbrechen der Gefangenenbefreiung – ebenfalls ein Verbrechen, welches der Entwurf als ein der Regierung des Staates zuwiderlaufendes Verbrechen einstuft. Die Gefangenenbefreiung wird in den Art. 243–247 behandelt. Strafbar ist, wer einen Gefangenen aus der Gewalt der Obrigkeit *vorsätzlich* befreit[265]. Die Bestimmung, daß der Gefangene aus der obrigkeitlichen Gewalt befreit werden muß, indiziert, daß tauglicher Täter nur eine Privatperson sein kann. Die Gefangenenbefreiung durch Amtspersonen – im Sinne eines Entweichenlassens – ist nicht erfaßt. Sie läßt sich auch nicht im Rahmen der Amtsverbrechen finden. Amtspersonen sind damit von der Strafbarkeit des Art. 244 nicht erfaßt. Ebenso wenig macht sich ein Gefangener strafbar, der sich selbst befreien kann, doch können gegen ihn besondere Sicherheitsmaßregeln verhängt werden[266].

Einen letzten Schwerpunkt innerhalb der „Verbrechen wider die Regierung des Staates“ bilden die Art. 249–255. Sie lassen sich grob als Bestechungs- und Anmaßungsverbrechen bezeichnen.

In Art. 249 geht der Entwurf zunächst auf den Tatbestand der Bestechung ein, wonach sich strafbar macht, wer

> „einem Staatsbeamten oder öffentlichen Diener, oder dessen Angehörigen, um ihn zu einer in seinem amtlichen Wirkungskreis gehörigen Handlung oder Unterlas-

---

262 Art. 240 E 1829.

263 Ähnlich *Mittermaier*, Ueber den Zweikampf, in: NArchC, Bd. VIII, S. 469–502.

264 Art. 242 E 1829. Beachtlich ist in diesem Zusammenhang die genaue Festlegung des Zeitpunktes, ab wann nicht mehr nur von einem Versuch die Rede sein kann.

265 Art. 244 E 1829.

266 Art. 247 E 1829. Anders hingegen etwa der von Strombeck verwendete Feuerbach'sche Entwurf aus dem Jahre 1824, der als Neuerung auch den Häftling strafen will, der sich aus eigenen Kräften befreit (vgl. *Schubert*, Feuerbachs Entwurf aus dem Jahre 1824, S. 179).

sung zu bestimmen, ein Geschenk oder irgend einen denselben, nicht gebührenden Vortheil verspricht oder giebt, versprechen oder geben läßt, wenn auch die Annahme des angebotenen Geschenkes nicht erfolgt sein sollte."

Sofern die Amtshandlung pflichtwidrig gewesen ist, trifft den Täter die Strafe des Gefängnisses bis zu einem Jahr[267], anderenfalls eine Geldstrafe[268].

Im Rahmen des Verbrechens der Anmaßung kennt der Entwurf den Fall der Amts- und den Fall der Abzeichenanmaßung.

Eine Amtsanmaßung begeht wer sich

„*betrüglich* ein ihm nicht übertragenes öffentliches Amt anmaßt."[269]

Dabei unterscheidet der Entwurf zwischen der Amtsanmaßung mit und ohne Schädigungsabsicht. Geschah die Anmaßung *mit der Absicht*, den Staat oder einzelnen zu *beschädigen*, so ist die Strafe, Zuchthaus- oder Zwangsarbeitsstrafe bis zu einem Jahr[270]. Fehlt dem Täter hingegen die entsprechende Schädigungsabsicht, so ist auf Gefängnisstrafe bis zu drei Monaten zu erkennen[271].

Die Abzeichenanmaßung unterscheidet nach Art. 255 zwischen der Anmaßung des Geschlechtsadels einerseits und der Anmaßung von Ehrenzeichen andererseits. Merkwürdig mutet freilich die Strafbarkeit der Anmaßung von Adel an – eine Bestimmung, die sicherlich Strombecks aristokratischem Verständnis zu verdanken ist. Die Ehrenzeichenanmaßung ist nach dem Entwurf nicht näher definiert, erfaßt werden sollen aber alle gängigen Ehrenzeichen, also etwa Dienstgradbezeichnungen, Orden usw.[272]. Die Abzeichenanmaßung ist mit Geldstrafe von 50 bis 100 Reichstalern zu bestrafen – eine Strafe, die – hat man einen bestimmten nichtadeligen und womöglich auch nicht vermögenden Täterkreis vor Augen – verhältnismäßig hart ausfällt, lag doch der Durchschnittsverdienst bestimmter Berufsgruppen zwischen 90 und 250 Reichstalern im Jahr[273]. Begeht ein Täter die Tat zum wiederholten Male, so soll ihn neben

267 Art. 250 Abs. 1 E 1829.

268 Art. 250 Abs. 2 E 1829.

269 Art. 253 E 1829.

270 Art. 254 Nr. 1 E 1829.

271 Art. 254 Nr. 3 E 1829.

272 Vgl. Art. 255 E 1829.

273 1818 verdienten z.B. die Tuchmacher jährlich 125 bis 225 Taler. Die Leineweber 84 bis 168, die Baumwollweber 84 bis 150, Buchdrucker und Setzer 150 bis 200, Tagelöhner aber nur 75 bis 150 Taler. Die unteren Lohngruppen waren dabei weit stärker vertreten als die oberen. Die jährlichen Lebenshaltungskosten beliefen sich für einen erwachsenen männlichen Arbeiter auf 102 bis 107 Taler.

der Geldstrafe zusätzlich die Strafe der öffentlichen Bekanntmachung der Bestrafung treffen[274].

Zuletzt bestimmt Art. 253 – systematisch zwar zwischen der Bestechung und der Anmaßung stehend, beiden Verbrechen aber nicht eindeutig zuzuordnen – die Strafbarkeit des Verkaufes der Wahlstimme durch ein Standesmitglied, das im Falle der Tatbegehung „auf beständig“ seine Befugnis zur Ausübung der ständischen Rechte verlieren soll.

ee) Die Verbrechen wider die öffentliche Sicherheit im Staate

Der Abschnitt über die „Verbrechen wider die öffentliche Sicherheit im Staate“ umfaßt 25 Artikel und befaßt sich im wesentlichen mit der Strafbarkeit gemeingefährlicher Taten. Neben den gemeingefährlichen Verbrechen werden in dem Abschnitt auch die Religionsdelikte behandelt, wenngleich man sie besser – was Strombeck einräumt – in einem eigenen Abschnitt behandelt hätte. In Anlehnung an das Österreichische Strafgesetzbuch und aus Gründen der Vollständigkeit entscheidet er sich aber letztlich doch für eine Einordnung im Rahmen der „Verbrechen wider die öffentliche Sicherheit im Staate“[275].

An den Anfang der in diesem Abschnitt beschriebenen Verbrechen stellt der Entwurf das sogenannte „Verbrechen der öffentlichen Gewalttätigkeit“[276]. Nach Art. 256 macht sich dieses Verbrechens schuldig, wer

> „die öffentliche Sicherheit gegen Personen oder Eigenthum, entweder allein oder in Verbindung mit Mehreren störet.“[277]

Eigentlich – betrachtet man den Wortlaut genauer – handelt es sich bei dieser Vorschrift letztlich um eine qualifizierte Form des Widerstandes gegen die Obrigkeit. Insoweit ist nicht ersichtlich, warum Strombeck diese Regelung nicht bereits im Rahmen der „Verbrechen wider die Regierung“ des Staates aufführt. Durch die Bezeichnung „öffentliche Gewalttätigkeit“ soll nämlich gerade feststehen, daß es sich im wesentlichen um eine Form der Gewalt gegen den Staat handeln soll. Insbesondere eine Abgrenzung zu dem in Art. 219 ff. normierten Aufruhr erscheint unter diesen Umständen schwierig. Letztlich bietet sich allein eine Unterscheidung anhand des Schutzzweckes – hier die

---

274 Art. 255 Abs. 2 E 1829.

275 *Strombeck*, Entwurf eines Strafgesetzbuches, S. 111 in Anm. 1.

276 Art. 256, 257 E 1829.

277 Dabei läßt es der Tatbestand genügen, wenn sich die Gewalttätigkeit durch Drohungen vollzieht – eine Härte, die vielleicht auch dem Umstand geschuldet gewesen sein, daß man sich am Vorabend der Julirevolution befand.

öffentliche Sicherheit des Staates *und* der Bürger, dort die Befolgung der Anordnungen der Staatsgewalt – an.

Haben sich zum Zwecke der öffentlichen Gewalttätigkeit Mehrere verbunden und sind durch die Gewalttätigkeit Personen zu Schaden gekommen, so trifft die Täter Zuchthaus- oder Zwangsarbeitsstrafe bis zu sechs Jahren. Diese kann bei einem „vorzüglich bösartigen Charakter" der Gewalttätigkeit auf den kleinen Karren geschärft werden. Sind lediglich Sachen beschädigt worden, so ist „in der Regel" auf Gefängnisstrafe zu erkennen.

Dem Verbrechen der öffentlichen Gewalttätigkeit folgen die Verbrechen gegen die Religion, die sich in die Verbrechen gegen die Ausübung der Religion[278] und die Verbrechen gegen die Ausübung des Gottesdienstes[279] unterteilen.

In Anlehnung an den Kleinschrod'schen Entwurf aus dem Jahre 1802[280] sind in den Art. 258 und 259:

1. die öffentliche Lästerung des höchsten Wesens;
2. die Verleitung eines Christen zum Abfalle vom Christentum und
3. die öffentliche Herabwürdigung der christlichen Religion oder der Religion im Allgemeinen

unter Strafe gestellt.

Nach Maßgabe des verursachten öffentlichen Ärgernisses, der Schwere der Verführung oder der gemeinen Gefahr ist auf Gefängnis von einem Monat bis zu zwei Jahren zu erkennen[281]. Weist die Religionsstörung einen „besonders gefährlichen Charakter" auf – auf welches Merkmal der Entwurf hier nicht näher eingeht –, so kann sogar auf die Zuchthausstrafe auf bis zu zwei Jahre erkannt werden.

Bei Betrachtung der Art. 258 und 259 fällt der Straftatbestand der „Verleitung eines Christen zum Abfalle vom Christentum" besonders auf[282] – eine insoweit ungewöhnliche Vorschrift als einige Partikulargesetzbücher des 19. Jahrhunderts auf die Aufnahme solcher Bestimmungen bereits verzichtet hatten – so etwa das Bayrische Strafgesetzbuch aus dem Jahre 1813. Nach Ansicht Feuerbachs – dem Vater des bayrischen Strafgesetzbuches – bliebe für Angriffe auf die Gottheit in einem Strafgesetz nämlich kein Raum. Ein Strafgesetz habe

278 Art. 258, 259 E 1829.

279 Art. 260 E 1829.

280 Vgl. *Strombeck*, Entwurf, S. 112 in Anm. 1.

281 Art. 259 Abs. 1 E 1829.

282 Art. 258 Nr. 2 E 1829.

sich einzig mit Verletzungen von Rechten des Staates oder der Bürger zu beschäftigen. „Daß die Gottheit injuriert werde", führte Feuerbach weiter aus, „ist unmöglich, daß sie wegen Ehrbeleidigung an Menschen sich räche, undenkbar; daß sie durch Strafe ihrer Beleidiger versöhnt werden müsse, Torheit"[283]. Warum Strombeck – als überzeugter Anhänger Feuerbachs – sich für die Aufnahme dieser Vorschrift entschied, läßt sich heute nicht mehr nachvollziehen. Sicher ist nur, daß auch das braunschweigische Strafgesetzbuch aus dem Jahre 1840 die Vorschrift der Gotteslästerung kannte[284], so daß die Vermutung greifen könnte, daß man sich im braunschweigischen Raum möglicherweise noch nicht von den Religionsdelikten lösen wollte oder konnte.

Art. 260 behandelt die Strafbarkeit der „Störung des Gottesdienstes", die entweder durch die „Verhinderung der gottesdienstlichen Verrichtung", durch das „gewalttätige Eindringen in das Gotteshaus zur Zeit des Gottesdienstes" oder durch die „tätliche Mißhandlung eines Religionslehrers" bewirkt werden kann. Alle drei Varianten setzen das Vorliegen von Zwang oder Gewalt voraus. Ausgenommen ist damit die rein verbale Störung des Gottesdienstes – etwa durch Beleidigungen – die aus dem eigentlichen Straftatbestand der Gottesdienststörung herausfällt. Strafbar ist sie aber – wenngleich nicht als Störung des Gottesdienstes – dennoch[285]. Unter Berücksichtigung eines möglichen Schadenseintrittes kann Gottesdienststörung mit Gefängnis- oder sogar mit Zuchthaus- oder Zwangsarbeitsstrafe belegt werden.

In den Art. 263 ff. folgen die gemeingefährlichen Verbrechen – das eigentliche Kernstück der „Verbrechen wider die öffentliche Sicherheit".

An den Anfang der Verbrechen stellt der Entwurf den Hausfriedensbruch, den Strombeck – anders als das braunschweigische Strafgesetzbuch von 1840[286] – nicht den „Verbrechen wider die Freiheit der Person" zuordnet. Tathandlung ist allein das „Eindringen", nicht das Verweilen in einer „fremden Wohnung, einem dazugehörigen Gebäude, einem Hof oder einem Garten"[287]. Der Hausfriedensbruch ist mit Gefängnis bis zu einem Jahr oder – wenn er mit Waffen stattgefunden hat – mit Zuchthaus oder Zwangsarbeit bis zu drei Jahren bestraft werden. Die verhältnismäßig harte Strafdrohung entlehnt Strombeck dem

283 *Schubert*, Feuerbachs Entwurf aus dem Jahre 1824, S. 36 m.w.N.

284 § 117 BrCrG.

285 Art. 261 E 1829. Auf sie kann eine Gefängnisstrafe bis zu sechs Monaten erkannt werden.

286 Vgl. *Rampf*, Hausfriedensbruch, S. 35.

287 Art. 262 E 1829.

Grundgedanken des braunschweigischen Stadtrechts von 1532, wonach ein Störer grundsätzlich mit dem Tode zu bestrafen war[288].

Dem Verbrechen des Hausfriedensbruchs folgen in den Art. 264–274 die Brandstiftungsverbrechen. Grundsätzlich begeht eine Brandstiftung

> „wer mit rechtswidrigem Vorsatze eine Sache, mit Gefahr für Eigenthum und Leben Anderer, in Brand setzt, der macht sich des Verbrechens der Brandstiftung schuldig."[289]

Vollendet ist das Verbrechen in dem Moment

> „in welchem die angezündeten Sachen Flammen geben"[290]

ohne, daß dabei der Eintritt eines Schadens notwendig wäre.

Abwandlungen der einfachen Brandstiftung finden sich in den Art. 265 ff. Während die Formulierung des Grundtatbestandes insbesondere durch seine klare und präzise Sprache überzeugt, verlieren sich die Art. 265 ff. – auf die im folgenden näher eingegangen werden soll – aber leider in unübersichtlicher Kasuistik.

Art. 265 beinhaltet die schwerste Form der Brandstiftung – die Brandstiftung, die „an Wohnungen oder Aufenthaltsorten von Menschen oder an solchen Gebäuden oder Sachen, welche menschlichen Wohnungen oder Aufenthaltsorten nahe sind" begangen worden ist. Der Entwurf sieht dabei folgende Handlungsalternativen vor:

1. die Brandstiftung durch die ein Mensch zu Tode gekommen oder lebensgefährlich verletzt worden ist;
2. die Brandstiftung, die soweit um sich gegriffen hat, daß ein Schaden von 5000 Reichstalern an Gebäuden entstanden ist;
3. die Brandstiftung zu einer Zeit, in welcher die Einwohner gewöhnlich im Schlafe liegen;
4. die Brandstiftung, die an solchen Versammlungsorten stattfindet, wo eine große Anzahl von Menschen der Beschädigung ausgesetzt sind;
5. die Brandstiftung zu Zeiten der gemeinen Not;
6. die Brandstiftung an Gebäuden, in welchen Pulvervorräte gelagert sind[291];

---

288 Vgl. *Strombeck*, Entwurf, S. 114 in Anm. 1. Bemerkenswert ist, daß nicht nur der Stadtbürger in den Schutzbereich der Verordnung von 1532 fiel, sondern auch der Fremde. Freilich mag die harte Bestrafung des Störers auch den damaligen Umständen der Fehden Rechnung getragen haben.

289 Art. 264 Abs. 1 E 1829.

290 Art. 264 Abs. 2 E 1829.

291 Allerdings setzt diese Handlungsalternative positive Kenntnis des Täters von den Pulvervorräten voraus.

7. die Brandstiftung, die in einer Gemeinde an verschiedenen Orten erfolgt;
8. die Brandstiftung an Gebäuden, in welchen der Staat kostbare Sammlungen oder Vorräte aufbewahrt;
9. die Brandstiftung, die zur Begehung von Mord, Raub, Diebstahl oder eines anderen schweren Verbrechens begangen wird;
10. die Brandstiftung durch einen Wiederholungstäter und
11. die Brandstiftung, die zur Begehung einer Erpressung begangen wird.

In all diesen Fällen soll der Täter mit dem großen Karren oder – je nach Schwere der Begehung – mit dem bürgerlichen Tode bestraft werden.

Die Schwere der Strafe läßt sich damit begründen, daß die Brandstiftung des Art. 265 sich grundsätzlich gegen die Wohnstätte oder den Aufenthaltsort von Menschen richtet. Betrachtet man die Regelung des Art. 265 aber genauer, fällt auf, daß sie auch Tatbestände zum Gegenstand hat, die sich allein mit der *reinen* Vermögensgefährdung befassen, namentlich die Fälle Nr. 2 und Nr. 8, in Bezug auf welche die Verhängung einer Strafe, wie die des großen Karren oder sogar des bürgerlichen Todes, unverhältnismäßig hart erscheinen würde. Ebenfalls nicht eindeutig verhält sich die unter Nr. 10 genannte Alternative. Denn ob es sich bei dem Wiederholungstäter zwingend um einen Täter handeln muß, der sich ausschließlich der Brandlegung an oder in Wohnstätten oder an Aufenthaltsorten von Menschen strafbar gemacht hat, läßt sich der Vorschrift nicht eindeutig entnehmen[292]. Berücksichtigt man, daß die in Art. 265 herangezogene Kasuistik einzig dem Zweck dienen soll, den Tatbestand zu verdeutlichen, seine Anwendung zu erleichtern und Unklarheiten zu beseitigen, so wird dieser Zweck nicht erfüllt, wenn zumindest drei der genannten elf Handlungsalternativen auf den Rechtsanwender und Leser unverständlich wirken.

Klarheit kann auch nicht der sich anschließende Art. 266 verschaffen, der besagt, daß

> „eine zwar mit Gefahr für die Person Anderer, doch *ohne obige erschwerende Umstände* begangene Brandstiftung [lediglich] mit dem großen Karren bis zu fünfzehn Jahren belegt werden"

soll. Wenn aber durch den Art. 265 sowohl Brandlegungen in Wohnstätten oder an Aufenthaltsorten von Menschen, als auch „in der Nähe" derselben erfaßt sein sollen, stellt sich die Frage, welche Funktion Art. 266 letztlich er-

---

292 Nach Sinn und Zweck der Regelung des Art. 265 E 1829 wahrscheinlich schon, aber das Erfordernis der Auslegung läuft eigentlich Strombecks Ansatz zuwider, das Strafgesetz so einfach wie möglich zu schreiben, um dem Laien die Verständlichkeit zu erleichtern.

füllen und was genau unter dem Begriff der „obigen erschwerenden Umstände“ zu verstehen sein soll.

Art. 267 und 268 behandeln Fälle der Brandlegung in unbewohntem Gebiet. In Art. 267 ist die Brandstiftung von Waldungen und Bergwerken unter Strafe gestellt. Sie erfordert neben dem allgemeinen Vorsatz auch, daß die Brandlegung mit „boshafter Absicht“ erfolgte. Die Strafe soll für Art. 267 auf den großen Karren lauten. Dies gilt allerdings nicht, wenn die in Brand gesetzten Waldungen unter hundert Morgen oder die Bergwerke von „geringerer Bedeutung“ sind. In diesen Fällen ist lediglich auf die Strafe des kleinen Karren oder auf Zuchthaus zu erkennen. Nach Art. 268 wird ferner mit Zuchthaus bis zu sechs Jahren bestraft, wer unbewohnte Gebäude, Behältnisse, Fruchtfelder oder Fruchtvorräte in Brand setzt.

Gleich einem Brandstifter soll nach Art. 269 auch bestraft werden, wer

> „sein Eigentum mit Gefahr für Menschen oder für fremde Wohnungen in rechtswidrigem Vorsatz anzündet.“

Auf den ersten Blick ist nicht ersichtlich, warum man die Brandstiftung nach Art. 269 nicht unter die Bestimmungen der Art. 264 und 265 subsumieren können soll. Scheinbar schien es Strombeck wichtig, die unterschiedliche Verwerflichkeit der Brandstiftung an *fremdem* Eigentum einerseits und an *eigenem* Eigentum andererseits durch klare Trennung voneinander zum Ausdruck zu bringen. Für das Strafmaß ist diese Unterscheidung freilich ohne Belang, denn die Strafe lautet, wie bereits erwähnt, darauf, daß der Täter gleich einem Brandstifter zu bestrafen sei. Es scheint sich um eine rein dogmatische Unterscheidung zu handeln, die dem typisierten Unrecht in Art. 265 – der Brandlegung an (zusätzlich noch) fremden Sachen – besonders Rechnung tragen will. Die Vorschrift scheint auch nicht mit dem in Art. 270 behandelten Brandstiftungsverbrechen zum Zwecke der Herbeiführung eines Versicherungsfalles in Verbindung zu stehen, denn ob durch die Brandlegung am Eigentum zusätzlich ein Versicherungsfall herbeigeführt werden soll, ist letztlich allein der Beantwortung durch Art. 270 überlassen[293].

Im Rahmen der Brandstiftungsverbrechen ist auch der Versuch – wenn auch nicht ausdrücklich geregelt, so läßt sich dies zumindest indirekt dem Art. 271 entnehmen[294] – unter Strafe gestellt. Aus Art. 271 ergibt sich nämlich, daß eine

293 Wer das Verbrechen des Art. 270 begeht soll ohnehin nicht nach den Vorschriften über die Brandstiftung, sondern „gleich einem Betrüger“ zu bestrafen sein.

294 Im Hinblick auf die Rechtssicherheit und die Rechtsklarheit erscheint es allerdings äußerst problematisch, daß sich die Versuchsstrafbarkeit nur indirekt ergibt.

Strafbefreiung oder Strafmilderung in den Fällen eintreten soll, in welchen der Täter

1. nach gelegtem Brande den Ausbruch des Feuers aus eigenem Antrieb verhindert[295];
2. das eben ausgebrochene Feuer auf der Stelle löscht[296] oder
3. das Feuer erst nach dem Ausbruche und nachdem es bereits „mehrern Schaden veranlasst" hat *ohne* daß aber dabei ein Mensch zu Schaden gekommen ist, aus eigenem Antrieb löscht[297].

Nach Art. 273 ist ferner die fahrlässige Brandstiftung strafbar, die begeht, wer „die pflichtgemäße Vorsicht im Gebrauche mit Feuer versäumt"[298].

Schließlich sieht der Entwurf – wenn ebenfalls indirekt zu deuten – die Strafbarkeit der Teilnahme an einer Brandstiftung vor. Nach Art. 274 soll ein Gehülfe nämlich von Strafe befreit und mit einer näher zu bestimmenden Geldsumme belohnt werden, wenn er den Brandstifter zur Anzeige bringt[299].

Weitere Fälle gemeingefährlicher Straftaten werden in den Art. 275–283 behandelt, die insoweit keine Besonderheiten aufweisen. Im Einzelnen handelt es sich dabei um die Verursachung von Überschwemmungen[300]; die Brunnenvergiftung[301]; die boshafte Verbreitung von Menschenkrankheiten[302]; die Vergiftung von Weiden, Wiesen, Fischteichen, Bächen und Viehfutter[303]; die Veranlassung einer Viehseuche[304]; die Verletzung vorgeschriebener Gesundheitsanstalten[305] und die Herbeiführung der Teuerung von Lebensmitteln[306].

---

295 In diesem Falle bleibt er straffrei.

296 Hier soll die Strafe auf Gefängnis bis zu zwei Monaten lauten.

297 Hier soll die Strafe *nie* auf Karren, sondern stets auf Zuchthaus, Zwangsarbeit oder Gefängnis lauten.

298 Es erfolgt eine Bestrafung nach den Vorschriften der Fahrlässigkeit, die ohne Unterscheidung des Verbrechens den Art. 55 ff. des Allgemeinen Teil des Entwurfes zu entnehmen sind.

299 Strombeck gibt an, daß die Belohnung im Herzogtum Braunschweig 100 Reichstaler beträgt (*Strombeck*, Entwurf, S. 121 in Anm. 1).

300 Art. 275 E 1829.

301 Auf die allerdings, selbst, wenn kein Mensch zu Schaden gekommen ist, der große Karren bis zu zwanzig Jahren und im Falle eines Schadenseintritts der bürgerliche Tod steht (Art. 276 1. Fall E 1829).

302 Art. 276 2. Fall E 1829.

303 Art. 277 E 1829.

304 Art. 279 E 1829.

305 Art. 280 E 1829. Gemeint sind Handlungen, die sich gegen obrigkeitliche Maßnahmen zur Verhinderung der Verbreitung von ansteckenden Menschenkrankheiten richten.

306 Art. 282 E 1829.

Für die in Art. 275–277 bestimmten Fälle soll ausnahmsweise ein strafbefreiender Rücktritt vom Versuch möglich sein, wenn

> „der Thäter selbst verhindert hat, daß die geschehene Vergiftung oder Veranstaltung zur Verbreitung einer Krankheit irgend eine nachteilige Folge hatte."[307]

Was letztlich – indirekt – bedeutet, daß die genannten Verbrechen eine Versuchsstrafbarkeit vorsehen. Die Beschränkung des strafbefreienden Rücktritts auf die Fälle der Art. 275–277 bedeutet freilich nicht, daß die Art. 279–283 nicht ebenfalls eine Versuchsstrafbarkeit annehmen.

ff) Die Verbrechen wider die öffentliche Treu und Glauben

Die Verbrechen wider die Treu und Glauben erstrecken sich auf 50 Artikel und lassen sich grob in die Kategorien Fälschungsdelikte, Aussagedelikte und Wirtschaftsdelikte unterteilen.

Zu Beginn stehen die Fälschungsdelikte, die ihrerseits die Urkundenfälschung an den Anfang der Fälschungsdelikte stellen.

Einer Urkundenfälschung macht sich nach Art. 284 grundsätzlich strafbar, wer

> „eine Urkunde auf den Namen des Staatsoberhauptes oder einer öffentlichen Behörde fälschlich ausstellt"

oder wer

> „die Unterschrift eines Staatsbeamten [...] an einer Urkunde nachmacht oder zu einer falschen Urkunde mißbraucht"

oder wer

> „das Siegel einer öffentlichen Behörde an einer Urkunde nachmacht oder zu einer falschen Urkunde mißbraucht"

oder wer

> „den Inhalt einer öffentlichen Urkunde durch Zusatz, Auslöschung oder Veränderung böslich entstellt."

Erfaßt sind damit letztlich zwei Fälle: 1. Das Herstellen einer unechten Urkunde und 2. das Verfälschen einer Urkunde. Zu beachten ist aber, daß es sich stets um eine öffentliche Urkunde handeln muß. Die Fälschung privater Urkunden ist nach den Vorschriften des Entwurfes nicht erfaßt[308].

---

307 Art. 278 E 1829.

308 Das Fälschen von Privaturkunden läßt sich auch nicht im Bereich der Betrugsstrafbarkeit (zum Nachteil einer Privatperson) finden. Anders etwa Art. 266 des bayrischen Strafgesetzbuches von 1813 (vgl. i.E. auch *Prechtel*, Urkundendelikte, S. 15) oder Art. 10

Der „wissentlich rechtswidrige *Gebrauch* einer Urkunde“ stellt nach dem Entwurf zwar keinen Fall der Urkundenfälschung dar, der Täter soll aber „gleich der Fälschung“ bestraft werden[309].

Die Urkundenfälschung ist mit der Zuchthaus- oder Zwangsarbeitsstrafe zu ahnden. Ausnahmsweise ist auf Gefängnis zu erkennen, wenn nur ein geringer Schaden eingetreten ist[310].

Thematisch zugehörig, allerdings in einem eigenen Komplex geregelt, kennt der Entwurf auch die Verfälschung von Staatspapieren[311], die sich im wesentlichen in der Verfälschung von Schuldverschreibungen erschöpft. Demnach macht es freilich Sinn, daß der Verfälscher von Staatspapieren nicht gleich einem Urkunden- sondern gleich einem Münzfälscher zu bestrafen ist[312]. Der wissentliche Gebrauch verfälschter Papiere steht hingegen der Betrugsstrafbarkeit gleich[313].

An die Urkundendelikte schließen sich die Münzdelikte an, welche zwischen der „*Verfertigung* falscher Münzen“, der „*Verfälschung* echter Münzen“ und der „*Verringerung* von Münzen“ unterscheiden[314]. Auf die Münzdelikte kann – je nach Schwere der Tat und Höhe des eingetretenen Schadens – bis zum großen Karren erkannt werden[315].

Zu berücksichtigen ist, daß sich eines Münzverbrechen nicht nur der „Münzfälscher“ strafbar machen kann, sondern auch der

1. Täter, der wissentlich unechte oder falsche Münzen ausgibt;
2. der Täter, der Münzstempel oder andere Münzwerkzeuge verfertigt oder
3. der Täter, bei dem Münzstempel oder andere Münzwerkzeuge gefunden werden[316].

Hinsichtlich der letztgenannten Variante kann der bloße Besitz der Werkzeuge – selbst wenn keine Münzen gefertigt worden sind – zur Versuchsstrafbarkeit des Täters führen[317].

---

des Feuerbach'schen Entwurfs aus dem Jahre 1824, in: *Schubert*, Feuerbachs Entwurf aus dem Jahre 1824.

309 Art. 284 Abs. 2 E 1829.

310 Art. 285 E 1829.

311 Art. 300 E 1829.

312 Art. 300 E 1829.

313 Art. 301 E 1829.

314 Art. 290 E 1829.

315 Art. 291 ff. E 1829.

316 Art. 298 E 1829.

317 Art. 298 Nr. 2 E 1829.

Die Werkzeuge der Münzfälschung unterliegen der Einziehung[318]. Insoweit sind die Münzdelikte umfassend geregelt worden.

Ebenfalls in dem Abschnitt über die „Verbrechen wider die öffentliche Treu und Glauben“ finden sich die Aussagedelikte wieder, denen der Entwurf 16 Artikel widmet[319]. Die Klassifizierung gerade des Meineids als Verbrechen wider die öffentliche Treu und Glauben war im ausgehenden 19. Jahrhundert nicht unumstritten. Während nämlich die Mehrheit der Gesetzgeber diesen als qualifizierten Betrug betrachteten oder ihn gar als ein die Religionspflichten verletzendes Verbrechen einstuften[320], setzte sich die Überzeugung, es handele sich (zumindest auch) um ein Verbrechen gegen den Staat sich nur allmählich durch[321]. Geschützt sind auch im Strombeck'schen Entwurf grundsätzlich die Rechtsordnung und Rechtspflege, gegen welche sich die Tathandlung richtet. Indirekt entfalten die Art. 300 ff. aber auch Schutzwirkungen hinsichtlich der Person, die aufgrund einer Falschaussage verurteilt worden ist[322]. Direkteren Schutz gewährt aber der unter Art. 319 angeführte Straftatbestand der „falschen Denunciation“, wenngleich die Einordnung auch dieses Verbrechens im Rahmen der „Verbrechen wider die öffentliche Treu und Glauben“ klar zu verstehen gibt, daß sich der Schutzzweck auch hinsichtlich des Art. 319 nicht auf den Individualrechtsschutz beschränken soll[323]. Daß sich der Schutz der Art. 303 ff. aber auch gerade auf den Schutz Anderer vor Falschaussagen erstrecken soll – was der Richter insoweit immer zu berücksichtigen haben wird –, zeigt sich an Art. 311, der sogar eine Analogie für die Fälle zuläßt, in welchen

318 Art. 299 E 1829.

319 Die ausgedehnte Regelungsbedürftigkeit ergibt sich insbesondere aus einem, aus der CCC herrührenden, Mangel an umfassender Regelung der Materie. Angesichts der Vielzahl von Konstellationen, die im Zusammenhang mit Falschaussagen auftreten können, erschien es notwendig den Bereich der Aussagedelikte detaillierter zu regeln. Diesem Bedürfnis sind im 19. Jahrhundert. viele Gesetzgeber nachgekommen (vgl. *Mittermaier*, Ueber den Meineid, in: NAdC, Bd. II, S. 85 ff.).

320 Vgl. *Marezoll*, Das gemeine deutsche Criminalrecht, S. 581.

321 So etwa Feuerbach (vgl. *Schubert*, Feuerbachs Entwurf aus dem Jahre 1824, S. 202 m.w.N.).

322 Vgl. Art. 309 E 1829, der (sogar) strafschärfend für den Täter anzuwenden ist, der in einem gerichtlichen Rechtsstreite einen Meineid begangen und dadurch bewirkt hat, daß ein Unschuldiger verurteilt wurde. Strafschärfend kann danach sogar auf den großen Karren bis zu fünfzehn Jahren erkannt werden.

323 Ähnlich in den Motiven zum braunschweigischen Criminalgesetzbuch: „[...] während die Injurie nur die Ehre angreift, hat die falsche Anklage hauptsächlich den Zweck, einen Unschuldigen in Untersuchung und Bestrafung zu bringen, und was hauptsächlich Beachtung verdient, während die Injurie ein reines Privatverbrechen ist, wird durch die falsche Anklage ein unmittelbarer Eingriff in die Staatsanstalten gemacht“ (*Motive*, S. 265; vgl. i.E. auch *Bernhard*, Falsche Verdächtigung, S. 15).

„der Meineid geschworen [wurde], um einen Schuldigen in eine härtere Strafe, als er verwirkt hat, zu bringen.“[324]

Den Grundfall der Aussagedelikte bildet der Meineid. Nach Art. 303 macht sich des Meineides strafbar

„wer eine Behauptung wider besser Wissen und Gewissen mittelst eines Eides oder an Eidesstatt geleisteten feierlichen Handgelübdes, oder verwiesen auf einen Eid oder feierliches, an Eidesstatt abgelegtes Handgelübde, vor einer gerichtlichen oder anderen öffentlichen Behörde bekräftigt.“

Tathandlung kann danach sowohl das Schwören eines Eides als auch das Ableisten eines feierlichen Handgelübdes sein[325]. Der Meineid wird mit Zuchthaus zwischen drei und sechs Jahren bestraft[326], und zwar unabhängig davon, ob durch den Meineid ein Schaden eingetreten ist oder nicht. Das heißt, daß sich entgegen der sonst im Entwurf üblichen Praxis das Nichtvorliegen eines Schadens nicht strafmildernd auswirkt, sondern daß das Vorliegen eines Schadens *gerade* eine Strafschärfung herbeiführt[327]. Diese Härte läßt sich freilich mit der damaligen zunehmenden Bedeutung der Aussagedelikte erklären[328].

Bemerkenswerterweise kennt der Entwurf auch Ansätze der Strafbarkeit einer falschen uneidlichen Aussage, wenngleich die Strafbarkeit – zumindest indirekt – in Zusammenhang mit dem Meineid steht. Nach Art. 306 macht sich nämlich auch strafbar

„wer sich wegen einer Behauptung wider besseres Wissen und Gewissen zur Leistung eines Eides oder feierlichen Handgelübdes vor einer öffentlichen Behörde erboten, jedoch den Eid oder das Handgelübde aus dem Grunde, weil der Andere eine dieser Versicherungen als geleistet annahm, nicht geleistet hat [...].“

Der Tatsache, daß ein Eid *nicht* geleistet wurde, wird im Strafrahmen Rechnung getragen. In diesem Fall beträgt die Strafe nämlich (lediglich) Zuchthaus zwischen einem und drei Jahren.

---

324 In diesem Fall nämlich sind die Vorschriften der Falschaussage *analogisch* anzuwenden.

325 Beim Handgelübde handelt es sich um ein Gelöbnis durch Handschlag, welches an Eidesstatt erfolgt (DRW, Bd. 5, Stw. Handgelübde).

326 Art. 304 E 1829.

327 Vgl. Art. 310, der sich freilich nur auf einen zu Unrecht Angeschuldigten bezieht:

„Ist Schaden für den Angeschuldigten aus dem Meineide entstanden, so ist die Strafe des Verbrechers stets zum mindesten eben so hoch zu bestimmen, als die gegen den Unschuldigen zur Ausführung gebrachte Strafe war.“

328 *Mittermaier*, Ueber den Meineid, in: NAdC, Bd. II, S. 87. Freilich gilt es zu bedenken, daß der Meineid auch gegenwärtig mit Freiheitsstrafe nicht unter einem Jahr bestraft wird (§ 154 StGB).

Eine Versuchsstrafbarkeit ist für die Falschaussagedelikte nicht vorgesehen. Dies läßt sich dem Art. 307 entnehmen, der davon ausgeht, daß bei einer Person, die

> „vor der Leistung eines Eides, wozu er sich erboten hat, nach Statt gehabter Warnung zurück[trete], nicht anzunehmen [sei], daß [sie] falsch habe schwören wollen."

Gegen die Person findet „also dieserhalb keine Untersuchung Statt". Der Fall des Art. 307 ist aber abzugrenzen von dem Fall des Art. 314, der eine Berichtigung bzw. einen Widerruf der Falschaussage zuläßt, dies allerdings nur, wenn noch kein Nachteil aus der Falschaussage entstanden ist[329]. Entgegen Art. 307 tritt in diesem Fall auch keine Strafbefreiung, wohl aber eine Strafmilderung ein[330].

Die Art. 303 ff. kennen auch die Begehung des Falschaussageverbrechens aus Fahrlässigkeit. Abhängig von der Schwere des „Mangels an Besonnenheit und Ueberlegung", welchen man dem Täter vorzuwerfen hat, kann die Strafe auf Gefängnis bis zu drei Monaten lauten. Die Berichtigung einer aus Fahrlässigkeit begangenen falschen Aussage kann sogar dazu führen, daß der Täter lediglich mit einem gerichtlichen Verweis zu bestrafen ist[331].

Eine Teilnahme an einer Falschaussage ist nach dem Entwurf lediglich durch Anstiftung möglich[332]. Der Anstifter ist danach gleich dem Täter der Falschaussage zu bestrafen.

Schließlich kann dem Täter einer Falschaussage neben der Belegung mit einer Hauptsstrafe „zeitlebens [auch] die Ablegung eines Eides oder rechtsgültigen Zeugnisses" untersagt werden[333].

Den Abschluß des Abschnitts der „Verbrechen wider die öffentliche Treu und Glauben" bilden die in den Art. 323 ff. behandelten Fälle der Wirtschaftskriminalität im weiteren Sinne. Der Entwurf nennt dabei zum Einen die Untreue der Vormünder und Curatoren[334], die stets dann begangen wird, wenn „*wissentlich* zum Nachteil der Schutzbefohlenen" gehandelt wird und zum Anderen

---

329 Ist hingegen ein Nachteil entstanden, der aber durch die Berichtigung bzw. den Widerruf abgemildert wurde, so ist (zumindest) das Erkennen auf eine Karrenstrafe untersagt (vgl. Art. 315 E 1829).

330 Der Täter hat lediglich eine Gefängnisstrafe bis zu zwei Monaten zu erwarten.

331 Art. 317 E 1829.

332 Art. 312 E 1829.

333 Art. 316 E 1829.

334 Art. 323 E 1829.

den Bankrott[335], bei welchem zwischen *mutwilliger* und *fahrlässiger* Begehung unterschieden wird.

c) Die Verbrechen wider die Person

Die Verbrechen wider die Person sind in den Art. 335–453 aufgeführt. Sie bilden, wenn auch nicht dem Umfang nach, doch aber inhaltlich den zweiten Schwerpunkt innerhalb des Besonderen Teils. Im wesentlichen unterscheidet der Entwurf zwischen: 1. den Verbrechen wider das Leben; 2. den Verbrechen wider die körperliche und geistige Unversehrtheit der Person; 3. den Verbrechen wider die Familienrechte und 4. den Verbrechen wider die Ehre. Den Anfang bilden – entsprechend der Schwere des Verbrechens – die Verbrechen wider das Leben.

aa) Die Verbrechen wider das Leben

Die Tötungsdelikte werden durch Art. 335 eingeleitet, der eine Definition des Begriffs der *Tödtung überhaupt* gibt. Danach macht sich der Tötung eines Menschen strafbar

> „wer durch rechtswidrige Handlung *oder* Unterlassung den Tod eines Menschen *verursacht*."

Zwischen Tötungserfolg und Tötungshandlung muß Kausalität bestehen. Der Entwurf verlangt aber lediglich

> „mehr nicht als die Gewissheit […], daß dieselbe [d.h. die Handlung] den Tod des Verletzten hervorgebracht habe"[336]

und zwar unabhängig davon, ob die durch den Täter beigebrachten Verletzungen tödlich gewesen sein mögen oder nicht. Die Einordnung der Verletzungen als nicht tödlich kommt dem Täter nämlich „nicht zu statten", sondern die „erwiesene Mißhandlung oder Beschädigung ist als die [maßgebliche] Ursache des ihr nachgefolgten Todes zu betrachten"[337].

Innerhalb der Tötungsverbrechen unterscheidet der Entwurf nach damals ganz herrschender Meinung zwischen Mord und Totschlag. Eines Mordes macht sich danach strafbar

---

335 Art. 324 ff. E 1829.

336 Art. 336 E 1829.

337 Art. 337 E 1829. Es sei denn, es werden Tatsachen ermittelt, woraus mit Gewißheit oder Wahrscheinlichkeit angenommen werden muß, daß der Verletzte an einer anderen schon früher vorhandenen Ursache gestorben sei.

> „wer die von ihm verübte Tödtung mit Vorbedacht beschlossen oder mit Überlegung ausgeführt hat.“[338]

Einen Totschlag begeht hingegen

> „wer ohne Vorbedacht, *in der Hitze des Zorns, oder getrieben von einem andern ihn überwältigenden Affect*, eine lebensgefährliche Handlung beschließt und ausführt [und den Tötungserfolg herbeiführt].“[339]

Damit folgt auch der Entwurf der zeitgenössischen allgemeingültigen Klassifizierung, die eine Tötung mit Überlegung als Mord einstufte und eine unüberlegt im Affekt begangene Tötung als Totschlag betrachtete[340]. Die unterschiedliche Gewichtung schlägt sich auch im Strafrahmen nieder. Der Mord wird mit dem bürgerlichen Tode bestraft, auf den Totschlag steht hingegen die Strafe des kleinen Karren bis zu fünfzehn Jahren[341]. Den Milderungstatbestand der Tötung auf Verlangen kennt der Entwurf allerdings – anders als etwa das braunschweigische Criminalgesetzbuch von 1840[342] – nicht.

Einen Sonderfall des Mordes bildet die „Vergiftung eines Menschen“. Wurde einer Person Gift verabreicht, in der Absicht, diese zu töten, so soll der Täter, wenn durch die Vergiftung ein solcher Schaden an der Gesundheit zugefügt wurde, daß das Leben des Verletzten wahrscheinlich verkürzt wird, ebenfalls mit dem bürgerlichen Tode, anderenfalls zumindest mit dem großen Karren bis zu zwanzig Jahren bestraft werden[343].

Ebenfalls den Tötungsdelikten zugeordnet ist der Raufhandel mit Todesfolge. Danach soll, wenn bei einem Raufhandel oder einer Schlägerei eine Person getötet worden ist

> „jeder Theilnehmer, welcher dem Beschädigten eine tödtliche Verletzung beigebracht hat, gleich einem Totschläger“

bestraft werden[344]. Daß diese Vorschrift große praktische Schwierigkeiten im Hinblick auf die Beweisbarkeit aufwerfen konnte, sah auch Strombeck und versuchte die Strafbarkeit für den Fall des erfolglosen Beweises dahingehend einzuschränken, daß

---

338 Art. 338 E 1829.

339 Art. 340 E 1829.

340 Vgl. *Schubert*, Feuerbachs Entwurf aus dem Jahre 1824, S. 182 in Anm. 101.

341 Die Strafe des Totschlags kann aber nach Art. 341 gemildert werden, wenn der Getötete den Totschläger durch Beleidigungen zu der Tat provoziert hat.

342 § 147 BrCrGB (Tödtung mit Einwilligung des Entleibten). Ebenso der Großteil der Partikulargesetzbücher (vgl. i. E. *Große-Vehne*, Tötung auf Verlangen, S. 15).

343 Art. 339 E 1829.

344 Art. 342 Abs. 1 Nr. 1 E 1829.

> „wenn es [...] nicht [...] zur Gewißheit gebracht ist, ob [die Theilnehmer] tödtliche Verletzungen zugefügt haben [...] diejenigen, bei denen zwar diese Gewißheit fehlt, von denen jedoch der Getödtete auf irgend eine Art verletzt worden [ist], nach den Grundsätzen von der Körperverletzung"

zu bestrafen sind[345]. Der Tötungserfolg wird allerdings ihm Rahmen der Körperverletzung als Erschwerungsgrund gewertet[346].

Nach dem Entwurf ist neben der vorsätzlichen Tötung auch die fahrlässige Tötung mit Strafe behaftet. Nach Art. 350 macht sich danach strafbar

> „wer den Tod eines Menschen durch Fahrlässigkeit verursachte."

Der Täter ist – ohne Wertung des Umstandes, daß ein Mensch zu Tode kam – nach den Bestimmungen über die Fahrlässigkeit zu bestrafen, wonach ihn eine Strafe von Gefängnis von bis zu höchstens zwei Jahren treffen kann[347].

Den Schwerpunkt innerhalb der „Verbrechen wider das Leben" bilden die Art. 343 ff., welche die Fälle des Kindesmordes und der Abtreibung behandeln. Unter dem Einfluß der Aufklärung sieht auch der Entwurf den Kindesmord nicht mehr als besonders verwerflichen und daher strenger zu bestrafenden Unterfall des Verwandtenmordes an[348], sondern klassifiziert ihn als privilegierte Form der Tötung, wenngleich die Bezeichnung als Kindes*mord* diesen Schluß zunächst nicht zulassen mag.

Nach Art. 343 macht sich des Kindesmordes schuldig, wer ein *uneheliches lebensfähiges* Kind *während* oder *kurz nach der Geburt* tötet. Damit legt der Entwurf klar fest, daß es sich 1. um ein *uneheliches* Kind handeln muß, 2. dieses Kind *lebensfähig* gewesen sein muß, 3. die Tat in *unmittelbarem Zusammenhang* mit dem *Geburtsvorgang* gestanden haben muß und 4. (als ungeschriebenes Tatbestandsmerkmal) lediglich die Mutter des Kindes als Täterin in Betracht kommt. Art. 343 kann mithin nur in diesen engen Grenzen greifen, was letztlich verdeutlicht, daß es sich bei der genannten Vorschrift um eine Ausnahmevorschrift handelt, die den Umständen der Niederkunft mit einem unehelichen Kind Rechnung tragen soll.

Durch die Beschränkung des Tatbestandes auf ein *uneheliches* Kind legt der Entwurf zunächst unmißverständlich fest, daß er den Hauptgrund für die Privilegierung in der Furcht der Täterin vor dem Verlust der Geschlechtsehre

---

345 Art. 342 Abs. 1 Nr. 2 E 1829.

346 Art. 342 Abs. 2 E 1829.

347 Vgl. Art. 59 E 1829.

348 Vgl. *Spangenberg*, Verbrechen des Kindsmordes, NAdC, Bd. 1 S. 1 ff.; so auch *Schubert*, Feuerbachs Entwurf aus dem Jahre 1824, S. 184.

sieht[349]. Dies läßt sich auch dem Art. 346 Nr. 2 entnehmen, der eine Strafschärfung für die Fälle vorsieht, in welchen die Täterin ihre Geschlechtsehre schon durch eine „frühere uneheliche Geburt verloren" hatte.

Die Beschränkung des Tatbestandes auf ein *lebensfähiges* Kind dient hingegen vornehmlich der Abgrenzung zum Verbrechen der Abtreibung, das sich – wie sich noch zeigen wird – allein auf die *Leibesfrucht* bezieht. Der Begriff des *lebensfähigen Kindes* ist nicht näher definiert. Es läßt sich aber vermuten, daß es sich – nach Sinn und Zweck – letztlich um ein *neugeborenes* lebensfähiges Kind[350] handeln muß, das *noch nicht* Mensch im Sinne der nicht privilegierten Mord- und Totschlagsstraftatbestände ist. Der Entwurf nennt und definiert zwar auch den Begriff des Neugeborenen nicht, doch läßt sich in diesem Zusammenhang auf die Ausführungen *Gans'* zurückgreifen, auf welchen Strombeck sich bezieht. Ein Kind gilt nach den Ausführungen *Gans'* als neugeboren

> „so lange es nicht genährt und gekleidet war, die Mutter noch an den unmittelbaren Folgen der Entbindung litt, und außer derselben, ihren Aeltern oder dem Schwängerer, Niemand Kenntnis von des Kindes Daseyn erlangt hatte."[351]

Es wird in diesem Zusammenhang bewußt auf die Wahl eines starren Zeitraumes, innerhalb welchem noch von einem *Neugeborenen* die Rede sein kann, wie etwa – was oft vertreten wurde – 24 Stunden oder drei Tage, verzichtet[352], weil letztlich vieles dem Ermessen des Richters, in Beziehung auf den physischen und psychischen Zustand der Täterin überlassen bleiben wird[353].

Eine weitere Einschränkung erfährt der Tatbestand des Art. 343 schließlich durch die Formulierung, daß die Tat *während* oder *kurz nach* der Geburt begangen worden sein muß. Damit wird deutlich, daß die Privilegierung nur greifen soll, wenn die Tötung des Kindes in *unmittelbarem* Zusammenhang mit dem Geburtsvorgang steht. Dies läßt sich auch Art. 347 Nr. 1 und 2 entnehmen, der die Strafe des Verbrechens der Kindstötung zusätzlich mildert,

---

349 Vgl. auch Art. 363 E 1829, der eine Strafmilderung für das Verbrechen der Aussetzung für die Fälle vorsieht, in welchen die Mutter das Kind zur Rettung ihrer Geschlechtsehre aussetzt.

350 Wird hingegen ein nicht lebensfähiges Kind getötet, lautet die Strafe auf Gefängnis bis zu zwei Jahren (Art. 345). Anders als etwa Feuerbach sieht Strombeck diese Regelungslücke und bemüht sich um eine positive Regelung, die sich nicht allein im Verweis auf die Versuchsstrafbarkeit erschöpfen soll (so Feuerbach in: *Schubert*, Feuerbachs Entwurf aus dem Jahre 1824, S. 184).

351 *Gans*, Verbrechen des Kindermordes, S. 390.

352 Vgl. zum Streitstand *Schubert*, Feuerbachs Entwurf aus dem Jahre 1824, S. 185 in Anm. 118.

353 *Strombeck*, Entwurf, S. 149 in Anm. 2.

wenn die Täterin „zur Zeit der That" wegen der „Geburtsschmerzen" oder wegen der „nach der Geburt eingetretenen Schwäche, ihrer selbst nicht vollkommen mächtig war" und eine Tötungsabsicht letztlich verneint werden muß oder sich die Täterin zur Zeit der Geburt in einem Zustand „großer Hülflosigkeit und Verzweiflung" befand.

Der Kindesmord wird mit Zuchthaus von vier bis acht Jahren bestraft[354]. Die Strafe kann allerdings auf Zuchthaus bis zu zehn Jahren erhöht werden, wenn die Täterin ihre „Schwangerschaft ableugnet", sie durch eine „frühere uneheliche Geburt schon ihre Geschlechtsehre verloren" hatte oder sie „mehrere Kinder einer Niederkunft" tötet[355]. Bei Widerholungstäterinnen kann sogar auf den bürgerlichen Tod erkannt werden[356].

Einen Sonderfall der Kindestötung bildet die Tötung einer Mißgeburt, das heißt einer lebendig zur Welt gekommen Leibesfrucht, der es an menschlicher Gestalt mangelt. Hier lautet die Strafe auf Gefängnis bis zu sechs Wochen[357].

Wie die meisten Partikulargesetzbücher sieht auch der Strombeck'sche Entwurf die Abtreibung als „Verbrechen wider das Leben" an[358].

Die Abtreibung wird in Art. 353 behandelt. Danach ist eine

> „Mutter, welche mit einem außerehelichen unzeitigen oder todten Kinde niedergekommen ist, äußere oder innere Mittel oder sonstige Handlungen, welche eine zu frühzeitige Entbindung oder den Tod der Frucht im Mutterleibe bewirken können"

mit Zuchthaus bis zu zwei Jahren zu bestrafen – eine Strafe, die im Vergleich zum Kindesmord recht mild ausfällt, wenngleich es sich bei dem Verbrechen der Abtreibung gerade nicht um einen Privilegierungstatbestand handeln soll[359], denn letztlich unterscheidet nur der Schutzzweck den Kindesmord und die Abtreibung voneinander. Während sich der Schutzzweck des Tatbestandes des Kindesmordes (grundsätzlich) auf das *lebensfähige* Kind bezieht, dient Abtreibung dem Schutze des *frühzeitig* geborenen (und deswegen nicht lebens-

354 Art. 344 E 1829.

355 Art. 346 E 1829.

356 Art. 348 E 1829.

357 Art. 349 E 1829. Die Vorschrift ist dem Bayrischen Entwurf von 1827 entnommen (vgl. *Strombeck*, Entwurf, S. 152 in Anm. 1).

358 So übrigens auch die gegenwärtige Strafgesetzgebung. Anders damals hingegen Hessen, Baden und Nassau, welche das Verbrechen der Abtreibung in einem gesonderten Abschnitt behandelten (vgl. *Putzke*, Abtreibung, S. 11 in Anm. 49).

359 Bei der Strafzumessung ist nach Art. 354 die Art der Erzeugung (etwa durch Schändung oder Notzucht), die Gefährlichkeit der gebrauchten Mittel, die Reife der Leibesfrucht oder die Tatsache zu berücksichtigen, ob das frühzeitig geborene Kind am Leben erhalten wurde (es mithin nur zu einem Versuch der Abtreibung gekommen ist).

fähigen) Kindes oder der *Leibesfrucht*. Die geringere Strafdrohung läßt sich folglich nur damit erklären, daß das Opfer des Kindesmordes fast Mensch (also Neugeboren) ist, während das Abtreibungsopfer (noch) nicht als Mensch gilt.

Daß es sich bei der Abtreibung nicht um einen Privilegierungstatbestand handeln soll, zeigt auch der Umstand, daß diese – anders als der Kindesmord – auch an einem ehelichen Kind begangen werden kann[360].

Täter der Abtreibung kann – entgegen der Formulierung des Art. 353, daß eine Abtreibung nur „eine Mutter" begehen können soll – nicht nur die Mutter, sondern Jedermann sein.

Nimmt ein Dritter die Abtreibung vor, so muß nach dem Entwurf differenziert werden. Wird die Abtreibung mit Einwilligung der Mutter vollzogen, so trifft den Täter Zuchthausstrafe bis zu vier Jahren[361], wenn er die Abtreibung gewerbsmäßig vornimmt, sogar die Strafe des kleinen Karren bis zu zehn Jahren[362]. Geschieht die Abtreibung ohne Einwilligung der Mutter, so erwartet den Täter eine Zuchthausstrafe bis zu fünf Jahren, die auf die Strafe des großen Karren bis zu zehn Jahren erhöht werden kann, wenn durch die Abtreibung der Tod der Mutter verursacht worden ist[363].

Einen Sonderfall der Abtreibung bildet die vorsätzliche „Veranstaltung einer hülflosen Niederkunft"[364]. Hat die Niederkunft den Tod des Kindes zur Folge, ist auf Zuchthaus bis zu einem Jahr, anderenfalls auf Gefängnis bis zu vier Wochen zu erkennen.

Sowohl der Kindesmord als auch die Abtreibung lassen die Teilnahme zu. Nach Art. 358 ist der Teilnehmerkreis aber auf Eltern, Großeltern, Vormünder oder ähnliche Personen beschränkt. Strafbar ist, wer (aus dem genannten Täterkreis) die Schwangere absichtlich in eine (solche) „verzweiflungsvolle Lage" bringt, daß diese zum Verbrechen „getrieben wird".

Den Abschluß der Tötungsverbrechen bilden die Verbrechen der „Aussetzung von Kindern" und der „Verlassung hülfloser Personen"[365].

---

360 Art. 355 E 1829.

361 Art. 356 Abs. 1 E 1829.

362 Art. 356 Abs. 2 E 1829.

363 Art. 357 E 1829.

364 Art. 358 E 1829. Es handelt sich dabei um eine Niederkunft, die zwar nicht heimlich, jedoch in dem Wissen erfolgt, nicht ausreichende Vorkehrungen für das Wohl des Kindes getroffen zu haben.

365 Art. 361–365 E 1829.

Nach Art. 361 machen sich

> „Aeltern, welche ihr Kind an einen Ort bringen, oder an einem Ort verlassen, wo das Kind [...] aus Mangel an Hülfe umkommen muß"

(grundsätzlich) der Kindsaussetzung schuldig. Trat der Tod des Kindes tatsächlich ein, so trifft sie die Strafe des großen Karren bis zu zehn Jahren, anderenfalls Zuchthausstrafe bis zu acht Jahren.

Die Gefährdung des Kindes ist dabei aber nicht abstrakt zu bestimmen, wenngleich die Formulierung des Tatbestandes diesen Schluß wohl zuließe. Es müssen vielmehr weitere Faktoren berücksichtigt werden, etwa das Alter oder der Gesundheitszustand des Kindes, die Beschaffenheit des Ortes, die Zeit der Aussetzung oder die Wahrscheinlichkeit der Lebensgefährdung des Kindes[366].

Gleiche Strafe trifft nach Art. 364 den Täter, dem die Verbindlichkeit oblag, ein Kind, einen Altersschwachen, Kranken oder Gebrechlichen zu pflegen und den Pflegling in einen Zustand der Hilflosigkeit versetzte oder in einem Zustand der Hilflosigkeit verließ. Probleme bereitet in diesem Zusammenhang allein die erste Variante, die sich bezüglich des Versetzens eines Kindes in einen hilflosen Zustand nur schwer von der Kindsaussetzung abgrenzen lassen wird.

Strafbarkeit sieht der Entwurf nach Art. 365 ebenfalls vor, wenn Eltern die Verpflegung der Kinder böslich unterlassen oder Kinder die Versorgung ihrer hilfsbedürftigen Eltern versäumen.

Straflos bleibt hingegen – entgegen der öffentlichen Meinung – die Selbsttötung, wenngleich Strombeck die Problematik in einem Anhang an die Tötungsdelikte aufgreift und bestimmt, daß der Leichnam eines Menschen, der sich selbst tötet,

> „an dem gewöhnlichen Begräbnisorte in der Stille zu beerdigen"

sei[367] und – sollte es bei der Selbsttötung lediglich beim Versuch geblieben sein, veranlaßt werde, daß ein Religionslehrer den „Verirrten" über das beabsichtigte Vergehen unterrichte und dieser zusätzlich unter Polizeiaufsicht gestellt werde[368]. Hintergrund der Regelungen war, daß die Selbsttötung in der öffentlichen Diskussion zwar nach wie vor zu den Verbrechen gezählt wurde, man aber im Lichte der Aufklärung davon ausging, daß sich der Selbsttötende

---

366 Vgl. Art. 361 i.V.m. Art. 362.

367 Art. 366 E 1829.

368 Art. 367 E 1829.

in einem seelenkranken Zustand befinde und eine Strafbarkeit entsprechend wenig Sinn mache[369].

bb) Verbrechen wider die körperliche und geistige Unversehrtheit

Die Art. 368–409 behandeln Fälle der „Beschädigung und Mißhandlung von Personen". Sie lassen sich grob in drei Verbrechenskategorien unterteilen: 1. Körperverletzungsdelikte, 2. Sittlichkeitsdelikte und 3. Freiheitsdelikte.

Den Anfang bilden die Körperverletzungsdelikte, die nach Art. 368 begeht

> „wer, ohne die Absicht zu tödten, jedoch mit rechtswidrigem Vorsatze, einen Anderen durch gewaltsamen Angriff, thätliche Mißhandlung, Verwundung, Verletzung oder auf andere Weise Schmerzen verursacht, an seinem Körper oder an seiner Gesundheit beschädigt."

Eine Differenzierung zwischen Tätlichkeit und Körperverletzung nimmt der Entwurf nicht vor[370]. Wesentlich ist nur, daß (überhaupt) eine Tätlichkeit begangen wurde, die entweder nur Schmerzen *oder* zusätzlich eine Gesundheitsbeschädigung zur Folge gehabt hat.

Die einfache Körperverletzung (eine Körperverletzung, die „nur in Schlägen oder geringen Verwundungen" besteht) wird grundsätzlich nur auf Antrag verfolgt. Ausnahmsweise ist der Staat aber zur Einschreitung von Amts wegen befugt, wenn die Körperverletzung ein „öffentliches Ärgernis" zur Folge gehabt hat[371], ein Tatbestandsmerkmal, das gleichzusetzen ist mit dem heutigen „öffentlichen Interesse".

Eine konkrete Strafdrohung bezüglich der einfachen Körperverletzung läßt sich im Entwurf nicht finden. Mit Strafe bedroht sind lediglich Fälle der Körperverletzung, die entweder aufgrund ihrer Begehung oder bezüglich der durch sie eingetretenen Folgen als besonders verwerflich eingestuft werden. So sieht der Entwurf für die Körperverletzung, die durch List[372] begangen wurde Gefängnisstrafe bis zu sechs Monaten vor. Ist das Opfer durch die Körperverletzung hingegen in langwierige Krankheit oder temporäre Berufsunfähigkeit

---

369 Vgl. *Strombeck*, Entwurf, S. 158 in Anm. 1 und 2.

370 Anders etwa *Mittermaier*, der zwischen Körperverletzung und Tätlichkeit unterscheiden will. Eine Körperverletzung liegt nach *Mittermaier* nämlich nur vor, wenn der Täter das Opfer verletzt, mithin eine Gesundheitsbeschädigung vorliegt (*Mittermaier*, Entwurf Württemberg, in: NAdC, Bd. VI, S. 655). Ähnlich auch *Feuerbach*, der in seinem Entwurf aus dem Jahre 1824 die Körperverletzung als „durch einen Gesundheitsschaden hervorgehobenen Sonderfall der Tätlichkeit" behandelt wissen will (vgl. *Schubert*, Feuerbachs Entwurf aus dem Jahre 1824, S. 188).

371 Art. 374 E 1829.

372 Art. 369 E 1829: „Wer einen Anderen hinterlistiger Weise anfällt."

verfallen, so soll auf Zuchthaus- oder Zwangsarbeitsstrafe bis zu zwei Jahren erkannt werden[373]. Stellt sich heraus, daß die Berufsunfähigkeit dauernd eintritt oder dauernde Schäden zurückbleiben, so kann die Strafe auf den kleinen Karren bis zu fünf Jahren erhöht werden[374]. Eine Straferhöhung findet ebenfalls statt, wenn die Körperverletzung gegen Personen begangen wurde, denen der Täter zu besonderer Hochachtung verpflichtet ist[375]. Strafmilderung tritt hingegen ein, wenn die Körperverletzung im Rausche, im Streithandel oder sonst in der Hitze des Zorns begangen wurde[376].

Einen Sonderfall der Körperverletzungsverbrechen bildet – wie im Rahmen der Tötungsdelikte schon erwähnt – die Verletzung mittels Beibringung von Gift. Die Abgrenzung vom Giftmord erfolgt dabei anhand des Vorsatzes. Der Körperverletzung mittels Beibringung von Gift macht sich nämlich nur strafbar

> „wer ohne die Absicht zu tödten, jedoch mit dem Vorsatze zu schaden, Jemandem Gift“

beibringt[377]. Die Strafe lautet, wenn der Tod des Vergifteten eingetreten ist, anders als im Falle des Vergiftungsmordes, nicht auf den bürgerlichen Tod, sondern auf den großen Karren von zehn bis zu fünfzehn Jahren.

Einen weiteren Sonderfall der Körperverletzung bildet die Übertragung von Geschlechtskrankheiten. Sie soll auf die Anzeige des Opfers mit Gefängnis bis zu sechs Monaten bestraft werden, wenn sie von dem Täter zwar in dem Wissen der Krankheit, jedoch ohne böse Absicht, ein größeres Verbrechen herbeizuführen, begangen worden ist[378].

Wie den Tötungsverbrechen fügt Strombeck auch den Körperverletzungsdelikten einen Anhang bei, der die Fälle der Selbstverstümmelung behandelt. Anders als im Falle der Selbsttötung verbietet das Gesetz allerdings

> „alle Selbstverstümmelung, welche nicht zur Erhaltung des eigenen Lebens oder der eigenen Gesundheit erforderlich ist.“[379]

---

373 Art. 370 E 1829.

374 Art. 371 E 1829.

375 Der Entwurf nennt hier Eltern, Großeltern, Vormünder, Pflegeeltern oder Lehr- und Dienstherrschaft (Art. 377 E 1829).

376 Art. 378 E 1829.

377 Art. 375 E 1829.

378 Art. 376 E 1829.

379 Art. 379 E 1829.

Insbesondere soll bestraft werden, wer sich durch die Selbstverstümmelung bürgerlicher Pflichten entzieht[380] oder durch die Selbstverstümmelung einen Vermögensvorteil zu erlangen sucht[381]. Die Selbstverstümmelung kann dabei nicht nur durch den Täter, sondern auch durch einen Teilnehmer oder Anstifter begangen werden[382].

Den Verbrechen der Körperverletzung folgen in den Art. 384–392 Fälle *gewaltsamer* Sittlichkeitsverbrechen, namentlich die Notzucht und die Schändung. Bemerkenswert ist die Verortung der Vorschriften im Rahmen der Bestimmungen über die „Beschädigungen und Mißhandlungen von Personen". Damit wird zum Ausdruck gebracht, daß diese Art von Verbrechen *gegen* den Willen des Opfers und *gewaltsam* verübt worden sind. Entsprechend erschöpft sich der Schutzzweck der Bestimmungen nicht im Anstandsgefühl der Gesellschaft, sondern berücksichtigt zusätzlich und vornehmlich den Umstand, daß das Opfer in seiner physischen und psychischen Integrität betroffen worden ist.

Nach Art. 384 macht sich der Notzucht schuldig

> „wer eine Person *weiblichen* Geschlechts *wider* ihren Willen [...] zur *Gestattung* des Beischlafes *zwingt.*"

Opfer einer Notzucht kann damit zunächst nur eine *weibliche* Person sein[383]. Diese weibliche Person muß zum Beischlaf *gezwungen* worden sein und zwar entweder „durch körperliche Gewalt oder durch Drohungen mit gegenwärtiger Gefahr für Leib und Leben". Das Opfer muß sich der Notzucht mithin bewußt sein, es muß unter dem Eindruck der Gewalt oder Drohung dem Täter den Beischlaf „gestatten". Fehlt dieses Bewußtsein, befindet sich das Opfer mithin einem „die Willensfreiheit aufhebenden Zustande", so handelt es sich um einen Fall der Schändung[384]. Setzt der Täter das Opfer allerdings durch „Beibringung betäubender Mittel der Abwehrung außer Stande", so liegt – weil das Opfer sich der Tat vor der Beibringung der betäubenden Mittel bewußt war – wiederum ein Fall der Notzucht vor.

Die Notzucht wird mit Zuchthaus bestraft[385]. Allerdings wird bei der Höhe der Zuchthausstrafe danach differenziert, ob es sich bei dem Opfer um eine „unbe-

---

380 Art. 380 E 1829.

381 Art. 381 E 1829.

382 Art. 382, 383 E 1829.

383 Anders etwa Feuerbach in seinem Entwurf aus dem Jahre 1824, der den Opferkreis auch auf Männer erstreckt (vgl. *Schubert*, Feuerbachs Entwurf aus dem Jahre 1824, S. 191).

384 Art. 387 E 1829.

385 Art. 386 E 1829.

scholtene Frauensperson“ (maßgeblich ist dabei allein der Lebenswandel nicht das Attribut der Jungfräulichkeit) oder um eine „öffentliche Hure“ gehandelt hat[386]. In ersterem Fall lautet die Strafe auf Zuchthaus von vier bis sechs Jahren, in letzterem Fall auf Zuchthaus bis zu einem Jahr. Die Strafe kann entsprechend erhöht werden, wenn das Opfer bleibend an der Gesundheit verletzt worden oder der Tod des Opfers eingetreten ist[387].

Auch auf die Schändung steht die Strafe des Zuchthauses[388]. Allerdings wird die Schändung – anders als die Notzucht – nur auf Antrag verfolgt[389]. Ein weiterer Unterschied zur Notzucht besteht darin, daß das Verbrechen der Schändung an einer öffentlichen Hure grundsätzlich nicht begangen werden kann[390].

Der Entwurf sieht es außerdem als Schändung an, wenn der Beischlaf mit einem „nicht mannbaren Mädchen“ vollzogen wird, habe das Mädchen letztlich eingewilligt oder nicht. Den Täter trifft, entstammt dieser dem familiären und gesellschaftlichen Umfeld des Mädchens, Zuchthausstrafe von fünf bis acht Jahren, anderenfalls Zuchthausstrafe von drei bis fünf Jahren[391].

Der Entwurf stellt daneben auch das Belästigen im Sinne einer „gewaltsamen unzüchtigen Betastung“ oder „Entblößung“ einer Frauensperson unter Strafe. Auf Antrag des Opfers kann auf eine Gefängnisstrafe von vierzehn Tagen bis zu drei Monaten erkannt werden[392]

Es schließen sich die in den Art. 393–409 thematisch verwandten – weil sich im Schutzzweck entsprechenden – Verbrechen gegen die Freiheit der Person an. Erfaßt sind sowohl Verbrechen gegen die persönliche Fortbewegungsfreiheit als auch Verbrechen gegen die Willensfreiheit. Im Einzelnen kennt der Entwurf das Verbrechen der Nötigung, der Freiheitsberaubung und der Entführung (weiblicher Personen).

An den Anfang stellt der Entwurf das Verbrechen der Nötigung. Einer Nötigung macht sich nach Art. 393 strafbar

386 Anders Feuerbach in seinem Entwurf aus dem Jahre 1824, der auf das Kriterium der Unbescholtenheit gänzlich verzichtet (vgl. *Schubert*, Feuerbachs Entwurf aus dem Jahre 1824, S. 191).

387 Art. 386 Nr. 3, 4 E 1829.

388 Art. 388 E 1829.

389 Art. 389 E 1829.

390 Art. 388 Nr. 3 E 1829.

391 Art. 390 E 1829.

392 Art. 392 E 1829.

> „wer jemanden durch körperliche Gewalt oder durch Drohungen, ohne Berechtigungen [...] zu einer Handlung, Duldung oder Unterlassung nötigt."

Vom Nötigungstatbestand ausgenommen sind freilich Handlungen, die sich für eine „polizeiliche Ahndung" nicht eignen – mithin Bagatellhandlungen. Die Nötigung wird mit Gefängnis- oder Zuchthausstrafe bestraft. Strafschärfung tritt nach Art. 395 ein, wenn das Verbrechen auf „öffentlicher Straße" oder zur „Nachtzeit" oder mit „Waffen" erfolgte[393]. Wer einen

> „anderen dadurch zwang, daß er ihn mit der Ablegung eines falschen Zeugnisses oder mit einer ungegründeten gerichtlichen Anzeige, oder mit irgend einem andern bedeutenden Übel schriftlich oder mündlich drohte"

soll ebenfalls mit Zuchthaus von drei bis zu fünf Jahren bestraft werden[394].

Die Freiheitsberaubung ist in Art. 398 geregelt. Sie begeht

> „wer einen Menschen wider dessen Willen einkerkert, oder sonst seiner persönlichen Freiheit beraubt."

Auf die Freiheitsberaubung steht eine Gefängnishöchststrafe von bis zu zwei Monaten[395]. Der Täter darf allerdings nicht aus der Haft entlassen werden, so lange die geraubte Person nicht freigekommen oder von deren Tod keine Nachricht eingegangen ist. Damit kann die Freiheitsstrafe faktisch auch lebenslang andauern.

Eine Entführung begeht schließlich

> „wer sich eines Frauenzimmers, in der Absicht des ehelichen oder außerehelichen Geschlechtsgenusses, durch Entfernung von ihrem Aufenthaltsorte rechtswidrig, für sich oder einen Anderen bemächtigt"

oder

> „wer eine solche Person, in vorbestimmter Absicht, rechtswidrig von ihrem Aufenthaltsorte zurückhält."[396]

Damit müssen drei Voraussetzungen erfüllt sein: 1. es muß sich um eine „Frauensperson" handeln, 2. diese muß von ihrem „Aufenthaltsort entfernt" oder „zurückgehalten worden sein" und 3. die Entfernung muß „rechtswidrig" erfolgt sein.

---

393 Die Strafe lautet dann ausschließlich auf Zuchthaus und kann auf die Strafe des kleinen Karren erhöht werden (Art. 395 a.E. E 1829).

394 Art. 396 E 1829. Die Strafhärte ist freilich Ausdruck der besonderen Verwerflichkeit des hier geahndeten Rufmordes.

395 Dabei soll die Freiheitsberaubung – anders als in anderen Entwürfen vorgesehen – von Amts wegen verfolgt werden (*Strombeck*, Entwurf, S. 169 in Anm. 8).

396 Art. 405 E 1829.

Rechtswidrig ist eine Entführung, wenn diese ohne Einwilligung des Opfers oder der Eltern oder Vormünder begangen wurde[397]. Das Vorliegen einer Einwilligung ist aber unbeachtlich, wenn die entführte Person das Alter von fünfzehn Jahren noch nicht erreicht hat[398]. Das Verbrechen der Entführung kann, wenn der Beischlaf vollzogen worden ist mit Gefängnis von drei Monaten bis zu zwei Jahren bestraft werden, anderenfalls mit Zuchthaus bis zu vier Jahren.

cc) Verbrechen wider die Familienrechte

In den Art. 410–416 nennt der Entwurf Bestimmungen, welche die Verletzung von Familienrechten betreffen. Es handelt sich um die Verbrechen der Familienstandsanmaßung, des Ehebruchs und der Mehrfachehe.

Unter der Familienstandsanmaßung versteht der Entwurf namentlich das „bösliche Unterschieben, Verwechseln, Entfernen oder Vorenthalten" sowie das als von einer bestimmten Mutter geborene „fälschliche Ausgeben" eines Kindes[399]. Auf das Verbrechen der Familienstandsanmaßung steht grundsätzlich die Gefängnis- oder Zuchthausstrafe, die allerdings bei „erschwerenden Umständen" auf die Strafe des kleinen Karen erhöht werden kann[400].

Einen Unterfall der Familienstandsanmaßung bildet Art. 411. Danach macht sich strafbar

> „wer sich böslich die Rechte des Familienstandes einer fremden Familie beilegt."

Richtigerweise geht der Entwurf hier von einem Betrug aus, nach welchen Bestimmungen der Täter letztlich auch zu bestraften ist. Begeht der Täter das Verbrechen allerdings nicht mit „böslichem Vorsatze", sondern lediglich aus Eitelkeit, so kann auf Gefängnis bis zu einem Monat erkannt werden. Die Strafe ist in diesem Fall öffentlich bekannt zu machen[401].

Wegen Ehebruchs können sich nach Art. 412 sowohl die Ehefrau als auch der Ehemann strafbar machen, wenngleich die Strafdrohung des durch den Ehemann begangenen Ehebruchs deutlich unter der Strafdrohung für den durch die

---

397 Art. 408 E 1829.

398 Art. 406 E 1829.

399 Art. 410 E 1829.

400 Strombeck äußert sich im Hinblick auf den Begriff der „erschwerenden Umstände" zwar selbst bedenklich und räumt ein, daß dem Richter damit ein viel zu großes Ermessen übertragen sei. Dieses allerdings sei absolut notwendig, bedenke man die unendliche Verschiedenheit der Fälle, die der Richter zu beurteilen haben wird (*Strombeck*, Entwurf, S. 175 in Anm. 1).

401 Art. 411 a.E. E 1829.

Ehefrau begangenen Ehebruch liegt[402]. Um die Intimsphäre der Familie nicht zu stören, soll der Ehebruch nur auf Antrag des beleidigten Teiles verfolgt werden, und dieser gilt als zurückgezogen, wenn der beleidigte Teil dem Ehegatten „ausdrücklich" oder „stillschweigend" verziehen hat[403].

Verhältnismäßige harte Strafen sieht der Entwurf für das Verbrechen der Mehrfachehe vor. Nach Art. 416 Nr. 1 soll ein Ehegatte, welcher bei fortdauernder gültiger Ehe eine neue Ehe schließt, mit ein- bis zweijährigem Zuchthaus bestraft werden. Hat der Täter der Person, mit welcher er die neue Ehe geschlossen hat, seinen Ehestand verhehlt, so kann sogar auf Zuchthaus von drei bis zu fünf Jahren erkannt werden.

dd) Verbrechen wider die Ehre

Hinsichtlich der Ehrverletzungsdelikte unterscheidet der Entwurf zwischen der „Verläumdung" einerseits und der „Injurie" andererseits.

Eine Verleumdung begeht

> „wer Jemanden durch außergerichtliche Ausstreuung oder heimliche Mittheilung mündlich, schriftlich, oder durch bildliche Darstellung, Verbrechen oder andere Handlungen andichtet, welche diesem den guten Namen oder das zu seinem Berufe nothwendige Vertrauen entziehen können."[404]

Wesentliches Merkmal der Verleumdung ist damit, daß die über das Opfer in Umlauf gebrachte Information nicht der Wahrheit entspricht, mithin „erdichtet" ist. Ferner muß die Verleumdung – als ungeschriebenes Tatbestandsmerkmal – gegenüber einer „öffentlichen Behörde" oder der „Öffentlichkeit" erfolgen. Dies ergibt sich aus Art. 421, der einen Strafausschluß vorsieht, wenn die Verleumdung „in der Hitze des Affects oder aus Unbesonnenheit" begangen wurde, jedoch „weder bei einer öffentlichen Behörde" noch „vor einer versammelten Menschenmenge" begangen wurde. Abhängig von der Schwere der Verleumdung kann auf Geld-, Gefängnis- oder Zuchthausstrafe erkannt werden[405].

---

402 Den Ehemann trifft eine Strafdrohung von bis zu einem Monat Gefängnisstrafe, während die Ehefrau Gefängnis von drei bis zu sechs Monaten zu erwarten hat.

403 Art. 414 E 1829.

404 Art. 417 E 1829.

405 Art. 418, 419 E 1829.

Eine Injurie begeht hingegen

> „wer die bürgerliche Ehre eines Andern durch thätliche Beleidigung oder durch ehrenkränkende Äußerungen [...] böslich angreift“[406]

oder

> „wer Jemanden wegen wirklicher oder angedichteter Fehler vor dem Publikum auf diese Weise verächtlich macht.“[407]

Die Injurie kann damit – anders als die Verleumdung – durch Behauptung sowohl wahrer als auch unwahrer Tatsachen begangen werden. Wesentlich ist lediglich, daß die Verbreitung der Tatsachen der Verächtlichmachung des Beleidigten dient.

Die Varianten des Art. 422 dienen dabei unterschiedlichen Schutzzwecken. Während der Art. 422 1. Var. die bürgerliche Ehre des Beleidigten schützt, schützt Art. 422 2. Var. Jedermann vor der Verbreitung von verächtlichenden Tatsachen. Die Strafe lautet in beiden Fällen – je nach Schwere der begangenen Verletzung – auf Geld- oder Gefängnisstrafe[408].

Sowohl die Injurie als auch die Verleumdung werden nur auf Antrag des Verletzten verfolgt, es sei denn, daß durch die Tat die öffentliche Sicherheit, Ruhe oder Ordnung gestört worden ist[409].

Zusätzlich kann der Täter, auf Verlangen des Beleidigten, zum Widerruf, zur Abbitte oder zur Ehrerklärung angehalten werden[410].

ee) Verbrechen wider die Sittlichkeit

Den letzten Teil der Verbrechen wider die Person bilden die Sittlichkeitsverbrechen. Der Entwurf sieht sie in seinen Art. 437–453 vor.

Den Anfang bildet in Art. 437 das Verbrechen der Blutschande. Danach machen sich grundsätzlich strafbar

> „Ältern oder Großältern, welche mit ihren Enkeln oder Kindern den Beischlaf vollziehen.“

Die Blutschande ist mit Zuchthausstrafe von zwei bis vier Jahren zu bestrafen. Eine Strafbarkeit nach den Bestimmungen der Blutschande sieht der Entwurf

---

406 Art. 422 1. Var. E 1829.

407 Art. 422 2. Var. E 1829.

408 Art. 418, 424 E 1829.

409 Art. 420, 430 E 1829.

410 Art. 426 E 1829.

ferner für den Sohn, der mit seiner leiblichen Mutter den Beischlaf vollzieht[411], sowie für vollbürtige oder halbbürtige Geschwister, die miteinander den Beischlaf vollziehen, vor. Allerdings trifft Letztere (nur) eine Zuchthaustrafe von bis zu einem Jahr, wobei der Bruder grundsätzlich härter zu bestrafen ist als die Schwester[412]. Ferner machen sich Stiefeltern, die den Beischlaf mit ihren Stiefkindern vollziehen, strafbar. Diese sind mit Gefängnis bis zu sechs Monaten zu bestrafen[413]. Begründet die Blutschande gleichzeitig einen Ehebruch, so ist die Strafe entsprechend zu schärfen und die Ehe zu trennen[414].

Zu den Sittlichkeitsdelikten zählt der Entwurf ferner die Verbrechen der „Schwächung“[415], der „widernatürlichen Wollust“[416], der „Verleitung zur Unzucht“[417] und der „Kuppelei“. Während die Verbrechen der Schwächung, der widernatürlichen Wollust und der Verleitung zur Unzucht keine Besonderheiten aufweisen (die Verleitung zur Unzucht stellt insoweit das Gegenstück zum Verbrechen der Blutschande dar, weil das Opfer mit dem Täter zwar nicht

411 Art. 438 E 1829.

412 Art. 439 E 1829.

413 Art. 440 E 1829.

414 Art. 442, 443 E 1829.

415 Art. 444 E 1829: „Wer ein ehrbares Frauenzimmer durch vorgespiegelte Trauung, oder durch einen andern Betrug, in einen solchen Irrthum versetzt, worin sie sich zu dem gestatteten Beischlaf für verpflichtet halten mußte, ist mit Zuchthaus oder Zwangsarbeit zu bestrafen.“ Der Täter, der ein ehrbares Frauenzimmer durch das Versprechen der Ehe zum Beischlaf verleitet ist mit Gefängnis- oder Zuchthaus bis zu sechs Monaten zu bestrafen (Art. 445 E 1829).

416 Art. 447 E 1829: „Die widernatürliche Wollust wird, in sofern dadurch öffentliches Ärgerniß erregt worden, mit Zuchthaus bis zu einem Jahre bestraft.“ Wurde bei Tatbegehung Zwang ausgeübt oder ein Kind verführt, ist die Strafe auf Zuchthaus bis zu fünf Jahren zu erhöhen. Daneben kann gegen einen einheimischen Täter die Landesverweisung angeordnet werden (Art. 448 E 1829). Der Begriff der „widernatürlichen Wollust“ ist im Entwurf nicht näher definiert. Im wesentlichen handelt es sich im Raum Braunschweig dabei allerdings um das Verbrechen der Sodomie und der Homosexualität (vgl. *Schäfer*, Widernatürliche Unzucht, S. 27 in Anm. 54).

417 Art. 449 Abs. 1 E 1829: „Vormünder, Pflegeältern, Religions- oder Schullehrer, Erzieher oder Lehrmeister beiderlei Geschlechts, welche ihre Pflegekinder, Zöglinge, Pfarrkinder oder Untergebene zur Unzucht mißbrauchen, sollen, in sofern sie nicht wegen widernatürlicher Wollust oder der Schändung in härtere Strafe verfallen, mit Zuchthausstrafe bis zu drei Jahren belegt werden“. Ferner sind Religions- oder Schullehrer des Dienstes zu entheben (Art. 449 Abs. 2 E 1829). Gefängnis- oder Zuchthausstrafe trifft den Dienstboten, der eine minderjährige Frauensperson zur Unzucht verleitet (Art. 450 E 1829). Gleiche Strafe trifft eine in der Familie dienende Weibsperson von mehr als zwanzig Jahren, die den noch nicht fünfzehnjährigen Haussohn zur Unzucht verleitet (Art. 451 E 1829).

blutsverwandt diesem wohl aber anvertraut ist) lohnt es, den Blick auf die Bestimmungen der Kuppelei zu lenken.

Der Kuppelei macht sich nach Art. 452 strafbar

> „wer Verbrechen der Unzucht absichtlich des Gewinstes wegen, befördert oder gewerbsmäßig Gelegenheit zu der einfachen Schwächung veranstaltet"

oder

> „wer Frauenzimmer anwirbt, um sie in Bordellen unterzubringen."[418]

Der Entwurf stellt damit – anders etwa als das braunschweigische Strafgesetzbuch aus dem Jahre 1840[419] – lediglich die Form der Kuppelei, die mit Gewinnerzielungsabsicht oder gewerbsmäßig begangen worden ist, unter Strafe. Die bloße Verleitung „einer Frauensperson zur Unzucht mit Anderen"[420] bleibt hingegen straflos[421].

Der Entwurf unterscheidet also lediglich zwischen Kuppelei (die mit Gewinnerzielungsabsicht begangen worden sein muß) und Prostitution.

Im ersten Fall ist sie, wenn sie an der Ehegattin oder an leiblichen Kindern begangen worden ist, mit Zuchthaus bis zu zwei Jahren, anderenfalls (also an anderen Personen) mit Zuchthaus bis zu Gefängnis oder Zuchthaus bis zu einem Jahr zu bestrafen[422].

Im zweiten Fall ist hingegen, wenn das Anwerben der Frauenspersonen einoder erstmalig geschah, auf Zuchthaus bis zu einem Jahre und anderenfalls auf Zuchthaus bis zu drei Jahren zu erkennen[423].

d) Die Verbrechen wider das Vermögen und das Eigentum

Den dritten Schwerpunkt im Besonderen Teil bilden die in den Art. 454–545 behandelten Verbrechen gegen das Vermögen und das Eigentum. Der Entwurf nennt im Einzelnen die Verbrechen des „Diebstahls und der Unterschlagung",

---

418 Art. 453 E 1829.

419 Vgl. *Hartmann, I.*, Prostitution, Kuppelei und Zuhälterei, S. 47.

420 So § 190 BrCrGB.

421 Die „einfache" Kuppelei ohne Gewinnerzielungsabsicht steht indes in fast allen Partikulargesetzbüchern der Zeit unter Strafe. Wird sie gewerbsmäßig oder mit Gewinnerzielungsabsicht begangen, so stellt dies einen zusätzlichen Strafschärfungsgrund dar (vgl. i.E. *Hartmann, I.*, Prostitution, Kuppelei und Zuhälterei, S. 42 ff.).

422 Art. 452 E 1829.

423 Art. 453 E 1829.

des „Betruges", des „Nachdruckes", des „Raubes" und der „Sachbeschädigung".

aa) Verbrechen des Diebstahls und der Unterschlagung

Innerhalb der Vermögensdelikte bilden die Verbrechen des Diebstahls und der Unterschlagung den Schwerpunkt der Bestimmungen. Allein dem Verbrechen des Diebstahls widmet der Entwurf 30 Artikel, die im wesentlichen dem Feuerbach'schen Entwurf aus dem Jahre 1824 entlehnt sind[424]. Grund für die fast wörtliche Übernahme der Feuerbach'schen Bestimmungen war die viel zu harte Ahndung des Diebstahls im Herzogtum Braunschweig[425], von der Strombeck sich endgültig abwenden wollte. Mit Blick auf die Umstände der Gegenwart – es herrschte aufgrund der Politik *Karls II.* im Jahre 1829 große Not in der braunschweigischen Bevölkerung[426] – versuchte er „Ernst mit Milde" in Einklang zu bringen und die Strafen für das Verbrechen des Diebstahls nach humaneren Gesichtspunkten auszugestalten[427] – was ihm letztlich auch gelang. Nicht nur besticht der Abschnitt über die Vermögens- und Eigentumsverbrechen durch Präzision und Schlüssigkeit – was freilich auch daran gelegen haben mag, daß Strombeck vornehmlich im Zivilrecht tätig war und ihn deshalb eine besondere Affinität zu den Vermögensdelikten verband – sondern es überzeugt auch das entsprechende Strafmaß durch gezielte Überlegung und ausgewogene Verhältnismäßigkeit. Auch wenn die Bestimmungen größtenteils nicht aus Strombecks Feder stammen, so ist dessen Eigenleistung freilich darin zu erblicken, die Bestimmungen *Feuerbachs* für den norddeutschen Raum zugänglich gemacht zu machen.

In Art. 454 wird zunächst das Verbrechen des Diebstahls definiert. Danach macht sich strafbar

> „wer wissentlich eine fremde bewegliche Sache ohne Einwilligung des Berechtigten, jedoch ohne Gewalt an einer Person, eigenmächtig in seinen Besitz nimmt, um solche Sache rechtswidrig als Eigenthum zu haben."[428]

424 *Strombeck*, Entwurf, S. 188 in Anm. 1.

425 Auf den Hausdiebstahl stand nach braunschweigischem Recht die Todesstrafe, die, selbst wenn der Dieb die Sache zurückgegeben hatte, nicht in eine mildere Strafe verwandelt werden konnte (vgl. *Strombeck*, Entwurf, S. 189 in Anm. 1).

426 Vgl. *Husung*, Kriminalrecht im Herzogtum Braunschweig, S 71 ff.

427 Vgl. *Strombeck*, Entwurf, S. 188 in Anm. 1.

428 Eine Definition, die sich freilich bereits nahezu wörtlich im bayrischen Strafgesetzbuch aus dem Jahre 1813 finden läßt (vgl. auch *Prinz*, Diebstahl, S. 4).

Nach der genannten Definition muß der Diebstahl damit „wissentlich“, also vorsätzlich begangen werden, jedoch „ohne Gewalt an einer Person“ – in Abgrenzung zum Raub – erfolgen. Ferner muß der Täter die Sache „in seinen Besitz“ genommen, also Herrschaftsgewalt über die Sache begründet haben, „um“ diese Sache „als Eigenthum“ zu besitzen, was letztlich bedeutet, daß er mit Zueignungsabsicht gehandelt haben muß.

Der Diebstahl ist vollendet

> „sobald der Dieb die Sache von ihrer Stelle hinweg zu sich genommen, oder sonst in seine Gewalt gebracht hat.“[429]

Das bloße Berühren der Sache reicht zur Vollendung des Diebstahls nicht aus[430]. Der Täter muß die Sache vielmehr in seinen Gewahrsam gebracht haben, wenngleich das Unterbringen an einen „dritten sichern Ort“ nicht notwendig ist[431].

Es macht keinen Unterschied, ob der Dieb die Sache für sich oder einen Dritten zum Eigentum haben wollte. Maßgeblich ist, daß er die Sache rechtswidrig – oder „eigenmächtig“ – zueignen wollte. Damit nimmt der Entwurf auch den Fall der Drittzueignungsabsicht auf.

Als besondere Fälle des Diebstahls kennt der Entwurf den Diebstahl des Erbes[432], den Diebstahl aus dem Besitz des Nutznießers oder Pfandgläubigers[433] und den Haus- und Familiendiebstahl[434]. Mit Ausnahme des Diebstahls am Besitz des Nutznießers oder Pfandgläubigers werden die genannten Fälle nur auf Antrag verfolgt[435]. Der Diebstahl am Besitz des Nutznießers oder Pfandgläubigers unterliegt hingegen nicht den Bestimmungen des Diebstahls, sondern ist, entsprechend des Falles nach den Bestimmungen der Selbsthilfe oder des Betruges zu beurteilen, wenn nicht der Dieb die Handlung hat verschweigen wollen. In diesem Falle ist die Entwendung gleich einem Diebstahl zu achten[436].

---

429 Art. 455 Abs. 1 E 1829.

430 Art. 455 Abs. 2 E 1829.

431 Art. 455 Abs. 2 E 1829.

432 Art. 457 E 1829.

433 Art. 458 E 1829.

434 Art. 460, 461 E 1829.

435 Die Ausgestaltung des Haus- und Familiendiebstahls als Antragsdelikt ist dabei den §§ 1137, 1138 des Preußischen Allgemeinen Landrechts entlehnt (vgl. *Strombeck*, Entwurf, S. 191 in Anm. 5).

436 Art. 459 E 1829.

Der Entwurf unterscheidet weiterhin zwischen „kleinem“ und „großem“ („einfachen“ oder „ausgezeichneten“) Diebstahl. Ob es sich um einen kleinen oder großen Diebstahl handelt, richtet sich nach dem Wert der entwendeten Sache. Maßgeblich ist der „wahre Wert“, welchen die entwendete Sache zur Zeit der Entwendung hatte[437]. Auf den Wert anzurechnen ist auch der Nachteil, den die „Entbehrung der Sache“ dem Besitzer verursacht hat[438]. Ferner ist der Wert einer Sache zu berücksichtigen, der von Sachverständigen der Schönheit, Kunstmäßigkeit oder Seltenheit der Sache wegen beigemessen wird[439]. Der Wert kann allerdings nur insoweit zu Grunde gelegt werden, als dieser dem Täter auch bekannt war. Die Vorschrift darf dabei aber nicht überbewertet werden. Hatte der Täter allgemeine Kenntnis von dem höheren Wert einer Sache, so genügt diese Kenntnis, um den wahren Wert der Sache zu berücksichtigen. Ebenso wenig greift die Einschränkung bei Sachen von gewöhnlicher Güte[440]. Insoweit reicht bereits die Vermutung des Täters über den Wert der Sache[441]. Haben mehrere einen Diebstahl gemeinsam verübt so wird allen Tätern gleichermaßen der volle Wert der entwendeten Sache zugerechnet[442].

Nach den eben gemachten Ausführungen begeht einen kleinen Diebstahl, wer eine Sache entwendet, deren Wert zwei Reichstaler nicht übersteigt. Einen einfachen großen Diebstahl begeht hingegen, wer eine Sache entwendet, deren Wert mehr als 15 Reichstaler beträgt. Allein der große Diebstahl ist der Ahndung durch die Kriminalgerichte überlassen und wird, unter Berücksichtigung des Wertes der entwendeten Sache, mit Zuchthaus- oder Zwangsarbeit von sechs Monaten bis zu sechs Jahren bestraft[443]. Der kleine Diebstahl soll – entsprechend der braunschweigischen Rechtspraxis – hingegen weiterhin der Ahndung durch die Polizei überlassen bleiben, wobei den Täter eine Gefängnisstrafe von höchstens einem Monat treffen kann[444].

Eines „ausgezeichneten Diebstahls“ macht sich nach Art. 472 strafbar, wer einen Diebstahl unter „erschwerenden Umständen“ begeht. Im Einzelnen handelt es sich dabei um folgende Tatbestände:

---

437 Art. 462 E 1829.

438 Art. 463 E 1829.

439 Art. 464 E 1829.

440 Art. 465 E 1829.

441 Art. 465 i.V.m. Art. 466 E 1829.

442 Art. 467 E 1829.

443 Art. 468 Abs. 4, 474 E 1829.

444 Art. 468 Abs. 2, 470 E 1829.

1. Diebstähle an Vieh, von der Weide oder aus den Ställen, an Bienenstöcken, Ackergeräthe von dem Felde, an Obst- und anderen fruchttragenden Bäumen, Floßhölze, Bleichstücken, an Waaren von Frachtwägen, an Gepäcke der Reisenden, und überhaupt an solchen Gegenständen, die gewöhnlich im Freien hingestellt oder hingelegt zu werden pflegen;
2. auf Messen und Märkten begangene Diebstähle;
3. Entwendungen, welche von Handwerkern und Tagelöhnern, denen man, vermöge des ihnen aufgetragenen Geschäftes freien Zutritt gestattet, bei Gelegenheit desselben begangen sind; desgleichen Entwendungen, welche durch Kenntnis der Hausgelegenheit von Personen verübt worden, die im Hause aufgenommen sind [...][445];
4. alle bei Gelegenheit einer Feuers- oder Wassersnoth, in Kriegsgefahren und bei anderem öffentlichen Unglücke verübte Entwendungen;
5. Diebstähle an Sachen, welche sich in dem Eigenthume des Staats, der Kirchen, der milde Stiftungen und Armenanstalten befinden;
6. an Gegenständen aus Gräbern;
7. an Sachen, die im Gewahrsam oder unter dem Siegel der Obrigkeit sind[446];
8. Entwendungen der den Posten anvertrauten Gelder und Effecten;
9. Diebstähle, die mittelst Erbrechungen von Thüren und Behältern innerhalb der Gebäude oder durch deren Eröffnung mit Dieterichen und Nachschlüsseln vorgenommen worden;
10. Diebstähle, welche durch Einschleichen zur Nachtzeit in ein fremdes bewohntes Haus vollbracht sind; desgleichen durch Einschleichen bei Tage, um nächtliche Diebstähle auszuführen;
11. Diebstähle, welche von Hausgenossen an anderen Hausgenossen verübt werden, welche nicht zu den eigentlichen Hausdiebstählen zu rechnen sind;
12. Diebstähle, wozu sich drei oder mehrere Personen vereint haben, welche jedoch keine Bande bilden.

Die in Art. 472 genannten Fälle unterliegen grundsätzlich der Strafdrohung des einfachen Diebstahls. Die Strafe ist allerdings – weil es sich um einen ausgezeichneten Diebstahl handelt – um ein Drittel zu erhöhen[447]. Die Aufzählung des Art. 472 ist keinesfalls abschließend. Neben den in Art. 472 normierten Qualifikationen sieht der Entwurf in den Art. 474–480 weitere Konstellationen des Diebstahls vor, die sich allerdings von den Fällen des Art. 472 insoweit unterscheiden, als es sich um „ausgezeichnete Diebstähle von besonders pflichtwidriger Beschaffenheit" handelt.

---

445 Es handelt sich dabei aber nicht um Dienstpersonal, sondern um ehemalige oder gegenwärtige Hausgenossen (Art. 472 Nr. 3 E 1829).

446 Bemerkenswert ist die Unterscheidung zwischen Sachen, die im Eigentum des Staates stehen und Sachen, die der Staat – etwa durch Beschlagnahme – im Gewahrsam hat (vgl. Art. 472 Nr. 5).

447 Art. 473 E 1829.

Diesbezüglich nennt der Entwurf in Art. 474 zunächst das Verbrechen des Hausdiebstahls. Ihn begeht, wer „als Hausbediensteter" oder ein „in eines Andern Kost oder Lohn" Stehender

> „Geld oder sonst irgend einen Gegenstand"

entwendet[448]. Zum geschützten Personenkreis gehören dabei nicht allein der Hausherr oder die Hausherrin, sondern auch Kinder und Stiefkinder, die dem Haushalt angehören.

In Abs. 2 des Art. 474 ist auch die Unterschlagung – deren Bestimmungen eigentlich erst im folgenden Teil behandelt werden – durch Dienstboten u.a. aufgeführt. Es handelt sich dabei um den Fall, daß der Täter

> „die von [der] Herrschaft zur Bezahlung oder Bestellung anvertrauten Gelder in [eigenem] Nutzen verwende[t]; oder auf der Herrschaft Credit betrüglicher Weise Waaren aus[nimmt] oder überhaupt irgend einen [ihm] von [der Herrschaft] anvertrauten Gegenstand [unterschlägt]."

Diese Systemwidrigkeit erklärt Strombeck mit der Notwendigkeit, den Dienstboten u.a. ihre Verpflichtung zur Treue an genau *einer* Stelle des Gesetzes vorzulegen[449].

Dem Hausdiebstahl steht es gleich, wenn Gasthofgesinde einen Diebstahl am Eigentum einkehrender Fremder begeht[450].

Nach dem Entwurf ist der Hausdiebstahl mit der doppelten Strafe des einfachen Diebstahls zu bestrafen[451]. Allerdings sind bei der Strafzumessung auch die strengen Anforderungen des Art. 482 zu beachten, der auch für die Fälle der Art. 474–480 gilt. Danach muß zwingend berücksichtigt werden

1. wie hoch der Wert der entwendeten Sache gewesen ist,
2. wie empfindlich das Opfer durch den Diebstahl betroffen wurde,
3. wie mehr oder minder bestimmt der Vorsatz des Täters gefaßt war, was letztlich zu der Frage führt,
4. ob der Täter die Tat durch Zufall begangen oder ob er sie von langer Hand geplant hat,
5. ob es sich um einen ausgezeichneten Diebstahl handelt,
6. ob die Tat in *wahrer Hungersnot* begangen wurde und
7. wie *gefährlich* die Tat gewesen ist[452].

---

448 Art. 474 Abs. 1 E 1829.

449 *Strombeck*, Entwurf, S. 198 in Anm. 1.

450 Art. 476 E 1829.

451 Art. 475 E 1829.

452 Art. 482 E 1829.

Ferner muß die Regelung des Art. 483 berücksichtigt werden, die einen strafbefreienden Rücktritt für den Fall vorsieht, daß der Dieb, *nachdem* der Diebstahl dem Bestohlenen bekannt geworden ist, aber *bevor* ein Verdacht auf die Person des Diebes gefallen ist, aus freiem Antrieb vollständigen Schadensersatz an den Geschädigten geleistet hat. Ebenfalls zu berücksichtigen ist, daß nach Art. 485 die Regeln über den Rückfall zur Anwendung gelangen, entsprechend welcher Bestimmungen der Rückfall als Erschwerungsgrund gewertet wird[453]. Ferner ist zu beachten, daß Art. 484 beim Vorliegen mehrerer Auszeichnungen festlegt, daß die Strafe entsprechend zu schärfen ist.

Neben dem Hausdiebstahl, als ausgezeichnetem Diebstahl von besonders pflichtwidriger Beschaffenheit nennt der Entwurf den Holzdiebstahl[454], den Wild- und Fischdiebstahl[455], den Diebstahl an einer Leiche[456], den Bandendiebstahl[457], den Diebstahl mit Waffen[458] und den Einbruchsdiebstahl[459].

Die Verbrechen der Unterschlagung und der Vorenthaltung sind in den Art. 487–501 normiert.

Danach begeht eine Unterschlagung

> „wer eine Sache für einen Andern im Besitze oder Gewahrsam hat, und sich dieselbe rechtswidrig zueignet."

Einer Vorenthaltung macht sich nach Art. 490 hingegen strafbar

> „wer *zufällig* in den Besitz einer Sache kömmt und sie unrechtmäßiger und vorsätzlicher Weise an sich behält."

Nach dem Entwurf macht es also keinen Unterschied, ob die fremde Sache willentlich oder zufällig in den Besitz des Täters gekommen ist. Die Täter trifft insoweit dieselbe Strafe.

In Abgrenzung zum Verbrechen des Diebstahls ist es für die Unterschlagung und die Vorenthaltung nicht erforderlich, daß der Täter die Sache dem Eigentümer wegnimmt. Gleichwohl muß er aber auch hier mit Zueignungsabsicht handeln, er muß sich die Sache also entweder „rechtswidrig zueignen" oder sie „unrechtmäßiger Weise" an sich behalten.

---

453 Art. 174 E 1829.

454 Art. 477 E 1829.

455 Art. 478 E 1829.

456 Art. 479 E 1829.

457 Art. 480 Nr. 1 E 1829.

458 Art. 480 Nr. 2 E 1829.

459 Art. 480 Nr. 3 E 1829.

Die Unterschlagung gilt als vollendet, wenn der Besitzer die Sache dem zur Zurückforderung Berechtigten wissentlich ableugnet, oder die Sache ganz oder zum Teil veräußert, verbraucht oder sich sonst wie ein Eigentümer geriert[460]. Bestand das unterschlagene Gut allerdings in Geld oder anderen vertretbaren Gegenständen oder hat der Täter die fremde Sache verpfändet, so ist die Unterschlagung erst dann als vollendet anzusehen, wenn er auf die Anforderung des Eigentümers die Wiedererstattung der Sache nicht sofort bewirkt[461].

Die Vorenthaltung ist vollendet, wenn der Täter den Eigentümer der Sache kennen gelernt und ihm die Sache nicht zurückgegeben oder er die gesetzlichen Vorschriften über gefundene Sachen[462] unbeachtet gelassen hat[463].

Nach Art. 492 sind die Unterschlagung und die Vorenthaltung nach den Grundsätzen vom einfachen Diebstahl zu bestrafen. Nach Absatz 3 kann die Strafe bei der Unterschlagung um ein Drittel erhöht werden, wenn der Täter die Beobachtung seiner Verpflichtung (die Sache *nur* für den anderen zu besitzen und sie ihm zurückzugeben) eidlich angelobt hat.

bb) Verbrechen des Betruges

Art. 502–519 normieren die Strafbarkeit des Betruges. Dabei beschränkt der Entwurf die Strafbarkeit des Betruges – wie nunmehr üblich[464] – auf die Verletzung von Vermögensrechten[465] und unterscheidet ferner zwischen dem Verbrechen des Betruges einerseits und – in Anlehnung an Feuerbach – dem selb-

---

460 Art. 486 E 1829.

461 Art. 489 E 1829. Freilich ist fraglich, was unter dem Begriff „sofort“ zu verstehen sein soll.

462 Diese Vorschriften inkorporiert Strombeck in den Entwurf. Es handelt sich dabei um die Vorschriften der Art. 494–501 E 1829, die den Braunschweigischen Verordnungen über den Fund verlorener Sachen und den Schatzfund aus dem Jahre 1825 entlehnt sind. Nach Art. 494 hat jeder Finder verlorener Sachen: „die Verbindlichkeit, solche dem ihn bekannt gewordenen Eigenthümer oder dem, der sie verloren hat, wieder zuzustellen.“ Nach Art. 495 ist binnen acht Tagen die Polizei zu benachrichtigen, anderenfalls „verfällt der Finder in eine, dem Werthe der gefundenen Sache gleichkommende, Geldstrafe“, Art. 496.

463 Art. 491 E 1829.

464 Vgl. i.E. *Schütz*, Entwicklung des Betrugsbegriffs, S. 119.

465 Wenngleich dies nicht ausdrücklich wohl aber konkludent daraus geschlossen werden kann, daß das Verbrechen des Betruges im Rahmen der Vermögensdelikte aufgeführt wird. Insoweit aber etwas unglücklich die Formulierung des Art. 505 E 1829, der besagt, daß wenn der Gegenstand der durch den Betrug verübten Rechtsverletzung das Vermögen Anderer ist, der Täter nach den Bestimmungen über den einfachen Diebstahl zu bestrafen sein soll.

ständigen Verbrechen der Fälschung andererseits[466], wenngleich eine saubere Trennung nicht vollzogen wird, die Unterscheidung sich vielmehr anhand der verwendeten Begrifflichkeiten aufdrängt[467].

Einen Betrug begeht nach Art. 501

> „wer einen Andern, zum Nachtheile der Rechte desselben, absichtlich täuschet, es geschehe dieses durch Erzeugung eines Irrtums oder durch unerlaubte Vorenthaltung oder Unterdrückung der Wahrheit,“[468]

aber auch

> „[wer] sich wissentlich einen fremden Betrug zu Nutzen macht.“

Der Betrug ist nach Art. 504 als vollendet anzusehen

> „sobald die in betrügerischer Absicht vorgenommene Handlung vollendet ist.“

Auf den Eintritt eines Schadens kommt es nicht an. Auch ist es grundsätzlich unerheblich, ob ein Dritter überhaupt getäuscht worden ist. Die Relevanz dieser Frage soll nach dem Einzelfall zu entscheiden sein. Begeht der Täter aber einen Betrug in Form einer Fälschung (einer Urkunde), so tritt die Vollendung erst mit dem tatsächlichen Gebrauch der Urkunde ein[469].

Hinsichtlich der Verfolgung durch die Kriminalgerichte unterscheidet der Entwurf zwischen dem Betrug „geringerer Beschaffenheit“ und dem Betrug „unter erschwerenden Umständen“. Der Betrug geringerer Beschaffenheit, den nach Art. 506 begeht, wer einen Betrug „bei Eingehung oder Vollziehung eines zweiseitigen, auf gegenseitigen Vortheil gerichteten Vertrages“ begeht, bleibt der Verfolgung und Ahndung durch die Polizei überlassen[470]. Einzig,

---

466 Zum Sinn dieser Unterscheidung vgl. *Cucumus*, Von dem Unterschiede zwischen Betrug und Fälschung, in: NadC, Bd. II, S. 513–699.

467 So etwa in Art. 504 Abs. 2, wenn der Entwurf auf die Vollendung des Betruges zu sprechen kommt. Bezieht sich der Betrug nämlich auf die Fälschung einer Urkunde, gilt das Verbrechen erst dann als vollendet, wenn tatsächlich Gebrauch von der Urkunde gemacht worden ist.

468 Nach Art. 503 E 1829 kann Täter dieser Alternative allerdings nur sein, wen eine Rechtspflicht zur Offenbarung der Wahrheit trifft. Im Einzelnen handelt es sich dabei um die Fälle, daß: 1. Jemand von der Obrigkeit zu einem Zeugnis aufgefordert wird, 2. Jemand wissentlich eine aus Irrtum gezahlte Nichtschuld annimmt oder 3. Jemand gültige Urkunden zum Nachteil der Rechte eines Anderen unerlaubter Weise verheimlicht, vernichtet oder unbrauchbar macht. Insbesondere im Hinblick auf die letztgenannte Alternative ergeben sich freilich Abgrenzungsschwierigkeiten zur Urkundenfälschung in Form der Urkundenunterdrückung.

469 Art. 504 Abs. 2 E 1829.

470 Diese Teilung der Betrugstaten in Kriminalstraftaten und Polizeivergehen finden sich auch in anderen Landesgesetzgebungen wieder. Im Entwurf Strombecks gehen sie frei-

wenn bei der Tatbegehung erschwerende Umstände hinzutreten, soll der Betrug bei den Kriminalgerichten verbleiben. Nach Art. 507 handelt es sich dabei um die Fälle

1. des betrüglichen Verkaufs einer nicht mehr vorhandenen oder auf gültige Art schon veräußerten Sache;
2. des betrüglichen Verkaufs einer Ware von einer anderen Gattung und Materie, als wofür sie ausgegeben war;
3. des betrüglichen Verkaufs eines Gegenstandes, woran der Käufer, wegen verheimlichter Rechte eines Dritten, kein sicheres Eigentum erlangen konnte und
4. bei der Annahme und Zueignung eines Gegenstandes von höherem Wert, welcher irrtümlich statt eines Gegenstandes von geringerem Wert geliefert wurde.

Die Ahndung durch die Kriminalgerichte erfolgt schließlich auch bei Verträgen, welche bloß zum Vorteil oder Gewinn des einen Teils gereichen[471], also bei sittenwidrigen Geschäften. Eine Strafbarkeit des Zinswuchers verneint der Entwurf hingegen und überläßt diesen der zivilgerichtlichen Entscheidung[472], wenngleich eine Strafbarkeit für „verkleidete[473] wucherliche Verträge“[474] und den „gewerbsmäßigen Wucher“[475] wiederum beibehalten wird.

Der Betrug wird, wenn er sich gegen das Vermögen Anderer richtet, nach den Bestimmungen über den einfachen Diebstahl bestraft, wenn nicht Umstände hinzutreten, die ihn als einen gesetzlich ausgezeichneten Betrug darstellen[476]. In letzterem Fall trifft den Täter die Strafe des ausgezeichneten Diebstahls. Fälle des ausgezeichneten Betruges sind:

1. der Betrug an einer zu gemeinnützigen oder frommen Zwecken errichteten Anstalt;
2. der Betrug der Vormünder, Curatoren u.ä. in dem ihrer besonderen Treue untergebenen Geschäftsverhältnisse;
3. der Betrug mittels der Religion, religiöser Handlungen oder durch die Religion geheiligter Sachen;
4. der Betrug durch Verrückung von Grenzmarken u.ä.[477]

---

lich auf dessen mehrheitlich anzutreffende liberale Gesinnung zurück (vgl. für Braunschweig auch *Schütz*, Entwicklung des Betrugsbegriffs, S. 119 f.).

471 Art. 508 E 1829.

472 Art. 509 E 1829.

473 „Wucherlich verkleidet“ ist der Vertrag, wenn das wahre Verhältnis der Zinsen zum Kapital nicht mit Bestimmtheit und Klarheit erkannt werden kann (Art. 510 Abs. 2 E 1829).

474 Art. 510 E 1829.

475 Art. 511 E 1829.

476 Art. 505 E 1829.

477 Art. 516 E 1829.

Strafschärfung tritt ein, wenn durch den Betrug eine Gefahr für die Gesundheit und das Leben anderer hervorgerufen worden ist[478].

Betrügereien unter Familienmitgliedern oder durch das Hausgesinde sind entsprechend den Bestimmungen des Diebstahls zu bestrafen[479].

cc) Verbrechen des Nachdruckes

In Anlehnung an den Entwurf *Tittmanns* für das Königreich Sachsen entscheidet auch Strombeck sich dafür, geistiges Eigentum zu schützen. In den Art. 520–528 behandelt er die Strafbarkeit des Nachdruckes, den begeht

> „[wer] Bücher, musicalische Compositionen, Landkarten oder topographische Zeichnungen, welche der Verfasser oder ein Anderer verlegt, ohne Einwilligung [...] durch den Druck vervielfältigt, um daran ein Verlagsrecht auszuüben oder solche Gegenstände ins Publikum zu bringen“[480]

oder

> „[wer] gedruckte Auszüge aus Verlagsbüchern [...] und Abdrücke derselben mit Anmerkungen“

anfertigt und die Verlagsbücher damit entbehrlich macht[481].

Das Verbrechen des Nachdruckes ist mit der Einziehung der gesamten nachgedruckten Auflage (welche unbrauchbar gemacht werden soll) und einer Geldstrafe zu ahnden, die das Zweihundertfache des Ladenpreises des nachgedruckten Exemplars betragen soll[482]. Darüber hinaus können der Verleger und der Eigentümer des Geisteswerkes den Täter auf Schadensersatz in Anspruch nehmen[483].

dd) Verbrechen des Raubes

Den vorletzten Abschnitt der Vermögensdelikte bildet das Verbrechen des Raubes, in welchem der Entwurf in den Art. 538 und 539 auch das Verbrechen der Erpressung behandelt.

Nach Art. 529 begeht einen Raub

---

478 Unabhängig von der Geringfügigkeit des entsprechenden Betrages soll hier grundsätzlich auf die Strafe des Zuchthauses erkannt werden (Art. 516 E 1829).

479 Art. 515, 518 E 1829.

480 Art. 520 E 1829.

481 Art. 521 E 1829.

482 Art. 523 E 1829.

483 Art. 527, 528 E 1829.

„wer, um eine Entwendung zu vollbringen, einer Person Gewalt antut, entweder durch thätliche Mißhandlungen, oder durch Drohung auf Leib oder Leben."

Diese Vorschrift ist wörtlich dem Bayerischen Strafgesetzbuch aus dem Jahre 1813 entnommen. Bestraft wird die in Diebstahlsabsicht gebrauchte, der Entwendung vorangehende Gewalttätigkeit oder Gewaltdrohung. Indes kommt es nicht darauf an, ob der Täter „seine habsüchtige Absicht erreicht habe" oder nicht[484]. Das Erfordernis der Wegnahme entfällt damit ganz. Erheblich ist nur, daß – in Abgrenzung zum Verbrechen des Diebstahls – bei der Tatbegehung Gewalt angewandt wurde, um eine Entwendung zu ermöglichen. Die Regelungslücke der Gewaltanwendung nach vollzogener Entwendung sieht Strombeck auch und führt Art. 531 Abs. 2 ein:

„dasselbe gilt von Jedem, welcher bei einem Diebstahle ertappt, um das entwendete Gut in Sicherheit zu bringen, an eine Person thätlich Hand anlegt."[485]

Der Täter ist dann gleich einem Räuber zu bestrafen. Etwas Anderes gilt nur, wenn ein auf der Tat ertappter Dieb, sich bloß zur Sicherung seiner Person verteidigt[486].

Das Verbrechen des Raubes wird nach dem Entwurf verhältnismäßig hart bestraft. Ist der Raub durch bloße Drohungen und „ohne den Gebrauch tödtlicher Waffen" begangen worden, so ist er mit der Strafe des kleinen Karren bis zu sechs Jahren zu bestrafen[487]. Eine Strafschärfung tritt nach Art. 534 ein, wenn der Raub zwar durch bloße Drohungen begangen worden, der Täter aber entweder:

1. in eine Wohnung eingebrochen oder zur Nachtzeit eingedrungen ist oder
2. sich durch Masken unkenntlich zu machen gesucht hat oder
3. den Raub mit einem Anderen gemeinschaftlich begangen hat.

In diesen Fällen ist auf den großen Karren bis zu acht Jahren zu erkennen. Der Raub unter Gewaltanwendung durch tätliche Mißhandlung ist mit dem großen Karren bis zu zwölf Jahren zu bestrafen[488]. Hat der Raub eine schwere Folge, etwa eine schwere Gesundheitsschädigung des Opfers, zur Folge, so kann

---

484 Art. 529 a.E. E 1829.

485 Es handelt sich um eine Vorschrift, die wir heute als *räuberischen Diebstahl* kennen, § 252 StGB.

486 Art. 532 E 1829.

487 Art. 533 E 1829.

488 Art. 535 E 1829.

sogar auf den bürgerlichen Tod erkannt werden[489]. Die gleiche Strafe trifft nach Art. 537 die Anführer oder Häupter einer Räuberbande.

Art. 538 behandelt das Verbrechen der Erpressung, welches – freilich nur in Ansätzen – bereits an den Straftatbestand der Erpressung aus heutiger Sicht erinnert. Einer Erpressung macht sich nach dem Entwurf nämlich strafbar

> „wer durch thätliche Mißhandlung, oder durch Drohung auf Ehre, Leib oder Leben eine Person zur Unterschrift, Ausstellung oder Ausfertigung einer Urkunde, welche die Erwerbung von Rechten oder Tilgung von Verbindlichkeiten zum Inhalte hat, der zur Auslöschung eines Schuldpostens, zur Auszahlung oder Niederlegung einer Geldsumme oder zu irgend einer Handlung, wodurch derselben oder eines Dritten Vermögen beeinträchtigt wird, nöthigte, um sich oder einem Anderen einen Vortheil zu verschaffen."

Der Tatbestand der Erpressung umfaßt vier Alternativen:

1. die Nötigung zur Ausfertigung einer Urkunde,
2. die Nötigung zur Auslöschung eines Schuldpostens,
3. die Nötigung zur Auszahlung oder Niederlegung einer Geldsumme und
4. die Nötigung zu einer Handlung, die einen ähnlichen *Vermögens*nachteil bewirkt.

Strafbarer Inhalt der Vorschrift ist es also, eine „Vermögensverfügung" zu veranlassen. Diesbezüglich bedient sich der Täter der Drohung oder der Gewalt. Genau wegen dieses Gewaltmomentes ist der Täter nach den Bestimmungen des Raubes zu bestrafen[490]. Strafmilderung tritt nur dann ein, wenn die Erpressung

> „nur durch Erregung von Furcht vor künftigen minder gefährlichen Mißhandlungen oder Beschädigungen oder durch Bedrohung mit Denunciation, Verläumdung, Klage, Ablegung oder Verweigerung eines Zeugnisses oder durch ähnliche Zudringlichkeiten"

begangen worden ist. In diesen Fällen ist auch Gefängnis- oder Zuchthausstrafe zu erkennen[491].

Nach Art. 540 wird je nach Gefährlichkeit mit Zuchthaus, dem kleinen oder dem großen Karren bis zu acht Jahren bestraft

> „wer durch aufgesteckte Brandzeichen oder durch Drohungen von Mord, Raub, oder Brandstiftung, über ganze Orte oder Gegenden Erpressungen vornimmt."

Die Vorschrift erinnert an das alte Fehderecht, welches der Entwurf hier zu pönalisieren sucht (Landzwang). Will man sich am Anachronismus dieser

489 Art. 536 E 1829.

490 Art. 539 Nr. 1 E 1829.

491 Art. 539 Nr. 2 E 1829.

Vorschrift nicht stören – sie mag dem Umstand geschuldet sein, daß man sich am Vorabend der Julirevolution befand – so erscheint sie insoweit deplaziert, als das zentrale Schutzgut der Vorschrift des Art. 540 nicht das Privatvermögen, sondern der öffentliche Frieden zu sein scheint und die Vorschrift ihren Platz mithin besser im Rahmen der Delikte gegen den öffentlichen Frieden einnehmen hätte können.

ee) Verbrechen der Sachbeschädigung

Die Art. 541–544, welche das Verbrechen der Sachbeschädigung behandeln, schließen den Bereich der Vermögensdelikte ab.

Einleitend legt Art. 541 fest, daß sich einer Sachbeschädigung strafbar macht

> „wer fremdes Eigenthum aus Bosheit oder Muthwillen zerstört oder beschädigt."

Der Täter, der boshaft oder mutwillig gehandelt haben, mithin einen qualifizierten Vorsatz gehabt haben muß, ist, wenn die Handlung *nicht* als Verbrechen wider die öffentliche Sicherheit im Staate zu betrachten ist und der Schaden nicht mehr als vier Taler[492] beträgt mit einer Geld- oder Gefängnisstrafe zu belegen. Unter erschwerenden Umständen und insbesondere, wenn eine Schadenswiedergutmachung nicht stattgefunden hat, soll auf Zuchthaus oder Zwangsarbeit erkannt werden[493].

Die Sachbeschädigung an Gütern des Fürsten oder der Allgemeinheit ist mindestens mit Gefängnis bis zu zwei Monaten und höchstens mit Zuchthaus bis zu einem Jahr zu bestrafen[494].

e) Die Verbrechen der Staatsbeamten und der öffentlichen Diener

Den letzten Abschnitt des Besonderen Teils bilden die in den Art. 546–589 angeführten „Verbrechen der Staatsbeamten und öffentlichen Diener", welche sich in die Kategorien Mißbrauch der Amtsgewalt, Fälschung und Treulosigkeit in Amtssachen, Bestechlichkeit und Verletzung der Subordination unterteilen lassen. Besondere Berücksichtigung verdienen in diesem Zusammenhang insbesondere das Verbrechen des Mißbrauchs der Amtsgewalt, sowie das Verbrechen der Bestechlichkeit, auf welche Bestimmungen – nach einer kur-

---

492 Beschädigungen, die unter vier Talern betragen, bleiben der polizeilichen Ahndung überlassen, Art. 541 Abs. 3 E 1829.

493 Art. 541 Abs. 2 E 1829.

494 Art. 542 E 1829.

zen Beschreibung der grundsätzlichen Strafbarkeit von Staatsbeamten und öffentlichen Dienern – noch näher eingegangen werden soll.

In Art. 546 legt der Entwurf zunächst einleitend für alle Formen der Begehung gleichermaßen fest, daß

> „jeder Staatsbeamte und öffentliche Diener, welcher eines Verbrechens wegen Strafe empfängt [...] sodann seines Postens zu entsetzen oder von solchem zu entlassen [ist], wenn das von ihm begangene Verbrechen von der Beschaffenheit ist, daß er derjenigen Achtung und des Zutrauens nicht mehr genießen kann, welche ihm bei der Ausübung seines Amtes erforderlich sind."

Die Vorschrift ist so zu verstehen, daß eine Amtsenthebung nicht nur dann in Betracht kommen soll, wenn der Täter sich eines qualifizierten Verbrechens im Sinne eines Verbrechens eines Staatsbeamten oder öffentlichen Dieners strafbar gemacht hat, sondern ihn diese Strafe auch dann treffen soll, wenn er eine andere im Entwurf vorgesehene Straftat begangen hat. Diesen Schluß läßt der sich anschließende Art. 547 zu, der darauf hinweist, daß sich eines Amts- oder Dienstvergehens schuldig macht, wer *nachfolgende*, in den Art. 548–589 geregelte, Tatbestände erfüllt.

An den Anfang der Verbrechen der Staatsbeamten und öffentlichen Diener stellt Strombeck die Strafbarkeit des Mißbrauchs der Amtsgewalt[495], die im wesentlichen darin besteht, körperliche oder seelische Gewalt gegenüber einem Untergebenen auszuüben. Strafbar ist danach, wer die ihm „vom Staate anvertraute Gewalt zur Bedrückung oder zur Mißhandlung" von Untertanen mißbraucht[496]. Die Mißhandlung ist grundsätzlich mit Geldstrafe zu belegen. Ausnahmsweise soll auf die Gefängnis- oder Zuchthausstrafe erkannt werden, etwa wenn Gerichtsdiener, Aufseher, Wärter und Wächter Häftlinge zur Unzucht mißbrauchen[497]. Neben dem Tatbestand der Mißhandlung umfaßt der Abschnitt auch die Strafbarkeit der Rechtsbeugung[498], wenngleich sie nicht ausdrücklich als solche benannt wird, sondern sich aus dem Zusammenspiel der Art. 561 und 564 ergibt[499]. Die Strafbarkeit des Art. 561 trifft nämlich

> „Richter, welche absichtlich über einen Unschuldigen Strafe verhängen, oder einen Schuldigen mit härterer Strafe belegen, als ihm rechtskräftig zuerkannt worden."

495 Art. 549–565 E 1829.

496 Art. 549 E 1829.

497 Art. 560 E 1829.

498 Eine im 18. und 19. Jahrhundert noch durchaus übliche Praxis (vgl. *Thiel*, Rechtsbeugung, S. 29).

499 Anders im Criminalgesetzbuch für das Herzogthum Braunschweig, welches in den §§ 279, 280 zwei eigenständige Vorschriften aufführt, die als Straftatbestände der „Beugung des Rechts" bezeichnet waren.

In diesem Fall ist der Richter mit Freiheitsstrafe zu belegen und seines Dienstes zu entheben. Bei Art. 561 handelt sich um eine Spezialvorschrift, die allein die Strafbarkeit des Strafrichters behandelt. Eine Strafbarkeit des Zivil- *und* Strafrichters sieht der Entwurf in Art. 564 vor, nach welchem sich

> „Richter, welche bei der Leitung oder Entscheidung eines Rechtsstreits wissentlich und vorsätzlich Ungerechtigkeiten begehen"

strafbar machen. Die Strafe lautet hier ebenfalls auf Dienstenthebung. Auf eine Freiheitsstrafe soll hier aber grundsätzlich nicht, sondern nur dann erkannt werden, wenn es nach den Umständen des Falles für erforderlich gehalten wird.

Neben den Mißbrauchsverbrechen bilden die Bestimmungen über die Strafbarkeit der Bestechung einen Schwerpunkt im Rahmen der Verbrechen durch Staatsbeamte und öffentliche Diener. Der Entwurf führt sie in seinen Art. 567–570 auf.

Einer Bestechung macht sich danach strafbar

> „ein Staatsbeamter, der wegen einer zu seinem amtlichen Wirkungskreise gehörigen Handlung oder Unterlassung ein Geschenk oder irgend einen ihm nicht gebührenden Vortheil annimmt."[500]

Täter kann nach dieser Bestimmung nur ein Staatsbeamter sein. Die öffentlichen Diener sind von der Strafbarkeit der Bestechung vollständig ausgeschlossen. Strafbar ist auch nur die Annahme eines Geschenkes oder Vorteiles zum Zwecke der Ausübung einer Amtshandlung oder zum Zwecke der Unterlassung derselben. Aus heutiger Sicht ist die Bezeichnung als Bestechung daher mißverständlich, denn streng genommen handelt es sich um einen Fall der Bestechlichkeit eines Beamten. Die aktive Bestechung eines Beamten ist vom Tatbestand dieser Vorschrift hingegen nicht erfaßt und man wird sie auch in den nachfolgenden Bestimmungen vergeblich suchen. Innerhalb des Bestechungstatbestandes wird nicht zwischen der Vornahme einer pflichtgemäßen Amtshandlung (Vorteilsannahme) und der Vornahme einer pflichtwidrigen Amtshandlung (Bestechlichkeit) unterschieden, wenngleich diese Problematik – letztlich eine Problematik, die sich im unterschiedlichen Unrechtsgehalt niederschlägt – im Entwurf zwar nicht auf Tatbestandsebene, sondern auf der Rechtsfolgenseite berücksichtigt wird. Nach Art. 569 soll nämlich der Beamte, der eine pflichtwidrige Amtshandlung vornimmt, mit Dienstentsetzung zu bestrafen sein, während der Beamte, der eine pflichtgemäße Amtshandlung

---

500 Art. 567 E 1829.

vornimmt mit einer Suspension von höchstens drei Monaten oder Geldstrafe zu rechnen hat[501].

Vollendet ist das Verbrechen der Bestechung dann, wenn sich der Beamte zur Annahme bereit erklärt[502]. In diesem Zusammenhang sei noch kurz erwähnt, daß die Bestechung auch dann verwirklicht wird, wenn das Versprochene einem Angehörigen des Beamten mit dessen Kenntnis übergeben wird und der Beamte das Erlangte nicht binnen drei Tagen zurückgibt oder Anzeige über den Erhalt macht[503]. Strafschärfung tritt ein, wenn der Beamte zur Leistung eines Geschenkes aufgefordert hat[504].

III. Gesamtbeurteilung und Schicksal des Entwurfs

Am 2. April 1829 wurde der „Entwurf eines Strafgesetzbuches für ein norddeutsches Staatsgebiet [...]" veröffentlicht[505]. Mit Spannung hatte Strombeck diesen Tag erwartet; er war „auf die verschiedenartigsten Beurtheilungen" seiner Arbeit gefaßt[506] – doch sollte er auf Reaktionen vergeblich warten. Nicht eine einzige Kritik oder Stellungnahme folgte der Veröffentlichung des Entwurfes Strombeck. Der Entwurf blieb vielmehr weitestgehend unbemerkt. Diese Nichtbeachtung muß Strombeck – der sich vornehmlich im Königreich Westfalen einen Namen als Verfasser juristischer Schriften gemacht hatte[507] – schwer getroffen haben. Er versuchte seine Enttäuschung später zu verbergen, gab an, den Entwurf an mehrere gekrönte Häupter gesandt zu haben, welche diesen mit dem größten Wohlwollen aufgenommen haben wollen. So sei der Entwurf etwa „in Frankreichs gesetzgebender Versammlung erwähnt" worden oder es habe Nicolaus I.[508] Strombeck seinen „ausdrücklichen Beifall zu dem

501 Vgl. hinsichtlich der Unterscheidung dieser Strafen oben Kap. 9, IV., 2 c).

502 Art. 568 S. 1 E 1829. Darüber hinaus ist es nach dem Entwurf auch strafbar, wenn der Beamte nach Vornahme der Diensthandlung ein Geschenk oder einen Vorteil annimmt, ohne daß dies vorher versprochen worden war (Art. 570 Abs. 1 E 1829).

503 Art. 568 S. 2 E 1829.

504 Art. 570 Abs. 2 E 1829.

505 Anzeige in AlitZ 1830, S. 135.

506 *Strombeck*, Vorrede, S. XXIX.

507 So bezeichnete man etwa noch im Jahre 1809 seine „Formulare und Anmerkungen zur Prozeß-Ordnung des Königreich Westfalens nebst einigen Mustern gerichtlicher Reden" (3 Bände, Göttingen 1809–1813) als eine „gehaltvolle Schrift" (*Unbekannt*, in: AlitZ, 1809, S. 247).

508 Nicolaus I. war der dritte Sohn des Zaren Paul I. und dessen zweiter Ehefrau, Maria Fjodorowna, geborene Prinzessin Sophia Dorothea von Württemberg. Als Alexander I. am 1. Dezember 1825 ohne eigene Kinder starb, sah sich Nikolaus völlig unerwartet selbst mit der Regierungsübernahme konfrontiert, da sein zweitältester Bruder

menschenfreundlichen Bestreben zu erkennen gegeben"[509]. Selbst Karl XIV. Johann[510], den Strombeck auf einer Reise durch Skandinavien kennenlernte, teilte diesem mit, daß ihm sein Entwurf „nicht unbekannt geblieben" war[511].

Doch so sehr Strombeck sich auch mühte, die Nichtbeachtung zu relativieren, so sehr hat sie wohl tatsächlich auch stattgefunden – habe der Entwurf nun auch des einen oder anderen Monarchen Zuspruch gefunden – einen Zuspruch in Norddeutschland hat es nie gegeben.

Man mag sich fragen, warum dem Entwurf Strombeck so wenig Beachtung geschenkt wurde. Hielt man Strombeck vielleicht noch die Kollaboration aus Westfalen vor? Oder waren Strombecks Verdienste eher im zivilrechtlichen Bereich zu suchen? Oder war etwa der Entwurf insgesamt völlig unbrauchbar? Die Wahrheit liegt wohl in der Mitte.

Es mag stimmen, daß man Strombeck die Stellung, die er unter den Franzosen bekleidet hatte, noch nicht ganz verzeihen wollte. Doch sollte seine damalige Karriere 15 Jahre später tatsächlich noch von Bedeutung gewesen sein, läßt sich nicht erklären, warum man ausgerechnet Strombeck zum außerordentlichen Mitglied der Strafgesetzgebungskommission in Braunschweig ernannte und ihn, wegen der „Wichtigkeit des Gegenstandes", dringend bat, den Beratungen beizuwohnen[512].

Es mag auch richtig sein, daß Strombecks Stärken vornehmlich im Zivilrecht zu suchen waren, denn den Beruf des Zivilrichters hatte er lange Jahre ausgeübt. Doch beschäftigte sich Strombeck auch immer wieder mit dem Kriminalrecht, so daß er letztlich auch in diesem Bereich über fundierte Kenntnisse verfügte. Darüber hinaus übte Strombeck seit dem Jahre 1828 vornehmlich den Posten eines Kriminalrichters aus – eine Position, die ihm wohl genügend Erfahrung im kriminalrechtlichen Bereich verschafft haben dürfte.

Wahrscheinlicher ist also, daß der Entwurf selbst, wenn auch leisen, so doch gewissen Unmut unter den Kollegen erzeugt hat. Tatsächlich war der Entwurf Strombeck – wie bereits angedeutet – nicht frei von Schwächen.

Konstantin sich weigerte, den Zarenthron zu besteigen. Am 24. Dezember übernahm Nikolaus formell die Regierung und wurde am 3. September 1826 in Moskau gekrönt.

509 *Strombeck*, Darstellungen, Bd. 2, S. 292 f.

510 Karl XIV. Johann war von 1818 bis 1844 als Karl XIV. Johann König von Schweden und als Karl III. Johann König von Norwegen.

511 *Strombeck*, Darstellungen, Bd. 8, S. 96.

512 *Heinemann*, Das braunschweigische Criminalgesetzbuch, in: BrJb, Bd. 59 (1978), S. 84.

Eine der größten Schwächen – wenngleich man heute von einer der größten Errungenschaften sprechen dürfte – war Strombecks vollständige Abkehr von der Todesstrafe. Obwohl er sich in bester Gesellschaft befand – vornehmlich die Ausführungen *Beccarias* hatten in Deutschland die Anzahl der Gegner der Todesstrafe stetig ansteigen lassen [513] – mögen diese Ansichten auf das Herzogtum Braunschweig und die betreffenden Nachbarstaaten doch zu radikal gewirkt haben. Während nämlich Strombeck bereits 1829 davon überzeugt war, daß die „Todesstrafe als Strafmittel [...] zur Verhütung der Verbrechen nichts beitragen könne“[514], ließen sich die braunschweigischen Kollegen noch 1840 nur bedingt auf diese Argumentation ein. So heißt es etwa in einem braunschweigischen Gutachten aus demselben Jahr:

> „Offenbar ist man aus philanthropischen Gründen zu weit gegangen, wenn man sich für die unbedingte Abschaffung der Todesstrafe erklärt habe, denn indem man gegen die Verbrecher sich human zeigte, sei man gegen die, welche es nicht seien, und deren sittliche Existenz durch jene gefährdet werde, inhuman geworden.“[515]

An eine Abschaffung der Todesstrafe war mithin nicht zu denken. Sie (allein) durch den bürgerlichen Tod ersetzt zu wissen reichte nicht aus. Tatsächlich wurde die Todesstrafe in das braunschweigische Kriminalgesetzbuch von 1840 aufgenommen – Strombecks Vision war damit nur Vision geblieben.

Eine weitere Schwäche des Strombeck'schen Entwurfes scheint die Gewährung von Ermessensspielräumen für den Strafrichter gewesen zu sein. Freilich war man auch in Braunschweig bereit, den absolutistischen Polizeistaat – den es aber in der Form Preußens in Braunschweig nie gegeben hatte – gegen die Forderungen der Aufklärung nach Rechtsstaatlichkeit einzutauschen. In Abkehr vom – durch die Carolina noch vorgeschriebenen – Inquisitionsprozeß war es daher notwendig – und darin stimmte man weitestgehend überein –, dem Richter Freiräume einzurichten, damit dieser besser und individueller auf den Täter einwirken könne. Es begann das Zeitalter moderner Strafrechtspflege, die im wesentlichen auf die Überlegungen *Kants* und *Feuerbachs* zurückzuführen ist[516] und deren Lehren auch Strombeck – als Bewunderer insbesondere *Feuerbachs* – in seinem Entwurf aufnehmen wollte. Doch anders als *Feuerbach* arbeitete Strombeck bei der Regelung des Ermessens nicht einheit-

513 Vgl. *Kreutziger*, Beccaria-Rezeption, in: Deimling (Hrsg.), Cesare Beccaria. Die Anfänge moderner Strafrechtspflege in Europa, S. 123.

514 *Strombeck*, Darstellungen, Bd. 4, S. 114.

515 Gutachten des Abgeordneten Sallentien über die Frage der Zulässigkeit der Todesstrafe im braunschweigischen Criminalgesetzbuch, in: *Heinemann*, Das braunschweigische Criminalgesetzbuch, in: BrJb, Bd. 59 (1978), S. 85.

516 Vgl. *Drost*, Ermessen, S. 109.

lich. Während *Feuerbach* nämlich davon ausging, daß des Richters einzige Aufgabe die Gesetzesanwendung auf der Grundlage der Bestimmtheit der gesetzlichen Voraussetzungen sei und ein Ermessen nur im Rahmen der Strafzumessung gewährte[517], weist der Entwurf Strombeck immer wieder Unsauberkeiten auf, weil er in einzelnen Vorschriften das Ermessen nicht allein auf die Rechtsfolgenseite oder Strafzumessung beschränkt, sondern oft auch der Tatbestand einer Vorschrift unbestimmte Rechtsbegriffe enthält. Zwar ist es löblich, daß Strombeck in Art. 3 des Entwurfes den Grundsatz „nulla poena sine lege" festschreibt, auch erfreut es, daß er sich ausdrücklich gegen die „praesumtio doli" ausspricht, wenngleich die Abkehr von Letzterer nicht zwingend rechtsstaatlichen Überlegungen, sondern vornehmlich praktischen Erwägungen folgte. Doch wirkt die Aufnahme dieser Vorschriften letztlich – wenn auch nicht unbedingt im Zusammenhang mit der angesprochenen Problematik stehend – wie eine Farce, wenn sich im Entwurf Strombeck wiederholt auch Bestimmungen finden lassen, die ein Ermessen bereits auf Tatbestandsebene zulassen[518] oder dem Richter etwa im Rahmen der Strafverhängung freistellen, ob er (für ein und dasselbe Delikt) lieber auf die Zuchthaus- oder auf die Zwangsarbeitsstrafe erkennen will, bei welchen – und das ist dem Entwurf klar zu entnehmen – es sich offensichtlich um verschiedene Strafen handeln soll. In Strombecks Vorstellung freilich galt das Ermessen des Richters tatsächlich nur auf der Rechtsfolgenseite. Anerkanntes Ziel des Strombeck'schen Entwurfes war es nämlich, durch die Gewährung von Ermessen individuell-gerechte Lösungen für den Täter herbeizuführen. Doch daß bei zu großzügiger Anwendung von Ermessen die Gefahr bestehen könnte, daß der Täter zum Spielball richterlicher Entscheidungen werden könnte, erkannte Strombeck nur bedingt. Er ging insoweit von einem Ideal aus, nämlich von einem Richter, der allein und stets das Wohl des Täters, die Gerechtigkeit und die Angemessenheit der Strafe zur Tat vor Augen habe. Strombeck selbst aber hatte zuvor an anderer Stelle geäußert, daß im Strafrecht, aufgrund seiner Besonderheiten, nach Möglichkeit nicht mit Idealen gearbeitet werden solle[519]. Die Schwächen, die er in seinem Entwurf zu erkennen vermochte, suchte er

517 Vgl. *Baumgarten*, Anselm v. Feuerbach, S. 114 f.

518 Siehe etwa Art. 207–213.

519 So Strombeck selbst in seiner Eröffnungsrede für die Reichsstände Westfalens im Jahre 1808 (*Strombeck*, Rede vor den Reichsständen, S. 11).

durch umfangreiche Kasuistik wieder zu berichtigen[520], was aber zu weiteren Problemen führte, auf welche im folgenden näher einzugehen ist.

Die Summe von 587 im Entwurf Strombeck enthaltenen Bestimmungen mußte dahin führen, dem Entwurf eine Praktikabilität abzusprechen. Denn macht man es sich auf der einen Seite zur Aufgabe, ein – gerade im Hinblick auf den Laien – verständliches und klar strukturiertes Strafgesetzbuch zu verfassen, und wartet man auf der anderen Seite mit fast 600 Bestimmungen auf, gerät das gesamte Vorhaben letztlich in Schieflage. Denkt man etwa an die Bestimmungen der Täterschaft und Teilnahme, deren Regelung der Strafbarkeit des Gehilfen bis zum dritten Grade reicht oder etwa die Ausführungen der Brandstiftungsdelikte, welchen Bestimmungen ein umfangreicher Strafenkatalog an Unterfällen des Grunddeliktes folgt, so kann von Verständlichkeit und Praktikabilität freilich keine Rede mehr sein[521]. An diesen Stellen mag man den Richter in Strombeck erkennen. Denn obschon es einem Gesetz – was auch Strombeck bewußt war – dienen mochte, es abstrakt zu fassen, um zu gewährleisten, daß sich auch unbekannte Konstellationen unter den Tatbestand einer Norm subsumieren lassen und nicht auch Bagatellen pönalisiert werden[522], konnte Strombeck oft nicht anders, als die im Gerichtssaal gewonnenen Erkenntnisse in Form eines Tatbestandes im Entwurf festzuschreiben. Das Resultat ist wenig zufriedenstellend, denn dort, wo Strombeck Erleichterung schaffen wollte, schafft er letztlich Verwirrung – mitunter ein Grund, warum der Entwurf Strombeck dem Vergleich mit dem späteren Kriminalgesetzbuch von Braunschweig – das lediglich 287 Bestimmungen enthielt – nicht standhalten konnte.

Eine weitere Schwäche kann nicht zuletzt in der großen Milde, die der Entwurf gegenüber dem Täter erkennen läßt, erblickt werden. Forderungen, das Individuum in den Mittelpunkt der strafrechtlichen Betrachtung zu rücken, ließen sich freilich seit dem ausgehenden 18. Jahrhundert verstärkt hören[523]. Auch

520 So soll der Richter bei der Strafzumessung etwa verpflichtet sein „das Maaß der Strafe in anpassenden Graden zu bestimmen“, dabei muß er sich aber letztlich ausnahmslos von den in Art. 142 ff. aufgestellten Grundsätzen leiten lassen.

521 Und das obwohl Strombeck allzu starke Kasuistik insbesondere mit dem Argument der Unmöglichkeit der praktischen Umsetzung ablehnt. Nur solche Männer – so Strombeck –, „welche nie in Gerichten gesessen“ hatten, konnten derartig „geistlose Taxordnungen“ befürworten (E 1829, S. 61 in Anm. 5).

522 So etwa die Überlegungen bei der Erarbeitung des Kriminalgesetzbuches für das Herzogtum Braunschweig: „da mit jedem neuen Verbrechen ein neues Übel geschaffen“ werde, solle darauf geachtet werden, „nicht mehr Handlungen als notwendig zu Verbrechen zu machen“ (Motive, S. 148).

523 Siehe *Schmidt*, Strafrechtsreform und Kulturkrise, S. 7 f.

war man sich einig, daß eine Beurteilung des Täters allein unter Sühnegesichtspunkten dem Zeitalter der Aufklärung nicht mehr entspreche[524]. Doch war man wenig gewillt, Strombecks Ansichten zu teilen, der – als engagierter Vertreter des Besserungsgedankens – das „Wohl und Wehe" des Täters zum Dogma erhob. Mit fast väterlicher Sorge wird Strombeck nicht müde, immer wieder zu betonen, daß der Straftäter letztlich ein „Unglücklicher" sei, den allein widrige – meist nicht in seiner Person liegende – Umstände zu der Tat bewogen hätten. Die Milde sollte sogar so weit gehen, daß ein Täter, der die Folgen seiner Tat rückgängig macht, stets straffrei bleiben solle[525]. Mag man sich auch mit Strombecks Menschenfreundlichkeit identifizieren, so muß doch beachtet werden, daß es sich letztlich um einen Straftäter handelt, der – unter Umständen – eine massive Rechtsgutverletzung begangen hat; und will man auch das Strafen – wie Strombeck – allein deswegen zulassen, weil es dem Erhalt der Rechtsordnung dient, so muß auch diesbezüglich berücksichtigt werden, daß der Täter durch die Begehung der Straftat zumindest die Rechtsordnung gestört und die Freiheit eines Anderen oder einer Anderen nachhaltig beeinträchtigt hat. War man im freigeistigen Braunschweig vielleicht auch überzeugt, daß die Besserung des Täters ausdrücklich im Vordergrund zu stehen habe, so erschöpfte sich doch – nach Ansicht der Braunschweiger – die Aufgabe des Kriminalrechts nicht darin[526]. Vielmehr sollten auch Zwecke der „Abschreckung, Warnung [und] Widervergeltung" verfolgt werden[527]. In diesem Zusammenhang läßt sich ferner ausführen, daß man dem Täter – wenn man wie Strombeck verfährt – letztlich die Mündigkeit abspricht, weil der „unglückliche" Täter zum Objekt seiner eigenen Handlung degradiert wird – eine Praktik, die den Grundsätzen der Vernunft praktisch zuwider läuft und die zu erkennen gibt, wie Strombecks Entwurf in philosophischer Hinsicht einzuordnen ist.

Freimütig könnte man den Entwurf nämlich als zwischen Aufklärung und Restauration stehend bezeichnen. Aufklärerisch insoweit, als Strombeck sich ausdrücklich gegen die Todesstrafe ausspricht. Restauratorisch aber deswegen, weil es fraglich erscheint, inwiefern die Ersetzung der Todesstrafe durch den bürgerlichen Tod letztlich humanistischen Zwecken dient. Man muß sich

---

524 *Husung*, Kriminalrecht in Braunschweig, in: Pöls / Pollmann (Hrsg.), Moderne braunschweigische Geschichte, S. 71 f.

525 Vgl. zur Problematik siehe oben.

526 Siehe im Ergebnis *Heinemann*, Das braunschweigische Criminalgesetzbuch, in: BrJb, Bd. 59 (1978), S. 86, der die Debatten um die Beibehaltung der Todesstrafe in Braunschweig schildert.

527 Motive, S. 146.

nämlich fragen, ob nicht auch Strombeck letztlich Gedanken der Abschrekkung und Widervergeltung vor Augen hatte, als er sich für die Aufnahme einer derart grausamen Strafe wie die des bürgerlichen Todes entschied, deren einziger Vorteil im Vergleich zum physischen Tod darin bestand, den Verurteilten wieder „zum Leben erwecken" zu können. Könnte die Aufnahme des bürgerlichen Todes letztlich nämlich nicht auch dem Zweck gedient haben, das richterliche Gewissen insoweit zu beruhigen, als an den Urteilen künftig kein „Blut mehr haften" würde?

Als aufklärerisch ist der Entwurf Strombeck weiterhin auch deswegen einzuordnen, weil er den von *Feuerbach* begründeten Prinzipien der Gesetzmäßigkeit und Bestimmtheit des Gesetzes folgt. Aufklärerisch auch, weil Strombeck vornehmlich die Besserung des Täters vor Augen hatte. Restauratorisch aber, weil er dem Erfordernis der Bestimmtheit letztlich nicht zu dienen vermochte, weil es ihm nicht gelang, das Recht aus der Hand des Richters zu verbannen. Restauratorisch auch, weil er bei der Besserung des Täters qualitative Unterschiede macht; weil die Besserung des adeligen Täters grundsätzlich anders zu verlaufen habe, als die Besserung des gemeinen Täters. Restauratorisch schließlich auch insoweit, als es Strombeck nicht gelingt, das Strafgesetzbuch frei von Moralvorstellungen zu halten[528], wie es ein Strafgesetzbuch, welches dem Zeitalter der Aufklärung entspricht, vielleicht verlangt hätte[529].

Abschließend läßt sich über den Entwurf Strombeck damit folgendes sagen: Es mögen die Absichten Strombecks die ehrenhaftesten gewesen sein, er mag mit seinem Entwurf vornehmlich aufgezeigt haben, daß eine milde Gesetzgebung – und in diesem Zusammenhang heißt das eine Gesetzgebung, die ohne die Todesstrafe auskommt – keinen Nachteil zu bewirken vermag. Auch mag der Entwurf einige Ideen für das braunschweigische Kriminalgesetzbuch fruchtbar gemacht haben. Doch so sehr Strombeck sich auch zu mühen suchte, ein den Umständen und Bedürfnissen der Zeit angemessenes Strafgesetzbuch zu verfassen, so wenig ist ihm dies letztlich gelungen. Strombecks Leistung soll freilich nicht vollständig geschmälert werden. Denn noch als in Braunschweig nicht einmal mit den Reformen begonnen worden war, hatte Strombeck bereits einen eigenen Entwurf fertiggestellt und die zeitgenössische Literatur und Gesetzgebung diesbezüglich auf das Genaueste studiert. Bestimmte Abschnitte – wie etwa der Abschnitt über die Vermögensdelikte – gelingen ihm recht gut. Auch lassen sich Grundideen des Strombeck'schen Entwurfes – wenn auch nicht nachgewiesen werden kann, daß Strombeck sich dafür verantwortlich zeichnete – im späteren Kriminalgesetzbuch für das Herzogtum Braunschweig

528 Siehe etwa die Pönalisierung des Abfalls vom Christentum.

529 Vgl. *Wächter*, Strafrechtliche Aufklärung, S. 201.

wiederfinden[530]. Doch muß seine Leistung auf das beschränkt werden, was auch Strombeck in ihr sah, nämlich letztlich eine (reine) „Revision der Vorgängerarbeiten“. Bahnbrechend – und dessen war sich auch Strombeck insgeheim bewußt – ist der Entwurf deswegen nie gewesen.

530 Vgl. etwa – freilich mit kleinen Formulierungsabweichungen – die Verbrechen wider den Staat oder die öffentliche Sicherheit (§§ 81–106 BrCrG).

10. Kapitel: Verordnung über den Indizienbeweis in Strafsachen

Der Veröffentlichung des „Entwurfes eines Strafgesetzbuches für ein norddeutsches Staatsgebiet [...]“ im Jahre 1829 fügte Strombeck den „Entwurf einer Verordnung über die Zulässigkeit des Indizienbeweises in Strafsachen“ bei. Hintergrund der Aufnahme dieser Verordnung, deren Thematik in der Mitte des 19. Jahrhunderts zahlreiche Diskussionen hervorgerufen hatte[1], war Strombecks Entschluß, das Institut der außerordentlichen Strafe, deren Entstehungsgeschichte letztlich auf einen Konflikt zwischen der Fortgeltung der Carolina aus dem Jahr 1532 einerseits und der Abschaffung der Folter als Mittel der Beweisgewinnung andererseits zurückgeht, abzuschaffen[2]. In der Carolina war nämlich ausdrücklich festgelegt worden,

> „daß Niemand auf einigerlei Anzeigung, Argwohn, Wahrzeichen oder Verdacht endlich zu peinlicher Strafe“[3]

verurteilt werden dürfe, die Anzeigung vielmehr lediglich die peinliche Befragung des Angeklagten zulassen solle, um auf diese Weise den möglichen Täter entweder durch eigenes „Bekennen“ oder durch anderweitige „Beweisung“ des ihm vorgeworfenen Verbrechens zu überführen[4]. Die Möglichkeit, den Täter durch anderweitige „Beweisung“ zu überführen, unterlag aber strengen Bestimmungen, von welchen der Richter unter keinen Umständen abweichen durfte (sog. positive Beweistheorie)[5] und die Folter wurde bereits seit dem ausgehenden 18. Jahrhundert überwiegend nicht mehr praktiziert, in Braunschweig namentlich bereits seit dem Jahre 1771. War dem Täter ein Geständnis aber nicht abzugewinnen – und zwar insbesondere durch die Folter nicht mehr abzugewinnen – und konnte ihm das Verbrechen auch nicht durch andere „Beweisung“ – etwa den „strengen Zeugenbeweis“[6] – nachgewiesen werden, blieb dem Richter nichts anderes übrig, als den Täter entweder auf freien Fuß

---

1 Vgl. i.E. *Michels*, Der Indizienbeweis, S. 131 ff.

2 Art. 9 Abs. 2 E 1829: „Es fallen [...] die sogenannten außerordentlichen Strafen weg.“

3 *Schroeder* (Hrsg.), Peinliche Gerichtsordnung Kaiser Karl des V., Art. 22.

4 Vgl. auch *Schmidt*, Die Carolina, in: ZSavStift (Germ. Abt.), Bd. 53 (1933), S. 21 f.

5 *Michels*, Der Indizienbeweis, S. 131 m.w.N.

6 Erforderlich waren zwei Zeugen, welche die Tat gesehen hatten (vgl. *Thäle*, Verdachtsstrafe, S. 2).

zu setzen – und zwar selbst dann, wenn er von der Schuld des Täters überzeugt war – oder, wenn dem Täter die Schuld nur teilweise nachgewiesen werden konnte, gegen diesen eine außerordentliche Strafe auszusprechen, deren Eigenheit darin bestand, daß man, konnte man dem Täter das Verbrechen nicht vollständig nachweisen, auch nicht auf die vollständige Strafe erkennen konnte, sondern diese, entsprechend dem bestehenden Zweifel, erheblich abzumildern oder zu modifizieren hatte[7]. Diese Rechtspraxis hatte zunehmend zu Rechtsunsicherheit geführt. Insbesondere sah man

> „die Sicherheit im Staatsgebiete gefährdet"[8]

wenn und soweit die Grundsätze der Carolina wörtlich zur Anwendung gelangten. Man entschied sich damit weitestgehend – und so auch Strombeck – den Indizienbeweis im Strafverfahren für zulässig zu erklären und die Bestimmungen der Carolina in Bezug auf die Folter außer Kraft zu setzen[9]. Mit der Befürwortung des Indizienbeweises, der als gelungen gelten sollte, wenn der Richter durch die vorhandenen Indizien zu der vollständigen Überzeugung kommen würde, daß der Angeklagte des Verbrechens tatsächlich schuldig sei, hielt freilich auch das Prinzip der freien Beweiswürdigung Einzug in die deutsche Strafrechtspflege[10] – ein Prinzip, welches auch Strombeck, wenn auch nicht ausdrücklich, so doch konkludent durch Befürwortung des Indizienbeweises, begrüßte[11].

Unter dem Begriff des Indizienbeweises wird gegenwärtig ein Beweis verstanden, bei dem von einer mittelbar bedeutsamen Tatsache auf eine unmittelbar entscheidungserhebliche Tatsache geschlossen wird[12]. Die Definition der Strombeck'schen Verordnung liest sich ähnlich. Danach ist unter einem Indiz

---

7 Vgl. *Strombeck*, Über den Beweis in Criminal-Sachen, in: BraMag 1832, S. 23.

8 *Strombeck*, Entwurf, S. 244.

9 Vgl. Art. 1, 2 VO Indizienbeweis.

10 Vgl. *Krieter*, Historische Entwicklung des Prinzips der freien Beweiswürdigung, S. 4, 40 ff.

11 Dies läßt sich insbesondere dem Art. 10 der VO entnehmen, der besagt, daß der Beweis von Indizien letztlich der Sachkenntnis, Erfahrung, Urteilskraft, Scharfsinn, Unbefangenheit und Gewissenhaftigkeit durch den Richter unterliegt, der Richter mithin (meist) keine Gewißheit, sondern nur eine Wahrscheinlichkeit für das Vorliegen eines Indizes erlangen wird und er letztlich seinem Gewissen trauen muß. Ein Anhaltspunkt ergibt sich des weiteren aus Art. 16 der VO, der den Richter dazu anhalten soll, alle Indizien, also auch die für den Angeschuldigten günstigen Indizien zu erforschen, bezüglich der Annahme letzterer nur eine Wahrscheinlichkeit vorliegen muß. Siehe aber auch Art. 9 E 1829 oder etwa Art. 54 E 1829, der die Abkehr von der praesumtio doli normiert.

12 *Meyer-Goßner*, StPO, § 261 Rn. 25.

„jeder Umstand [zu verstehen], welcher in einem solchen natürlichen Zusammenhange mit dem Verbrechen steht, daß aus denselben auf dieses oder auf die Person, welche es begangen, nach de Gesetzen der Vernunft geschlossen werden kann.“[13]

Art. 4 der Verordnung konkretisiert diese Bestimmung. Indizien, die für die Begehung der Tat sprechen könnten, sind etwa

1. das *Interesse* des Angeschuldigten an der Tat;
2. eine der Tat vorangegangene *Bedrohung* des Opfers durch den Angeschuldigten;
3. eine der Tat vorangegangene *Ankündigung* der Tatbegehung durch den Angeschuldigten;
4. eine der Tat vorangegangene Ankündigung von *Rache* durch den Angeschuldigten;
5. die *Vornahme von vorbereitenden Handlungen*;
6. die *verdächtige Anwesenheit* des Angeschuldigten zur Tatzeit am Tatort;
7. die *verdächtige Abwesenheit* des Angeschuldigten *von seinem Wohnort* zum Tatzeitpunkt und das *Leugnen der Abwesenheit* durch denselben;
8. das *Auffinden von Werkzeugen und Mitteln* bei dem Angeschuldigten, die der Tatbegehung wahrscheinlich dienten;
9. das Auffinden von Spuren an der Kleidung und am Körper des Angeschuldigten, die auf die Tat schließen lassen;
10. der Besitz von Gegenständen, welche aus der Tat herrühren;
11. der Versuch des Angeschuldigten, Spuren zu tilgen;
12. der Versuch des Angeschuldigten, den Tatverdacht auf andere zu lenken;
13. der Versuch des Angeschuldigten, den Tatverdacht von sich durch Bestechung der Obrigkeit abzulenken;
14. die verdächtige Entfernung des Angeschuldigten von seinem Wohnort nach Tatbegehung.

Nach Art. 5 der Verordnung kann der durch Indizien begründete Verdacht durch den bisherigen Lebenswandel des Angeschuldigten verstärkt werden, insbesondere sind die von dem Angeschuldigten (soweit) bereits begangenen und bewiesenen Verbrechen zu berücksichtigen. Es gilt aber zu beachten, daß der bisherige Lebenswandel des Angeschuldigten und die Tatsache, daß dieser bereits strafrechtlich in Erscheinung getreten ist, für sich allein genommen, noch keine Indizien im Sinne der Verordnung begründen[14]. Sie sollen dem Richter vielmehr einen Anhaltspunkt insoweit geben als – werden bei dem Täter etwa Gegenstände gefunden, die für eine bestimmte Tatbegehung typisch sind (z.B. ein Stemmeisen in Zusammenhang mit einem Einbruchsdiebstahl) und ist der Täter wegen dieser typischen Tat bereits vorbestraft – der Richter

13 Art. 3 VO Indizienbeweis.

14 Art. 5 a.E. VO Indizienbeweis.

aufgrund der Typizität auf die wahrscheinliche Tatbegehung durch den Angeschuldigten schließen können soll[15].

Zu den Indizienbeweisen zählt die Verordnung auch den Zeugenbeweis, der durch die Aussage (nur) eines einzelnen glaubwürdigen Zeugen erbracht wird. Sie lockert damit das strenge Erfordernis der Carolina, welche bislang die Aussage zweier glaubwürdiger Zeugen für die Verurteilung des Angeschuldigten verlangte, auf[16].

Um Beweiskraft zu erlangen, muß das Indiz bei Gericht für zulässig erklärt werden. Die Zulässigkeit des Indizes hängt wiederum davon ab, ob das in Frage stehende Indiz vollständig bewiesen werden konnte; allerdings mußte der Beweis nicht anhand des Strengebeweises erbracht werden, sondern es genügt, wenn das Indiz durch das sichere Vorhandensein anderer Indizien – etwa die glaubwürdige Aussage eines Zeugen – bewiesen werden konnte[17]. Die Zulässigkeit dieser das eigentliche Indiz beweisenden Indizien und die Frage nach der Glaubhaftigkeit derselben hing letztlich von der Urteilskraft des Richters ab, welche die Verordnung nur insoweit zu reglementieren suchte, als es dem Gericht nach Art. 10 vorgegeben war, besondere Vorsicht bei der Erwägung folgender Fragen walten zu lassen, nämlich:

1. in welchem Zusammenhang das fragliche Indiz mit dem zu beweisenden Verbrechen steht;
2. welcher Art das Zusammentreffen und der Zusammenhang der verschiedenen Indizien untereinander ist;
3. ob dem Angeschuldigten Indizien zur Seite stehen, die (auch) seine Unschuld beweisen und
4. wie stark der Beweis des Indizes ist.

Ein Indiz ist nach Art. 11 der Verordnung nämlich umso „beweisender, je genauer dasselbe mit dem Verbrechen im Zusammenhange steht". Umso weniger beweisend ist das Indiz aber, wenn es sich im Verhältnis zu anderen, den Verdacht begründenden Indizien widersprüchlich zeigt[18].

---

15 Art. 6 VO Indizienbeweis. Insoweit besteht auch Übereinstimmung mit den Art. 24–43 und 131 der CCC.

16 Art. 7 VO Indizienbeweis. Ohnehin hält Strombeck nicht viel vom strengen Zeugenbeweis. Insoweit mißt er dem Beweis durch Indizien sogar größere Bedeutung bei als dem Beweis durch Zeugen, weil es diesem – anders als dem durch Tatsachen erbrachten Indizienbeweis – durch persönliche Motive der Zeugen an Glaubhaftigkeit mangeln könne (*Strombeck*, Über den Beweis in Criminal-Sachen, in: BraMag 1832, S. 27).

17 Art. 8 VO Indizienbeweis.

18 Art. 12 VO Indizienbeweis.

Ist das Gericht zur Zulässigkeit der Einführung eines Indizes in das Hauptverfahren gelangt und möchte es sein Urteil auf die eingeführten Indizien stützen, so muß nach Art. 14 und 15 der Verordnung folgendes beachtet werden: Das Vorliegen eines einzigen Indizes genügt zur Überführung des (leugnenden) Täters nicht[19]. Es müssen vielmehr mehrere Indizien in der Person des Angeschuldigten zusammentreffen und zwar dergestalt, daß sie in einem bestimmten Zusammenhang mit dem vorgeworfenen Verbrechen stehen und ihrerseits alle vollständig bewiesen sind. Diese Indizien müssen in einem solchen Zusammenhang stehen, daß die daraus gewonnene Übereinstimmung nicht anders als aus der „Begehung des Verbrechens nach den Gesetzen der Vernunft erklärt werden kann“. Ferner müssen die Indizien mit anderen „erwiesenen Umständen der That zusammentreffen“ und es darf sich kein Indiz bezüglich der Unschuld des Angeschuldigten[20] oder dafür finden lassen, daß die Tat möglicherweise durch eine andere Person begangen worden ist[21].

Eine auf die Indizien gestützte Verurteilung darf nur mit einer Mehrheit von 2/3 der stimmgebenden Mitglieder des Gerichtes erfolgen[22].

Wird der Angeschuldigte auf diese Weise für überführt gehalten, so soll – konsequenterweise – ausschließlich auf die gesetzliche Strafe erkannt werden[23].

Gleichzeitig soll eine Entscheidung für den Fall der nicht vollständigen Beweisbarkeit insoweit dergestalt erfolgen, daß der Angeschuldigte „von der Instanz zu entbinden, die Untersuchung bis zu künftiger Entdeckung neuer [Indizien] einzustellen, und der Angeschuldigte, wenn er verhaftet war, in Freiheit zu setzen“ ist[24].

19 Art. 15 VO Indizienbeweis.

20 Diese Vorgabe wird noch durch Art. 16 der VO gestützt, die insoweit das Erfordernis aufstellt, daß das Gericht „alle auf die Vertheidigung des Angeschuldigten abzweckenden Gegenanzeigen zu erforschen hat“.

21 Art. 14 VO Indizienbeweis.

22 Art. 17 VO Indizienbeweis.

23 Art. 18 VO Indizienbeweis. Anders etwa *Kleinschrod*, der sich davor scheute, die Todesstrafe auf ein durch Indizien begründetes Urteil zu stützen oder *Feuerbach*, der zusätzlich zum Indizienbeweis weitere Beweiserfordernisse für die Urteilsbegründung erhob (*Michels*, Der Indizienbeweis, S. 133, 142).

24 Art. 19 VO Indizienbeweis.

3. TEIL:
WÜRDIGUNG

Würdigung

Gegenstand und Ziel dieser Untersuchung war es, Leben und Werk des Juristen Friedrich Karl von Strombeck so detailgetreu wie nötig und so lückenlos wie möglich nachzuzeichnen. Freilich konnte lediglich ein begrenzter Einblick in die Person Strombecks gewährt werden, denn insoweit sind „Biographien [...] 'gebrochene', aus wechselnden Perspektiven vorgenommene, von vielfältigen Kommentaren begleitete, in unterschiedliche Argumentationszusammenhänge gerückte Darstellungen“, bei welchen die Autoren „nicht als allwissende [...] Berichterstatter und Interpreten, sondern mehr als Moderatoren“ fungieren[1]. Doch ist zumindest der Versuch unternommen worden, die Untersuchung so umfassend wie möglich zu gestalten und sich nicht nur auf die Person Strombecks zu beschränken, die der Öffentlichkeit bekannt gewesen ist, sondern auch den privaten Menschen Strombeck zu beschreiben – seine Ziele, seine Wünsche, seine Ängste etc.

Den vorhandenen Quellen läßt sich entnehmen, daß Friedrich Karl von Strombeck Staatsmann gewesen ist. Auch soll Strombeck ein hervorragender Jurist gewesen sein. Zuweilen wird das Attribut „Universalgelehrter“ mit Strombeck in Verbindung gebracht. Doch Strombeck war auch Sohn, Ehemann, Familienvater und Freund.

Der Staatsmann und Jurist Strombeck konnte auf ein erfolgreiches und erfülltes Leben zurückblicken. Als Mitglied des braunschweigischen Patriziats wurde er schon als Kind mit den ständischen Privilegien vertraut gemacht. Diese Privilegien brachten ihm 1795 das Amt eines Hofrichters ein, ohne daß er diesbezüglich ein entsprechendes Hochschulzeugnis vorweisen konnte. Er mußte keine finanziellen Sorgen leiden, der Vater hatte die Kinder finanziell gut abgesichert, und so konnte sich Strombeck in die Juristerei, die ihm – zumindest in jungen Jahren – beinahe verhaßt gewesen ist, langsam und behaglich einfinden. Zunehmend fand er aber Gefallen an der neuen Tätigkeit und entwikkelte einen Eifer, der ihm immer angenehmere Positionen verschaffte – nicht zuletzt ist hier der Aufstieg unter Jerôme Bonaparte zu nennen, welcher Strombeck binnen kürzester Zeit vom Richter zum Staatsrat beförderte. Freilich ist ihm diese Karriere nach dem Zusammenbruch Westfalens teuer zu stehen gekommen, doch wurde Strombeck durch die Berufung in den lippischen Staatsdienst bald rehabilitiert. Seine Ernennung zum Vorsitzenden des Oberappellationsge-

1 *Rohlfes*, Personengeschichte, 1999, S. 314.

richtes zu Wolfenbüttel im Jahre 1843 krönte die beruflichen Ambitionen Strombecks. Insoweit hatte Strombeck beruflich alles erreicht, was man sich im Leben nur wünschen konnte.

Der Mensch Strombeck konnte auf privater Ebene weitestgehend an seine beruflichen Erfolge anknüpfen. Insbesondere wurde ihm das Glück einer langen und glücklichen Ehe sowie einer zahlreichen Nachkommenschaft zuteil. Doch mußte er freilich auch manchen Schicksalsschlag erdulden. So mag man hinter der nahezu makellosen Karriere Strombecks nicht vermuten, wie sehr Strombeck etwa die Abstrafung seiner Person nach dem Zusammenbruch Westfalens getroffen hat oder daß er die Karriere des Juristen eigentlich nur dem Vater zuliebe bestritten hat. Hätte Strombeck wählen können, hätte er sich der klassischen Philologie gewidmet. Sie war seine Leidenschaft – bis zum Tod.

Es lassen sich auch nicht die Widrigkeiten vermuten, die Strombeck in seinem Leben immer wieder hat bewältigen müssen. Angefangen von der äußerst schwierigen Beziehung zu Vater und Bruder (welch Letzterer der ihm dennoch ein Alter Ego gewesen ist), über den Umstand, daß er nicht die Frau hatte heiraten können, die er von Herzen geliebt hatte, hin zu der Tragödie, mehrere Kinder und seinen besten Freund begraben zu müssen. Mehr als einmal dürfte Strombeck daher zutiefst verzweifelt gewesen sein.

Auch empfing man ihn nicht allerorts mit offenen Armen. Manchen Neidern war er zutiefst verhaßt. Man mag in diesem Zusammenhang nur an die Feindschaft mit dem braunschweigischen Magistratsdirektor Dr. Bode denken, der ihn wiederholt als Opportunisten beschimpfte. Auch war die Rede von „krankhaftem Ehrgeiz“ in Bezug auf die Person Strombecks. Es sei an dieser Stelle darauf hingewiesen, daß gerade Opportunismus nicht unbedingt zu Strombecks Stärken gehörte. Anders ließe sich nämlich nicht erklären, warum Strombeck sich etwa im Verfassungskonflikt der 1820er Jahre entschieden gegen den Herzog und für die Stände eingesetzt hatte. Ebensowenig läßt sich nachhalten, warum Strombeck als glühender Verfechter der Abschaffung der Todesstrafe eintrat, wenn man doch Braunschweig damit nicht konform ging. Strombeck war daher „sicherlich kein Opportunist, sondern“ in „ein um Ausgleich und moderne Denkweise bemühter Jurist“[2]. Daß Strombeck sich die genannten Rückschläge nicht lange zu Herzen nahm, ist einzig seinem Frohmut zu verdanken.

---

2 So auch *Vortmann*, Friedrich Karl und Friedrich Heinrich von Strombeck, in: Rückert / Vortmann (Hrsg.), Niedersächsische Juristen, S. 118–123.

In der Tat ist der Frohmut eine der prägendsten Charaktereigenschaften Strombecks. Daneben lassen sich Eigenschaften wie Fleiß, Ehrgeiz, Loyalität, Gescheitheit, aber auch (zunehmende) aristokratische Bequemlichkeit und Beharrlichkeit ausmachen, wenngleich unter ihnen die Loyalität und der Fleiß am deutlichsten herausstechen.

Einen Freund etwa verriet Strombeck – hatte er einmal eine Freundschaft geschlossen – nie. Große Dienste erwies er beispielsweise der *Äbtissin Dorothea* – die Strombeck wahrscheinlich als enge Freundin bezeichnet hätte, hätten nicht die Standesunterschiede gegolten – als die Besetzung durch die Franzosen drohte. Keinen Moment wich er ihr unter französischer Herrschaft von der Seite (und zwar nicht einmal, als er einen besseren Posten fernab der Abtei bekleiden hätte können). Als die französische Herrschaft zusammenbrach, verteidigte er den ehemaligen braunschweigischen Innenminister *von Wolffradt*, der aufgrund seiner Position eines westfälischen Staatsrates aus dem braunschweigischen Staatsdienst verbannt und ins Exil nach Rügen vertrieben worden war, mit unermüdlichem Einsatz.

Seinem Fleiß verdanken wir heute zahlreiche Übersetzungen bedeutender klassischer Autoren, wie des *Ovid* oder des *Sallust*, sowie wertvolle juristische Arbeiten, wie eine umfangreiche Kommentierung des Code Napoléon und des französischen Zivilprozeßrechts.

Nicht zuletzt verdanken wir Strombeck den in dieser Arbeit untersuchten „Entwurf eines Strafgesetzbuches […]“, der, ungeachtet der zuvor beschriebenen Schwächen, einen wertvollen Beitrag zur braunschweigischen Strafrechtsgeschichte liefert.

Erinnert werden sollte in diesem Zusammenhang noch an Strombecks „Darstellungen aus meinem Leben und aus meiner Zeit“ – eine Quelle von unermeßlichem Wert für die Geschichte des 18. und 19. Jahrhunderts.

Insbesondere diese uns heute erhaltenen Memoiren verdeutlichen noch einmal nachhaltig, welch interessante Persönlichkeit sich hinter Friedrich Karl von Strombeck verbirgt.

ANHANG

Bibliographie Strombeck

I. Monographien

ELEGIE ZU HELMSTEDT (Dietrich), Helmstedt 1791 (n.a.).

DIANA UND ENDYMION – EIN SINGSPIEL, Braunschweig 1795.

OVIDS KUNST ZU LIEBEN. In der Versart des Originals, Göttingen 1795.

OVIDS HEILMITTEL DER LIEBE. In der Versart des Originals mit erläuternden Anmerkungen und einer Skizze von dem Leben des Dichters, Braunschweig 1796.

TIBULLS ELEGIEN, lateinisch und deutsch, Göttingen 1799.

DARF EIN BRAUNSCHWEIGISCHER MINISTER ZUR STELLE EINES SCHATZRATHS ASPIRIEREN?, Sonderdruck Wolfenbüttel 1801.

KORNELIA. Ein elegisches Gedicht des Properz. Probe eines deutschen Properz, Wolfenbüttel 1801.

DIE ELEGISCHEN GEDICHTE DES PROPERZ. Lateinisch und deutsch mit erklärenden Anmerkungen, Erster Teil (Buch I), Braunschweig 1803.

REDE DES PRÄSIDENTEN DER REICHSSTÄNDISCHEN COMMISSION DER CIVIL-JUSTIZ V. STROMBECK, GEHALTEN IN DER VERSAMMLUNG DER WESTPHÄLISCHEN REICHSSTÄNDE AM 16. AUGUST 1808, Sonderdruck Kassel 1808.

FORMULARE UND CORRECTIONELLE PROZEß-ORDNUNG DES KÖNIGREICHS WESTFALEN, Braunschweig 1810.

FORMULARE UND ANMERKUNGEN ZUR PROZEß-ORDNUNG DES KÖNIGREICH WESTFALENS NEBST EINIGEN MUSTERN GERICHTLICHER REDEN, 2. Auflage, 3 Bände, Göttingen 1809–1813.

RECHTSFRAGEN ZUR ERLÄUTERUNG DER WESTFÄLISCHEN UND FRANZÖSISCHEN PROZEßORDNUNG, Göttingen 1813.

GESCHICHTE EINES ALLEIN DURCH DIE KRÄFTE DER NATUR HERVORGEBRACHTEN ANIMALISCHEN MAGNETISMUS UND DER DURCH DENSELBEN BEWIRKTE GENESUNG. Mit Vorrede des Geheimraths Dr. Marcard, Braunschweig 1813.

NACHTRAG ZU DER GESCHICHTE EINES ALLEIN DURCH DIE NATUR HERVORGEBRACHTEN MAGNETISMUS NEBST EINIGEN BEILÄUFIGEN BEMERKUNGEN ÜBER DEN BRIEF EINES WAHRHEITSFREUNDES AN MADEMOISELLE *** ÜBER DIESE SCHRIFT, Braunschweig 1813.

HISTOIRE DE LA GUERISON D'UNE JEUNE PERSONNE PAR LE MAGNETISME ANIMAL, PRODUIT PAR LA NATURE ELLE-MEME, Paris 1814.

RECHTSWISSENSCHAFT DES GESETZBUCHS NAPOLEONS UND DER ÜBRIGEN BÜRGERLICHEN GESETZGEBUNG DES KÖNIGREICHS WESTFALEN, 3 Bände, Braunschweig 1812–1815.

SAMMLUNG VON ENTSCHEIDUNGEN DES VORMAHLIGEN APPELLATIONSHOFES ZU CELLE UND ABHANDLUNGEN ÜBER ENTSCHIEDENE UND ANDERE RECHTSFRAGEN, Braunschweig 1815.

Darstellung des Rechtsstreites zwischen Friedrich Karl von Strombeck gegen Tribunal-Assessor Raven (Sequester des Nachlasses der Prinzessin), Sonderdruck Braunschweig 1815.

Beiträge zur Rechtswissenschaft Deutschlands, vorzüglich der transitorischen des nordwestlichen Theils und der am linken Ufer des Rheins liegenden Provinzen desselben, Göttingen 1816.

Des Caius Cornelius Tacitus sämtliche übriggebliebenen Werke, 4 Bände, Braunschweig 1816.

Des Caius Sallustius Crispus übrig gebliebene Werke, außer den Bruchstücken, Göttingen 1817.

Entwurf einer Ordnung des gemeinschaftlichen Oberappellations-Gerichts des Herzogtums Braunschweig und der Fürstentümer Waldeck-Pyrmont, Lippe und Schaumburg-Lippe zu Wolfenbüttel, als Handschrift gedruckt, Wolfenbüttel 1817.

Ordnung des gemeinschaftlichen Oberappellations-Gerichts des Herzogtums Braunschweig und der Fürstentümer Waldeck-Pyrmont, Lippe und Schaumburg-Lippe zu Wolfenbüttel, Zweite Ausgabe und nach den Beratungen des höchsten Gerichts abgefaßt, als Handschrift gedruckt, Wolfenbüttel 1818.

An Okeanos: Bey der Rückkehr der Fürstinn-Regentinn Paulina zur Lippe von dem Seebade zu Cuxhafen, Wolfenbüttel 1818.

Scipio Breislacks Lehrbuch der Geologie, nach der zweiten umgearbeiteten französischen Ausgabe, mit steter Vergleichung der ersten italienischen, übersetzt und mit Anmerkungen begleitet, 3 Bände, Braunschweig 1819/1821.

Elegien des Propertius, 2. sehr vermehrte und verbesserte Auflage mit ausführlichem Kommentar, Erster und Zweiter Teil, Braunschweig 1822.

Lebensbeschreibung des Herzogs Julius von Braunschweig, Sonderdruck, Helmstedt 1823.

Die Erscheinung bei der Wiege, Braunschweig 1823.

Deutscher Fürstenspiegel aus dem 16. Jahrhundert oder Regeln der Fürstenweisheit von dem Herzog Julius und der Herzogin-Regentin Elisabeth zu Braunschweig und Lüneburg. Nach ungedruckten archivarischen Urkunden herausgegeben, Braunschweig 1824.

Des Albius Tibullus Ellegien, übersetzt und erklärt, 2. verbesserte Auflage, Göttingen 1825.

Des Velleius Paterculus zwei Bücher römischer Geschichte, soviel davon übrig geblieben, Braunschweig 1826.

Des M. Tullius Cicero Abhandlungen von der Freundschaft und dem Alter. Paradoxien der Stoiker und Traum des Scipio, Braunschweig 1827.

Des Publius Ovidius Naso Heilmittel der Liebe, 2. sehr veränderte Ausgabe, Braunschweig 1829.

Henning Brabant. Bürgerhauptmann der Stadt Braunschweig und seine Zeitgenossen. Ein Beitrag zur Geschichte des deutschen Stadt- und Justizwesens, Braunschweig und Halberstadt 1829.

Entwurf eines Strafgesetzbuches für ein norddeutsches Staatsgebiet, namentlich für das Herzogthum Braunschweig und die Fürstentümer Waldeck-Pyrmont, Lippe und Schaumburg-Lippe, Braunschweig 1829.

Des Publius Ovidius Naso Kunst zu lieben, 2. ganz neue Arbeit, Braunschweig 1831.

Staatswissenschaftliche Mittheilungen vorzüglich in Beziehung auf das Herzogthum Braunschweig, 3 Hefte, Braunschweig 1831/1832.

Was ist Rechtens, wenn die oberste Staatsgewalt dem Zweck des Staatsverbandes entgegen handelt? Nebst Darstellung der Theorie des Herrn von Haller hinsichtlich dieser Frage, 4. Auflage, Braunschweig 1832.

Des Publius Ovidius Naso drei Bücher der Liebe, Braunschweig 1832.

Darstellungen aus meinem Leben und aus meiner Zeit

Erster Teil	1. Buch 1771–1788.
	2. Buch 1788–1793.
	3. Buch 1793–1808.
Zweiter Teil	4. Buch 1808–1814.
	5. Buch 1814–1830 (Bruchstücke).
Dritter Teil	Darstellungen aus 1835, Braunschweig 1836.
Vierter Teil	Darstellungen aus 1835, Braunschweig 1836.
Fünfter Teil	Darstellungen aus 1835, Braunschweig 1836.
Sechster Teil	Darstellungen aus 1837, Braunschweig 1838.
Siebenter Teil	Darstellungen aus 1838, Braunschweig 1839.
Achter Teil	Darstellungen aus 1839, Braunschweig 1840.

Des Cajus Suetonius Tranquillus Werke, Braunschweig 1834.

Ciceros sämtliche Werke, Braunschweig 1839–1841.

Memorabilien aus dem Leben und der Regierung des Königs Karl XIV. Johann von Schweden und Norwegen, Braunschweig 1842.

Des Publius Ovidius Naso fünf Bücher der Trauer, Übersetzung, Braunschweig 1847.

II. Sammelwerkbeiträge

Bericht über eine Reise nach Neapel, in: E. U. W. von Zimmermann's allgemeiner Blick auf Italien 1795.

Lobrede auf Rumann, in: Hassel (Hrsg.): Westphalen unter Hieronimus, 1812.

Lebensbeschreibung des Herzogs Julius von Braunschweig, in: Algermann, Franz (Hrsg.), Feier des Gedächtnisses der vormaligen Hochschule Julia Carolina zu Helmstädt, Helmstedt 1822.

Vorwort zu Carl Friedrich von Vecheldes Tobias Olfens, eines braunschweigischen Ratsherrn Geschichtsbücher der Stadt, Braunschweig 1832.

Lebensbeschreibung des Herzogs Julius von Braunschweig, in: Görgen, Wilhelm (Hrsg.), Galerie von Portraits der berühmten Herzöge von Braunschweig-Lüneburg. Mit historischen Beiträgen, Braunschweig 1840.

III. Zeitschriftenbeiträge

SONETT, in: Apollo 1794 (Heft 3), S. 96.

EIN BRUCHSTÜCK DES TAGEBUCHS EINER REISE DURCH EINEN THEIL DEUTSCHLANDS UND ITALIENS IM JAHRE 1793, in: Braunschweigisches Magazin 1795 (12tes Stück), S. 178–188.

NOCH EIN BRUCHSTÜCK DES TAGEBUCHS EINER REISE DURCH ITALIEN, in: Braunschweigisches Magazin 1795 (32stes Stück), S. 497–512.

VERTHEIDIGUNG GEGEN EINEN ANGRIFF IM 134STEN DIEßJÄHRIGEN STÜCKE DER ALLGEMEINEN LITTERATUR ZEITUNG, in: Allgemeine Litteratur Zeitung 1796 (135stes Stück), S. 1–4.

ZWEY ELLEGIEN DES TIBULL, in: Deutsche Monatsschrift 1796 (2), 3–11.

BRIEFE ÜBER VERONA, in: Deutsche Monatsschrift 1796 (2), 42–68.

BRIEFE ÜBER VENEDIG, in: Deutsche Monatsschrift 1797 (1), 48–61.

ELEGIEN VON PROPERZ, in: Die Horen 1796 (3tes Stück), S. 95–110.

CYNTHIENS SCHATTEN, in: Die Horen 1796 (11tes Stück), S. 43.

ZWEI ELEGIEN TIBULLS AUS DEM ERSTEN BUCH, in: Berlinische Monatsschrift, S. 54–68.

PROBEN EINER NEUEN ÜBERSETZUNG DER ELEGIEN DES TIBULL, in: Berlinische Monatsschrift 1798, S. 204–212.

TIBULL. DIE ZEHNTE ELEGIE DES ERSTEN BUCHS, in: Berlinische Monatsschrift 1798, S. 281–286.

SULPICIA. ELEGIE EINES UNBEKANNTEN RÖMISCHEN DICHTERS, in: Berlinische Monatsschrift 1798, S. 404–406.

OVIDS ELEGIE AUF DEN TOD TIBULLS, in: Berlinische Monatsschrift 1799, S. 64–72.

AN TULLUS. PROPERZENS ERSTE ELEGIE, in: Berlinische Monatsschrift 1799, S. 379–385.

ELEGIE VON PROPERZ. ZWEITE ELEGIE DES ERSTEN BUCHS, in: Berlinische Monatsschrift 1799, S. 433–438.

AN CYNTHIA. PROPERZ I, ELEGIE 3, in: Berlinische Monatsschrift 1800, S. 203–215.

ZWEI ELEGIEN VON PROPERZ, in: Berlinische Monatsschrift 1800, S. 401–406.

DER WANDERER UND DER BROCKEN, in: Berlinische Monatsschrift 1801, S. 185.

ETWAS ÜBER DIE ENTDECKUNG EINES ACHTEN HAUPTPLANETEN DES SONNENSYSTEMS, UND DIE VERDIENSTE UNSERES LANDSMANNES, DES HERRN DOCTOR GAUß BEI DIESER WICHTIGEN ANGELEGENHEIT, in: Braunschweigisches Magazin 1802, S. 515–524.

GLEIM UND KLOPSTOCK, VERKLÄRTE GEISTER, in: Berlinische Monatsschrift 1803, S. 321–323.

BERICHTIGUNG EINIGER ÜBER DIE STADT UND DAS STIFT GANDERSHEIM IN DAS TOPOGRAPHISCHE WERK DER HERREN HASSEL UND BEGE EINGESCHLICHENER IRRTHÜMER, in: Braunschweigisches Magazin 1803 (30stes Stück), S. 465–472.

DIE ERSCHEINUNG BEI DER WIEGE EINES NEUGEBORNEN DEUTSCHEN FÜRSTEN, in: Berlinische Monatsschrift 1804, S. 445–447.

EINIGE BEMERKUNGEN ÜBER DEN IM VORIGEN STÜCKE DIESES MAGAZINS ENTHALTENEN AUFSATZ DES HERRN HAUPTMANNS SCHÖNHUT, DIE MONDSTEINE BETREFFEND, in: Braunschweigisches Magazin 1804, S. 179–182.

GEGENBEMERKUNG ÜBER DIE VERMEINTLICHE ATMOSPHÄRISCHE ZUGKRAFT, in: Braunschweigisches Magazin 1804 (30stes Stück), S. 461–466.

ANTWORT [auf die Gegenbemerkung der Gegenbemerkung gegen die atmosphärische Zugkraft], in: Braunschweigisches Magazin 1804 (34stes Stück), S. 435–438.

SCHREIBEN AN HERRN BIBLIOTHEKAR BIESTER IN BERLIN, in: Berliner Monatsschrift (14. Band), 1805, S. 255–270.

PHANTASIEN, in: Berlinische Monatsschrift 1806, S. 271–273.

EINIGE BEMERKUNGEN ÜBER DEN URSPRUNG UND DIE NAMENSBEDEUTUNG DER TUMMELBURG ZU GANDERSHEIM, in: Braunschweigisches Magazin 1806 (24stes Stück), S. 321–328.

REDE DES PRÄSIDENTEN DER REICHSSTÄNDISCHEN COMMISSION DER CIVIL-GESETZGEBUNG, Herrn Tribunals-Präsidenten von Strombeck, in der Sitzung der Stände des Königreichs am 2. August 1808, als diesen von den Rednern der Regierung das Gesetz, wodurch Dispensationen vom Eheverbote zwischen Schwäger und Schwägerinnen authorisirt werden, vorgelegt wurde, in: Magazin für das Civil- und Criminal-Recht des Königreichs Westphalen, Bd. 1 , 1810, S. 406–413.

IN WIE FERN IST NACH EINFÜHRUNG DES GESETZBUCHS NAPOLEONS EIN KÄUFER AN DIE FRÜHER ABGESCHLOSSENEN MIETHCONTRACTE GEBUNDEN?, in: Magazin für das Civil- und Criminal-Recht des Königreichs Westphalen, Bd. 2, 1810, S. 173–175.

KÖNNEN INIURIEN, WELCHE VOR EINEM CRIMINAL- ODER CIVILGERICHTE VON DEN PARTHEIEN ODER DEREN SACHWALTERN GEGENEINANDER AUSGESTOSSEN WURDEN, DER GEGENSTAND EINER HAUPTKLAGE VOR EINEM POLICEY-GERICHTE WERDEN, ODER MÜSSEN SIE NICHT VIELMEHR BEYLÄUFIG VON DEM GERICHTE BEURTHEILT WERDEN, VOR WELCHEM SIE AUSGESTOßEN WURDEN?, in: Magazin für das Civil- und Criminal-Recht des Königreichs Westphalen, Bd. 2, 1810, S. 371–380.

BEMERKUNGEN ÜBER DIE INSCHRIFT DREIER URALTER METALLNER BECKEN, in: Curiositäten 1816, S. 386–397.

WEITERE BEMERKUNGEN ÜBER DIE INSCHRIFT DREIER URALTER METALLNER BECKEN, in Curiositäten 1817, S. 66–77.

BEMERKUNGEN ZU „DIE RÖMISCHE OKTAVIA“, in: Braunschweigisches Magazin 1823, S. 355.

BEITRÄGE ZU EINER GESCHICHTE DER GESETZGEBUNG HINSICHTLICH DER GERECHTSAME DER EHEFRAUEN IN DER STADT BRAUNSCHWEIG AN IHREM DOTAL-VERMÖGEN, in: Braunschweigisches Magazin 1824, S. 721.

ÜBER DIE STEINBRÜCHE VON VELPKE UND DIE STRUKTUR DER SCHÖNINGER GEGEND, in: Braunschweigisches Magazin 1824, S. 609.

ÜBER DIE ERZIEHUNG HERZOGS KARLS I., in: Neues vaterländisches Archiv 1825 (Band 2), S. 1 ff.

NACHRUF AUF FRIEDRICH JULIUS VON KNIESTEDT, in: Neues vaterländisches Archiv 1826, S. 24.

Beitrag, in: Hallesche Allgemeine Litteratur-Zeitung, Dezember 1828, Nr. 314.

Über die Erziehung Herzogs Karl Wilhelm Ferdinands, in: Neues vaterländisches Archiv 1831 (Band 1), S. 14 ff.

Einige Worte über den Beweis in Criminal-Sachen und wie derselbe zur Zeit in den hiesigen Landen zu einer peinlichen Bestrafung erfordert wird, in: Braunschweigisches Magazin 1831, S. 17.

Nachruf auf den Vizepräsidenten des Gerichtshofes zu Einbeck von Werlhof, in: Neues vaterländisches Archiv 1832, S. 356.

Nachruf auf den Staatsminister Gustav Anton v. Wolffradt, in: Neues vaterländisches Archiv 1833 (Heft 1), S. 37.

Vertheidgung gegen die Verleumdung des Herausbringens regierungsfeindlicher Schriften, in: Braunschweigische Anzeigen 1836, S. 1 ff.

Nachruf auf Friedrich Matthias Gottfried Cramer, in: Neues vaterländisches Archiv 1836, S. 57.

Memorabilien aus dem Leben und der Regierung des Königs Karl XVI. Johann von Schweden und Norwegen, in: Göttingische Gelehrte Anzeigen 1841, S. 1011.

Vorbereitende Schriften und amtlicher Bericht über die neunzehnte Versammlung deutscher Naturforscher und Aerzte, in: Braunschweigisches Magazin 1842, S. 165, 197.

Wolfenbüttel und Lessing, in: Braunschweigisches Magazin 1844, S. 65.

Nachruf auf Friedrich Karl (Adolph) von Vechelde, in: Neues vaterländisches Archiv 1846, S. 23.

Nachruf auf Michael Wilhelm Westensee, in: Neues vaterländisches Archiv 1846, S. 47.

IV. Herausgeberschaft

Über die wahre Ortsbestimmung der Hermannsschlacht: Zwey neue Untersuchungen, 1821.

Theresens Briefe aus dem Süden, 1841.

Quellen- und Literaturverzeichnis

I. Quellen

Criminal-Gesetz-Buch für das Herzogtum Braunschweig, Braunschweig 1840.

Die Peinliche Gerichtsordnung Kaiser Karls V. und des Heiligen Römischen Reiches. Herausgegeben und erläutert von Friedrich-Christian Schroeder, Stuttgart 2000.

Entwurf eines Strafgesetzbuches für ein nordtdeutsches Staatsgebiet, namentlich für das Herzogthum Braunschweig und die Fürstentümer Waldeck-Pyrmont, Lippe und Schaumburg-Lippe, Braunschweig 1829 (zit.: Entwurf).

Entwurf einer Verordnung über die Zulässigkeit eines vollständigen Beweises in Strafsachen durch Anzeigen (Indicien), Braunschweig 1829 (zit.: VO Indizienbeweis).

Sachsenspiegel. Land- und Lehnrecht. Herausgegeben von Friedrich Ebel, Stuttgart 2005.

Strafgesetzbuch für das Königreich Bayern, München 1813.

II. Literatur

1. Nachschlagewerke

Allgemeine Deutsche Biographie. Herausgegeben von der Historischen Kommission bei der Bayrischen Akademie der Wissenschaften. 55 Bände. Neudruck der 1. Auflage von 1893, Berlin 1971 (zit. ADB).

Denecke, Ludwig: Die Nachlässe in den Bibliotheken der Bundesrepublik Deutschland, Band 2, Boppard am Rhein 1981.

Deutsche Biographische Enzyklopädie. Herausgegeben von Walther Killy und Rudolph Vierhaus. 13 Bände, München 1998 (zit. DBE).

Deutsches Rechtswörterbuch. Band VIII (Krönungsakt–Mahlgenosse) Heidelberg 1984–1991 (zit. DRW).

Duden. Das große Wörterbuch der deutschen Sprache in 10 Bänden, Band 5, 3. völlig neu bearbeitete und erweiterte Auflage, Mannheim, Leipzig, Wien, Zürich 1999.

Eckart, Rudolf: Lexikon der Niedersächsischen Schriftsteller, Hildesheim, New York 1974.

Eckstein, Friedrich August: Nomenclator Philologorum, Leipzig 1871.

Erlen, Adalbert / **Kaufmann**, Ekkehard (Hrsg.): *Handwörterbuch zur deutschen Rechtsgeschichte*, Berlin 1978.

GENEALOGISCHES HANDBUCH DES ADELS. Band 31 der Gesamtreihe: Freiherrliche Häuser B. Band III. Bearbeitet von Hans Friedrich von Ehrenkrook, Limburg a.d. Lahn 1963.

GENEALOGISCHES HANDBUCH DES ADELS. Band 131 der Gesamtreihe: Adelslexikon. Band XIV. Bearbeitet von Walter von Hueck, Limburg a.d. Lahn 2003.

JESSEN, Jens: Die Selbstzeugnisse der deutschen Juristen, Frankfurt a.M., Bern 1983.

JARCK, Horst-Rüdiger / SCHEEL, Günter (Hrsg.): Braunschweigisches Biographisches Lexikon, Hannover 1996.

HAMBERGER, Georg Christoph / MEUSEL, Johann Georg: *Das gelehrte Teutschland* oder Lexikon der jetzt lebenden teutschen Schriftsteller, Band VII, Hildesheim 1965 (Nachdruck der 5. Auflage in Lemgo von 1798).

KLEINHEYER, Gerd / SCHRÖDER, Jan (Hrsg.): Deutsche und Europäische Juristen aus neun Jahrhunderten, 4. neubearbeitete und erweiterte Auflage, Heidelberg 1996.

KNESCHKE, Ernst Heinrich (Hrsg.): Neues allgemeines Deutsches Adels-Lexicon, Band IX, Leipzig 1930.

KRÜNITZ, Johann Georg: Oekonomische Encyklopädie, oder allgemeines System der Staats-, Stadt-, Haus- und Landwirtschaft in alphabetischer Ordnung, 242 Bände, Band 35 (Karpei–Kathurs), Berlin 1785.

MEYERS KONVERSATIONSLEXIKON, Band 11 (Luzula bis Nathanael), 4. Auflage, Leipzig, Wien 1885–1892.

PÖKEL, W.: Philologisches Schriftsteller-Lexikon, Leipzig 1882.

ROTTECK, Carl von / WELCKER, Carl: Staats-Lexicon oder Encyclopädie der Staatswissenschaften, Zweiter Band, Altona 1835.

RÜCKERT, Joachim / VORTMANN, Jürgen: *Niedersächsische Juristen*, Braunschweig 1994.

2. Biographisches Material

BÖDEKER, Hans Erich: Biographie. Annäherung an den gegenwärtigen Forschungs- und Diskussionsstand, in: Bödeker, Hans Erich (Hrsg.), Biographie schreiben, Göttingen 2003, S.11–63.

CORSTEN, Michael: Beschriebenes und wirkliches Leben, in: BIOS 7. Jg. (1994), S. 185–205.

ENGELBERG, Ernst / SCHLEIER, Hans: Zu Geschichte und Theorie der historischen Biographie, in: ZfG 1990, S. 195–217.

ERIKSON, Eric: Young Man Luther, New York 1958.

KLEIN, Christian (Hrsg.): Grundlagen der Biographik, Stuttgart 2002.

MARENHOLZ, Werner: Der Wert der Selbstbiographie als geschichtliche Quelle, in: Niggl, Günter (Hrsg.), Die Autobiographie, Darmstadt 1998.

OELKERS, Jürgen: Biographik. Überlegungen zu einer unschuldigen Gattung, in: Neue Politische Literatur, Jg. 14 (1974), S. 296–309.

ROHLFES, Joachim: Ein Herz für Personengeschichte?, in: GWU 1999, S. 305–320.

SCHEUER, Helmut: *Biographie*, Stuttgart 1979.

SCHULZE, Hagen: Die Biographie in der „Krise der Geschichtswissenschaft“, in: GWU 1978, S. 508–518.

SPECKMANN, Thomas: Die Welt als Wille und Vorstellung, in: GWU 2003, S. 411–422.

SZCEPANSKI, Jan: Die biographische Methode, in: König, René (Hrsg.), Handbuch der empirischen Sozialforschung, Band I, Stuttgart 1962, S. 551–568.

VORMBAUM, Thomas: Juristen-Leben, in: Küper, Wilfried / Welp, Jürgen (Hrsg.), FS für Walter Stree und Johannes Wessels zum 70. Geburtstag, Heidelberg 1993, S. 1247–1262.

WEHLER, Hans-Ulrich: Geschichte und Psychoanalyse, in: Wehler, Hans-Ulrich (Hrsg.), Geschichte als Historische Sozialwissenschaft, Frankfurt am Main 1973, S. 85–124.

3. Historisches Material

ACTENSTÜCKE über die Verhandlungen in den Plenar-Versammlungen der Braunschweig-Wolfenbüttelschen und Blankenburgschen Landschaft auf dem Landtage von 1831 bis 1832, Bd. 1 (1831).

ANONYM: *Sendschreiben an ein Frauenzimmer* ... von einem Freunde der Wahrheit, Einbeck 1813.

ANONYM: *Betrachtungen über den Aufstand der Braunschweiger* und den gewünschten endlichen Regierungs-Antritt Sr. Durchlaucht des Herzogs Wilhelm von Braunschweig-Oels aus dem Standpunkte des Naturrechts, des positiven Staatsrechts und der Politik, Braunschweig 1830.

ARAND, Tobias: „Unsere Fürstin hat vielen geholfen!“ Paulines Leben und ihre Regentschaft, in: Prieur, Jutta (Hrsg.), Frauenzimmer-Regentin-Reformerin, Detmold 2002/2003.

ARNDT, Johannes: Das Fürstentum Lippe im Zeitalter der französischen Revolution, Münster, New York 1992.

BAUMGART, Peter / PITZ, Ernst: Die Statuten der Universität Helmstedt, Göttingen 1960.

BEHSE, Arthur: Der Auszug der Helmstedter Studenten, in: Alt-Helmstedt, Jahrgang 1 (1914), S. 49–54.

BEHSE, Arthur: Die juristische Fakultät der Universität Helmstedt im Zeitalter des Naturrechts, Wolfenbüttel 1920.

BERDING, Helmut: *Napoleonische Herrschafts- und Gesellschaftspolitik* im Königreich Westfalen 1807–1813, Göttingen 1973.

BERDING, Helmut: Das Königreich Westfalen als Modellstaat, in: Lippische Mitteilungen, Band 54 (1985), S. 183–193.

BOCK, Helmut: *Die Braunschweiger Revolution.* Volksbewegung und liberale Führungskraft, in: Bock, Helmut (Hrsg.), *Unzeit des Biedermeiers.* Historische Miniaturen zum deutschen Vormärz 1830–1848, Leipzig-Jena-Berlin 1985, S. 31–39.

BOLDT, Hans: Deutsche Staatslehre im Vormärz, Düsseldorf 1975.

BOLLMANN, Klaus: Die *Rechtssache* des Freiherren *von Sierstorpff*, in: Deutsche Richterzeitung, Jahrgang 47 (1969), S. 142–145.

BÖSE, Otto: Die *Entthronung des Herzogs Karl II.* von Braunschweig, Braunschweig 1935.

DERS.: Die *Revolution von 1848 in Braunschweig*, Braunschweig 1948.

BRANDT, Hartwig: Landständische Repräsentation im deutschen Vormärz. Politisches Denken im Einflußfeld monarchischen Prinzips, Neuwied, Berlin 1968.

BRÜDERMANN, Stefan: Studenten als Einwohner in der Universitätsstadt Helmstedt, in: Braunschweigisches Jahrbuch für Landesgeschichte, Band 81 (2000), S. 9–29.

BÜLOW, Gottfried Philipp von: Rückblicke auf mein Leben, Helmstedt 1844.

CRAMER, Friedrich Matthias Gottfried: *Pauline Christine Wilhelmine*. Fürstin zur Lippe, in: Zeitgenossen, Zweiter Band, Leipzig 1822, S. 9–74.

DERS.: *Friedrich Karl von Strombeck*, in: Zeitgenossen, Fünfter Band, Leipzig 1820, S. 141–170.

DU PREL, Carl: Gibt es Warnungsträume?, in: Psychische Studien, Jahrgang 20 (1893), S. 242–248.

DU ROI, Julius Georg Paul: Systematische Anleitung zur Kenntnis der Quellen und Literatur des Braunschweigisch-Wolfenbüttelschen Staats- und Privatrechts, Braunschweig 1792.

DÜSTERDIECK, Peter: Die Matrikel des Collegium Carolinum und der Technischen Hochschule Carolo-Wilhelmina zu Braunschweig 1745–1900, Hildesheim 1983.

EICHSTÄDT, Volkmar: Die *deutsche Publizistik von 1830*, Berlin 1933.

ENGELBERT, Günther: Der *Konstitutionalismus in* den *deutschen Kleinstaaten*, in: Böckenförde, Ernst-Wolfgang (Hrsg.), Probleme des Konstitutionalismus im 19. Jahrhundert, Berlin 1975, S. 103–121.

ESCHENBURG, J. J.: Entwurf einer Geschichte des Collegii Carolino in Braunschweig, Band 1, Berlin und Stettin 1812.

FEHRENBACH, Elisabeth: Traditionelle Gesellschaft und revolutionäres Recht, Göttingen 1974.

FIGGE, Robert: Friedrich Karl v. Strombeck. Ein braunschweigischer Gelehrter, Richter und Staatsmann, in: Braunschweigisches Jahrbuch, Band 36 (1955), S. 99–156.

FITZON, Thorsten: Reisen in das befremdliche Pompeji. Antiklassizistische Antikenwahrnehmung deutscher Italienreisender 1750–1870, Freiburg 2002.

FRANÇOIS-PONCET, André: Stendhal in Braunschweig. 1807/1808, Mainz 1951.

GOETTING, Hans: Das Bistum Hildesheim. Band 1: Das reichsunmittelbare Kanonissenstift Gandersheim, Berlin, New York 1973.

GREFE, Ernst-Hermann: *Revolution oder Reform?* Politik im Vorparlament und im Fünfzigerausschuß, in: Klötzer, Wolfgang (Hrsg.): Ideen und Strukturen der deutschen Revolution 1848, Frankfurt a.M. 1974, S. 13–28.

DERS.: *Gefährdung monarchischer Autorität* im Zeitalter der Restauration, Braunschweig 1987.

GROOTE, Wolfgang von: Die *Entstehung des Nationalbewußtseins in Nordwestdeutschland* 1790–1830 (Göttinger Bausteine der Geschichtswissenschaft), Band 22, Göttingen, Berlin, Frankfurt 1955.

HAASE, Carl: *Politische Säuberungen* in Niedersachsen 1813–1815, Hildesheim 1983.

HAASE, Hans: Die *Universität Helmstedt* 1576–1810, Bremen, Wolfenbüttel 1976.

HAHNE, Otto: Zur Charakteristik des Herzogs Karl Wilhelm Ferdinand, in: Festschrift für Paul Zimmermann, Wolfenbüttel 1914, S. 117–125.

DERS. (Hrsg.): Erinnerungen des Barumer Müllers Friedrich Brakelbusch an die Franzosenzeit 1806 bis 1813, in: Braunschweigisches Jahrbuch, Band 4 (1943), S. 113–119.

HASSEL, Georg: *Statistische Darstellung* des Königreichs Westphalen vor seiner Organisazion, Braunschweig 1807.

DERS.: *Statistisches Repertorium* über das Königreich Westphalen, Braunschweig 1813.

HAVEMANN, Wilhelm: Handbuch der Geschichte der Lande Braunschweig und Lüneburg, Lüneburg 1838.

HECKER, Michael: Napoleonischer Konstitutionalismus in Deutschland (Schriften zur Verfassungsgeschichte Band 72), Berlin 2005.

HEINEMANN, Reinhard: Studien zum braunschweigischen Gerichtswesen im 19. Jahrhundert, in: Braunschweigisches Jahrbuch, Band 50 (1969), S. 111–127.

HEITZER, Heinz: *Insurrectionen* zwischen Weser und Elbe, Berlin 1959.

HENNEBERG (Familie): Geschichte der Familie Henneberg, Gießen (Sonderdruck) 1909.

HERSE, Wilhelm: Die ersten Jahrzehnte des Braunschweig-Wolfenbüttelschen Hofgerichts, in: Spiess, Werner (Hrsg.), Beiträge zur Geschichte des Gerichtswesens in Braunschweig, S. 1–8.

HEUSINGER, Bruno: *Einführung*, in: Spiess, Werner (Hrsg.), Beiträge zur Geschichte des Gerichtswesens in Braunschweig, S. VII–X.

HOFFMANN, Birgit: *Kollaboration* in der napoleonischen Zeit?, in: Schnabel-Schüle, Helga: Vergleichende Perspektiven. Perspektiven des Vergleichs (Studien zur europäischen Geschichte von der Spätantike bis ins 20. Jahrhundert), Band 39, Mainz 1998.

HOHNSTEIN, Otto: Geschichte des Herzogtums Braunschweig, Braunschweig 1908.

HUBER, Ernst Rudolf: *Dokumente zur deutschen Verfassungsgeschichte*, Stuttgart 1961, 1964, S. 52–63.

JARCK, Horst-Rüdiger / SCHILDT, Gerhard (Hrsg.): Die Braunschweigische Landesgeschichte. Jahrtausendrückblick einer Region, Braunschweig 2000.

JÜRGENS, Karl Heinrich: *Über die Notwendigkeit durchgreifender Reformen*, Braunschweig 1831.

DERS.: *Actenstücke* zur Geschichte der Zusammenberufung der Stände des Herzogthums Braunschweig im Jahre 1819, in: Buddeus, Johann Franz (Hrsg.), Deutsches Staatsarchiv, Band 3, Jena 1842.

DERS.: Die *Ritterschaft* und die *Reaktionstendenzen* einer Adelspartei, in: Weil, Karl (Hrsg.), Konstitutionelle Jahrbücher, Band 2, Stuttgart 1843, S. 103–185.

KNIEWING, Hans: Fürstin Pauline zur Lippe, Detmold 1930.

KOCH, Johann Georg Christian: Der *Aufstand der Braunschweiger* am 6ten und 7ten September, seine Veranlassung und seine nächsten Folgen, Braunschweig 1830.

Kohl, Willy: Die Verwaltung der östlichen Oker-Departements des Königreichs Westphalen. 1807–1814, Berlin 1937.

Kohli, Martin: Erwartungen an eine Soziologie des Lebenslaufs, in: Kohli, Martin (Hrsg.), Soziologie des Lebenslaufs, Darmstadt, Neuwied 1978, S. 9–33.

Koldewey, Friedrich: Braunschweigische Schulordnungen von den ältesten Zeiten bis zum Jahre 1828, Berlin 1886.

Kuhlenkamp, Alfred: Beiträge zur Geschichte der Carolo-Wilhelmina, Braunschweig 1979.

Le Moniteur westphalien. Gazette offizielle / Westfälischer Moniteur. Offizielle Zeitung, Kassel 1807–1813.

Mack, Heinrich: *Zur Katastrophe Henning Brabants*, in: Braunschweigisches Jahrbuch, Band 2 (1903), S. 149–152.

Ders.: Die *finanzielle Ausbeutung* des Herzogtums Braunschweig während der französischen Okkupation 1806/07, in: Braunschweigisches Jahrbuch, Band 7 (1908), S. 143–211.

Mattauch, Hans (Bearb.): *Stendhal. Zeugnisse aus und über Braunschweig* (1806–1808), Bielefeld 1999.

Meier, Andreas (Hrsg.): *Christian August Vulpius. Eine Korrespondenz zur Kulturgeschichte der Goethezeit*, Band 1: Brieftexte, Berlin-New York 2003.

Moderhack, Richard: Braunschweigische Landesgeschichte im Überblick, 3. Auflage, Braunschweig 1979.

Molitor, Hansgeorg: Vom Untertan zum Administré, Wiesbaden 1980.

Mundhenke, Herbert (Bearb.): Die Matrikel der Universität Helmstedt 1685–1810, Hildesheim 1979.

Müller, Theodor: Stadtdirektor Wilhelm Bode (Leben und Werk), Braunschweig 1963.

Naumann, Manfred: Stendhals Deutschland. Impressionen über Land und Leute, Weimar 2001.

Obenaus, Herbert: Die *Reichsstände* des Königreichs Westfalen, in: Francia, Band 9 (1981), S. 299–329.

Pockels, K. F.: *Carl Wilhelm Ferdinand, Herzog zu Braunschweig und Lüneburg*. Ein biographisches Gemälde dieses Fürsten, Tübingen 1809.

Pollmann, Klaus Erich: Die *Landschaftsordnung von 1832*, in: Pöls, Werner / Pollmann, Klaus Erich (Hrsg.), Moderne Braunschweigische Geschichte, Hildesheim-Zürich-New York 1982, S. 6–29.

Raabe, Wilhelm: Die alte Universität, in: Hoppe, Karl / Oppermann, Hans (Hrsg.), Wilhelm Raabe. Sämtliche Werke, Göttingen 1992.

Reidemeister, Sophie: Genealogien Braunschweiger Patrizier- und Ratsgeschlechter, Braunschweig 1948, S. 143–146.

Rhamm, Albert: Die *Verfassungsgesetze* des Herzogthums *Braunschweig*, Braunschweig 1900.

Ders.: Das *Staatsrecht* des Herzogthums *Braunschweig*, Tübingen 1908.

Röpcke, Friedrich Wilhelm Ludwig: *Staat und Regierung*. Aus dem Gesichtspunkte des Naturrechts mit Beziehung auf die von dem Herrn Geh. Rath von Strombeck verfaßte Schrift: Was ist rechtens, wenn die oberste Staatsgewalt dem Zwecke des Staatsverbandes entgegenhandelt?, Braunschweig 1831.

Schikorsky, Isa: Das Collegium Carolinum als Reformanstalt, in: Kertz, Walter (Hrsg.), Technische Universität Braunschweig. Vom Collegium Carolinum zur Technischen Universität 1745–1995, S. 3–53.

Schubert, Werner: *Französisches Recht* in Deutschland zu Beginn des 19. Jahrhunderts, Köln, Wien 1972.

Ders. (Hrsg.): Der Code pénal des Königreichs Westphalen von 1813 mit dem Code pénal von 1810 im Original mit deutscher Übersetzung, Frankfurt a.M. 2001.

Simon, Charles: Les souvenirs du Baron de Strombeck et de Louis Spach sur Stendhal, in: Editions du Stendhal-Club, I–I8 (1922–1926), S. 3–15.

Spiess, Werner (Hrsg.): Beiträge zur *Geschichte des Gerichtswesens im Lande Braunschweig*, Braunschweig 1954.

Ders.: Geschichte der Stadt *Braunschweig im Nachmittelalter*, *Band 2*, Braunschweig 1966.

Ders.: Die *Ratsherren der Hansestadt Braunschweig*. 1231–1671, Braunschweig 1970, S. 200 f.

Staël-Holstein, Anne Louise Germaine de: *Über Deutschland*. Vollständige und neu durchgesehene Fassung der deutschen Erstausgabe von 1814, 1. Auflage, Frankfurt a.M. 1985.

Steinacker, Karl: Stift Gandersheim, in: Braunschweigisches Jahrbuch, Band 8 (1906), S. 1–31.

Steinacker, (Heinrich Friedrich) Karl: *Wünsche der Braunschweiger* zur Beherzigung bei den bevorstehenden landschaftlichen Verhandlungen, Braunschweig 1831.

Stendhal (Henri Beyle): *Gesammelte Werke*. Herausgegeben von Manfred Naumann, Berlin 1959–1983.

Stern, Selma: *Karl Wilhelm Ferdinand*. Herzog zu Braunschweig und Lüneburg, Hildesheim, Leipzig 1921.

Strombeck, Richard Freiherr von: *Fünfzig Jahre* aus meinem Leben, Leipzig 1894.

Treitschke, Heinrich von: *Deutsche Geschichte* im neunzehnten Jahrhundert, *Vierter Teil*, 4. Auflage, Leipzig 1897, S. 98–127.

Unbekannt: *Rezension* über *Ovids Kunst zu lieben*, in der Versart des Originals übersetzt von Friedrich Karl von Strombeck, in: Allgemeine Litteratur Zeitung 1796, S. 239 f.

Unbekannt: *Carl Wilhelm Ferdinand und Friedrich Wilhelm*. Herzöge von Braunschweig, in: Zeitgenossen, Erster Band, Leipzig, Altenburg 1816, S. 45–66.

Unbekannt: Joseph Jeremie Siméon, in: Zeitgenossen, Fünfter Band, Leipzig 1820, S. 76–79.

Unbekannt: *Offener Brief eines Braunschweiger Bürgergardisten* an Seine Durchlaucht den vormahls regierenden Herzog Karl von Braunschweig, Hanau (Sonderdruck) 1830.

UNBEKANNT: Carl Wilhelm Ferdinand, in: Görger, Wilhelm (Hrsg.), Galerie von Portraits der berühmten Herzöge von Braunschweig-Lüneburg, Braunschweig 1840, S. 124–127.

UNBEKANNT: *Friedrich Karl von Strombeck*, in: Neuer Nekrolog der Deutschen, 26. Jahrgang (1848), Zweiter Theil, Weimar 1850, S. 883–886.

VALJAVEC, Fritz: Die Entstehung der politischen Strömungen in Deutschland, München 1951.

VORTMANN, Jürgen: *Friedrich Karl und Friedrich Heinrich von Strombeck*, in: Rückert / Vortmann (Hrsg.), Niedersächsische Juristen, Braunschweig 1994, S. 118–123.

WANDRUSZKA, Adam: *Leopold II.* Erzherzog von Österreich, Großherzog von Toskana, König von Ungarn und Böhmen, Römischer Kaiser, Band II (1780–1792), Wien-München 1965.

WOLFFRADT, Gustav Anton: *Briefe*, in: Deutsche Rundschau, Bände 45, 46 (1885), S. 376–405, S. 52–71.

WROBEL, Kathrin: *Von Tribunalen, Friedensrichtern und Maires*, Göttingen 2004.

ZACHARIÄ VON LINGENTHAL, Karl Salomo: *Handbuch des französischen Civilrechts*, 7. vermehrte Auflage, Band 1, Heidelberg 1886.

ZIMMERMANN, F. W. R.: Die *Organisation der Verwaltung im Herzogtum Braunschweig* in ihrer geschichtlichen Entwicklung, in: Beiträge zur Statistik des Herzogthums Braunschweig, Heft IX (1889), S. 1–38.

ZIMMERMANN, Paul: Graf von *Bülow und sein Abschied aus Kassel*, in: ZHarzVG 24 (1891), S. 46–67.

DERS.: Aus den *letzten Tagen* des Stiftes Gandersheim, in: Braunschweigisches Magazin 1904, S. 113–124.

DERS.: Abt Jerusalems Berichte über die Erziehung der Kinder Herzog Karls I., insbesondere des Erbprinzen Karl Wilhelm Ferdinand, in: Braunschweigisches Jahrbuch, 5. Jahrgang (1906), S. 129–164.

DERS.: Stadt und Land *Braunschweig unter* Königlich *westfälischer Regierung*, in: Braunschweigisches Jahrbuch, Band 6 (1934), S. 53–77.

4. Strafrechtliches Material

ABEGG, Julius Friedrich Heinrich: Die verschiedenen *Strafrechtstheorien* in ihrem Verhältnisse zu einander und zu dem positiven Rechte und dessen Geschichte. Eine criminalistische Abhandlung (Unveränderter Neudruck der Ausgabe Neustadt a.d.O., 1835), Frankfurt a.M. 1969.

ALBER, Peter-Paul: Die *Geschichte der Öffentlichkeit* im deutschen Strafverfahren, Berlin 1974.

BAUMGARTEN, Edwin: Das bayerische Strafgesetzbuch von 1813 und *Anselm v. Feuerbach*, in: Der Gerichtssaal, Band 81 (1912), S. 98–150.

BAUMGARTEN, Ralf: *Zweikampf* – Paragraphen 201–210 a.F. StGB, Berlin 2002.

BECCARIA, Cesare: Dei delitti e delle pene. Aus dem Italienischen von Thomas Vormbaum: *Von den Verbrechen und von den Strafen*, Kleine Reihe, Band 6, Berlin 2004.

BERNHARD, Lars: *Falsche Verdächtigung* (§§ 164, 165 StGB) und Vortäuschen einer Straftat (§ 145d StGB). Reformdiskussion und Gesetzgebung seit 1870, Berlin 2003.

BERNER, Albrecht Friedrich: Die Strafgesetzgebung in Deutschland vom Jahre 1751 bis zur Gegenwart, Neudruck der Ausgabe Leipzig 1876, Aalen 1978.

BRANDT, Christian: Die *Entstehung des Code pénal* von 1810 und sein Einfluß auf die Strafgesetzgebung der deutschen Partikularstaaten des 19. Jahrhunderts am Beispiel Bayerns und Preußens, Frankfurt a.M. 2002.

CUCUMUS, Conrad: *Von dem Unterschiede zwischen Fälschung und Betrug*, in: Neues Archiv des Criminalrechts, Band II (1818), S. 519–699.

DROST, Heinrich: Das *Ermessen* des Strafrichters, Berlin 1930.

DÜSING, Bernhard: Die Geschichte der Abschaffung der *Todesstrafe*, Offenbach 1952.

FEUERBACH, Paul Johann Anselm Ritter von: *Kritik des Kleinschrodischen Entwurfs* zu einem peinlichen Gesetzbuche für die Chur-Pfalz-Bayrischen Staaten (Nachdruck der Ausgabe Giesen 1804), Frankfurt a.M. 1988.

DERS.: *Aktenmäßige Darstellung merkwürdiger Verbrechen* (Neudruck der 3. Auflage Frankfurt a.M. 1848), Aalen 1970.

FREDERSDORFF, Leopold Friedrich: *Promtuarium* der Fürstlichen Braunschweig-Wolfenbüttelschen Landes-Verordnungen, 7 Bände, Braunschweig 1775–1816.

GANS, Salomon Philipp: Von dem *Verbrechen des Kindermordes*, Hannover 1824.

GÖNNER, Nikolaus Thaddäus Ritter von: Etwas über den *Unterschied zwischen Verbrechen und Vergehen*, in: Neues Archiv des Criminalrechts, Band VII (1825), S. 662–669.

GROSSE-VEHNE, Vera: *Tötung auf Verlangen* (§ 216 StGB), Euthanasie und Sterbehilfe. Reformdiskussion und Gesetzgebung seit 1870, Berlin 2005.

GRÜNHUT, Max: Anselm von *Feuerbach und das Problem der strafrechtlichen Zurechnung*, Neudruck der Ausgabe Hamburg von 1922, Aalen 1978.

HARTMANN, Andrea: *Majestätsbeleidigung* und Verunglimpfung des Staatsoberhauptes (§§ 94 ff. RStGB, 90 StGB). Reformdiskussion und Gesetzgebung seit dem 19. Jahrhundert, Berlin 2006.

HARTMANN, Ilya: *Prostitution, Kuppelei und Zuhälterei.* Reformdiskussion und Gesetzgebung seit 1870, Berlin 2006.

HEINEMANN, Reinhard: *Das braunschweigische Criminalgesetzbuch* von 1840, in: Braunschweigisches Jahrbuch, Band 59 (1978), S. 77–88.

HENTING, Hans von: *Die Strafe*, 2 Bände, Berlin-Göttingen-Heidelberg 1955.

HUSUNG, Hans-Gerhard: Volkstümliche Gerechtigkeitsvorstellungen und *Kriminalrecht im Herzogtum Braunschweig* – Volksprotest und Verfolgungspraxis am Ende der 1840er Jahre, in: Pöls, Werner / Pollmann, Klaus Erich (Hrsg.), Moderne Braunschweigische Geschichte, Hildesheim-Zürich-New York 1982, S. 71–94.

KASER, Max / KNÜTEL, Rolf: Römisches Privatrecht, München 2005.

Kleinschrod, Gallus Aloys: *Ueber den bürgerlichen Tod* als Criminalstrafe, in: Neues Archiv des Criminalrechts, Band II (1818), S. 65–84.

Kreutziger, Bernd: Argumente für und wider die Todesstrafe(n). Ein Beitrag zur *Beccaria-Rezeption* im deutschsprachigen Raum des 18. Jahrhunderts, in: Deimling, Gerhard (Hrsg.): Cesare Beccaria. Die Anfänge moderner Strafrechtspflege in Europa, Heidelberg 1989.

Krieter, Hugo: *Historische Entwicklung des „Prinzips der freien Beweiswürdigung"* im Strafprozeß, Göttingen 1926.

Marezoll, Theodor: *Das gemeine deutsche Criminalrecht* als Grundlage der neueren deutschen Strafgesetzgebungen, Leipzig 1856.

Meyer-Gossner, Lutz: Strafprozeßordnung (zit. *StPO*), 50. neubearbeitete Auflage, München 2007.

Michels, Kurt: *Der Indizienbeweis* im Übergang vom Inquisitionsprozeß zum reformierten Strafverfahren, Tübingen 2000.

Mittermaier, Carl Joseph Anton: *Ueber den Meineid*, in: Neues Archiv des Criminalrechts, Band II (1818), S. 85–120.

Ders.: *Über die neuesten Fortschritte der Criminalgesetzgebung* in Deutschland, in: Neues Archiv des Criminalrechts, Band IV (1821), S. 157–212.

Ders.: Der neue *Entwurf* eines Strafgesetzbuches für das Königreich *Württemberg*, in: Neues Archiv des Criminalrechts, Band VI (1824), S. 634–665.

Ders.: Über die *Grundfehler* der Behandlung des Kriminalrechts in Lehr- und Strafgesetzbüchern (1819), in: Theorie der Erfahrung in der Rechtswissenschaft des 19. Jahrhunderts, Frankfurt a.M. 1968, S. 103–134.

Motive und Bemerkungen zu dem Criminal-Gesetz-Buche für das Herzogthum Braunschweig, Braunschweig 1840 (zit.: Motive).

Oehler, Dietrich: *Wurzel, Wandel und Wert* der strafrechtlichen Legalordnung, Münster 1950.

Prechtel, Dietmar: *Urkundendelikte* (§§ 267 ff. StGB). Reformdiskussion und Gesetzgebung seit 1870, Berlin 2005.

Prinz, Felix: *Diebstahl*, §§ 242 ff. StGB, Berlin 2002.

Putzke, Sabine: Die Strafbarkeit der *Abtreibung* in der Kaiserzeit und in der Weimarer Zeit. Eine Analyse der Reformdiskussion und der Straftatbestände in den Reformentwürfen (1908–1931), Berlin 2003.

Rampf, Christina: *Hausfriedensbruch* (§ 123 StGB). Reformdiskussion und Gesetzgebung seit 1870, Berlin 2006.

Rosshirt, Konrad Franz: *Ueber den Zweikampf*, in: Neues Archiv des Criminalrechts, Band II (1818), S. 453–477.

Schäfer, Christian: Widernatürliche Unzucht (§§ 175, 175a, 175b, 182 a.F. StGB). Reformdiskussion und Gesetzgebung seit 1945, Berlin 2006.

Schmidt, Eberhard: *Strafrechtsreform und Kulturkrise*. Ein Vortrag, Tübingen 1931.

Ders.: Die Carolina, in: Zeitschrift der Savigny-Stiftung. Germanistische Abteilung, Bd. 53 (1933), S. 1–34.

DERS.: Einführung in die *Geschichte der deutschen Strafrechtspflege*, 3. völlig durchgearbeitete und veränderte Auflage, Göttingen 1965.

SCHORMANN, Gerhard: *Strafrechtspflege* in Braunschweig-Wolfenbüttel 1569–1633, in: Braunschweigisches Jahrbuch, Band 55 (1974), S. 90–112.

SCHUBERT, Gernot: *Feuerbachs Entwurf* zu einem Strafgesetzbuch für das Königreich Bayern *aus dem Jahre 1824*, Berlin 1978.

SCHÜTZ, Sigrid Susanne: Die *Entwicklung des Betrugsbegriffs* in der Strafgesetzgebung vom Codex Juris Bavarici Criminalis (1751) bis zum Preußischen Strafgesetzbuch (1851), München 1988.

SPANGENBERG, Ernst Peter Johannes: Ueber das *Verbrechen des Kindermordes* und der Aussetzung der Kinder, in: Neues Archiv des Criminalrechts, Band II (1816), S. 1–30.

DERS.: Ueber das *Verbrechen der Abtreibung* der Leibesfrucht, in: Neues Archiv des Criminalrechts, Band II (1816), S. 1–53.

DERS.: *Ueber das* rechtliche *Verhältnis des weiblichen Geschlechts*, in Bezug auf Criminalrecht und Criminalgesetzgebung, in: Neues Archiv des Criminalrechts, Band VI (1824), S. 138–160 und S. 283–316.

THÄLE, Brigitte: *Die Verdachtsstrafe* in der kriminalwissenschaftlichen Literatur des 18. und 19. Jahrhunderts, Frankfurt a.M.-Berlin-Bern-New York-Paris-Wien 1993.

THIEL, Carsten: Rechtsbeugung § 339. Reformdiskussion und Gesetzgebung seit 1870, Berlin 2004.

WACHENFELD, Friedrich: Die Begriffe von *Mord und Totschlag* sowie vorsätzlicher Körperverletzung mit tödlichem Ausgange in der Gesetzgebung der Mitte des 18. Jahrhunderts, Marburg 1890.

WÄCHTER, Gerd H.: *Strafrechtliche Aufklärung*. Strafrecht und soziale Hegemonie im achtzehnten Jahrhundert, Frankfurt a.M. 1987.

WÜRTENBERGER, Thomas: Das *System der Rechtsgüterordnung* in der deutschen Strafgesetzgebung seit 1532, Breslau-Neukirch 1933.

Juristische Zeitgeschichte

Herausgeber: Prof. Dr. Dr. Thomas Vormbaum, FernUniversität in Hagen

Abteilung 1: Allgemeine Reihe

1 *Thomas Vormbaum (Hrsg.):* Die Sozialdemokratie und die Entstehung des Bürgerlichen Gesetzbuchs. Quellen aus der sozialdemokratischen Partei und Presse (1997)
2 *Heiko Ahlbrecht:* Geschichte der völkerrechtlichen Strafgerichtsbarkeit im 20. Jahrhundert (1999)
3 *Dominik Westerkamp:* Pressefreiheit und Zensur im Sachsen des Vormärz (1999)
4 *Wolfgang Naucke:* Über die Zerbrechlichkeit des rechtsstaatlichen Strafrechts. Gesammelte Aufsätze zur Strafrechtsgeschichte (2000)
5 *Jörg Ernst August Waldow:* Der strafrechtliche Ehrenschutz in der NS-Zeit (2000)
6 *Bernhard Diestelkamp:* Rechtsgeschichte als Zeitgeschichte. Beiträge zur Rechtsgeschichte des 20. Jahrhunderts (2001)
7 *Michael Damnitz:* Bürgerliches Recht zwischen Staat und Kirche. Mitwirkung der Zentrumspartei am Bürgerlichen Gesetzbuch (2001)
8 *Massimo Nobili:* Die freie richterliche Überzeugungsbildung. Reformdiskussion und Gesetzgebung in Italien, Frankreich und Deutschland seit dem Ausgang des 18. Jahrhunderts (2001)
9 *Diemut Majer:* Nationalsozialismus im Lichte der Juristischen Zeitgeschichte (2002)
10 *Bianca Vieregge:* Die Gerichtsbarkeit einer „Elite". Nationalsozialistische Rechtsprechung am Beispiel der SS- und Polizeigerichtsbarkeit (2002)
11 *Norbert Berthold Wagner:* Die deutschen Schutzgebiete (2002)
12 *Miloš Vec:* Die Spur des Täters. Methoden der Identifikation in der Kriminalistik (1879–1933), (2002)
13 *Christian Amann:* Ordentliche Jugendgerichtsbarkeit und Justizalltag im OLG-Bezirk Hamm von 1939 bis 1945 (2003)
14 *Günter Gribbohm:* Das Reichskriegsgericht (2004)
15 *Martin M. Arnold:* Pressefreiheit und Zensur im Baden des Vormärz. Im Spannungsfeld zwischen Bundestreue und Liberalismus (2003)
16 *Ettore Dezza:* Beiträge zur Geschichte des modernen italienischen Strafrechts (2004)
17 *Thomas Vormbaum (Hrsg.):* „Euthanasie" vor Gericht. Die Anklageschrift des Generalstaatsanwalts beim OLG Frankfurt/M. gegen Werner Heyde u. a. vom 22. Mai 1962 (2005)
18 *Kai Cornelius:* Vom spurlosen Verschwindenlassen zur Benachrichtigungspflicht bei Festnahmen (2006)
19 *Kristina Brümmer-Pauly:* Desertion im Recht des Nationalsozialismus (2006)
20 *Hanns-Jürgen Wiegand:* Direktdemokratische Elemente in der deutschen Verfassungsgeschichte (2006)
21 *Hans-Peter Marutschke (Hrsg.):* Beiträge zur modernen japanischen Rechtsgeschichte (2006)

Abteilung 2: Forum Juristische Zeitgeschichte

1 *Franz-Josef Düwell / Thomas Vormbaum (Hrsg.):* Themen juristischer Zeitgeschichte (1) – Schwerpunktthema: Recht und Nationalsozialismus (1998)
2 *Karl-Heinz Keldungs:* Das Sondergericht Duisburg 1943–1945 (1998)
3 *Franz-Josef Düwell / Thomas Vormbaum (Hrsg.):* Themen juristischer Zeitgeschichte (2) – Schwerpunktthema: Recht und Juristen in der Revolution von 1848/49 (1998)
4 *Thomas Vormbaum:* Beiträge zur juristischen Zeitgeschichte (1999)
5 *Franz-Josef Düwell / Thomas Vormbaum:* Themen juristischer Zeitgeschichte (3), (1999)
6 *Thomas Vormbaum (Hrsg.):* Themen juristischer Zeitgeschichte (4), (2000)
7 *Frank Roeser:* Das Sondergericht Essen 1942–1945 (2000)
8 *Heinz Müller-Dietz:* Recht und Nationalsozialismus – Gesammelte Beiträge (2000)
9 *Franz-Josef Düwell (Hrsg.):* Licht und Schatten. Der 9. November in der deutschen Geschichte und Rechtsgeschichte – Symposium der Arnold-Freymuth-Gesellschaft, Hamm (2000)
10 *Bernd-Rüdiger Kern / Klaus-Peter Schroeder (Hrsg.):* Eduard von Simson (1810–1899). „Chorführer der Deutschen" und erster Präsident des Reichsgerichts (2001)
11 *Norbert Haase / Bert Pampel (Hrsg.):* Die Waldheimer „Prozesse" – fünfzig Jahre danach. Dokumentation der Tagung der Stiftung Sächsische Gedenkstätten am 28. und 29. September in Waldheim (2001)
12 *Wolfgang Form (Hrsg.):* Literatur- und Urteilsverzeichnis zum politischen NS-Strafrecht (2001)
13 *Sabine Hain:* Die Individualverfassungsbeschwerde nach Bundesrecht (2002)
14 *Gerhard Pauli / Thomas Vormbaum (Hrsg.):* Justiz und Nationalsozialismus – Kontinuität und Diskontinuität. Fachtagung in der Justizakademie des Landes NRW, Recklinghausen, am 19. und 20. November 2001 (2003)
15 *Mario Da Passano (Hrsg.):* Europäische Strafkolonien im 19. Jahrhundert. Internationaler Kongreß des Dipartimento di Storia der Universität Sassari und des Parco nazionale di Asinara, Porto Torres, 25. Mai 2001 (2006)
16 *Sylvia Kesper-Biermann / Petra Overath (Hrsg.):* Die Internationalisierung von Strafrechtswissenschaft und Kriminalpolitik (1870–1930). Deutschland im Vergleich (2007)
17 *Hermann Weber (Hrsg.):* Literatur, Recht und Musik. Tagung im Nordkolleg Rendsburg vom 16. bis 18. September 2005 (2007)
18 *Hermann Weber (Hrsg.):* Literatur, Recht und (bildende) Kunst. Tagung im Nordkolleg Rendsburg vom 21. bis 23. September 2007 (2008)

Abteilung 3: Beiträge zur modernen deutschen Strafgesetzgebung Materialien zu einem historischen Kommentar

1 *Thomas Vormbaum / Jürgen Welp (Hrsg.):* Das Strafgesetzbuch seit 1870. Sammlung der Änderungen und Neubekanntmachungen; Vier Textbände (1999–2002) und drei Supplementbände (2005, 2006)
2 *Christian Müller:* Das Gewohnheitsverbrechergesetz vom 24. November 1933. Kriminalpolitik als Rassenpolitik (1998)

3 *Maria Meyer-Höger:* Der Jugendarrest. Entstehung und Weiterentwicklung einer Sanktion (1998)

4 *Kirsten Gieseler:* Unterlassene Hilfeleistung – § 323c StGB. Reformdiskussion und Gesetzgebung seit 1870. (1999)

5 *Robert Weber:* Die Entwicklung des Nebenstrafrechts 1871–1914 (1999)

6 *Frank Nobis:* Die Strafprozeßgesetzgebung der späten Weimarer Republik (2000)

7 *Karsten Felske:* Kriminelle und terroristische Vereinigungen – §§ 129, 129a StGB (2002)

8 *Ralf Baumgarten:* Zweikampf – §§ 201–210 a.F. StGB (2003)

9 *Felix Prinz:* Diebstahl – §§ 242 ff. StGB (2003)

10 *Werner Schubert / Thomas Vormbaum (Hrsg.):* Entstehung des Strafgesetzbuchs. Kommissionsprotokolle und Entwürfe. Band 1: 1869 (2002); Band 2: 1870 (2004)

11 *Lars Bernhard:* Falsche Verdächtigung (§§ 164, 165 StGB) und Vortäuschen einer Straftat (§ 145d StGB), (2003)

12 *Frank Korn:* Körperverletzungsdelikte – §§ 223 ff., 340 StGB. Reformdiskussion und Gesetzgebung von 1870 bis 1933 (2003)

13 *Christian Gröning:* Körperverletzungsdelikte – §§ 223 ff., 340 StGB. Reformdiskussion und Gesetzgebung seit 1933 (2004)

14 *Sabine Putzke:* Die Strafbarkeit der Abtreibung in der Kaiserzeit und in der Weimarer Zeit. Eine Analyse der Reformdiskussion und der Straftatbestände in den Reformentwürfen (1908–1931), (2003)

15 *Eckard Voßiek:* Strafbare Veröffentlichung amtlicher Schriftstücke (§ 353d Nr. 3 StGB). Gesetzgebung und Rechtsanwendung seit 1851 (2004)

16 *Stefan Lindenberg:* Brandstiftungsdelikte – §§ 306 ff. StGB. Reformdiskussion und Gesetzgebung seit 1870 (2004)

17 *Ninette Barreneche†:* Materialien zu einer Strafrechtsgeschichte der Münchener Räterepublik 1918/1919 (2004)

18 *Carsten Thiel:* Rechtsbeugung – § 339 StGB. Reformdiskussion und Gesetzgebung seit 1870 (2005)

19 *Vera Große-Vehne:* Tötung auf Verlangen (§ 216 StGB), „Euthanasie" und Sterbehilfe. Reformdiskussion und Gesetzgebung seit 1870 (2005)

20 *Thomas Vormbaum / Kathrin Rentrop (Hrsg.):* Reform des Strafgesetzbuchs. Sammlung der Reformentwürfe. Band 1: 1909 bis 1919. Band 2: 1922 bis 1939. Band 3: 1959 bis 1996 (2008)

21 *Dietmar Prechtel:* Urkundendelikte (§§ 267 ff. StGB). Reformdiskussion und Gesetzgebung seit 1870 (2005)

22 *Ilya Hartmann:* Prostitution, Kuppelei, Zuhälterei. Reformdiskussion und Gesetzgebung seit 1870 (2006)

23 *Ralf Seemann:* Strafbare Vereitelung von Gläubigerrechten (§§ 283 ff., 288 StGB). Reformdiskussion und Gesetzgebung seit 1870 (2006)

24 *Andrea Hartmann:* Majestätsbeleidigung (§§ 94 ff. StGB a.F.) und Verunglimpfung des Staatsoberhauptes (§ 90 StGB). Reformdiskussion und Gesetzgebung seit dem 19. Jahrhundert (2006)

25 *Christina Rampf:* Hausfriedensbruch (§ 123 StGB). Reformdiskussion und Gesetzgebung seit 1870 (2006)

26 *Christian Schäfer:* „Widernatürliche Unzucht" (§§ 175, 175a, 175b, 182, a.F. StGB). Reformdiskussion und Gesetzgebung seit 1945 (2006)

27 *Kathrin Rentrop:* Untreue und Unterschlagung (§§ 266 und 246 StGB). Reformdiskussion und Gesetzgebung seit dem 19. Jahrhundert (2007)
28 *Martin Asholt:* Straßenverkehrsstrafrecht. Reformdiskussion und Gesetzgebung seit dem Ausgang des 19. Jahrhunderts (2007)
29 *Katharina Linka:* Mord und Totschlag (§§ 211–213 StGB). Reformdiskussion und Gesetzgebung seit 1870 (2008)
30 *Juliane Sophia Dettmar:* Legalität und Opportunität im Strafprozess. Reformdiskussion und Gesetzgebung von 1877 bis 1933 (2008)
31 *Jürgen Durynek:* Korruptionsdelikte (§§ 331 ff. StGB). Reformdiskussion und Gesetzgebung seit dem 19. Jahrhundert (2008)
32 *Judith Weber*: Das sächsische Strafrecht im 19. Jahrhundert bis zum Reichsstrafgesetzbuch (2009)
33 *Denis Matthies*: Exemplifikationen und Regelbeispiele. Eine Untersuchung zum 100-jährigen Beitrag von Adolf Wach zur „Legislativen Technik“ (2009)
34 *Benedikt Rohrßen*: Von der „Anreizung zum Klassenkampf“ zur „Volksverhetzung“ (§ 130 StGB). Reformdiskussion und Gesetzgebung seit dem 19. Jahrhundert (2009)

Abteilung 4: Leben und Werk. Biographien und Werkanalysen

1 *Mario A. Cattaneo:* Karl Grolmans strafrechtlicher Humanismus (1998)
2 *Gerit Thulfaut:* Kriminalpolitik und Strafrechtstheorie bei Edmund Mezger (2000)
3 *Adolf Laufs:* Persönlichkeit und Recht. Gesammelte Aufsätze (2001)
4 *Hanno Durth:* Der Kampf gegen das Unrecht. Gustav Radbruchs Theorie eines Kulturverfassungsrechts (2001)
5 *Volker Tausch:* Max Güde (1902–1984). Generalbundesanwalt und Rechtspolitiker (2002)
6 *Bernd Schmalhausen:* Josef Neuberger (1902–1977). Ein Leben für eine menschliche Justiz (2002)
7 *Wolf Christian von Arnswald:* Savigny als Strafrechtspraktiker. Ministerium für die Gesetzesrevision (1842–1848), (2003)
8 *Thilo Ramm:* Ferdinand Lassalle. Der Revolutionär und das Recht (2004)
9 *Martin D. Klein:* Demokratisches Denken bei Gustav Radbruch (2007)
10 *Francisco Muñoz Conde:* Edmund Mezger – Beiträge zu einem Juristenleben (2007)
11 *Whitney R. Harris:* Tyrannen vor Gericht. Das Verfahren gegen die deutschen Hauptkriegsverbrecher nach dem Zweiten Weltkrieg in Nürnberg 1945–1946 (2008)
12 *Eric Hilgendorf (Hrsg.):* Die deutschsprachige Strafrechtswissenschaft in Selbstdarstellungen (2010)

Abteilung 5: Juristisches Zeitgeschehen Rechtspolitik und Justiz aus zeitgenössischer Perspektive

Mitherausgegeben von Gisela Friedrichsen („Der Spiegel") und RA Prof. Dr. Franz Salditt

1 *Diether Posser:* Anwalt im Kalten Krieg. Ein Stück deutscher Geschichte in politischen Prozessen 1951–1968. 3. Auflage (1999)
2 Jörg Arnold (Hrsg.): Strafrechtliche Auseinandersetzung mit Systemvergangenheit am Beispiel der DDR (2000)
3 *Thomas Vormbaum (Hrsg.):* Vichy vor Gericht: Der Papon-Prozeß (2000)
4 *Heiko Ahlbrecht / Kai Ambos (Hrsg.):* Der Fall Pinochet(s). Auslieferung wegen staatsverstärkter Kriminalität? (1999)
5 *Oliver Franz:* Ausgehverbot für Jugendliche („Juvenile Curfew") in den USA. Reformdiskussion und Gesetzgebung seit dem 19. Jahrhundert (2000)
6 *Gabriele Zwiehoff (Hrsg.):* „Großer Lauschangriff". Die Entstehung des Gesetzes zur Änderung des Grundgesetzes vom 26. März 1998 und des Gesetzes zur Änderung der Strafprozeßordnung vom 4. Mai 1998 in der Presseberichterstattung 1997/98 (2000)
7 *Mario A. Cattaneo:* Strafrechtstotalitarismus. Terrorismus und Willkür (2001)
8 *Gisela Friedrichsen / Gerhard Mauz:* Er oder sie? Der Strafprozeß Böttcher/Weimar. Prozeßberichte 1987 bis 1999 (2001)
9 *Heribert Prantl / Thomas Vormbaum (Hrsg.):* Juristisches Zeitgeschehen 2000 in der Süddeutschen Zeitung (2001)
10 *Helmut Kreicker:* Art. 7 EMRK und die Gewalttaten an der deutsch-deutschen Grenze (2002)
11 *Heribert Prantl / Thomas Vormbaum (Hrsg.):* Juristisches Zeitgeschehen 2001 in der Süddeutschen Zeitung (2002)
12 *Henning Floto:* Der Rechtsstatus des Johanniterordens. Eine rechtsgeschichtliche und rechtsdogmatische Untersuchung zum Rechtsstatus der Balley Brandenburg des ritterlichen Ordens St. Johannis vom Spital zu Jerusalem (2003)
13 *Heribert Prantl / Thomas Vormbaum (Hrsg.):* Juristisches Zeitgeschehen 2002 in der Süddeutschen Zeitung (2003)
14 *Kai Ambos / Jörg Arnold (Hrsg.):* Der Irak-Krieg und das Völkerrecht (2004)
15 *Heribert Prantl / Thomas Vormbaum (Hrsg.)*: Juristisches Zeitgeschehen 2003 in der Süddeutschen Zeitung (2004)
16 *Sascha Rolf Lüder:* Völkerrechtliche Verantwortlichkeit bei Teilnahme an „Peace-keeping"-Missionen der Vereinten Nationen (2004)
17 *Heribert Prantl / Thomas Vormbaum (Hrsg.)*: Juristisches Zeitgeschehen 2004 in der Süddeutschen Zeitung (2005)
18 *Christian Haumann:* Die „gewichtende Arbeitsweise" der Finanzverwaltung. Eine Untersuchung über die Aufgabenerfüllung der Finanzverwaltung bei der Festsetzung der Veranlagungssteuern (2008)

Abteilung 6: Recht in der Kunst

Mitherausgegeben von Prof. Dr. Gunter Reiß

1 *Heinz Müller-Dietz:* Recht und Kriminalität im literarischen Widerschein. Gesammelte Aufsätze (1999)
2 *Klaus Lüderssen (Hrsg.):* »Die wahre Liberalität ist Anerkennung«. Goethe und die Juris prudenz (1999)
3 *Bertolt Brecht:* Die Dreigroschenoper (1928) / Dreigroschenroman (1934). Mit Kommentaren von Iring Fetscher und Bodo Plachta (2001)
4 *Annette von Droste-Hülshoff:* Die Judenbuche (1842) / Die Vergeltung (1841). Mit Kommentaren von Heinz Holzhauer und Winfried Woesler (2000)
5 *Theodor Fontane:* Unterm Birnbaum (1885). Mit Kommentaren von Hugo Aust und Klaus Lüderssen (2001)
6 *Heinrich von Kleist:* Michael Kohlhaas (1810). Mit Kommentaren von Wolfgang Naucke und Joachim Linder (2000)
7 *Anja Sya:* Literatur und juristisches Erkenntnisinteresse. Joachim Maass' Roman „Der Fall Gouffé" und sein Verhältnis zu der historischen Vorlage (2001)
8 *Heiner Mückenberger:* Theodor Storm – Dichter und Richter. Eine rechtsgeschichtliche Lebensbeschreibung (2001)
9 *Hermann Weber (Hrsg.):* Annäherung an das Thema „Recht und Literatur". Recht, Literatur und Kunst in der NJW (1), (2002)
10 *Hermann Weber (Hrsg.):* Juristen als Dichter. Recht, Literatur und Kunst in der NJW (2), (2002)
11 *Hermann Weber (Hrsg.):* Prozesse und Rechtsstreitigkeiten um Recht, Literatur und Kunst. Recht, Literatur und Kunst in der NJW (3), (2002)
12 *Klaus Lüderssen:* Produktive Spiegelungen. 2., erweiterte Auflage (2002)
13 *Lion Feuchtwanger:* Erfolg. Drei Jahre Geschichte einer Provinz. Roman (1929). Mit Kommentaren von Theo Rasehorn und Ernst Ribbat (2002)
14 *Jakob Wassermann:* Der Fall Maurizius. Roman (1928). Mit Kommentaren von Thomas Vormbaum und Regina Schäfer (2003)
15 *Hermann Weber (Hrsg.):* Recht, Staat und Politik im Bild der Dichtung. Recht, Literatur und Kunst in der Neuen Juristischen Wochenschrift (4), (2003)
16 *Hermann Weber (Hrsg.):* Reale und fiktive Kriminalfälle als Gegenstand der Literatur. Recht, Literatur und Kunst in der Neuen Juristischen Wochenschrift (5), (2003)
17 *Karl Kraus:* Sittlichkeit und Kriminalität. (1908). Mit Kommentaren von Helmut Arntzen und Heinz Müller-Dietz (2004)
18 *Hermann Weber (Hrsg.):* Dichter als Juristen. Recht, Literatur und Kunst in der Neuen Juristischen Wochenschrift (6), (2004)
19 *Hermann Weber (Hrsg.):* Recht und Juristen im Bild der Literatur. Recht, Literatur und Kunst in der Neuen Juristischen Wochenschrift (7), (2005)
20 *Heinrich von Kleist:* Der zerbrochne Krug. Ein Lustspiel (1811). Mit Kommentaren von Michael Walter und Regina Schäfer (2005)
21 *Francisco Muñoz Conde / Marta Muñoz Aunión:* „Das Urteil von Nürnberg". Juristischer und filmwissenschaftlicher Kommentar zum Film von Stanley Kramer (1961), (2006)

22 *Fjodor Dostojewski:* Aufzeichnungen aus einem Totenhaus (1860). Mit Kommentaren von Heinz Müller-Dietz und Dunja Brötz (2005)
23 *Thomas Vormbaum (Hrsg.):* Anton Matthias Sprickmann. Dichter und Jurist. Mit Kommentaren von Walter Gödden, Jörg Löffler und Thomas Vormbaum (2006)
24 *Friedrich Schiller:* Verbrecher aus Infamie (1786). Mit Kommentaren von Heinz Müller-Dietz und Martin Huber (2006)
25 *Franz Kafka:* Der Proceß. Roman (1925). Mit Kommentaren von Detlef Kremer und Jörg Tenckhoff (2006)
26 *Heinrich Heine:* Deutschland. Ein Wintermährchen. Geschrieben im Januar 1844. Mit Kommentaren von Winfried Woesler und Thomas Vormbaum (2006)
27 *Thomas Vormbaum (Hrsg.):* Recht, Rechtswissenschaft und Juristen im Werk Heinrich Heines (2006)
28 *Heinz Müller-Dietz:* Recht und Kriminalität in literarischen Spiegelungen (2007)
29 *Alexander Puschkin:* Pique Dame (1834). Mit Kommentaren von Barbara Aufschnaiter/Dunja Brötz und Friedrich-Christian Schroeder (2007)
30 *Georg Büchner:* Danton's Tod. Dramatische Bilder aus Frankreichs Schreckensherrschaft. Mit Kommentaren von Sven Kramer und Bodo Pieroth (2007)
31 *Daniel Halft:* Die Szene wird zum Tribunal! Eine Studie zu den Beziehungen von Recht und Literatur am Beispiel des Schauspiels „Cyankali" von Friedrich Wolf (2007)
32 *Erich Wulffen:* Kriminalpsychologie und Psychopathologie in Schillers Räubern (1907). Herausgegeben von Jürgen Seul (2007)
33 *Klaus Lüderssen:* Produktive Spiegelungen: Recht in Literatur, Theater und Film. Band II (2007)
34 *Albert Camus:* Der Fall. Roman (1956). Mit Kommentaren von Brigitte Sändig und Sven Grotendiek (2008)
35 *Thomas Vormbaum (Hrsg.):* Pest, Folter und Schandsäule. Der Mailänder Prozess wegen „Pestschmierereien" in Rechtskritik und Literatur. Mit Kommentaren von Ezequiel Malarino und Helmut C. Jacobs (2008)

Abteilung 7: Beiträge zur Anwaltsgeschichte

Mitherausgegeben von Gerhard Jungfer, Dr. Tilmann Krach
und Prof. Dr. Hinrich Rüping

1 *Babette Tondorf:* Strafverteidigung in der Frühphase des reformierten Strafprozesses. Das Hochverratsverfahren gegen die badischen Aufständischen Gustav Struve und Karl Blind (1848/49), (2006)
2 *Hinrich Rüping:* Rechtsanwälte im Bezirk Celle während des Nationalsozialismus (2007)

Abteilung 8: Judaica

1 *Hannes Ludyga:* Philipp Auerbach (1906–1952). „Staatskommissar für rassisch, religiös und politisch Verfolgte" (2005)

2 *Thomas Vormbaum:* Der Judeneid im 19. Jahrhundert, vornehmlich in Preußen. Ein Beitrag zur juristischen Zeitgeschichte (2006)
3 *Hannes Ludyga:* Die Rechtsstellung der Juden in Bayern von 1819 bis 1918. Studie im Spiegel der Verhandlungen der Kammer der Abgeordneten des bayerischen Landtags (2007)

Kolibri 360 GmbH
Ferdinand-Jühlke-Straße 7
99095 Erfurt, Deutschland
produktsicherheit@kolibri360.de